Konrad Richter

Das Malerfachbuch

Bauten- und Objektbeschichter
Maler und Lackierer

3. Auflage

Bestellnummer 6683A

Bildungsverlag EINS
a Wolters Kluwer business

Konrad J. Richter ist Oberstudiendirektor, Schulleiter am Berufskolleg des Rhein-Sieg-Kreises in Hennef.

Das vorliegende Lehrbuch ermöglicht dem Auszubildenden, sich den Lehrstoff weitgehend selbst zu erarbeiten.

S. 36 **Querverweise** bieten ihm Zugang zu ergänzender oder vertiefender Information. Die Themen, zu denen Querverweise angegeben sind, sind im Text grau unterlegt. Der Querverweis selber ist am Fuße der Spalte angeordnet.

Begriff **Begriffserklärungen** sind am Ende des Buches in einem Fachlexikon zusammengefasst. Auf dort verfügbare Erklärungen wird durch die Wiederholung des Begriffs in der Randspalte hingewiesen.

Das umfangreiche **Stichwortverzeichnis** ermöglicht dem Auszubildenden, sich Informationen gezielt selbst zu beschaffen.

Praxistips erleichtern durch Beispiele die Umsetzung der technologischen Kenntnisse. Sie sind blau unterlegt und mit einem Pinsel gekennzeichnet.

Merksätze fassen wichtige Informationen zusammen – z.B. zum Umwelt- oder Gesundheitsschutz. Sie sind gelb unterlegt und mit einem Pfeil am Rand gekennzeichnet.

Haben Sie Anregungen oder Kritikpunkte zu diesem Buch?
Dann senden Sie eine E-Mail an K6683@bv-1.de
Autor und Verlag freuen sich auf Ihre Rückmeldung.

www.bildungsverlag1.de

Unter dem Dach des Bildungsverlages EINS sind die Verlage Gehlen, Kieser, Stam, Dähmlow, Dümmler, Wolf, Dürr + Kessler, Konkordia und Fortis zusammengeführt.

Bildungsverlag EINS
Sieglarer Straße 2, 53842 Troisdorf

ISBN 3-8242-**6683**-0

Technologische Inhalte

Technologische Inhalte

sto

1 Beruflicher Werdegang

Der Maler und Lackierer bringt schützende und schmückende Beschichtungen auf vielfältige Untergründe auf. Dazu benutzt er die unterschiedlichsten Materialien in flüssiger, pastöser oder fester Form. Er arbeitet sowohl in modernsten als auch in historischen Techniken.

Der Beruf gehört zum Handwerk; die Gesellenprüfung wird von der Handwerkskammer abgenommen.

1.1 Das Berufsfeld

Berufliche Flexibilität: z.B. die Beweglichkeit in seinem Berufsfeld andere Berufe zu ergreifen

Ein Berufsfeld fasst Berufe mit ähnlicher Grundausbildung zusammen, um die berufliche Flexibilität zu erhöhen.

Das Maler- und Lackiererhandwerk ist dem Berufsfeld Farbtechnik und Raumgestaltung zugeordnet. Berufe dieses Berufsfeldes sind:

- Maler und Lackierer,
- Bauten- und Objektbeschichter,
- Fahrzeuglackierer,
- Schaufenster-/Schauwerbegestalter,
- Raumausstatter,
- Polsterer.

1.2 Berufliche Aus- und Weiterbildung

Die Berufe im Maler- und Lackiererhandwerk werden im Dualen System ausgebildet. Die praktische Ausbildung erfolgt im Betrieb und in überbetrieblichen Unterweisungsstätten, die theoretische Ausbildung in der Berufsschule. Die *Verordnung über die Berufsausbildung im Maler- und Lackiererhandwerk* regelt die Zwischenprüfungen und die Abschlussprüfungen der Berufe:

- **Bauten- und Objektbeschichter**
  Ausbildungsdauer 2 Jahre
- **Maler und Lackierer in den Fachrichtungen**
  – Gestaltung und Instandhaltung
  – Kirchenmalerei und Denkmalpflege
  – Bauten- und Korrosionsschutz
  Ausbildungsdauer 3 Jahre
- **Fahrzeuglackierer**
  Ausbildungsdauer 3 Jahre

Das 1. Ausbildungsjahr kann für alle Berufe in einer gemeinsamen Grundbildung erfolgen. Ab dem 2. Ausbildungsjahr trennen sich die Berufe Fahrzeuglackierer und Maler und Lackierer. Der Beruf des Maler und Lackierers kann in Stufen erlernt werden. Nach der Grundstufe und der Fachstufe 1 kann der Abschluss als Bauten- und Objektbeschichter gemacht werden. Nach dieser ersten Stufe, also in der Fachstufe 2, erfolgt die Ausbildung in den drei Fachrichtungen und endet mit der Gesellenprüfung.

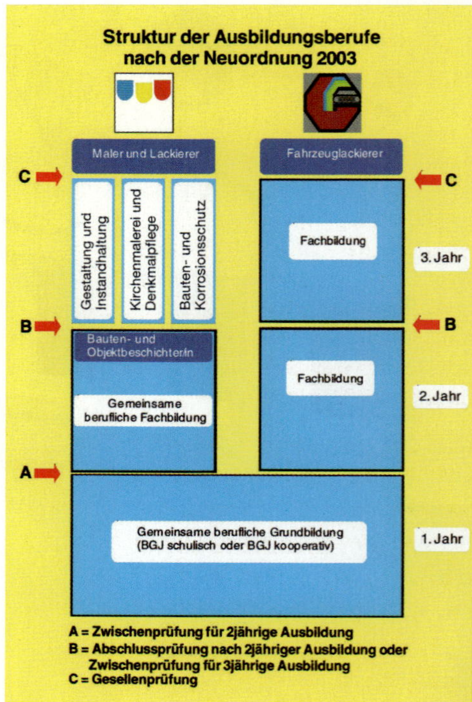

Bild 1. Die Struktur der Ausbildungsberufe im Maler- und Lackiererhandwerk

Ausbildungsprofile:

Bauten- und Objektbeschichter stellen Beschichtungen für Innen- und Außenflächen an Bauwerken und Objekten her. Sie sanieren, modernisieren und setzen Oberflächen in Stand, stellen Untergründe her, beschichten und gestalten Oberflächen, führen Putzarbeiten durch, verlegen Decken-, Wand- und Bodenbeläge, bauen Dämmstoffe ein und verarbeiten Trockenbaumaterialien.

Bauten- und Objektbeschichter

- prüfen und bewerten Untergründe und bereiten sie für Beschichtungen vor,

- führen Schutzmaßnahmen für nicht bearbeitete Flächen und an Objekten durch,
- behandeln, beschichten, bekleiden und gestalten Oberflächen,
- halten und setzen Oberflächen in Stand,
- führen Ausbau- und Montagearbeiten durch,
- führen Putz-, Dämm- und Trockenbauarbeiten durch,
- führen Messungen durch und dokumentieren die Ergebnisse,
- wählen Geräte, Werkzeuge, Maschinen und Anlagen für den Arbeitsauftrag aus, richten diese ein, bedienen sie und halten sie in Stand,
- bearbeiten Werkstoffe und Bauteile.

Maler und Lackierer arbeiten sowohl im Neubau als auch in der Sanierung, Modernisierung, Instandsetzung und Denkmalpflege auf unterschiedlichen Baustellen, zum Beispiel im privaten oder öffentlichen Bereich, im Wohnungsbau oder im Gewerbe-, Industrie- und Anlagenbau.
Zum Tätigkeitsprofil des Bauten- und Objektbeschichters kommen in den einzelnen Fachrichtungen noch Tätigkeiten hinzu.

Maler und Lackierer mit der **Fachrichtung Gestaltung und Instandhaltung**
- verlegen Decken-, Wand- und Bodenbeläge,
- führen Energiesparmaßnahmen durch,
- entwerfen Konzepte für die Raum- und Fassadengestaltung und setzen sie um,
- stellen Beschriftungen und Kommunikationsmittel her,
- führen Holz- und Bautenschutzmaßnahmen durch.

Maler und Lackierer mit der **Fachrichtung Kirchenmalerei und Denkmalpflege**
- bauen Arbeitsgerüste auf und ab, bedienen Hubarbeitsbühnen, setzen Förder- und Transporteinrichtungen ein und halten sie in Stand,
- stellen Werk- und Beschichtungsstoffe nach historischen Rezepturen her,
- führen historische und gestalterische Arbeitstechniken aus,
- führen Instandsetzungsmaßnahmen im Rahmen der Denkmalpflege durch,
- führen Rekonstruktionen und Reproduktionen aus.

Maler und Lackierer mit der **Fachrichtung Bauten- und Korrosionsschutz**
- richten Strahlanlagen ein und bedienen und warten sie,
- erstellen Einhausungen und Abplanungen,
- halten Bauwerke und Anlagen in Stand und führen Instandsetzungsmaßnahmen durch,
- führen Korrosionsschutzmaßnahmen durch,
- führen Betonschutzmaßnahmen durch,
- führen Brandschutz- und Abdichtungsmaßnahmen durch,
- führen Sicherheitskennzeichnungen und Straßenmarkierungen durch.

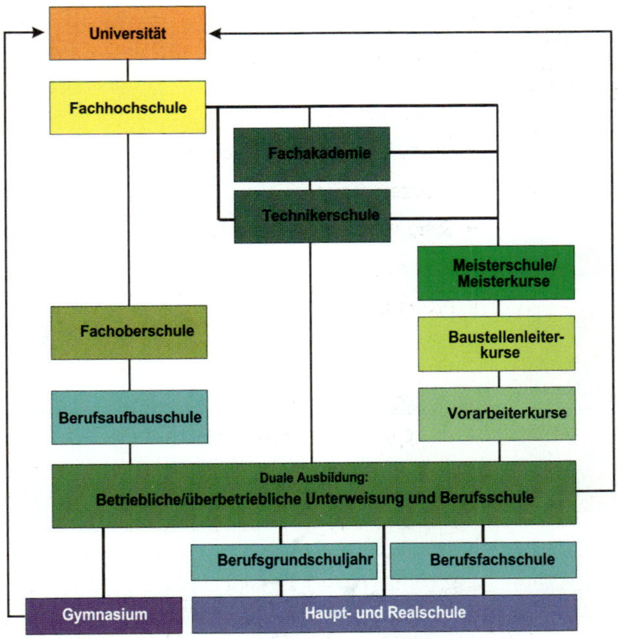

Bild 1. Aus- und Weiterbildungsmöglichkeiten im Maler- und Lackiererhandwerk in der Bundesrepublik Deutschland (mit Abweichungen in einzelnen Bundesländern)

Nach bestandener Gesellenprüfung und fünf Jahren Berufspraxis kann die Meisterprüfung abgelegt werden. Dem Maler- und Lackierermeister stehen weitere Aus- und Weiterbildungsmöglichkeiten offen: vom Staatlich geprüften Techniker Fachrichtung Farb- und Lacktechnik bis hin zum Diplom-Ingenieur für Farben, Lacke, Kunststoffe oder zum Lehrer an berufsbildenden Schulen.

2 Sicherheit im Betrieb und am Arbeitsplatz

Die Sicherheit im Betrieb und am Arbeitsplatz ist eine Gemeinschaftsaufgabe des Unternehmers und seiner Mitarbeiter. Ob in Lagerräumen, in der Werkstatt oder auf der Baustelle - Sicherheitsvorschriften dienen dem Schutz von Gesundheit und Leben aller Beteiligten.

Kennzeichnung gefährlicher Arbeitsstoffe

Gefahren-symbol	Kenn-buchstabe	Gefahrenbezeichnung (Eigenschaften)	Begriffsbestimmung nach GefStoffV vom 15. April 1997	Beispiele
	**T+**	sehr giftig	äußerst schwere, akute oder chronische Gesundheitsschäden oder Tod	konzentrierte Holzschutzmittel, Methanol
	**T**	giftig	erhebliche, akute oder chronische Gesundheitsschäden oder Tod	verdünnte Hozschutzmittel
	**Xn**	gesundheitsschädlich – mindergiftig	akute oder chronische Gesundheitsschäden oder Tod	aromatische und chlorierte Kohlenwasserstoffe, Toluol, Ammoniak, Styrol, organische Peroxide ind Härtern
	**C**	ätzend	bewirkt in Berührung mit lebendem Gewebe dessen Zerstörung	Säuren, Laugen, Epichlorhydrin in Epoxydharzen
	**Xi**	reizend	bewirkt Entzündungen bei Berührung mit Haut und Schleimhäuten	PUR-Lacke und -Kleber, Isocyanate
	**E**	explosionsgefährlich	nach Sprengstoffgesetz	Lösemittel-Luft-Gemische, Holzstäube, Druckluftgasflaschen
	**O**	brandfördernd	schnellerer Abbrand brennbarer Stoffe durch Sauerstoffabgebe	Peroxide, Sauerstoff, hochkonzentrierte Säuren, z. B. Perchlorsäure, Salpetersäure
	**F+**	hochentzündlich	flüssige Stoffe mit einem Flammpunkt < 0 °C und einem Siedepunkt < 35 °C, gasförmige Stoffe, die bei gewöhnlicher Temperatur und normalen Druck bei Luftkontakt entzündlich sind	Vinylchlorid, Butan, Wasserstoff
	**F**	leicht entzündlich	flüssige Stoffe, die einen Flammpunkt < 21°C besitzen, aber nicht hochentzündlich sind, feste Stoffe, die durch kurzzeitige Einwirkung einer Zündquelle leicht entzündet werden können	Methylpropionat, Methylacetat, Papier
	**N**	umweltgefährlich	schädigende Wirkung für Struktur und Funktion der Umwelt	Chlor, Nitrobenzol, Kohlenstofftetrachlorid

2.1 Arbeitsstoffe

Einige noch auf dem Markt befindliche Beschichtungs- und Hilfsstoffe gefährden die Gesundheit der Benutzer. Die Schadstoffe können bei der Verarbeitung in den Körper gelangen durch:

- **Einatmen** von Gasen, Aerosolen oder Dämpfen,
- **Verschlucken** von gesundheitsschädlichen, ätzenden, reizenden oder giftigen Flüssigkeiten,
- **Hautkontakt** mit mindergiftigen oder reizenden Stoffen.

Daher sind gefährliche Arbeitsstoffe nach der Verordnung zum Schutz vor gefährlichen Stoffen (GefStoffV) und nach der Verordnung über brennbare Flüssigkeiten (VbF) kennzeichnungspflichtig. Bevor mit gefährlichen Arbeitsstoffen umgegangen oder gearbeitet wird, muss der Arbeitgeber Schutzmaßnahmen prüfen und festlegen. Dabei haben organisatorische und technische Schutzmaßnahmen wie Einsetzen eines belastungsarmen Arbeitsverfahrens und Arbeitsstoffes oder der Einsatz von Absaugung oder Lüftung Vorrang vor persönlicher Schutzausrüstung.

Im Umgang mit gefährlichen Arbeitsstoffen entsteht durch Einatmen die höchste Gefährdung. Daher sind Grenzwerte für Gefahrstoffe in der Luft festgelegt. Es bestehen drei Grenzwertgruppen:

- **MAK-Wert.** Die **m**aximale **A**rbeitsplatz**k**onzentration ist die maximal zulässige Konzentration eines Arbeitsstoffes in der Luft am Arbeitsplatz bei 8-stündiger Arbeitsdauer. Es wird davon ausgegangen, dass bei Einhaltung des MAK-Wertes keine Schädigung der Gesundheit stattfindet.
- **TRK-Wert.** Die **t**echnische **R**icht**k**onzentration ist die Konzentration eines krebserzeugenden und erbgutändernden Stoffes in der Luft am Arbeitsplatz für den kein MAK-Wert ermittelt werden kann. Die Einhaltung der TRK soll das Risiko einer Beeinträchtigung der Gesundheit vermindern, vermag dieses jedoch nicht vollständig auszuschließen.
- **BAT-Wert.** Der **b**iologische **A**rbeitsstoff**t**oleranzwert kann nur für solche Arbeitsstoffe angegeben werden, die über die Lunge und/oder andere Körperoberflächen in nennenswertem Ausmaß in den Organismus gelangen. Der Wert ist Grundlage für die Beurteilung der Bedenklichkeit oder Unbedenklichkeit vom Organismus aufgenommener Arbeitsstoffmengen.

Wird die Auslöseschwelle nicht überschritten, werden die Grenzwerte also eingehalten, dann wird davon ausgegangen, dass keine Gesundheitsgefährdung für den Beschäftigten vorliegt.

Auslöseschwelle

Aerosol

Maximale Arbeitsplatzkonzentration gefährlicher Arbeitsstoffe

Gefährlicher Arbeitsstoff	MAK-Wert in mg/m³	Beispiel
Aceton	1200	Lösemittel
Ammoniak	14	Entfettungsmittel
Kohlenstoffdioxid	9100	Rauch, Abgase
Natriumhydroxid	2	Anlauger, Abbeizer
Nikotin	0,47	Zigarettenrauch
Salzsäure	7,6	Reinigungsmittel
Schwefelsäure	1	Reinigungsmittel
Terpentinöl	560	Lösemittel
Toluol	190	Lösemittel

Grenzwerte

Gefährliche Arbeitsstoffe müssen gekennzeichnet sein. Das Nichtbeachten der Gefahrenhinweise und Sicherheitsratschläge auf Gebinden kann zu Unfällen und Gesundheitsschäden führen.
Bestimmte Grenzwerte dürfen am Arbeitsplatz nicht überschritten werden.

Bei seiner Arbeit kann sich der Maler und Lackierer durch folgende Maßnahmen vor Gefahrstoffen schützen:

- **Information** im Sicherheitsdatenblatt des Herstellers oder der Betriebsanleitung des Arbeitgebers,
- schadstoffarme **Arbeitsverfahren**, z.B. Schleifen mit Absaugeinrichtung,
- **Lüftungsmaßnahmen**, z.B. bei Lackierarbeiten,
- **persönliche Schutzausrüstung**, z.B. Tragen von Atemschutzmaske, Handschuhen oder Schutzbrille.

2.2 Sicherheits- und Gesundheitsschutzkennzeichnung nach UVV

Auf der Baustelle, in der Werkstatt oder im Lager sollen Gefahren oder Gefahrenstellen schnell und leicht erkennbar sein. Daher müssen nach der Unfallverhütungsvorschrift (UVV) Sicherheits- und Gesundheitsschutzkennzeichnungen am Arbeitsplatz angebracht sein.

Die Kennzeichnung erfolgt durch Sicherheitszeichen, die durch Kombination von geometrischer Form und einer bestimmten Farbe sowie entsprechender Bildzeichen bestimmte Sicherheits- und Gesundheitsschutzaussagen ermöglichen.

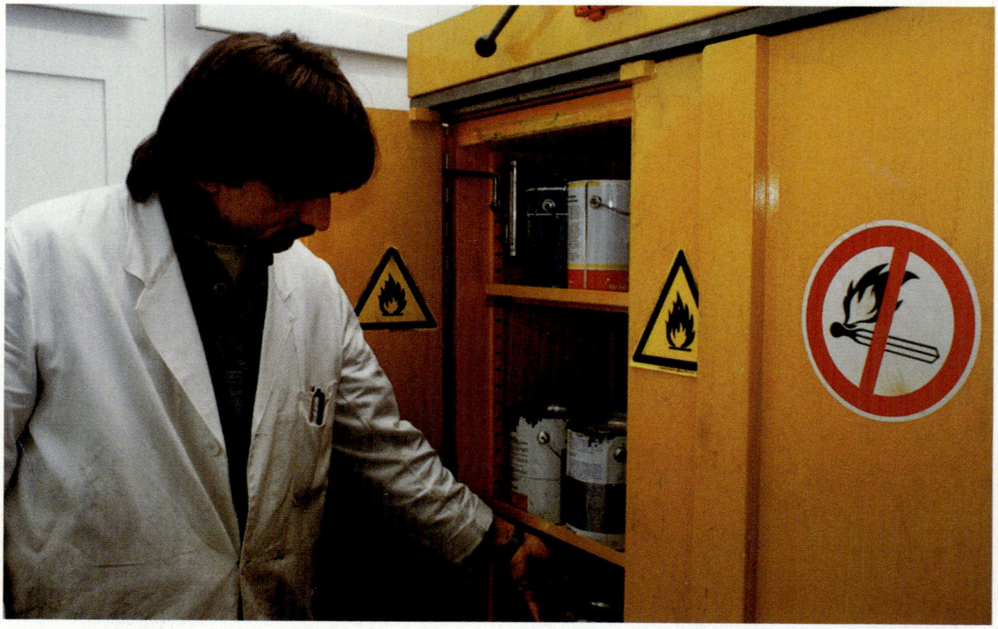

Bild 1. Verbots- und Warnzeichen auf einem Lackschrank

Kombination von geometrischer Form und Sicherheitsfarbe und ihre Bedeutung für Sicherheitszeichen

Sicherheitsfarbe	Geometrische Form			Hinweise Angaben
Rot	Verbot		Material und Einrichtungen zur Brandbekämpfung	Gefährliches Verhalten
Gelb		Warnung, Vorsicht		Achtung, Vorsicht, Überprüfung
Grün			Hinweis	Rettung, erste Hilfe
Blau	Gebot			Besonderes Verhalten oder Tätigkeit z.B. Verpflichtung zum Tragen einer persönlichen Schutzausrüstung

Sicherheitskennzeichen und Sicherheitsaussagen

Verbotszeichen: Untersagt ein Verhalten, das durch eine Gefahr entstehen kann

Rauchen verboten

Feuer, offenes Licht, Rauchen verboten

Für Fußgänger verboten

Mit Wasser löschen verboten

Kein Trinkwasser

Zutritt für Unbefugte verboten

Warnzeichen: Warnt vor einem Risiko oder einer Gefahr

Warnung vor feuergefährlichen Stoffen

Warnung vor explosionsgefährlichen Stoffen

Warnung vor giftigen Stoffen

Warnung vor ätzenden Stoffen

Warnung vor gefährlicher elektrischer Spannung

Warnung vor einer Gefahrenstelle

Gebotszeichen: Schreibt ein bestimmtes Verhalten vor

Augenschutz benutzen

Schutzhelm benutzen

Gehörschutz benutzen

Atemschutz benutzen

Schutzschuhe benutzen

Schutzhandschuhe benutzen

Rettungszeichen: Bezeichnet den Rettungsweg oder Notausgang, den Weg zu einer Erste-Hilfe-Einrichtung oder diese Einrichtung selbst

Rettungsweg

Notausgang

Erste Hilfe

Arzt

Sammelstelle

Notruftelefon

Brandschutzzeichen: Kennzeichnet Standorte von Feuermelde- und Feuerlöscheinrichtungen

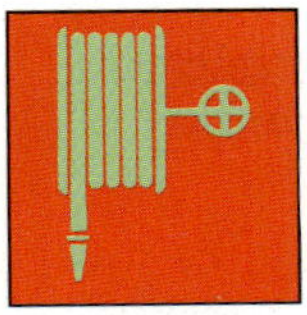
Löschschlauch

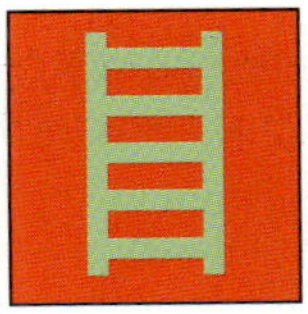
Leiter

Feuerlöschgerät

Brandmelder

Einrichtung zur Brandbekämpfung

2.3 Gefährliche Arbeitsstellen

Beschichtungsarbeiten in fensterlosen Räumen und Behältern. Gefährliche Räume und Behälter sind Tanks oder Kessel, Silos und Bunker, Schächte, Gruben und Kanäle, Auffangräume und Räume unter Erdgleiche. In diesen Bauwerken und Räumen, die im Allgemeinen nicht ausreichend auf natürliche Weise be- und entlüftet werden können, sind im Umgang mit gefährlichen Arbeitsstoffen besondere Schutzmaßnahmen erforderlich.

Sicherheitsregeln:

- Nie alleine in fensterlosen Räumen arbeiten. Sicherheitsposten aufstellen, der jederzeit und ohne seinen Posten zu verlassen Hilfe herbeiholen kann.
- Bei gesundheitsgefährdenden Gasen oder Dämpfen Atemschutzgerät benutzen.
- Bei erhöhter elektrischer Gefährdung müssen Maschinen und Leuchten mit Schutzkleinspannung oder mit Schutztrennung betrieben werden.
- Jede Art von Zündquellen ausschließen.
- Bei lösemittelhaltigen Stoffen immer von unten nach oben arbeiten.
- Reinigungsarbeiten mit Lösemitteln an Geräten und Werkzeugen außerhalb der gefährdeten Räume und Behälter ausführen.
- Bei Unwirksamwerden der Lüftungen Arbeit sofort einstellen und Raum verlassen.

Beschichtungsarbeiten in der Nähe von elektrischen Anlagen und Betriebsmitteln. Arbeiten in der Nähe von und an elektrischen Anlagen und Betriebsmitteln dürfen nur im Einvernehmen mit dem zuständigen Elektrizitäts-Versorgungsunternehmen ausgeführt werden. Dabei sind besondere elektrische Schutzmaßnahmen erforderlich:

- Abschalten oder Abdecken spannungsführender Leitungen.
- Einhalten der folgenden Sicherheitsabstände in der Nähe unter Spannung stehender aktiver Teile:

Sicherheitsabstand ohne Schutz gegen direktes Berühren

Netzspannung in kV	Abstand in m
bis 1	1,00
über 1 bis 110	3,00
über 110 bis 220	4,00
über 220 bis 380	5,00

Diese Schutzabstände müssen auch beim Ausschwingen von Lasten und Tragmitteln wie Leitern und Gerüstteilen eingehalten werden. Die Netzspannung ist beim zuständigen Versorgungsunternehmen zu erfragen.

Elektrische Anlagen und Betriebsmittel auf Baustellen. Verwendet der Maler und Lackierer elektrische Maschinen und Geräte, so können Gefahren durch elektrische Energie beim Berühren stromführender Teile oder schadhafter Betriebsmittel entstehen.

Sicherheitsregeln:

- Änderungen oder Instandsetzungen von elektrischen Leitungen, Geräten oder Maschinen nur von einer Elektrofachkraft ausführen lassen.
- Elektrische Betriebsmittel, Anschluss- und Verlängerungsleitungen mit ihren Steckvorrichtungen mindestens alle sechs Monate von einer Elektrofachkraft prüfen lassen.
- Schadhafte Leitungen, Geräte und Anlagen sofort außer Betrieb setzen
- Elektrische Einrichtungen, Leitungen, Stecker und Elektrogeräte nur bestimmungsgemäß verwenden.
- Schutzisolierte und strahlwassergeschützte Hand- und Bodenleuchten verwenden.

Kurzzeichen und Symbole auf elektrischen Maschinen und Geräten

- GS = Geprüfte Sicherheit Prüfzeichen nach dem Gesetz über technische Arbeitsmittel (Gerätesicherheitsgesetz)
- Prüfzeichen des Verbandes Deutscher Elektrotechniker (VDE-Prüfzeichen)
- Berufsgenossenschaftliches Prüfzeichen (BG-Prüfzeichen) A-ET = Fachausschuss Elektrotechnik
- Schutzisoliert
- Trenntransformator
- Tropfwassergeschützt
- Sprühwassergeschützt
- Spritzwassergeschützt
- Strahlwassergeschützt
- Wasserdicht
- ...bar Druckwasserdicht
- Staubgeschützt
- Staubdicht
- Für rauen Betrieb geeignet
- Kennzeichen an Schutzleiterklemme
- Feuersichere Trennung bei Leuchten mit Leuchtstofflampen
- Explosionsgeschützte, baumustergeprüfte Betriebsmittel
- **V** Volt (Spannung)
- **A** Ampere (Stromstärke)
- **W** Watt (Leistung)
- **kW** Kilowatt (Leistung)
- **Hz** Hertz (Frequenz)
- ~ Wechselstrom
- Gleichstrom

2.4 Leitern, Behelfsgerüste und Hubarbeitsbühnen

Leitern sind Arbeitshilfen für den Maler und Lackierer, z.B. zum Be- und Entsteigen von Gerüsten. Es kommen aber noch Behelfsgerüste und Hubarbeitsbühnen zum Einsatz. Werden Leitern als Arbeitsplatz genutzt, dann gelten aber bestimmte Sicherheitsregeln.
Es gibt verschiedene Arten von Leitern:

- **Anlegeleitern** werden zu ihrer Benutzung angelehnt.
- **Stehleitern** sind zweischenklige frei stehende Leitern.
- **Mehrzweckleitern** sind Steh- oder Anlegeleitern, die zur jeweils anderen Leiterbauart umgerüstet werden können.
- **Glasreinigungsleitern** sind spitz zulaufende, einteilige oder zusammengesetzte Anlegeleitern.

Anlegeleitern bestehen aus Leiterholmen oder Wangen. Zwischen diesen müssen Sprossen in gleichen Abständen angebracht sein.
Zu ihrer Benutzung werden Anlegeleitern an sichere Stützpunkte angelehnt.

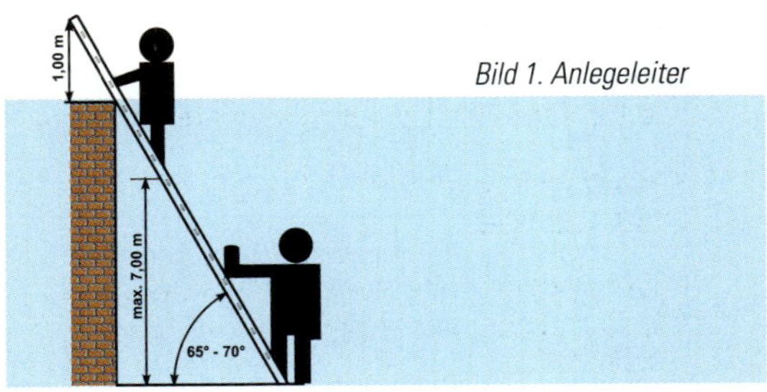

Bild 1. Anlegeleiter

Sicherheitsregeln:

- Schadhafte Leitern nicht benutzen.
- Holzleitern gegen Witterungs- und Temperatureinflüsse geschützt lagern, keine deckenden Anstriche verwenden.
- Anlegewinkel von 65° - 75° einhalten.
- Standsicherheit gegen Verschieben, Wegrutschen oder Einsinken gewährleisten.
- Austrittstelle mindestens 1,00 m über die Anlegestelle hinausragen lassen.
- Standplatz des Malers auf der Leiter nicht höher als 7,00 m.
- Bei einer Standhöhe von mehr als 2,00 m nicht länger als zwei Stunden arbeiten.
- Mitzuführende Werkzeuge und Materialien dürfen nicht schwerer als 10 kg sein.
- Es darf nicht mit gefährlichen Arbeitsstoffen oder Arbeitsverfahren gearbeitet werden, z.B. Arbeiten mit Säuren und Laugen oder Hochdruckreinigungsgeräten.
- Immer mit beiden Füßen auf einer Sprosse stehen.

Standsicherung bei Anlegeleitern

	Sicherheitsvorkehrungen und Anwendung
	durch eine zweite Person, nur bei kurzzeitiger Arbeit auf festen Böden, z. B. Asphalt oder Beton
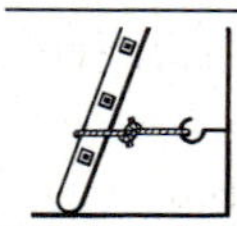	Anbinden der Holme, bei längeren Arbeiten auf festen Böden, wie Asphalt, Beton oder Pflasterung
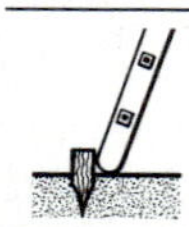	Widerlager im Boden, bei längeren Arbeiten auf festen, aber nicht versiegelten Böden
	Gleitschutz aus Gummi oder Kunststoff, auf glatten, festen Böden wie Zement oder Estrich
	Stahldorn, auf weichen, aber tragfähigen Böden, z. B. festen Sand oder Lehm
	Druckverteilung durch Oberflächenvergrößerung mit Tellerfüßen oder Brettunterlage bei weichen Böden

Stehleitern, Bockleitern oder Doppelleitern sind Leitern, die an einem Holmende mit einem Gelenk zusammengehalten werden. Spreizsicherungen, z.B. Ketten oder Gurte, müssen fest mit den Leiterschenkeln verbunden sein.

Sicherheitsregeln:

- Schadhafte Leitern nicht benutzen.
- Holzleitern gegen Witterungs- und Temperatureinflüsse geschützt lagern.
- Stehleitern nicht wie Anlegeleitern benutzen.
- Von Stehleitern nicht auf andere Leitern oder auf Gerüste übersteigen.
- Oberste Sprosse oder Stufe nicht besteigen; nur bei Leitern mit Sicherheitsbrücke und Haltevorrichtung (Haushaltsleitern) ist das Betreten zulässig.
- Bei Stehleitern mit aufgesetzter Schiebeleiter die vier obersten Sprossen nicht betreten.
- Bei Stehleitern mit aufgesetzter Schiebeleiter diese erst betreten, wenn zug- und druckfeste Spreizsicherung wirksam ist.

Behelfsgerüste sind aus Stehleitern und Bohlen geschaffene Arbeitshilfen. Wird ein solches Behelfsgerüst eingesetzt, so sind über die für Stehleitern geltenden Regeln hinaus noch zusätzliche Sicherheitsbestimmungen zu beachten.

Zusätzliche Sicherheitsregeln:

- Oberkante der aufgelegten Bohle höchstens 2,00 m über der Standfläche.
- Bohlenbreite mindestens 28 cm.
- Die Bohlendicke ist von der Stützweite abhängig.

Stützweite in m	2,25	2,50	2,75
Bohlendicke in cm	4,00	4,50	5,00

- Die Bohlen müssen auf den Sprossenpaaren beider Leitern liegen, je 10 cm überragen und eine waagerechte Standfläche ergeben.
  Ausnahme:
  ausziehbare Beläge mit Leistenanschlag.
- Die Bohlen nicht höher als auf das dritte Sprossenpaar von oben legen.
- Auf Treppen und schiefen Ebenen nur Stehleitern mit Holmverlängerung verwenden.

- Ein Behelfsgerüst darf nur durch jeweils eine Person benutzt werden und es darf eine züsätzliche Belastung für Material, Werkzeuge oder Maschinen von 100 kg nicht überschritten werden.

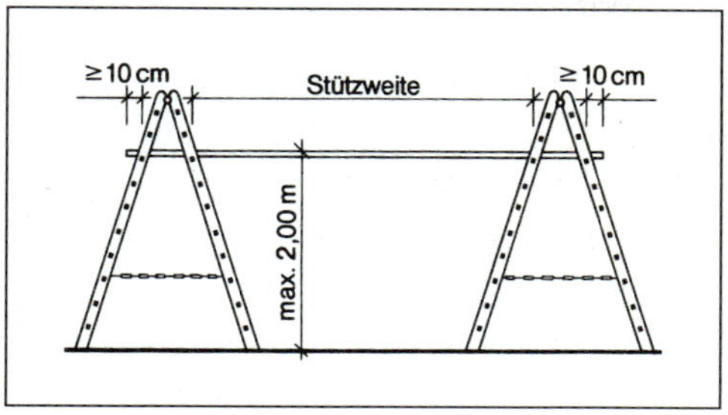

Bild 1. Behelfsgerüst

Mehrzweckleitern können aufgrund ihrer Bauart als Anlegeleiter, Stehleiter oder als Gerüstbock benutzt werden. Die Anwendungsbreite wird durch Knickgelenke oder durch Steckverbindungen erreicht. Mehrzweckleitern, die den Anforderungen entsprechen, tragen ein Prüfsiegel.

Mechanische Leitern sind fahrbare, frei stehende Schiebeleitern. Sie können manuell oder hydraulisch aufgerichtet und ausgefahren werden. Bei nicht standsicherer Aufstellung der mechanischen Leiter besteht Kipp- und damit Umsturzgefahr.

Sicherheitsregeln:

- Auf- und Abbau sowie Benutzung nur nach Betriebsanleitung.
- Die Leiter nur auf tragfähigem Untergrund aufstellen.
- Achsfedern und Luftbereifung durch Stützspindeln oder ausfahrbare Ausleger entlasten.
- Aufrichten und Ausfahren nur unter Beachtung der an der Leiter angebrachten Anzeigevorrichtung.
- Leiter erst besteigen, wenn sie standsicher aufgestellt und die Feststellvorrichtungen wirksam sind.
- Nur kurzzeitige Ausbesserungs-, Reinigungs- oder Sicherungsarbeiten von der Leiter ausführen.
- Benutzer gegen Absturz sichern.
- Arbeiten nur von Plattform mit Rückenschutz vornehmen.
- Sachkundigenprüfungen nach Bedarf, mindestens jedoch einmal jährlich durchführen lassen.

Sachkundiger

Leitern regelmäßig auf ihren einwandfreien Zustand überprüfen. Beschädigte Leitern ausmustern oder reparieren lassen.

Hubarbeitsbühnen sind auf einem fahrbaren Untergestell oder einem Fahrzeug aufgebaut. Die Arbeitsbühne mit Steuerpult und Gerätehalterungen kann hydraulisch ausgefahren werden. Nicht standsichere Aufstellung und falsche Bedienung sind Ursachen vieler Unfälle mit Hubarbeitsbühnen.

Sicherheitsregeln:

- Vor der ersten Inbetriebnahme Hubarbeitsbühne von einem Sachverständigen überprüfen lassen oder nur Bühnen mit einem EG-Übereinstimmungszeichen benutzen.
- Bei Aufstellung und Betrieb auf Quetsch- und Scherstellen achten.
- Bei Arbeiten im öffentlichen Straßenverkehr gelbe Blinkleuchten einschalten.
- Klappbare Schutzgeländer vor Arbeitsbeginn in Schutzstellung bringen.
- Vor und beim Betrieb auf einwandfreien Zustand und Wirksamkeit der Sicherheitseinrichtungen achten.
- Arbeitsbühne mindestens einmal jährlich von einem Sachverständigen überprüfen lassen.
- Vor jeder Benutzung Funktionsprüfungen durchführen.
- Für die Bedienung von Hubarbeitsbühnen nur Personen einsetzen, die
  - mindestens 18 Jahre alt und zuverlässig sind,
  - in der Bedienung besonders unterwiesen sind
  - vom Unternehmer hierzu schriftlich beauftragt sind.

Sachverständiger

2.5 Gerüste

DIN – Deutsches Institut für Normung

Arbeitsgerüste. Das Gerüst ist nach DIN 4420 eine Hilfskonstruktion. Es ist mit Belagsflächen (Gerüstbohlen) unveränderlicher Länge und Breite an der Arbeitsstelle zusammensetzbar und auseinandernehmbar. Gerüste bestehen aus fabrikmäßig vorgefertigten Horizontal- oder Vertikalrahmen mit Schraub- oder Steckverbindungen. Diese Gerüste müssen nach Zulassungsbescheid und Montageanweisungen errichtet werden.
Unterschieden werden:

- Stahlrohrkupplungsgerüste in der Regelausführung,
- Sytemgerüste aus vorgefertigten Bauteilen.

Gerüste müssen so stabil sein, dass sie außer Personen noch Werkzeuge, Werkstoffe und Geräte tragen können. Je nach Belastung müssen die entsprechende Gerüstgruppe bestimmt sowie Belagstärke und -breite, Ständer- und Riegelabstände festgelegt werden.

Gruppeneinteilung der Arbeitsgerüste

Gerüstgruppe	Mindestbreite der Belagfläche[2] in m	Flächenbezogenes Nutzgewicht in kg/m²	Flächenpressung[3] in kg/m²
1	0,50[1]	–	–
2	0,60[1]	150	–
3	0,60[1]	200	–
4	0,90	300	500
5	0,90	450	750
6	0,90	600	1000

[1] Die Bordbrettdicke darf mitgerechnet werden.
[2] Die freie Durchgangsbreite muss bei Materiallagerung mindestens 20 cm betragen.
[3] Flächenpressung ist hier Nutzgewicht pro tatsächlicher Grundrissfläche.

Bild 1. Systemgerüst

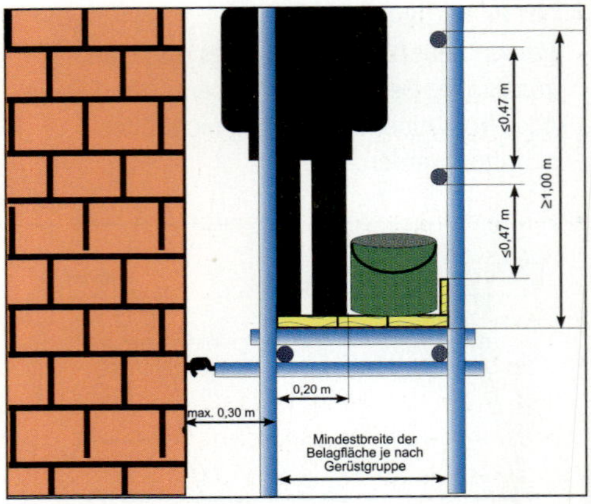

Bild 2. Abstands- und Mindestbreiten

Mangelhaft oder unvollständig errichtete Gerüste können zu Absturzunfällen führen. Zu Gerüstzusammenstürzungen kann es kommen wegen Überlastung, fehlender oder unzulänglicher Verankerung und Verstrebung.

Sicherheitsregeln:

1. Konstruktion:

- Ständer bzw. Vertikalrahmen lotrecht auf tragfähigen Untergrund stellen.
- Lastverteilung und Höhenausgleich durch Fußplatten und Spindeln.
- Senkrechte Verstrebung
  - in Längsrichtung durch Strebenzüge über die ganze Höhe,
  - in Querrichtung bei Stahlrohrkupplungsgerüsten durch Querriegel und ggf. durch Querstreben, bei Systemgerüsten durch Vertikalrahmen.
- Waagerechte Verstrebung
  - bei Stahlrohrkupplungsgerüsten in jeder unverankerten Gerüstlage durch eine waagerechte Verstrebung,
  - bei Systemgerüsten durch Horizontalrahmen oder Belagtafeln.
- Jedem Strebenzug höchstens fünf Gerüstfeldern zuordnen. Strebenzüge fest mit den Gerüstknotenpunkten verbinden.

2. Verankerung:

- Gerüst fortlaufend mit dem Aufbau zug- und druckfest an tragfähigen Bauteilen verankern.
- Höchstabstände der Verankerung einhalten (≤ 30 cm).
- Verankerungen in der Nähe der Gerüstknotenpunkte anordnen.

3. Belag:

- Jede benutzte Gerüstlage muss voll ausgelegt und über einen sichern Zugang, z.B. Treppe oder inneren Leitergang, erreichbar sein.
- Bei Material- oder Gerätelagerung mindestens 20 cm freier Durchgang.
- Bei Bohlenbelägen genügend große Überdeckungen (≥ 20 cm) im Bereich der Riegel vorsehen.
- Nicht auf Gerüstbeläge abspringen.
- Gerüstbelag um Bauwerksecken herumführen. Mindestbreite ≥ 50 cm.

4. Seitenschutz:

- Seitenschutz, bestehend aus Geländerholm, Zwischenholm und Bordbrett, vorsehen, wenn der Gerüstbelag mehr als 2,00 m über dem Boden liegt.
- Beträgt der Abstand zwischen Belag und Bauwerk mehr als 30 cm, auch an der Innenseite Seitenschutz vorsehen.
- Bei innenliegenden Leitergängen muss in Bereich des Verkehrsweges auch in nicht genutzten Gerüstlagen der Seitenschutz vorhanden sein.

Unvollständiger Seitenschutz oder lückenhafter Belag führen zu Absturzunfällen.

Kleingerüste sind Arbeitsgerüste, deren Belaghöhe nicht mehr als 2,50 m betragen darf. Sie werden als Bausatz geliefert und können mit Fahrrollen versehen sein.

Sicherheitsregeln:

- Kleingerüste nach Anweisungen des Herstellers aufbauen, zulässige Belastung berücksichtigen.
- Ab 0,60 m Belaghöhe einen Aufstieg vorsehen.
- Ab 2,00 m Belaghöhe einen Seitenschutz anbringen.
- Nicht auf Belagfläche abspringen.

Bild 1. Fahrbares Kleingerüst

Fahrbare Arbeitsbühnen aus serienmäßig hergestellten Elementen werden nach Herstelleranweisung aufgestellt. Die Belagflächenabmessungen sind unveränderlich.

Bild 2. Fahrbare Arbeitsbühne

Sicherheitsregeln:

- Die maximale Belaghöhe darf in Gebäuden bis 12,00 m, außerhalb von Gebäuden bis 8,00 m betragen.
- Es müssen konstruktiv festgelegte Innenaufstiege vorhanden sein.
- Senkrechte Steigleitern von mehr als 4,00 m sind unzulässig, es sei denn, dass maximal alle 4,00 m eine Durchtrittsklappe vorhanden ist.
- Fahrrollen müssen unverlierbar befestigt sein und nach dem Verfahren durch Bremshebel festgesetzt werden.
- Arbeitsbühne langsam in Längsrichtung oder über Eck verschieben.
- Nur ohne Personenbesetzung verschieben.

- Vor dem Verschieben der Arbeitsbühne Werkzeuge und Werkstoffe gegen Herabfallen sichern.
- Bei starkem Wind und nach Arbeitsende gegen Umstürzen sichern.
- Überbrückungen zwischen Arbeitsbühne und Gebäuden o.ä. sind unzulässig.

Gerüstauf-, Gerüstum- und Gerüstabbauarbeiten sind nur durch Sachkundige auszuführen.
Bei Schäden und Unfällen haftet nicht der Gerüstbauer, sondern der Benutzer.

2.6 Persönliche Schutzausrüstung

Persönlicher Schutz beugt Unfällen und Gesundheitsgefährdungen am Arbeitsplatz vor. Der Unternehmer muss bei gesundheitsgefährdenden Arbeiten die Schutzausrüstung zur Verfügung stellen. Drohen am Arbeitsplatz Risiken oder Gefahren, z.B. auf Großbaustellen, müssen diese durch entsprechende Sicherheits- und Gesundheitsschutzkennzeichnung deutlich gemacht werden.

Arbeitskleidung:

- darf die Arbeit nicht stören, z.B. zu weite oder zerrissene Kleidung,
- schützt den Körper vor Werkstoffen, z.B. vor Werkstoff-, Abbeiz-, oder Säurespritzern oder vor mechanischen Einwirkungen (Abschürfungen).

Sicherheitsschuhe sind erforderlich:

- bei drohenden Fußverletzungen, z.B. durch Nageldurchtritt oder Quetschungen.

Kopfschutz soll getragen werden:

- bei Gerüstauf- und -abbauarbeiten, z.B. wegen herabfallender Teile oder Werkzeuge,
- unter schwebenden Lasten, z.B. in der Nähe von Kranarbeiten.

Schutzhandschuhe sind erforderlich:

- beim Umgang mit hautschädigenden Stoffen, z.B. Abbeizern, Ablaugern, Säuren und Laugen,
- bei maschinellen Schleifarbeiten, z.B. wegen Verbrennungen oder Splitterungen.

Augenschutz (Schutzbrille) ist zu tragen:

- bei Gefährdung der Augen durch Spritzer, z.B. durch alle ätzenden Stoffe,
- bei Strahl- und Schleifarbeiten, z.B. bei Arbeiten mit dem Hochdruckreiniger, Strahlgerät oder Flammstrahler sowie bei maschinellem Schleifen.

Hautschutz erfolgt durch:

- Spezialreinigungsmittel, z.B. zum Entfernen von Hautverunreinigungen und Beschichtungsstoffresten,
- Hautpflegemittel, z.B. zum Ausgleich von Fettverlust der Haut nach Umgang mit Lösemitteln und zur Pflege kleiner Wunden.

Sicherheits- und Gesundheitsschutzkennzeichnung s. S. 12 f., Lösemittel s. S. 81 ff.

2.7 Erste Hilfe

In jedem Malerbetrieb müssen unter Berücksichtigung der betrieblichen Verhältnisse Einrichtungen für die erste Hilfe und zur Rettung aus Gefahr für Leben und Gesundheit bereitgestellt sein. Der Unternehmer hat dafür zu sorgen, dass für bis zu 20 Arbeitnehmer ein Ersthelfer für die Erste-Hilfe-Leistung zur Verfügung steht. Dieser muss in erster Hilfe bei anerkannten Stellen ausgebildet sein. Auf Baustellen und auf baustellenähnlichen Einrichtungen muss für bis zu 20 Beschäftigte ein kleiner Verbandskasten nach DIN 13157 vorhanden sein.

Bei Unfall oder Schädigungen muss jeder Beschäftigte

- Maßnahmen der ersten Hilfe unterstützen,
- die Arbeit mindestens so lange unterbrechen, bis erste Hilfe geleistet ist,
- sofern keine persönlichen Gründe dagegensprechen sich zum Ersthelfer ausbilden lassen,
- unverzüglich jeden Unfall der zuständigen betrieblichen Stelle melden.

3 Umweltschutz im Betrieb und am Arbeitsplatz

3.1 Vorbeugender Umweltschutz

Bei der Arbeit des Malers und Lackierers können neben gesundheitsschädlichen auch umweltbelastende Stoffe anfallen. Umweltbelastungen entstehen durch stoffliche Emissionen für Luft, Wasser und Erdreich sowie durch unverwertbare Abfälle. Daher soll der Maler und Lackierer Beschichtungen unter Berücksichtigung des Umweltschutzes ausführen.

Umweltschutz ist ein Bestandteil fachlicher Qualitätsarbeit des Maler und Lackierers.

Umweltbelastungen:

- **Abfälle** sind nach den Abfallgesetz bewegliche Sachen, die sein Besitzer für unbrauchbar erklärt, oder die einer geordneten Entsorgung zugeführt werden sollen. Dabei soll das Wohl der Allgemeinheit und besonders auch der Umweltschutz gewahrt werden.
- **Immissionen** sind auf die Umwelt einwirkende Luftverunreinigungen, Geräusche, Erschütterungen, Licht, Wärme oder Strahlen.
- **Emissionen** sind die von Stoffen oder Anlagen ausgehenden Luftverunreinigungen, Geräusche, Erschütterungen, Licht, Wärme oder Strahlen.

Der Maler soll umweltschonendere Arbeitsverfahren und Werkstoffe anwenden können.

Verringerung des flüchtigen Lösemittelanteils. Bei der Reinigung von Werkzeugen und Geräten, mit denen lösemittelhaltige Werkstoffe verarbeitet wurden, sind spezielle Reinigungssysteme zu benutzen.
Diese Geräte vermindern die Abgabe von Lösemitteldämpfen in die Atmosphäre:

- Waschkabinette,
- automatische Spritzpistolen-Reiniger,
- Kleinteilereiniger.

Reinhaltung des Wassers. Wasser wird bei Verwendung im privaten und gewerblichen Bereich vielfältiger Verschmutzung ausgesetzt. Wassergefährdende Stoffe können dabei direkt oder indirekt ins Wasser gelangen:

- **Direkteinleitung.** Schadstoffe werden ins Grundwasser, in Flüsse oder offenen Gräben eingeleitet.
- **Indirekteinleitung.** Schadstoffe gelangen über die Schmutzwasserkanalisation in eine Kläranlage, werden dort gereinigt und werden dann ins Grundwasser oder in oberirdische Gewässer geleitet.

Umweltschutz

Wasserbelastungen können vermeiden z.B. durch:

- Verzicht auf Anschluss eines Bodenablaufs in Malerwerkstätten,
- Auffangbecken mit Wasserabscheidung,
- Reinigungsgeräte mit Dispersionsabscheidung,
- Spritzanlagen mit Trockenabsaugung,
- Sonderabfall-Entsorgungsanlage.

Auswahl schadstoffarmer Produkte. Bei der Verarbeitung von Werk-, Hilfs- und Beschichtungsstoffen sollte grundsätzlich berücksichtigt werden, ob ein schadstoffärmeres Alternativprodukt eine vergleichbare Beanspruchbarkeit, Wirksamkeit oder Haltbarkeit aufweist. Als umweltbelastende Bestandteile in Beschichtungsstoffen gelten bestimmte Schwermetallpigmente, Biozide oder organische Lösemittel. Organische Lösemittel durch Wasser zu ersetzten ist nicht immer möglich. So erreichen Bautenlacke bestimmte Eigenschaften nur dann, wenn sie in organischer Lösung zum Einsatz kommen.

Lösemittelgehalt in Beschichtungsstoffen

Beschichtungsstoff	Lösemittel Massenanteil in % (verarbeitungsfertig)
Low Solids	
Nitrozelluloselacke, PVC-Lacke	70
2K-Acryllacke	50
Medium Solids	
Alkylharzlacke	< 40
High Solids	
2K-EP-Lacke	< 20
Dispersionslacke	10
Dispersionsfarben	< 2

Werk- und Hilfsstoffe s. S. 98 ff., Pigmente s. S. 92 ff., Beschichtungsstoffe s. S. 71, Lösemittel s. S. 81 ff.

Stoffe, die schadstoffärmer sind als andere in derselben Produktgruppe können das Umweltzeichen "Blauer Engel" tragen. Dieses Zeichen soll die Verbreitung umweltfreundlicher Produkte fördern. Er wird verliehen durch Zusammenwirken von der Jury Umweltzeichen, dem Deutschen Institut für Gütesicherung und Kennzeichnung e.V. (RAL) sowie dem Umweltbundesamt.

Bild 1. Blauer Engel

Belastungsarme Arbeitsverfahren. Umweltbelastungen entstehen sowohl bei:

- Vorbereitungsarbeiten als auch bei
- Applikationsverfahren.

Vorbereitungsverfahren. Bei Schleifarbeiten sollte grundsätzlich auf eine wirksame Staubabsaugung geachtet werden. Nassgeschliffen werden müssen:

- Asbesthaltige Untergründe,
- chromgelb- bzw. chromgrünhaltige Altanstriche,
- Zinkchromatgrundierungen und Bleiweiß- und Bleimennigebeschichtungen.

Schleifschlamm auffangen und in Absetzbehältern vom Wasser trennen. Der Schlamm muss als Sonderabfall ausschließlich auf zuverlässig abgedichteten Deponien abgelagert werden.

Abbeizen sollte wegen der im Beizmittel enthaltenen umweltschädigenden Chemikalien möglichst unterbleiben. Es sollte auf mechanische Techniken oder auf methylenchloridfreie Abbeizer ausgewichen werden. Da nach Abbeizarbeiten immer Abwasser anfällt, ist für die Einleitung in den Schmutzwasserkanal stets eine wasserrechtliche Genehmigung bei der kommunalen Aufsichtsbehörde zu beantragen. Der Farbschlamm von Abbeizarbeiten wird eingetrocknet. Diese Stoffe sollten, um sicher zu gehen, nur als Sonderabfall entsorgt werden.

Applikationsverfahren. Bei der Applikation von Beschichtungsstoffen sollten Belastungen von Lösemittelemissionen und von Aerosolen möglichst gering gehalten werden. Daher sollten Beschichtungsverfahren gewählt werden, die über einen hohen Beschichtungswirkungsgrad η verfügen. Die mit Abstand schonendsten Auftragsverfahren sind Streichen, Rollen und Spachteln, da nahezu ohne Materialverlust und mit geringem Lösemittelgehalt beschichtet werden kann.

η = Nassfilmmenge / verbrauchte Lackmenge

Applikationsverfahren s. S. 41

Wirkungsgrad verschiedener Beschichtungsverfahren in Abhängigkeit von der zu beschichtenden Fläche

Applikationsverfahren	Beschichtungswirkungsgrad in %		
	Beschichtungsfläche		
	groß	klein	durchbrochen
Spritzen mit Druckluft	65	20 - 50	20 - 50
Spritzen, airless	80	40 - 70	40 - 60
Spritzen, elektrostatisch	90	70 - 85	60 - 70
Tauchen	90	80	75
Streichen, Rollen	98	98	98

3.2 Arbeitsplatz und Umwelt

Abfallvermeidung und Abfallverwertung zu fördern sind die Ziele des 1996 in Kraft getretenen Kreislaufwirtschafts- und Abfallgesetzes. Abfälle, die nicht direkt vermieden werden können, sind nicht unbedingt „Müll". Konsequente Abfalltrennung ermöglicht verwertbare Abfälle in den Wirtschaftskreislauf zurückzubringen.

Abfallvermeidung geht vor Abfallverwertung und Abfallbeseitigung! Abfalltrennung in der Werkstatt und auf der Baustelle hilft Kosten einsparen und den Rohstoffeinsatz und die Umweltbelastung zu minimieren.

Verpackungen sind nach der Verpackungsordnung vom Hersteller oder Vertreiber von Produkten zurückzunehmen, wenn diese verwertbar sind. Grundsätzlich sind Verpackungen nur dann verwertbar, wenn sie sauber und restentleert sind und ein Verwertungsweg besteht. Restentleert bedeutet bei Verpackungen von Lacken, Klebern, Leimen und Dispersionsfarben *tropffrei* bzw. *trocken/pinselrein*, und bei pastösen Stoffen *spachtelrein*.

Verpackungsabfälle lassen sich durch Mehrweggebinde und Produkte mit reduzierter Verpackung oder Verpackungen aus wieder verwertbarem Material verringern, z.B.:

- Mehrweggebinde für Farben, Lacke, Leime und Kleber,
- Dichtungsmassen in Kunststoffbeuteln zur Verarbeitung in Mehrwegkartuschen,
- recyclingfreundliche Gebinde für Dispersionsfarben aus Pappe mit PE-Inlet.

Hilfsmittel können mehrfach benutzt werden oder in Mehrwegausführung eingekauft werden, z. B.:

- Abdeckfolien mehrmals einsetzen oder Mehrwegabdecktücher verwenden.
- Papiertücher durch Mehrwegputzlappen ersetzen.
- Bügel von Farbwalzen mehrfach benutzen.

Sonderabfälle im Maler- und Lackiererhandwerk sind Abfälle, die aufgrund ihrer stofflichen Zusammensetzung umweltgefährdend sind und daher besondere Probleme bei der Entsorgung bereiten. Es sollte durch entsprechende Vorbehandlung oder durch getrennte Sammlung von Stoffen eine Verwertung der Rohstoffe ermöglicht werden:

- Lack- und Farbreste werden durch gezielten Einkauf vermieden, z.B. durch genaue Mengenkalkulation, Verwendung von Mischmaschinen oder elektronischen Waagen.
- Klebemittel sowie Kitt- und Spachtelmassen restlos aufbrauchen, z.B. 2K-Polyester-Spachtel nur in Verbrauchsmengen ansetzen, unvermeidbare Reste aushärten lassen und sortenrein sammeln.
- Emballagen aus Pappe, Kunststoff und Metall restentleert und getrennt sammeln.

Emballage (franz.)

- Lösemittel sollten nicht halogeniert sein, denn ihre Entsorgung ist besonders aufwendig und daher teuer. Diese Lösemittel für Reinigungsarbeiten nur in geschlossenen Kreislaufgeräten benutzen.
- Werden verschiedene Lösemittel eingesetzt, diese immer sortenrein sammeln, um ihre spätere Reinigung und Wiederverwertung zu erleichtern. Hersteller und Großhändler nehmen gebrauchte Lösemittel in Originalgebinden zurück.

Der Maler und Lackierer soll durch sein Verhalten am Arbeitsplatz Schaden von unserer Umwelt abwenden, deshalb:

- Farb- und Lackreste **nicht** in die Mülltonne werfen!
- Lösemittel **nicht** in die Umwelt schütten!
- Abbeizreste und Nachwaschwasser auffangen, **nicht** in offene Gewässer leiten!
- Stoffgebinde pinselrein entleeren, sammeln und dann recyclen!

Recycling (engl.)

- Streich- und Rollwerkzeuge vor dem Auswaschen gründlich ausstreichen oder das Restmaterial im Gebinde ausdrücken, **nicht** auf der Baustelle auswaschen!
- Werkstoffreste und Kunststoffbehälter **nicht** verbrennen!

Aufgaben zur Wiederholung (W); Aufgaben zur Vertiefung (V)

W 1. Warum werden Sicherheitsvorschriften erlassen?

W 2. Auf welchem Weg gelangen schadstoffhaltige Stoffe in den Körper des Benutzers?

W 3. Warum sind gefährliche Arbeitsstoffe kennzeichnungspflichtig?

W 4. Welches Kennzeichen und welchen Kennbuchstaben muss ein Gebinde tragen, das
a) einen giftigen,
b) einen mindergiftigen Inhalt hat?

W 5. Wie sollte reagiert werden, wenn die Auslöseschwelle überschritten wird?

W 6. Was bedeuten die Werte MAK, TRK und BAT?

W 7. Wie soll sich der Maler und Lackierer am Arbeitsplatz vor gefährlichen Arbeitsstoffen schützen?

W 8. Nennen Sie die drei Merkmale der Sicherheitszeichen.

W 9. Wie ist die Kennzeichnung, die zum Tragen von persönlicher Schutzausrüstung verpflichtet?

W 10. Welche Arten von Sicherheitszeichen können am Arbeitsplatz des Malers und Lackierers angebracht sein?

W 11. Nennen Sie Beispiele für gefährliche Arbeitsstellen, bei denen besondere Sicherheitsmaßnahmen getroffen werden müssen.

W 12. Wie werden lösemittelhaltige Stoffe in fensterlosen Räumen aufgetragen?

W 13. Welchen Schutzabstand sollten Sie einhalten, wenn Arbeiten in der Nähe einer ungeschützten, stromführenden Leitung mit 110 kV ausgeführt werden?

W 14. Wie verhalten Sie sich, wenn auf der Baustelle elektrische Geräte mit schadhaften Leitungen benutzt werden sollen?

W 15. Wie oft müssen elektrische Betriebsmittel im Jahr überprüft werden?

W 16. Welche Sicherheitsbestimmungen sind zu beachten, wenn eine Anlegeleiter benutzt wird?

W 17. Wie lange darf der Maler und Lackierer eine Anlegeleiter als Arbeitsplatz benutzen?

W 18. Bis zu welcher Höhe darf auf einem Behelfsgerüst gearbeitet werden?

W 19. Wovon ist bei einem Behelfsgerüst die Stützweite abhängig?

W 20. Was bedeutet die Abkürzung DIN?

W 21. Warum werden Gerüste in Gruppen aufgeteilt?

W 22. Wie breit darf die Belagfläche eines Gerüstes sein, wenn es ein Nutzgewicht von 200 kg/m^2 tragen soll?

W 23. Für welche vier Punkte müssen bei der Benutzung eines Gerüsts Sicherheitsbestimmungen berücksichtigt werden?

W 24. Ab welcher Gerüsthöhe ist der Seitenschutz vorgeschrieben?

W 25. Bis zu welcher Höhe ist eine fahrbare Arbeitsbühne benutzbar?

W 26. Wer haftet bei Schäden, die durch unsachgemäße Gerüstbauarbeiten verursacht wurden?

W 27. Welche persönliche Schutzausrüstung sollte jeder Maler und Lackierer mit zur Arbeit nehmen?

W 28. Wie werden Farbreste, die auf die Haut gelangt sind, entfernt?

W 29. Für wie viele Arbeitnehmer reicht ein kleiner Verbandskasten zur ersten Hilfe aus?

W 30. Was bedeutet der Begriff Umweltschutz?

W 31. Wodurch entstehen bei der Arbeit des Malers und Lackierers Umweltbelastungen?

W 32. Erklären sie den Unterschied zwischen Immission und Emission.

W 33. Wie kann der Maler und Lackierer vorbeugenden Umweltschutz betreiben?

W 35. Welche Applikationsverfahren belasten die Umwelt am geringsten?

W 36. Nennen Sie Beispiele aus der Arbeitswelt des Malers und Lackierers zur Abfallvermeidung und Abfallverwertung.

W 37. Was bedeutet der Begriff Recycling?

W 38. Wie können Sonderabfälle im Maler- und Lackiererhandwerk vermieden werden?

W 39. Wie können Lösemitteldämpfe bei der Werkzeugreinigung vermieden werden?

W 40. Nennen Sie Verhaltensweisen am Arbeitsplatz, die der Umwelt zugute kommen.

V 1. Was bedeuten die Kürzel R24/25 und S7/9 auf einem Werkstoffbehälter?

V 2. Bei welcher Institution erhalten Sie Informationen über Sicherheitsmaßnahmen im Maler- und Lackiererhandwerk?

V 3. Nennen Sie schadstoffarme Stoffe, die das Gütezeichen RAL-UZ 12 a und RAL-UZ 29 tragen.

V 4. Wie kann die Overspray-Menge bei Spritzverfahren reduziert werden?

V 5. Welche mechanischen Verfahren können Abbeizen ersetzen?

V 6. Wann gilt auf Baustellen die Nachtzeit, bei der bestimmte Immissionsrichtwerte eingehalten werden müssen?

V 7. Welche Schallpegelrichtwerte müssen eingehalten werden, wenn auf der Baustelle mit einem Kompressor gespritzt wird?

V 8. Wie hoch darf der Gehalt an organischen Lösemitteln in wasserfreien High Solids sein, um noch den "Blauen Engel" zu erhalten?

V 9. Nach der Verordnung zur Bestimmung von Abfällen (AbfBestV) ist Sonderabfall mit folgenden Schlüsselnummern ausgezeichnet:
55503; 55510; 55907;
Welche Stoffe sollen entsorgt werden?

1 Vorbereitungsverfahren

Die Arbeiten des Malers und Lackierers gliedern sich hauptsächlich in folgende Tätigkeitsbereiche:

- Einrichten der Baustelle, Abkleben und Abdecken von nicht zubearbeitenden Flächen,
- Vorbereiten der zu bearbeitenden Untergründe,
- Gestalten, Umsetzen von farbigen Ideen und
- Beschichten, Bekleben oder Bespannen von vorbereiteten Untergründen.

Werkzeuge dienen der handwerklichen Ausführung dieser Tätigkeiten.

Geräte und Maschinen unterstützen und beschleunigen die handwerklichen Ausführungen.

Anlagen werden zur stationären Fertigung im Betrieb eingesetzt.

Bild 1. Werkzeugkoffer des Malers und Lackierers

Nur selten sind die vom Maler und Lackierer zu beschichtenden Untergründe in einwandfreiem Zustand. Vorarbeiten sind notwendig, um Verunreinigungen, Altanstriche, Korrosionsprodukte oder alte Wandbekleidungen vom Untergrund zu entfernen. Oft muss der Untergrund ausgebessert oder geglättet werden.

1.1 Schleifen

Das Schleifen des Untergrundes erfüllt unterschiedlichste Aufgaben:

- Glatter Untergrund wird aufgeraut, z.B. zur Vorbereitung für Beschichtungen.
- Unebener Untergrund wird geglättet, z.B. durch Abtragen von Erhöhungen oder Spachtelgraten.
- Verschmutzter Untergrund wird gereinigt, z.B. von Schmutz, losen Teilen, Rost oder nicht haftenden Altbeschichtungen.
- In eine ausgehärtete, hochglänzende Oberfläche aus Lack wird ein Muster oder Ornament geschliffen; dieser Flächeneffekt wird Schleiflack genannt.

Schleifmittel. Kristalle, die in unterschiedlichen Stoffen eingebettet sind, erzielen die Schleifwirkung. Das Schleifmittel muss härter sein als der zu schleifende Untergrund. Die Härte ist eine Eigenschaft fester Stoffe. Wenn ein Stoff die Oberfläche eines anderen Stoffes ritzen kann, ist er härter als der andere. Nach dieser Definition legte F. Mohs (1773 – 1839) eine Härteskala mit den Härtegraden 1 bis 10 fest. Die heute gebräuchlichen, auf 15 erweiterten Härtegrade werden durch folgende Mineralien bestimmt:

Härtegrade von Mineralien

Härtegrad	Mineral	vergleichbare Stoffe
1	Talkum	Graphit
2	Gips	Steinsalz
3	Kalkspat	Gold, Silber
4	Flussspat	Autolacke
5	Apatit	Glas
6	Feldspat	Bauglas
7	Quarzglas	Granit
8	Quarz	Stahl, Flintstein
9	Topas	Chromstahl
10	Granat	Werkzeugstähle
11	Zirkon	Chrom-Vanadiumstahl
12	**Aluminiumoxid (Korund)**	**Schleifmittel**
13	**Siliciumcarbid**	**Schleifmittel**
14	**Borcabid**	**Schleifmittel**
15	Diamant	–

Schleiflack s. S. 240

Die heute gebräuchlichsten Schleifmittel sind Siliciumcarbid und Aluminiumoxid.

Durch Schleifen werden Oberflächen aufgeraut, geglättet oder gereinigt.

Schleifmittelkörnung. Die Korngröße der Schleifmittel ist entscheidend für die Wirkung des Schleifens. Es wird immer zuerst mit grober und dann mit zunehmend feinerer Körnung geschliffen, so dass keine Schleifspuren entstehen. Der Hersteller gibt die Körnung der Schleifmittel durch Zahlen nach ISO 6106 auf der Rückseite der Schleifpapiere oder -gewebe an.
Schleifpapiere werden heute mit einer antistatischen Beschichtung versehen. Diese verhindert ein schnelles Zusetzen der Papiere und sorgt für längeres Schleifen.

antistatisch

Je größer die Zahl auf dem Schleifpapier oder Schleifgewebe, um so feiner ist die Körnung und damit der Schliff.

Schleifmittelkörnung nach ISO 6106

Einteilung	Körnung	Verwendung
sehr grob	P 8 – P 40	Entfernen von Altbeschichtungen
grob	P 50 – P 80	Glätten von groben Unebenheiten
mittel	P 100 – P 180	Glätten von Spachtelmassen und Grundbeschichtungen
fein	P 220 – P 360	Glätten von Füllern und Grundbeschichtungen, Aufrauen von Deckbeschichtungen
sehr fein	P 400 – P 1200	Glätten und Aufrauen von Füllern, Grund- und Deckbeschichtungen

Schleifmittelträger

Schleifmittelträger	Beschaffenheit	Verwendung
Papier	Schleifmittel in Leim eingebettet, DIN-A3- und DIN-A4-Bögen, Streifen, Bänder und Scheiben lieferbar	für Trockenschliff auf Holz, Metall, Spachtelung, Lack
Spezialpapier mit Kunststoff beschichtet	Schleifmittel in Kunstharzkleber gebunden, Schleifmittelträger sind durch Kunststoffbeschichtungen wasserfest, DIN-A3- und DIN-A4-Bögen, Streifen, Bänder und Scheiben lieferbar	für Trocken- und Nassschliff auf Spachtelungen, Füllern, Primern, 2K-Lacken, Alkydharzlacken, Altbeschichtungen, Kunststoffen
Gewebe (Leinen)	sehr flexible Träger, Schleifmittel kunstharzgebunden und wasserfest, Bögen und Bänder lieferbar	für Nassschliff auf Spachtelungen, 2K-Lacken, Alkydharzlacken, Altbeschichtungen, Trockenschliff auf Metallen
Nylonfaservlies	sehr flexibler Träger, Schleifmittel durch und durch im Vlies gebunden, lösemittel- und wasserbeständig, Rollen Scheiben und Platten lieferbar	zur Vorbereitung verzinkter Untergründe, Aufrauen von Aluminium und Kunststoffen, Trocken- und Nassschliff von 2K-Füllern und Füllprimern, Anschleifen alter Lackschichten vor der Neulackierung, porentiefes Reinigen von furnierten und lasierten Oberflächen
Schwamm	sehr flexibler Träger, Schleifmittel durch und durch im Kunststoffschwamm gebunden, in zwei Körnungen lieferbar	für alle Nassschliffarbeiten
Wachs- oder Paraffinpasten	Schleifmittel mit der Paste vermischt, in Tuben oder Dosen lieferbar	Polieren und Nachschleifen bei Ausbesserungsarbeiten in der Kfz-Lackiererei

Primer

Schleifmittelträger. Die Schleifmittel als wichtige Hilfsmittel des Malers und Lackierers werden nach dem Schleifmittelträger benannt, z.B. Schleifpapier, Schleifgewebe oder Schleifpaste.

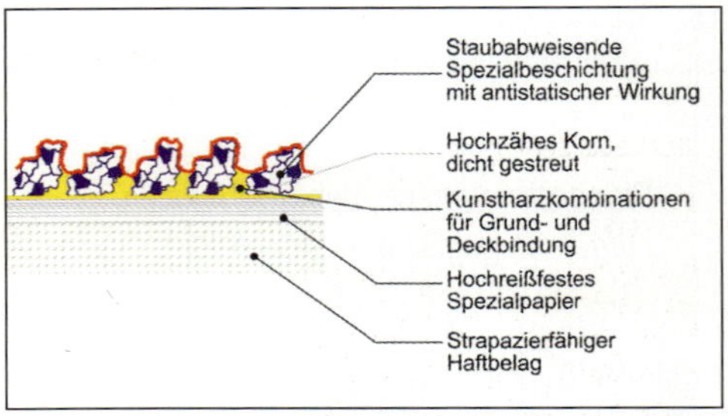

Bild 1. Hochleistungsschleifmittel für maschinelles Schleifen

Schleifwerkzeuge und Schleifgeräte

Werkzeug/Gerät	Beschaffenheit	Verwendung
Schleifklotz 	Block aus Gummi, PVC oder Naturkork ohne Schleifpapierhalterung oder mit Klettverschluss	Schleifen von kleinen Flächen oder Kanten
Handschleifer 	stabile Schleifplatte mit Weichkunststoffunterlage und zwei Klemmhaltern für Schleifpapier, auch mit drehbarer Halterung für Teleskopstäbe	Schleifen von ebenen, aber nicht zu großen Flächen
Schwingschleifer (Rutscher) 	schwingende Gummischleifplatte für gleichmäßigen Schliff auch bei hoher Beanspruchung, Staub wird durch die gelochte Schleifplatte direkt in einen Filtersack geleitet, kann aber auch über externe Absaugung abgeführt werden, elektrischer Antrieb für den mobilen Einsatz, aber auch mit Druckluftantrieb für den stationären Einsatz in der Werkstatt	für kleine und große Flächen gleichermaßen einzusetzen, für feine Oberflächen, Vor-, Zwischen- und Endschliff, für Ecken und Kanten, auch müheloses Schleifen über Kopf, Schleifen von gespachtelten Flächen, Mattschleifen von Altbeschichtungen, Abschleifen von Lacken, Entrosten von Metallteilen, Druckluftwerkzeuge können nicht überhitzen und durchbrennen und sind daher für den Dauerbetrieb zu bevorzugen; sie sind explosionsgeschützt, weil zündquellenfrei, und deshalb für den Einsatz in Lackierwerkstätten geeignet, Druckluftwerkzeuge sind 60 % weniger reparaturanfällig als elektrisch betriebene Werkzeuge

Schleifwerkzeuge und Schleifgeräte		
Werkzeug/Gerät	Beschaffenheit	Verwendung
Dreieckschleifer 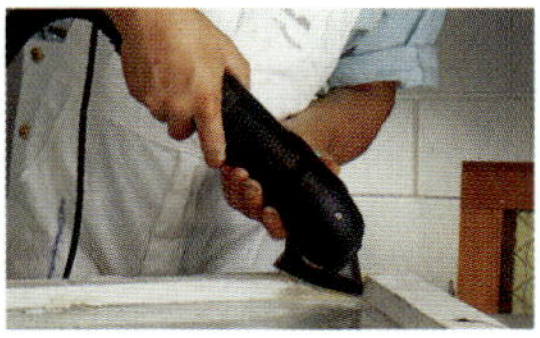	handlicher, dreieckiger Schwingschleifer mit Staubabsaugung	spezielles Werkzeug für Problemzonen, wie Ecken, Kanten, profilierte Oberflächen und Zwischenräume, Schleifen mit der vollen Fläche des Schleifschuhs ermöglicht ein direktes Übergehen von Problemzonen zum Flächenschliff
Exzenterschleifer 	exzentrisch schwingender und/oder rotierender Schleifteller mit Staubabsaugung; eine magnetische Tellerbremse verhindert das Hochlaufen im Leerlauf und damit das Durchschleifen beim Ansetzen des Werkzeugs; bei stationären Anlagen für sichere Staubabführung im Saugschlauch Mindestgeschwindigkeit 20 m/s erforderlich; durch Festsaugen der Schleifplatte an ebenen Untergründen ist hoher Kraftaufwand notwendig, durch elektronische Überwachung der Saugleistung Minderung des Kraftaufwands um mehr als 50 % und Einhaltung der Mindestluftgeschwindigkeit	Exzenterschleifbewegung für riefenfreien Feinschliff, rotierender Antrieb für hohen Abrieb im Grobschliff oder zum Polieren
Rotationsschleifer 	rotierender Schleifteller mit integrierter Staubabsaugung, durch Tellerwechsel auch als Trennschleifer einsetzbar, zusätzlicher Handgriff für beidhändiges, sicheres Arbeiten	für hohen Abrieb in kürzester Zeit, für Schleifarbeiten auf Wänden, Decken und Böden, für mineralische, hölzerne und metallische Untergründe, Abtragen von Lacken, Dispersionen, Kunststoffen
Sanierungsfräse 	Spezialwerkzeug für Renovierungsarbeiten, breite, auswechselbare Fräsräder aus Hartmetall bewirken hohe Abtragsleistung, die höhenverstellbare Absaughaube erlaubt variable Frästiefen, die integrierte Staubabsaugung ermöglicht auch Arbeiten in geschlossenen Räumen, sehr umweltschonendes Arbeiten, da auf chemische Abbeizer z.B. an Fassaden verzichtet werden kann	müheloses und zeitsparendes Entfernen (ca. 50 % Zeitersparnis gegenüber Abbeizen) von organischen und mineralischen Putzen im Innen- und Außenbereich, auch auf Wärmedämmverbundsystemen, Entfernen von Beschichtungsstoffen von Putzoberflächen, Beseitigen von Klebstoffen auf Böden und Fliesenuntergründen, Aufrauen von Estrichen vor Auftrag von Klebern, Nacharbeiten von Ausbesserungsputzen, Reinigen und Freilegen von Fachwerkbalken, Brechen von Betonkanten

1.2 Vorbehandlung metallischer Oberflächen

Metallische Untergründe müssen sach- und fachgerecht vorbereitet sein, wenn eine Beschichtung dauerhaft vor Korrosion schützen soll. Jede Eisen- oder Stahlfläche ist aufgrund ihrer chemischen Beschaffenheit, Herstellung, Bearbeitung oder der Belastung mit arteigenen oder artfremden Schichten überlagert oder verschmutzt. Um eine dauerhafte Beschichtung zu erzielen, ist eine völlige Sauberkeit der Oberfläche Voraussetzung, d.h. **Verunreinigungen und Schichten** müssen unbedingt entfernt werden.

- **Arteigene Schichten** auf Eisen und Stahl sind z.B.:
  - Rost und Zunder (auch Walz-, Glüh-, Guss- oder Gießhaut genannt) aus verschiedenen Eisenoxidschichten, die sich beim Abkühlen bilden.
  - Zinksalze oder Zinkpatina auf feuerverzinktem Stahl.
- **Artfremde Schichten** sind z.B.:
  - nicht tragfähige und unterrostete Beschichtungen auf metallischen Untergründen,
  - Einbrennbeschichtungen und 2K-Beschichtungen, die für nachfolgende Beschichtungen problematisch werden,
  - anhaftendes Wasser, Salze, Säuren, Laugen,
  - feinstverteilte Stoffe wie Staub, Ruß oder Schlacke von Schweißarbeiten,
  - pflanzliche oder tierische Schichten, z.B. Moos oder Algen Öle, Fette und Seifen,
  - alte Metallschichten.

Rostgrade legen den Grad der Verrostung auf Stahl und Eisen sowohl für beschichtete als auch für unbeschichtete Oberflächen fest.

Reinigungsverfahren. Eine sachgemäße Vorbereitung des Stahls vor jedem Beschichtungsauftrag ist die Reinigung der Oberfläche von arteigenen und artfremden Schichten, da diese die Haftung oder die Wirksamkeit der vorgesehenen Beschichtung beeinträchtigen.

Rostgrade für unbeschichtes und beschichtetes Eisen sowie für unbeschichteten und beschichteten Stahl

Untergrund unbeschichtet Rostgrade nach DIN EN ISO 12944-2		**Untergrund beschichtet Beschichtungsschäden nach ISO 4628-3**	
Grad	Beurteilung	ISO-Rostgradskala (Ri) Europäische Rostgradskala (Re)	Anteil der gerosteten Fläche in %
A	Oberfläche mit festhaftendem Zunder bedeckt, aber rostfrei	Ri 0 / Re 0	0
B	Oberfläche mit beginnender Zunderabblätterung und beginnender Rostung	Ri 1 / Re 1	0,05
C	Oberfläche mit wegrostendem Zunder oder Zunder leicht abschabbar, sichtbare Rostnarben	Ri 2 / Re 2	0,5
D	Oberfläche mit zahlreichen Rostnarben, Zunder ist weggerostet	Ri 3 / Re 3	1
		Ri 4 / Re 5	8
		Ri 5 / Re 7	40 – 50

Korrosion s. S. 172

Reinigungsverfahren zur Oberflächenvorbereitung von Stahl

Reinigungsverfahren	Verunreinigungen und Schichten artfremde	arteigene	Hinweise
physikalisch-mechanisch:			
Handentrostung durch Abbürsten, Abblasen, Absaugen, Schleifen	Staub, lose Ablagerungen, Flüssigkeiten	loser Zunder, loser Rost	Abblasen mit ölfreier, trockener Luft, besser mit Industriestaubsauger absaugen, sonst umweltbelastend
maschinelles Entrosten durch Bürsten und Schleifen	lose Beschichtungsteile, lose Verunreinigungen	fester Zunder und/oder Rost	Gefahr besteht, dass der Untergrund poliert wird, dadurch schlechte Haftung für Beschichtungen
Strahlen mit Strahlmittel	fest sitzende Ablagerungen, z.B. Putzreste, und/oder Beschichtungen	fest haftender Zunder und Rost	universellstes Verfahren und beste Untergrundvorbereitung, Umwelt- und Gesundheitsschutz beachten
Dampf- und Druckwasserstrahlen	ölige, fettige, oder andere Verunreinigungen, z.B. Moos, Algen	–	evtl. Reingungsmittel zusetzen, z.B. alkalische Reingungsmittel, Nachspülen und Nachtrocknen erforderlich
physikalisch-thermisch:			
Abbrennen, Abföhnen, Flammstrahlen	fettige, ölige Verunreinigungen, Beschichtungen	fest haftender Zunder	Verbrennungsprodukte gründlich entfernen, nicht anwendbar, wenn Beschichtung ganz oder teilweise erhalten bleiben soll
physikalisch-chemisch:			
Abwaschen mit Wasser und Netzmittel oder alkalischen oder sauren Reinigungsmitteln	wasserlösliche Verunreinigungen und Chemikalien	–	Nachspülen und Nachtrocknen erforderlich
chemisch:			
Abbeizen, lösemittelhaltig oder alkalisch	lösliche Beschichtungen, nur anwenden, wenn mechanische Verfahren ausscheiden	–	gründliches Nachspülen und Nachtrocknen erforderlich, Aluminium und Zink können angegriffen werden, Umwelt- und Gesundheitsschutz beachten!

Normreinheitsgrade. Das Aussehen der gereinigten oder entrosteten Fläche hängt von dem angewandten Reinigungsverfahren, der aufgewendeten Zeit und der sorgfältigen Ausführung ab. Nicht jedes Reinigungsverfahren garantiert eine optimale Oberflächenvorbereitung. DIN EN ISO 12944-4 legt daher Normreinheitsgrade und Reinigungsverfahren für unbeschichtete und für beschichtete Stahloberflächen fest.

Eine gründliche Entrostung gewährleistet die beste Haftung für Korrosionsschutzbeschichtungen und verhindert eine spätere Unterrostung.

P-Normreinheitsgrade – der Kennbuchstaben P steht für partiell – gelten nur für beschichtete Stahlflächen, wenn zugelassen werden soll, dass die fest haftende Beschichtung erhalten bleibt. Diese Reinheitsgrade gelten aber für die gesamte neu zu beschichtende Stahlfläche und nicht nur für die unbeschichteten Teilbereiche.

Werkzeuge und Geräte sind für die Handentrostung oder der maschinellen Entrostung notwendig. Die Normreinheitsgrade St 2, St 3 PSt 2 und PSt 3 können mit den Werkzeugen und Geräten auf Seite 36 erreicht werden.

Feuerverzinkung s. S. 180

Normreinheitsgrade für unbeschichtete und für beschichtete Stahloberflächen[1)]

Normreinheitsgrad	Merkmale der Untergrundvorbereitung	Reinigungsverfahren
Sa 1	Loser Zunder und Rost sowie lose Beschichtungen sind entfernt.	Strahlen
Sa 2	Nahezu aller Zunder und Rost sowie alle Beschichtungen sind entfernt; Rost, Zunder und Beschichtungen bilden keine zusammenhängende Schicht.	Strahlen
Sa 2 ½	Zunder, Rost und Beschichtungen sind soweit entfernt, dass Reste auf der Oberfläche lediglich als leichte Schattierungen infolge Tönung von Poren sichtbar bleiben.	Strahlen
Sa 3	Zunder, Rost und Beschichtungen sind vollständig entfernt.	Strahlen
St 2	Lose Beschichtungen und loser Zunder sind entfernt, Rost ist soweit entfernt, dass die Fläche leicht metallisch glänzt.	Handentrostung oder maschinelles Entrosten
St 3	Lose Beschichtungen und loser Zunder sind entfernt, festhaftende Beschichtungen können entfernt werden; Rost ist soweit entfernt, dass die Metalloberfläche deutlich metallisch glänzt.	Handentrostung oder maschinelles Entrosten
Fl	Beschichtungen, Zunder und Rost sind soweit entfernt, dass Reste auf der Fläche lediglich als Schattierungen in verschiedenen Farbtönen verbleiben, gründliches maschinelles Nachbürsten ist stets erforderlich.	Flammstrahlen
Be	Beschichtungsreste, Zunder und Rost sind vollständig entfernt.	Beizen, z.B. vor der Feuerverzinkung

1) Beschichtungen sind bis zu dem betreffenden Reinheitsgrad mit zu entfernen.

P-Normreinheitsgrade[1]

Normreinheitsgrad	Merkmale der Untergrundvorbereitung	Reinigungsverfahren
PSa 2	Beschichtungen, die fest haften, verbleiben; sie sind von Schmutz, Öl, Fett und anderen Fremdstoffen gereinigt und zur Haftverbesserung der neuen Beschichtung angeraut. Auf den übrigen Flächenbereichen sind Zunder, Beschichtungen und Rost soweit entfernt, dass keine zusammenhängende Schicht mehr entsteht.	Strahlen bei partiell verbleibenden Beschichtungen
PSa 2 ½	Beschichtungen, die fest haften, behandeln wie bei PSa 2. Auf den übrigen Flächenbereichen sind Zunder und Rost soweit entfernt, dass Reste auf der Oberfläche lediglich als leichte Schattierungen infolge Tönung von Poren sichtbar bleiben.	Strahlen bei partiell verbleibenden Beschichtungen
Pma	Beschichtungen, die fest haften, behandeln wie bei PSa 2. Auf den übrigen Flächenbereichen sind Zunder und Rost soweit entfernt, dass Reste auf der Oberfläche lediglich als leichte Schattierungen infolge Tönung von Poren sichtbar bleiben. Zwischen beiden Bereichen ist ein Übergang hergestellt. Die Haftung verbleibender Beschichtung im Übergangsbereich ist, auch nach der ersten Grundbeschichtung, zu prüfen.	Maschinelles Schleifen in Teilbereichen bei partiell verbleibenden Beschichtungen
PSt 2	Beschichtungen, die fest haften, behandeln wie bei PSa 2. Auf den übrigen Flächenbereichen sind Zunder und Rost soweit entfernt, dass die Fläche leicht metallisch glänzt.	Handentrostung oder maschinelles Entrosten bei partiell verbleibenden Beschichtungen
PSt 3	Beschichtungen, die fest haften, behandeln wie bei PSa 2. Auf den übrigen Flächenbereichen sind Zunder und Rost soweit entfernt, dass die Metalloberfläche deutlich metallisch glänzt.	Handentrostung oder maschinelles Entrosten bei partiell verbleibenden Beschichtungen

partiell

[1] Normreinheitsgrade für beschichtete Stahloberflächen; fest haftende Beschichtungen können auf der Fläche verbleiben.

Werkzeuge und Geräte für die Entrostung von Stahloberflächen

Werkzeug/Gerät	Beschaffenheit	Verwendung
Drahtbürste 	Handbürste mit Stahldrahtborsten	Abbürsten von losem Rost und Schmutz, für funkenfreies Arbeiten auf Stahl Messingdrahtbürste verwenden, nur bedingtes Entrosten möglich, da immer eine Restrostschicht zurückbleibt
Entrostungsspachtel 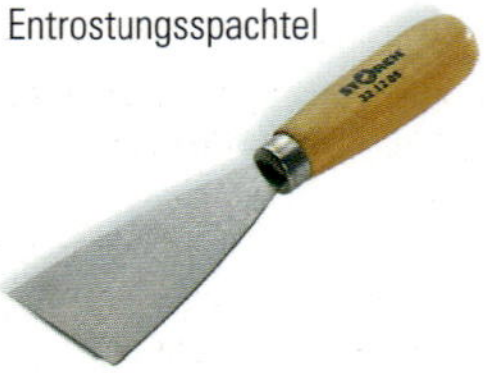	harte, sehr steife Stahlklinge mit angeschliffener Ziehkante (Wate), Klingenbreiten 50 mm und 70 mm	Abkratzen und Abstoßen von grobem Rost und Walzhautschichten, nur bedingtes Entrosten möglich, da immer eine Restrostschicht zurückbleibt
Breitschaber 	Einsatz von auswechselbaren Stahlklingen Klingenbreite 63 mm und 50 mm	Abziehen von grobem Rost auf flachen und glatten Untergründen, nur bedingtes Entrosten möglich, da immer eine Restrostschicht zurückbleibt
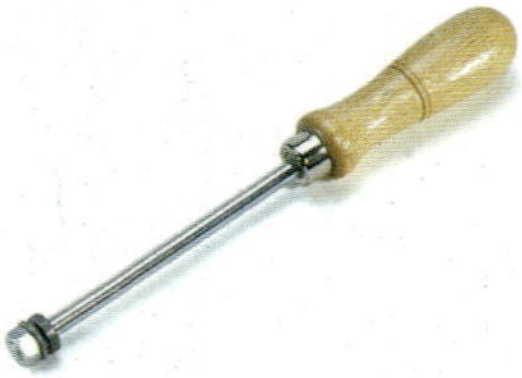	Stahlhalter mit Holzgriff zur Aufnahme von auswechselbaren Profilklingen	Abziehen von grobem Rost an Stahlkonstruktionen, Rohrleitungen, Ecken und Profilen, nur bedingtes Entrosten möglich, da immer eine Restrostschicht zurückbleibt
Rotationsschleifer 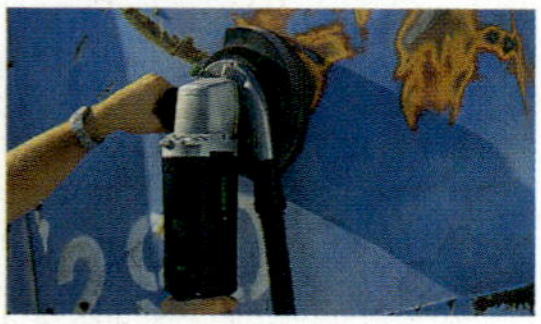	rotierendes Schleifgerät mit Stahltopfbürsten oder Stahlrundbürsten gezopft und nicht gezopft	Entfernen von Rost, Walzhaut und Beschichtungen für metallisch reine Oberflächen, Rundbürste für Profile und Sicken (Kehlen oder Randversteifungen)
Nadelpistole 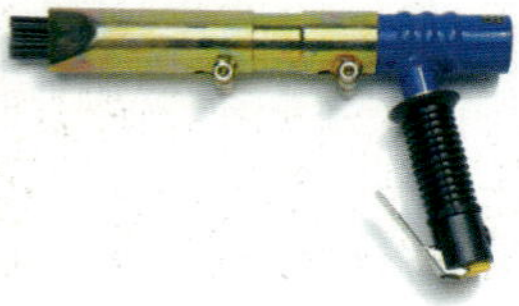	lose Stahlnadeln werden durch Druckluft in eine stoßende Bewegung versetzt, die ca. 18 cm langen Nadeln passen sich dabei jeder Oberfläche an	Entfernen von Rost, Betonresten und Schmutz auf Profilen, Winklen, Ecken und Schweißnähten, wegen starker Aufrauung der Oberfläche und geringer Leistung auf ebenen Flächen nicht geeignet

1.3 Strahlen

Schleuder- und Druckluftstrahlen. Arteigene Schichten und festhaftende Verunreinigungen auf Stahl können durch Strahlen restlos entfernt werden. Strahlmittel werden mit sehr hoher Geschwindigkeit auf die zu reinigende Fläche geschleudert. Die Partikel geben ihren Impuls an die Schichtteilchen weiter, diese stoßen sich vom Untergrund ab.

Die Strahlleistung hängt von der Masse und der Geschwindigkeit des aufschlagenden Strahlmittels ab. Die Normreinheitsgrade Sa 1, Sa 2, Sa 2 ½, Sa 3, PSa 2 und PSa 2 ½ sind nur durch Strahlen zu erreichen.

Strahlverfahren:

- **Schleuderstrahlen:** stationär in Durchlaufstrahlanlagen mit Strahlmittelumlauf,
- **Druckluft- oder Freistrahlen:** Strahlmittel werden aus einer Düse mit sehr hoher Geschwindigkeit (bis ca. 700 km/h) geschleudert, starke Staubentwicklung, daher an größeren Bauteilen im Freien nur unter Planen oder Einhausungen mit einmaliger Strahlmittelverwendung,
- **Nass- oder Feuchtstrahlen:** umweltfreundliche Sonderanwendung des Druckluftstrahlens, geringe Wassermengen im Strahlstrom binden den Staub, Gefahr von Staubverkrustung und Anrostung des Untergrundes.

Strahlausrüstung. Neben den notwendigen Geräten zum Strahlen, wie Kompressor (Drucklufterzeuger), Strahldüse und Strahlmittelbehälter, gehört auch eine vorschriftsmäßige Schutzkleidung zur Ausrüstung bei der Strahlarbeit.

Sie besteht aus:

- Strahlhelm mit Atemluftzuführung und Splitterschutzsichtfenster,
- Schutzhandschuhen,
- Körperspritzschutz.

Strahlmittel

Strahlmittel nach DIN ISO 8504-2	Verwendung	Oberflächenstruktur
Siliciumdioxid (Quarzsand)	für metallische Kleinteile nur in geschlossenen Umlaufanlagen anwenden, da Quarzsand krebserregend ist, auf mineralischen Untergründen im Freien einsetzbar, dann aber für Absaugvorrichtung sorgen	feinporig genarbte Oberfläche
Aluminiumoxid (Korund)	universell einsetzbares Strahlmittel für alle Untergründe	fein zerklüftete Oberfläche
Stahlgussschrot	Entrosten und Entzundern auf Stahl und Eisen	raue Oberfläche
Schmelzkammerschlacke (Hochofenschlacke)	Ersatzmittel für Quarzsand, auf metallischen und mineralischen Untergründen einsetzbar	feinporige, abgerundete Oberfläche

Bild 1. Schutzkleidung bei der Strahlarbeit

Umweltschutz und Sicherheitsregeln:

- Halten Sie die Umweltbelastungen niedrig durch Strahlmittelabsaugung oder Strahlmittelumlauf.
- Auch beim Freiluftstrahlen muss der Arbeitsplatz nach außen hin möglichst staubdicht abgetrennt werden, z.B. durch Einhausung. Der Zutritt während des Strahlens darf nicht möglich sein.
- Besondere Vorsicht gilt beim Abstrahlen von bleihaltigen Altanstrichen (Bleimennige, Bleichromat).
- Für kleinere Flächen Saugkopfstrahlgeräte einsetzen, diese saugen und strahlen gleichzeitig.

Flammstrahlen wird auf Metall und Beton eingesetzt, wenn andere Strahlverfahren nicht angewendet werden können. Dieses thermisches Verfahren zur Oberflächenvorbereitung erfordert eine sorgfältige Schulung der Ausführenden und kann wegen der großen Hitzeentwicklung bei Feuergefährdung nicht eingesetzt werden. Beim Flammstrahlen wird ein Acethylen-Sauerstoff-Gemisch über einen Schlauch zum Flammstrahlbrennkopf geleitet und hier entzündet. Das Gemisch verbrennt mit einer Temperatur von ca. 3200 °C. Die Flamme wird über die zu reinigende Fläche geführt. Die Oberflächenreinigung kann auf zwei Arten ablaufen:

- **Chemische Flammstrahlwirkung.** Durch die hohe Flammtemperatur wird im Rost gebundener Sauerstoff reduziert.

- **Physikalische Flammstrahlwirkung.** Die hohe Flammtemperatur erhitzt die Oberfläche auf ca. 100 °C bis 300 °C. Die dabei auftretenden Spannungen zwischen den Materialschichten sprengen Oberflächenanhaftungen ab.

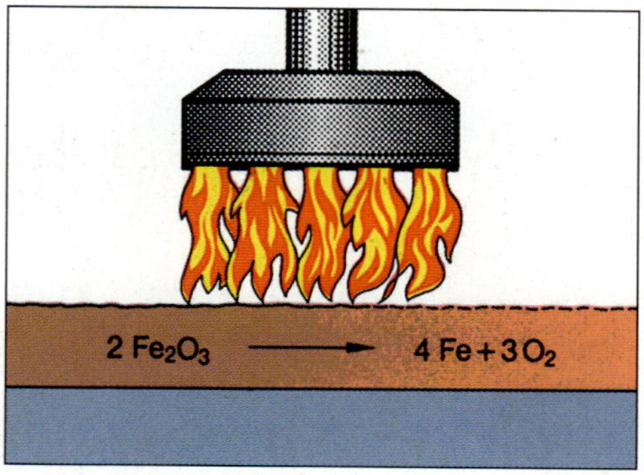

Bild 1. Chemische Flammstrahlwirkung

Nach der Flammstrahlreinigung muss der Untergrund gründlich durch maschinelles Abbürsten nachgereinigt werden.

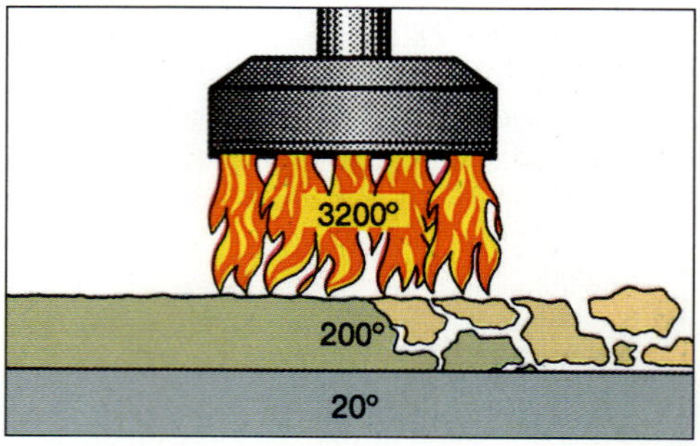

Bild 2. Physikalische Flammstrahlwirkung

Umweltbestimmungen. Bei der Entfernung von Altbeschichtungen kann es zu schädlichen Emissionen durch Gas- und Rauchentwicklung kommen!

Flüssigkeits- und Dampfstrahlen. Fassaden, Stahlkonstruktionen oder Fahrzeuge werden intensiv durch Füssigkeits- oder Dampfstrahler gereinigt. Dieses Verfahren eignen sich nicht für unbeschichtete Metallflächen, weil die Gefahr von Flugrostbildung besteht.

- **Hochdruckreiniger.** Wasser wird unter hohem Druck (bis 500 bar) auf den Untergrund gespritzt. Mit sehr hohen Drücken und rotierendem Wasserstrahl kann das Gerät auch zum Abtragen von Altbeschichtungen eingesetzt werden. Dem Wasser können Reinigungsmittel zugesetzt werden. Die Pumpe wird elektrisch oder mit einem Benzinmotor betrieben.

Einsatzbereiche:
- Fassaden-, Wand-, Boden- Stahlkonstruktionsreinigung,
- Absprühen von Abbeiz- oder chemischen Reinigungsmitteln,
- Fahrzeug- und Gerätereinigung.

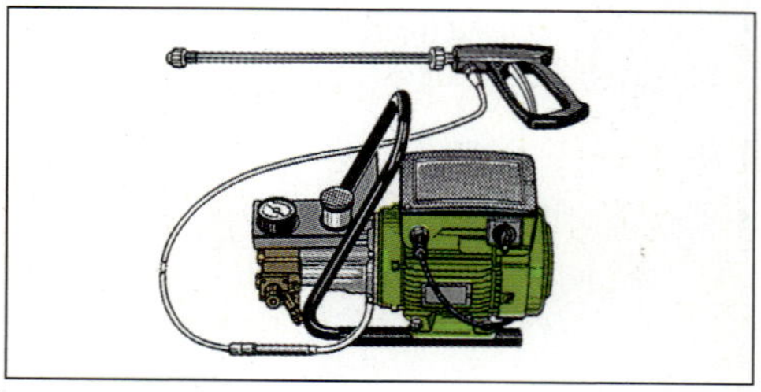

Bild 3. Hochdruckreiniger

- **Dampfstrahlreiniger.** Ein Heißwasseraggregat sorgt für eine Wassertemperatur bis ca. 60 °C. Eine mit Elektro- oder Benzinmotor getriebene Pumpe setzt das Heißwasser unter einen Druck bis 180 bar. Im Gerät ist ein Reinigungsmittelbehälter eingebaut. Einsatzbereiche:

  - Reinigung von öl- und benzinverschmutzten Flächen,
  - Reinigen von abgebeizten oder chemisch gereinigten Flächen,
  - intensive Fahrzeugreinigung.

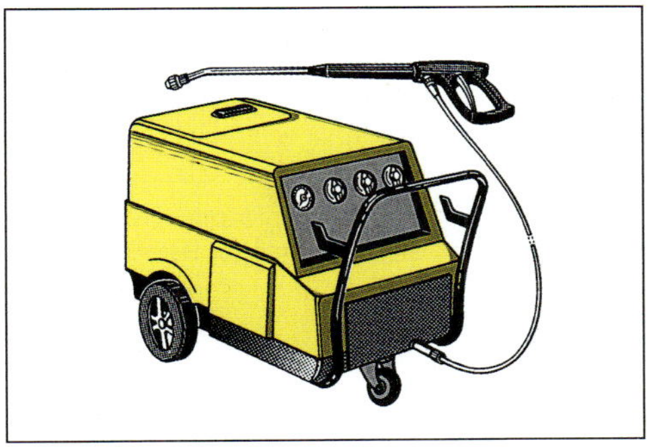

Bild 1. Dampfstrahlreiniger

Umweltbestimmungen. Vorsicht beim Einleiten der Abwässer! Wird bei den Flüssigkeits- und Dampfstrahlgeräten ein chemisches Reinigungsmittel eingesetzt, so dürfen die Abwässer nur über eine indirekte Einleitung entsorgt werden. Dazu muss aber eine Genehmigung der örtlichen Überwachungsbehörde vorliegen. Feste Stoffe müssen vorher aufgefangen werden. Das gilt auch für Abbeizreste, die frei von chlorierten Kohlenwasserstoffen oder biologisch abbaubar sind.

1.4 Spachteln

Spachtelmassen sind pastöse Beschichtungsstoffe. Sie werden mit Stahl- oder Kunststoffspachteln aufgezogen, können aber auch streich- oder spritzbar eingestellt werden. Auf eine Spachtelung erfolgt in der Regel noch eine Beschichtung. Somit ist das Spachteln ein wichtiges Vorbereitungsverfahren. Raue Untergründe werden mit Spachtelmassen geglättet, Unebenheiten ausgeglichen, kleine Löcher und Risse mit Füllstoffen verschlossen. Zur Flächenbelebung können Beschichtungsstoffe auf glatten Untergründen mit Spachtelwerkzeug, z.B. als Glättetechnik, aufgetragen werden.

Bild 2. – 5. Gestalterische Glättetechnik

So werden Spachtelgrate vermieden:
Doppelblattflächen- oder Japanspachtel mit vier Fingern auf der einen, mit dem Daumen auf der anderen Seite festhalten. Spachtelmasse so über die Fläche ziehen, dass sich das Spachtelblatt nicht durchbiegt.

Spachtelwerkzeuge

Werkzeug	Beschaffenheit	Verwendung
Malerspachtel (Stielspachtel) 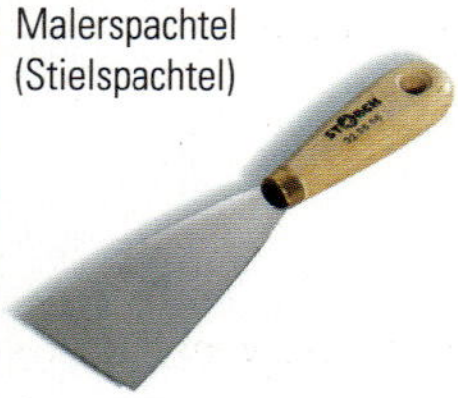	Klinge aus halbflexiblem, rostfreiem Stahl in einem ovalen Holz- oder Kunststoffgriff, in zehn verschiedenen Größen von 2 cm bis 12 cm	Verschließen von kleinen Löchern und Rissen, Abkratzen von Altbeschichtungen und alten Wandbekleidungen, Abstoßen von Verschmutzungen, Entgraten von Spachtelspuren
Doppelblattflächenspachtel 	verstellbare Spachtelklinge durch eine kürzere und bombierte (durch Biegung hervorgehobene) zweite Klinge vor dem Durchbiegen geschützt, dadurch gleichmäßiges Spachteln über die ganze Klingenbreite, Klingen von 12 cm bis 35 cm	gleichmäßiger Spachtelmassenauftrag auf größeren Flächen
Japanspachtel 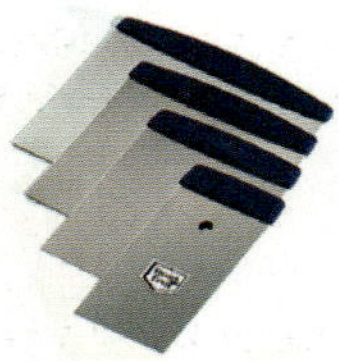	dünne Stahlklingen von 5 cm bis 14 cm Breite in lösemittelbeständigen Kunststoff- oder Alu-Rücken, einzeln oder im Satz mit vier verschiedenen Klingenbreiten	Verschließen von kleinen Löchern und Rissen, Spachteln von Flächen jeder Art, speziell von kleinen Flächen
Glättkelle (Traufel oder Aufziehkelle) 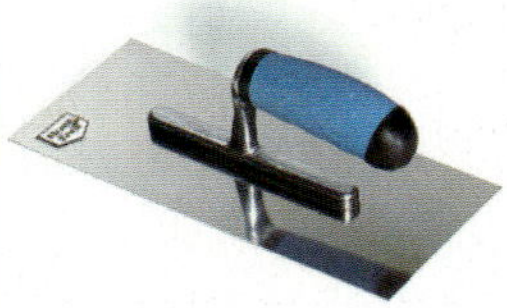	rechteckige Kelle aus Normstahl, rostfreiem Edelstahl oder Kunststoff, Größe meist 280 mm x 130 mm	Auftragen von Spachtelmassen oder Putz, Abziehen großer Flächen, Verreiben oder Strukturieren von Kunstharzputzen
Fassaden-Flächenspachtel 	dünnes Stahlblech aus Normal- oder rostfreiem Edelstahl in Holz- oder Kunststoffgriff, Klingenbreiten 40 cm und 60 cm, mit aufschraubbarem Stielhalter	großzügiges Verschlichten von Spachtelmassen und Putzen, Abstoßen von Spachtelgraten, Tapetenresten und anderen Verschmutzungen auf großen Flächen

2 Beschichtungsverfahren

Bild 1. Höhlenmalerei aus der Höhle von Lascaux in Südfrankreich

Werden Beschichtungsstoffe verarbeitet, stehen fünf Beschichtungsverfahren (Applikationsverfahren) zur Verfügung. Von der Art der Beschichtungsverfahren hängt ab, welche Werkzeuge und Geräte eingesetzt werden. Das Beschichtungsverfahren bestimmt auch das Aussehen der Oberfläche.

Applikationsverfahren:

Streichen. Das älteste Verfahren (ca. 20 000 Jahre), preiswert, Beschichtungen werden „in den Untergrund eingearbeitet", geringer Werkstoffverlust, hohes handwerkliches Können für gute Ergebnisse erforderlich.

Rollen. Beschichtungen werden mit geringem Zeitaufwand gleichmäßig, aber mit strukturierter Oberfläche aufgetragen.

Spritzen. Ein rationelles aber technisch aufwendiges Verfahren für glatte oder profilierte Flächen.

Tauchen. Dieses Verfahren ist mit hohen Materialeinsatz verbunden, kann aber wegen fehlender kostspieliger Anlagen bei unregelmäßigen Oberflächen und hohen Stückzahlen auch im Handwerk eingesetzt werden.

Fluten. Ein Verfahren, wobei besonders bei unregelmäßigen und/oder komplizierten Oberflächen eine ständige Viskositätsprüfung erforderlich ist, um eine gleichmäßige Beschichtung zu erzielen.

2.1 Streichen

Gegen Ende des 19. Jahrhunderts wurden in den Höhlen von Südfrankreich und Nordspanien steinzeitliche Wandmalereien entdeckt. Zur Klärung ihrer Entstehung vor ca. 20 000 Jahren trug unter anderem das in Altamiera (Nordspanien) gefundene „Maleratelier" bei. Neben verschiedenen Farben wurden auch Pinsel in den unterschiedlichsten Größen gefunden. Sie bestanden aus Röhrenknochen, in denen Tierhaare steckten. Auch heute ist Streichen ein bedeutendes Applikationsverfahren des Malers und Lackierers.

Streichwerkzeuge bestehen aus dem Besteckmaterial – Haare oder Borsten – und der Befestigung (Fassung) mit Stiel.

Pinsel für den Maler und Lackierer können eingeteilt werden:

- nach der Art des Besteckmaterials
  → Borstenpinsel, Haarpinsel,
- nach der Art der Beschichtungsstoffe
  → Lackpinsel, Lasurpinsel,
- nach der Art der auszuführenden Arbeit
  → Schablonierpinsel, Plakatschreiber,
- nach der Art der Fassung
  → Ringpinsel, Flachpinsel.

Ringpinsel verfügen über einen Hohlraum zur längeren Farbhaltung. Mit Schweinsborsten als Besteckmaterial eignen sie sich besonders für Lackierungen.

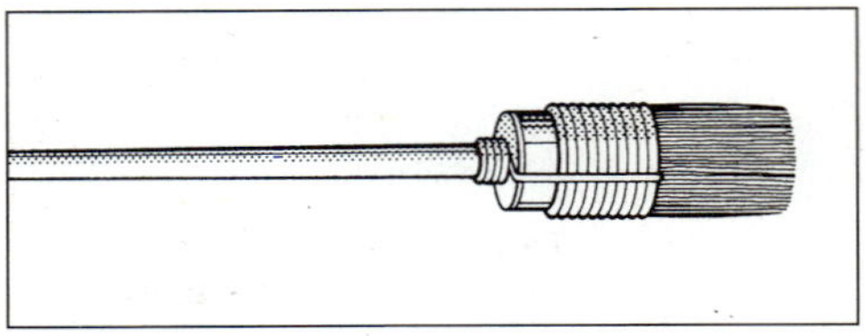

Bild 1. Ringpinsel

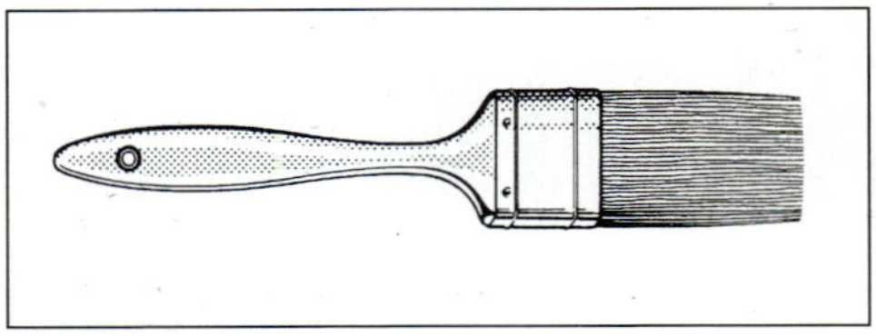

Bild 2. Flachpinsel

Streichwerkzeuge sofort nach endgültigem Gebrauch mit nicht zu aggressiven Mitteln reinigen. Pinseln und Bürsten mit Naturborsten oder -haaren nicht mit starken Laugen oder alkalischen Abbeizmitteln reinigen.

Flachpinsel heißen alle flachgearbeiteten Pinsel mit Blech- oder Kunststoffzwingenfassung. Sie eignen sich für alle Lack- und Dispersionsfarbenbeschichtungen.

Pinselgrößen. Die Größe von Ringpinseln wird durch eine Kennziffer auf dem Stiel angegeben. Als Flachpinselgröße wird die Zwingenbreite in englischen Zoll oder in Millimetern angegeben

Bürsten sind große, langborstige Streichwerkzeuge zum Auftragen wässriger Beschichtungsstoffe. Sie werden in verschiedenen Größen von 30 mm x 70 mm bis 85 mm x 185 mm, eckig oder oval, angeboten.

Reinigung und Pflege von Streichwerkzeugen. Sachgemäße Pflege der Streichwerkzeuge sorgt für lange Lebensdauer. Nur mit einwandfrei gepflegten Streichwerkzeugen lässt sich eine qualitativ gute Beschichtung erreichen.

Aufbewahrung von Streichwerkzeugen. Damit das Besteckmaterial der Streichwerkzeuge nicht gekrümmt wird und die Fassung und das Vorband nicht leiden sollen sie pfleglich aufbewahrt werden.

Besteckmaterial für Streichwerkzeuge

Besteckmaterial	Herkunft	Eigenschaften	Verwendung
Borsten	kräftiges Haar der Haus- und Wildschweine aus Deutschland, Osteuropa und China	konisch leicht gebogen, nierenförmiger Querschnitt, Spitze endet in einer Auffächerung (Fahne), elastisch, wasserfest, nicht laugen- und säurebeständig	Ring-, Kapsel-, Flachpinsel und Bürsten
Kunstborsten	Kunststoff, meist Nylon oder PVC	zylindrisch mit künstlicher Fahne oder konisch gespitzt und geschlitzt, PVC ist nicht lösemittelbeständig	Pinsel für Dispersionslacke und Lasuren auf Wasserbasis
Fibre/Fiber	Agaven- oder Kokosfasern aus Mexiko	grobe und steife Fasern, laugenbeständig	billige Bürsten, Beiz- und Kaltleimpinsel
Rindshaar	Ohrhaare von Rindern aus Europa und Amerika	künstlich gespitzt und geschlitzt, weich	Plakatschreiber, Flachpinsel, Schlepper
Fehhaar	Eichhörnchen-Schweifhaar aus Rußland, Kanada und Skandinavien	sehr fein, sehr weich	Mal- und feinste Lackpinsel, Anschießer- und Vergolderpinsel
Rotmarderhaar	Schweifhaare russischer oder chinesischer Rotmarder	sehr elastisch, lange, feine Spitzen	Aquarell- und Schriftmalpinsel
Dachshaar	Mantelhaar (vom Dachsrücken)	elastisch, feine Spitzen	erstklassige Vertreiber, Schlepper

Anschießer

Vergolderpinsel

Schlepper

Vertreiber

Pinsel und Bürsten

Art	Fassung	Eigenschaften	Verwendung
Ringpinsel	Metallring bei Qualitätspinsel, Kunststoffring	Die gebündelten Borsten werden durch ein Kork- oder Holzstück gespreizt; der so entstandene Hohlraum erhöht die Farbaufnahmefähigkeit. Mit einer dünnen Schnur, dem Vorband, wird die Elastizität des Pinsels reguliert. Bei Billigpinseln besteht das Vorband aus einem nicht verstellbaren Kunsstoffring.	Türen-, Fenster- und Flächenlackierungen, Beschneidarbeiten
Flachpinsel	flache, breite Blechzwingen, gebogene Blechzwingen bei speziellen Pinseln (Heizkörperpinsel)	korrosionsbeständige Fassung, mit langen Kunststoffborsten, gute Verarbeitung von Dispersionslackfarben und Dispersionslasuren	Lackierpinsel, Beizpinsel, Fassaden-Handpinsel, Heizkörperpinsel, Plattpinsel, Strichzieher
Bürsten	Besteckmaterial ist reihenförmig im Bürstenkörper gefasst, Bürstenkörper aus Holz, Kunststoff oder Aluminium mit und ohne Eimerhaken	lösemittelbeständiger Bürstenkörper	Flächenstreicher (Streichbürste), Deckenbürste, Kleisterbürste, Grundierungsbürste, Abbeizbürste, Kalkbürste

Beschneiden

Pinselgrößen

Ringpinsel

Kennziffer-Nr.	2	4	6	8	10	12	14	16	18	20	22	24
Ringdurchmesser in mm	20	25	30	35	40	45	50	55	60	65	70	75

Flachpinsel

Zwingenbreite in engl. Zoll	$^1/_2$"	$^3/_4$"	1"	$1^1/_2$"	2"	$2^1/_2$"	3"	$3^1/_2$"	4"
Zwingenbreite in mm	12,5	18,75	25	37,5	50	62,5	75	87,5	100

1" = 25 mm

Reinigung von Streichwerkzeugen

Beschichtungsstoff	Reinigungs-/Lösemittel	Lösung nach Erhärten
Celluloseleim und Kleister	lauwarmes Wasser	längere Zeit in Wasser stellen
Kalk	Wasser	mit Essigwasser einweichen
Silicat/Wasserglas	lauwarme Seifenlösung	unlöslich
Dispersionsfarben und -lacke	lauwarme Seifenlösung	längere Zeit in Verdünnung oder Abbeizer (Abbeizfluid) einweichen
Ölfarbe, Öl- und Kunstharzlacke	Terpentin, Kunstharzverdünner	längere Zeit in Pinselreiniger oder Verdünnung einweichen
Reaktionslacke	Nitro- und Spezialverdünnung	unlöslich

Abbeizfluid s. S. 59

Aufbewahrung von Streichwerkzeugen			
	Aufbewahrung kurzfristig (bis zu einer Stunde), ungereinigt	langfristig (nach Arbeitsende), gereinigt	
Beschichtungsstoff	Aufbewahrungslösung	Aufbewahrungslösung	Aufbewahrungslage
Dispersionsfarben und -lacke	verdünnte Dispersion	–	hängend oder liegend an der Luft
Ölfarben oder Kunstharzlacke	Wasser oder bis zur Fassung im Gebinde	Halböl oder verdünnter Lack, bei erneuter Verwendung vorher ausstreichen	bis zum Vorband in Halböl oder verdünntem Lack hängend

2.2 Rollen

Das Rollen hat sich als Applikationsverfahren erst in den letzten 40 Jahren durchgesetzt. In dieser Zeit haben Rollwerkzeuge die Pinsel und Bürsten, besonders bei der Verarbeitung von Lacken und Dispersionsfarben und bei der Bearbeitung größerer Flächen, fast vollständig verdrängt.

Farbroller.
Sie bestehen aus einer saugfähigen Bemantelung, die walzenförmig auf einem Hartkern oder einem gepolsterten Kern befestigt ist. Die Rolle dreht sich auf einem Metallaufsteck- oder Korbbügel mit einem Griff aus Kunststoff.

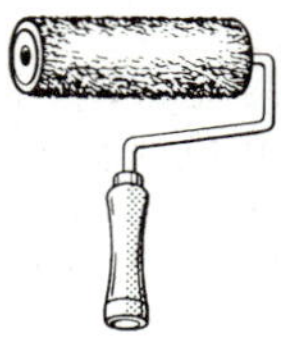

Reliefroller.
Mit Reliefrollern soll ein bestimmter Oberflächeneffekt erzielt werden.

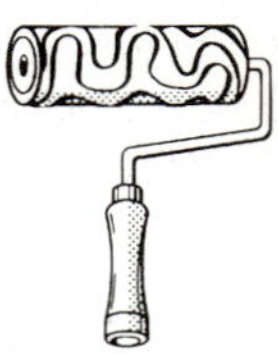

Reinigung und Pflege. Nur gründliche Reinigung und sorgsame Pflege erhalten die guten Auftrags- und Strukturierungseigenschaften der Rollwerkzeuge.

So werden Krater vermieden:
Entstehen beim Auftragen mit der Rolle Bläschen, so bilden diese nach der Trocknung Krater. Daher nach dem Rollen mit einem guten Borstenpinsel die Oberfläche leicht durchziehen (verschlichten) bis die Bläschen verschwunden sind. Pinsel mit Naturborsten für lösemittelverdünnbare und Kunststoffborsten für wasserverdünnbare Lacke verwenden!

Mit Rollwerkzeugen werden Untergründe rationell beschichtet und strukturiert.

Orangen-schaleneffekt

Farbroller			
Bemantelung	Verwendung	Vorteile	Nachteile
Lammfell, Polyester-, Poly-Acryl- oder Polyamidmohair oder -velours (Langflor) gerade oder außenseitig, einseitig oder bügelseitig abgerundet	Dispersionsfarben und -lacke, auch für Kunstharzlacke möglich	rationelle Flächenbeschichtung, ansatzfrei, streifenfrei, auch für raue Oberflächen	Struktur bei Lackierungen (Orangenschaleneffekt), keine glatt verlaufenden Lackierungen
Perlon oder Moltopren (Kurzflor)	Kunstharzlacke, Reaktionslacke	rationelles Beschichten glatter Flächen	feines Korn der getrockneten Oberfläche, Bläschenbildung beim Auftrag möglich, dadurch Kraterbildung in der getrockneten Oberfläche

Reliefroller	
Bemantelung	Verwendung
PVC-weich (verschiedene Strukturmuster)	Strukturieren von Putz, pastösen und dickflüssigen Beschichtungsstoffen (Plastikmassen)
Moltopren- bzw. Naturschwamm (fein, mittelfein, grob, natur oder mit Erbslochmuster)	zum Auftragen und Strukturieren von Kunstharzputzen und pastösen Dispersionen (Plastikmassen)

Reinigung und Aufbewahrung von Rollwerkzeugen	
bei kurzfristiger Arbeitsunterbrechung (bis zu einer Stunde)	bei Arbeitsende
Roller vollständig in den Beschichtungsstoff eintauchen und vor Arbeitsbeginn überschüssigen Beschichtungsstoff ausrollen oder: Plastiktüte über die Bemantelung stülpen und mit Klebeband verschließen	Roller gründlich ausrollen und in entsprechendem Reinigungsmittel gründlich auswaschen, Hinweise des Herstellers beachten, bei Moltoprenbemantelung: falls mit organischen Lösemitteln gereinigt werden muss, überprüfen ob Reinigung wegen Umweltbelastung sinnvoll und wirtschaftlich ist, die Bemantelung darf nicht längere Zeit den Lösemitteln ausgesetzt sein, sie löst sich vom Kern, auch bei Reinigung von Dispersionslacken Umweltbelastungen vermeiden

2.3 Spritzen

Beim Spritzen wird das Material, also der Beschichtungsstoff, in feinzerstäubten Tröpfchen auf eine Fläche gesprüht. Dieses Applikationsverfahren wird eingesetzt zum

- Erzielen sehr glatter und gleichmäßiger Oberflächen,
- rationellen Beschichten größerer glatter Flächen oder hoher Stückzahlen,
- Beschichten profilierter Oberflächen oder schwer zugänglicher Stellen.

Spritzverfahren können wie folgt unterschieden werden:

- nach dem Zerstäubungsprinzip
  - luftzerstäubend,
  - luftlos zerstäubend (airless),
- nach dem Spritzdruck
  - Niederdruck,
  - Hochdruck,
  - Höchstdruck,
- nach der Temperatur
  - Thermospritzen für Hoch- und Niederdruck.

Luftzerstäubende Spritzverfahren. Über ein in eine Flüssigkeit getauchtes Röhrchen wird ein kräftiger Luftstrom geführt. Durch die Geschwindigkeit der Luft wird der Druck am offenen Ende des Röhrchens vermindert. Der Luftdruck auf dem Flüssigkeitsspiegel sorgt für den Druckausgleich. Die Flüssigkeit steigt hoch, wird durch den Luftstrom mitgerissen und zerstäubt. Diese Verfahren arbeiten mit Niederdruck oder Hochdruck, je nach Art der Luftstromerzeugung.

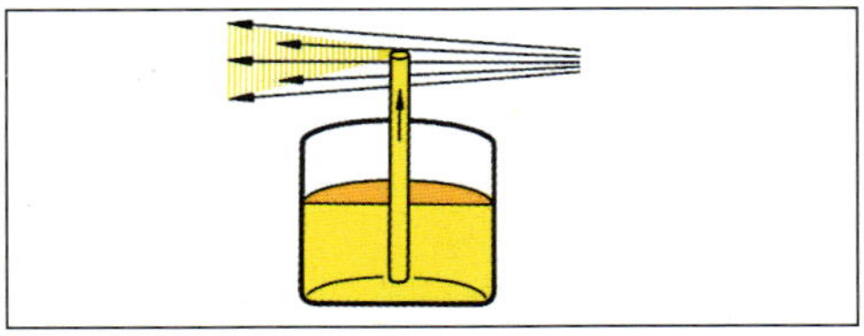

Bild 1. Luftzerstäubende Spritzverfahren

Hochdruckspritzen mit einem Kompressor birgt immer Gefahrenquellen, da die Anlage unter hohem Druck steht. Auch muss beachtet werden, dass die verdichtete Luft Verunreinigungen enthält, z.B. Staub aus der angesaugten Luft oder Kolbenöl aus dem Gerät selbst. Ebenso fällt beim Verdichten der Luft die Luftfeuchtigkeit als Wasser an. Daher müssen vorhandene Öl- und Wasserabscheider regelmäßig überprüft werden.

Fließsystem

Saugsystem

Luftlos (airless) zerstäubende Spritzverfahren. Eine Flüssigkeit wird von einer Pumpe unter hohen Druck gesetzt. Dabei ändert sich das Volumen der Flüssigkeit kaum. Der erzeugte Druck verteilt sich gleichmäßig auf alle Flüssigkeitsteilchen. Bei einer plötzlichen Druckfreigabe oder Minderung, z.B. beim Austritt aus einer Düse, wird die Flüssigkeit in feinste Teilchen zerrissen und weggeschleudert. Da der Materialdruck sehr hoch sein kann – bis zu 350 bar – heißt dieses Verfahren Höchstdruckverfahren.

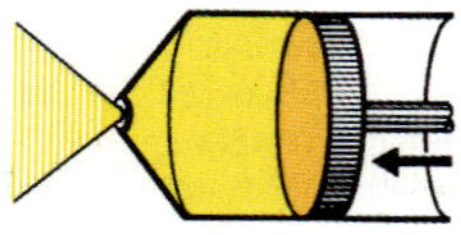

Bild 1. Luftlos zerstäubende Spritzverfahren

Spritzstrahlregulierung. Der Spritzstrahl einer Pistole ist generell rund, da die Düsenöffnung im einwandfreien Zustand auch rund ist. In luftzerstäubenden Spritzpistolen reguliert ein Luftstrom die Form des Spritzstrahls, entweder durch eine stufenlose Regulierschraube oder durch Stellung des Düsenkopfes.

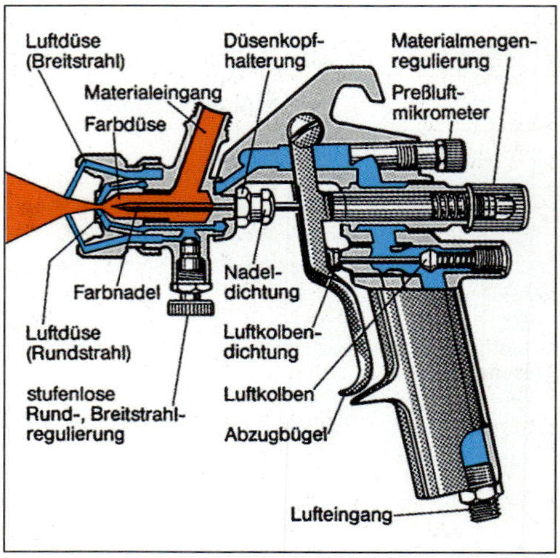

Bild 2. Funktionsweise einer luftzerstäubenden Hochdruckspritzpistole

Drucksystem

Luftzerstäubende Spritzgeräte

Spritzgerät	Luftstrom-erzeugung/ Betriebsdruck	Material-zuführung	Vorteile	Nachteile	Verwendung
Niederdruck					
Niederdruckpistole 	durch Schaufelradgebläse (Staubsaugerprinzip) 0,2 bar bis 1,0 bar	nur im Fließsystem möglich	geringer Anschaffungspreis, einfache Handhabung, geringe Farbnebelwirkung, wenig störanfällig, einfache Wartung und Pflege	geringe Materialzerstäubung, daher grobes Spritzbild, hoher Verdünnungsmittelanteil, daher umweltbelastend, da nur im Fließsystem verwendbar, geringe Materialmenge und schlechter Farbwechsel	Beschichtungen auf profilierten Oberflächen, Heizkörpern, Kleinteilen, Kleinmöbeln, Türen, Beschichtungsstoffe: Korrosionsschutzmittel, Grundiermittel, Lacke, Lackfarben, Dispersionsfarben

Luftzerstäubende Spritzgeräte

Spritzgerät	Luftstrom-erzeugung/-Betriebsdruck	Material-zuführung	Vorteile	Nachteile	Verwendung
HVLP-Prinzip 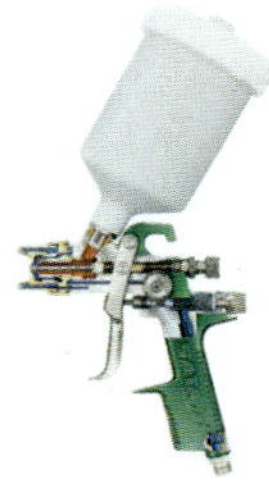	die vom normalen Kompressor erzeugte Druckluft von 3,0 bar wird in der Pistole umgewandelt (Airconverter) und es entsteht am Düsenkopf ein Druck von 0,7 bar zur Zerstäubung	Fließsystem und Saugsystem	weniger Farbnebel und Farbnebelrückprall als bei Hochdruckspritzen, dadurch geringerer Materialverlust (Materialeinsparung bis 30 %), verbesserte Arbeits- und Umweltbedingungen	konstanter Eingangsdruck von 3,0 bar muss ständig überprüft werden, um optimale Spritzergebnisse zu erzielen, Druckmessung an der Pistole erforderlich	Verarbeitung aller spritzfähigen und auch hochviskosen Lacksysteme, bei Verwendung von Edelstahldüsen auch Wasserlacke
Hochdruck					
Hochdruckpistole 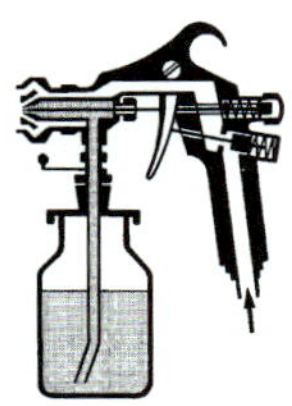	durch Kompressor 2,0 bar bis 10,0 bar		sehr feine Zerstäubung, geringer Lösemittelanteil, Verwendung größerer Gebinde	starke Farbnebelbildung, hoher Geräteaufwand, Atemschutz oder Absauganlagen erforderlich	Beschichtungen auf: Türen, und Möbeln, Kleinteilen, profilierten Flächen und Konstruktionen, Decken und Wänden, Fahrzeugen
		Fließsystem: 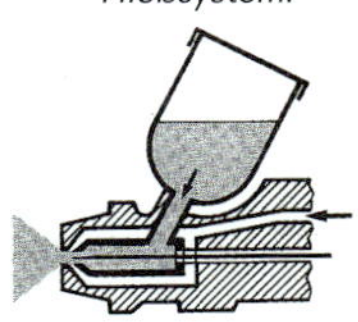	gleichmäßige Materialzuführung, geringe Luftmenge und -geschwindigkeit notwendig	schneller Farbwechsel nicht möglich, da die ganze Pistole mit Becher gereinigt werden muss, Überkopfarbeit nicht möglich, grobes Spritzbild	
		Saugsystem: 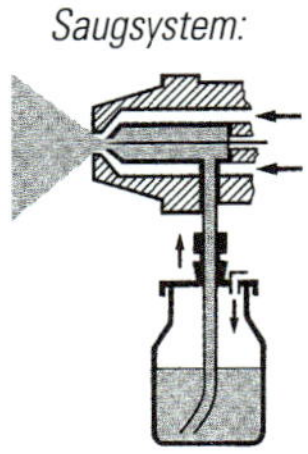	schneller Farbwechsel möglich durch Ansetzen eines anderen Farbbechers, sehr feines Spritzbild	große Luftmengen mit hoher Geschwindigkeit notwendig, starker Farbnebel	
		Drucksystem: 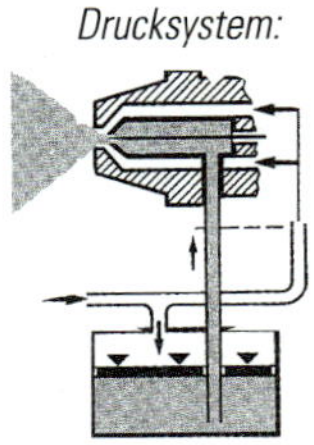	rationelles Spritzen aus großen Materialbehältern, gleichmäßige Farbzuführung	bei großen Materialdruckbehältern muss ein Rührwerk angebracht sein, damit sich die Feststoffe nicht absetzen	

HVLP =
High **V**olume
Low **P**ressure

Regulierung der Strahlform durch Düsenstellung

Düsenstellung	Luftweg	Strahlform	Anwendung
waagerecht 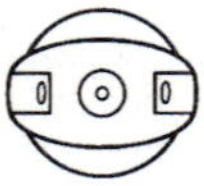	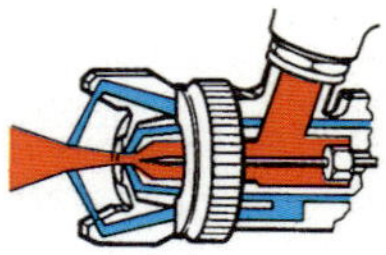	Breitstrahl senkrecht 	bei waagerechter Pistolenführung
schräg 	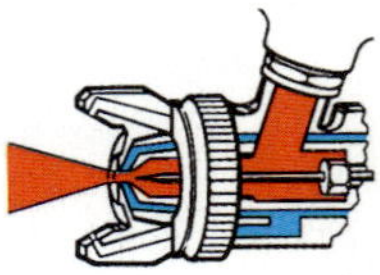	Rundstrahl 	für kleine Flächen, Kanten und Profile
senkrecht 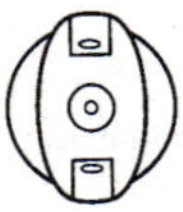	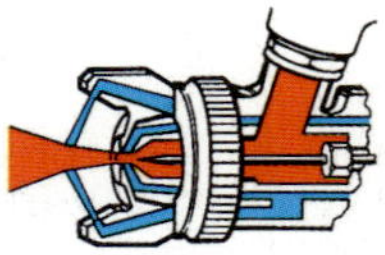	Breitstrahl waagerecht 	bei senkrechter Pistolenführung

Thermospritzen. Beim Thermo- oder Heißspritzverfahren werden Lackfarben oder andere hochviskose Beschichtungsstoffe durch Wärme dünnflüssig und somit spritzfähig gemacht.

Viskosität
hochviskos
mittelviskos
niedrigviskos

Viskosität und Temperatur bei Lacken. Die Viskosität der Beschichtungsstoffe ist bedeutend für das Spritzbild aber auch für die Schichtdicke. Ein Lack läuft bei Zimmertemperatur von ca. 20 °C in

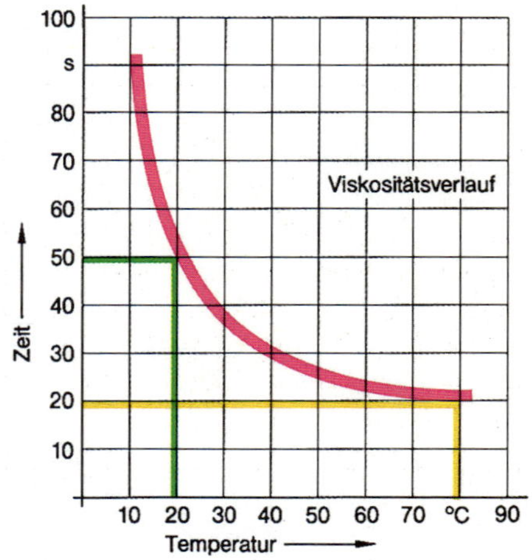

Bild 1. Viskosität und Temperatur bei Lacken.

PVK s. S. 94

50 Sekunden durch ein Viskosimeter (Messgerät). Derselbe Lack braucht bei einer Temperatur von 80 °C ohne Zugabe von Verdünnungsmittel nur noch 20 Sekunden.

Vorteile des Thermospritzens. Aus diesem Viskositätsverhalten ergeben sich für das Thermospritzen folgende Vorteile gegenüber dem Verfahren mit kalten Lacken:

- **Qualitätsverbesserung**, weil die Oberfläche schnell, ohne Läufer und porenfrei auftrocknet,
- **Zeitersparnis**, weil weniger Spritzgänge erforderlich werden, die einzelne Schicht ist dicker,
- **Umweltfreundlichkeit**, weil auf Verdünnungsmittel verzichtet werden kann,
- **Deckvermögen** verbessert, weil die PVK nicht beeinträchtigt wird,
- **Materialersparnis**, weil weniger Spritznebel entsteht.

Heizgeräte ergänzen das Hochdruckspritzsystem. Zur Erhitzung des Spritzmaterials werden für luftzerstäubende Spritzpistolen zwei verschiedene Zusatzaggregate angeboten.

Thermospritzgeräte

Zusatzaggregat	Funktionsweise	Verwendung
Becherheizung 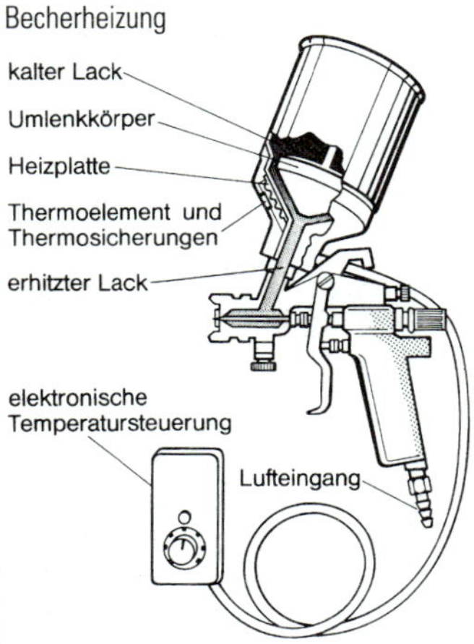	Das Spritzmaterial wird im Becher durch eine Heizplatte erhitzt. Eine elektronische Temperatursteuerung regelt stufenlos den Heizbereich bis 110 °C.	für alle Fließbecherpistolen
Durchlauferhitzer 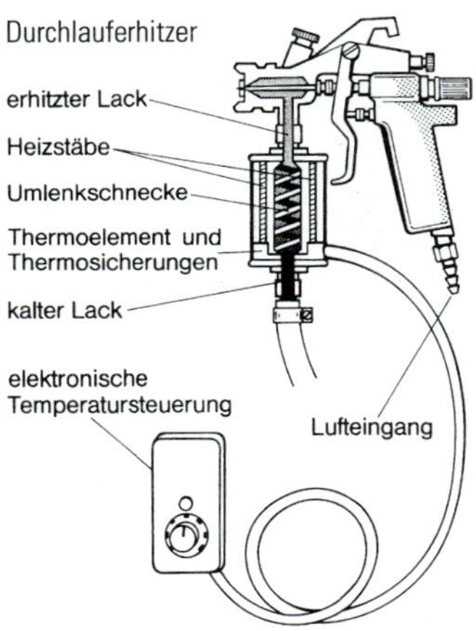	Das Spritzmaterial wird durch eine Umlenkschnecke gepumpt und hier erhitzt. Die elektronische Temperatursteuerung sorgt hier stufenlos für Temperaturen bis 80 °C.	für alle Luftdrucksysteme, aber auch für Airless-Systeme

Elektrostatisches Spritzen. Als Zusatzgerät für Hochdruck- und Airlessspritzverfahren erzeugt ein Hochspannungssteuergerät eine hohe Gleichspannung (75 kV). Zwischen dem geerdeten Werkstück und einem Aufsatz der Spritzpistole entsteht ein elektrostatisches Feld. Die positiv geladenen Teilchen des Beschichtungsstoffes werden durch die Wirkung des elektrischen Feldes auf die Vorder- und Rückseite des Werkstücks geführt. Dieser elektrostatische Umgriff führt die Farbteilchen zum Untergrund, dadurch entstehen kaum Farbnebel. Es können nur elektrisch leitende Untergründe, z.B. Metall oder Holz, beschichtet werden. Dieses Verfahren ist ideal für Beschichtungen von Gittern, Rohren, Hohlstellen und Zäunen, weil kaum Material an die Umwelt abgegeben wird.

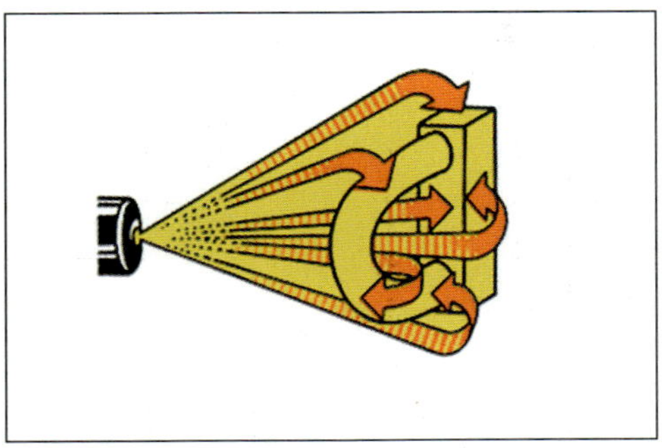

Bild 1. Elektrostatischer Umgriff

Luftloszerstäubende Geräte. Bei Airlessgeräten wird das Spritzmaterilal unter Druck von 60 bar bis 350 bar verspritzt. Dieses Verfahren nennt man daher **Höchstdruckspritzen**.

Airlessgeräte

Spritzgerät	Druckerzeugungsprinzip	Betriebsdruck	Vorteile	Nachteile	Verwendung
Elektromembrangerät 	Ein Elektromotor setzt eine hochfeste Kunststoffmembrane in Schwingung. Dadurch wird das Spritzmaterial unter Druck gesetzt.	Kleingeräte: 60 bar bis 160 bar	preisgünstig, handlich, pflegeleicht, wartungsfrei, nebelarm	geringer Farbbehälterinhalt (0,8 l), nur für kleine Flächen geeignet, sehr laut	Lacke, Lackfarben, Dispersionsfarben, Holzschutzmittel, Öle, Grundierungen
		Großgeräte: bis 150 bar bis 350 bar	zeitsparend, nebelarm, weniger Abdeckarbeiten, umweltschonend, wenig Materialverlust, schneller Farbwechsel, pflegeleicht, Überkopfarbeit möglich, auch für hochviskose Stoffe (thixotrope Beschichtungsstoffe)	hoher Geräteaufwand, nur bei häufigem Einsatz und großen Flächen wirtschaftlich, Materialdurchfluss menge nur durch Düsenwechsel veränderbar, Oberflächenqualität geringer als beim Hochdruckspritzen	alle Beschichtungsstoffe, Pistolenanschluss für Farbroller, Anschluss für elektrostatische Pistolen
Pneumatikgerät 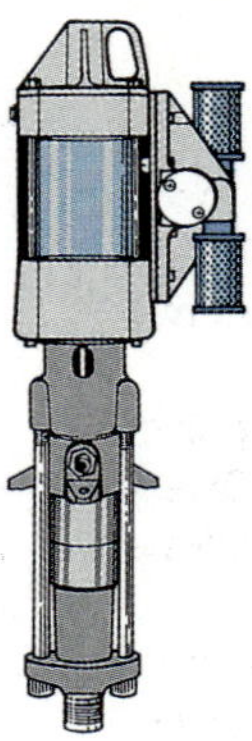	Ein Kompressor liefert Luft für eine Kolbenpumpe. Durch deren Auf- und Abwärtsbewegungen wird das Material unter Druck gesetzt, ohne zu pulsieren. Der Materialdruck erhöht sich in bestimmten Übersetzungsverhältnissen durch den Luftdruck, z.B. Luftdruck : Materialdruck = 1 : 30, d.h. bei einem Luftdruck von 6 bar liegt der Materialdruck bei 180 bar.	Eingangsluftdruck max. 8 bar, Materialdruck 150 bar bis 300 bar	hohe Materialausbeute, sehr nebelarm, reduzierter Farbrückprall, direkte Materialentnahme aus Originalgebinde, Verarbeiten von hochviskosen Stoffen, keine zusätzlichen Verdünnungsmittel notwendig, Verarbeiten von lösemittelhaltigen Stoffen, weil explosionsgeschützt, umweltfreundlich	nur bei häufigem Einsatz wirtschaftlich, hoher Geräteaufwand	alle flüssigen und pastösen Beschichtungsstoffe, alle Pistolenarten
Airless-Spray-Mix-Gerät 	Eine luftbetriebe Pumpe setzt das angesaugte Spritzmaterial unter Druck. Dieses wird in einer Spezialdüse analog zum Airlessprinzip vorzerstäubt; über Bohrungen an der Luftdüse wird dem vorzerstäubten Material Druckluft zugeführt.	Eingangsluftdruck max. 8 bar, Materialdruck 40 bar bis 70 bar, Pistolenluftdruck 2 bar bis 4 bar	hoher Druck des Materials und der Zerstäubungsluft sind kombiniert, dadurch noch feinere Zerstäubung der Materialpartikel; weicher, dosierbarer Spritzstrahl, dadurch weniger Läuferbildung und bessere Oberflächenqualität	nur bei häufigem Einsatz wirtschaftlich, hoher Geräteaufwand	Großflächenbeschichtung in Industrie und Handwerk für alle Beschichtungsstoffe, besonders für Materialien mit hohem Festkörperanteil

Thixotrope Beschichtungsstoffe s. S. 69

Airlesspistolen		
Pistolenart	Beschreibung	Verwendung
Standardpistole 	einfache Konstruktion mit auswechselbaren Düsen von 0,28 mm bis 0,46 mm und Spritzwinkel von 25° und 50°, Umlenkschalter zur schnellen Reinigung der Materialdüse und Pistolendrehgelenk-Filter ansetzbar	für alle Airlessgeräte geeignet
Airless-Spray-Mix-Pistole 	Airlesspistole mit Druckluftzufuhr, stufenlose Rund-/Breitstrahlregulierung, vielfältiges Materialdüsenprogramm, sehr wartungsfreundlich	für Spritzanlagen in Stationär- oder Fahrwerkausführung, Übersetzungsverhältnis bis 1 : 32

Airlesspistolen zeichnen sich durch eine einfache Konstruktion aus: Das unter Druck gesetzte Material wird beim Durchgang durch die Düse zerstäubt.

Düsensatz, bestehend aus Luftdüse, Farbnadel und Farbdüse, ist von der Pistolenart und von den verwendeten Beschichtungsstoffen abhängig. Werden z.B. Lacke mit einer Fließbecherpistole gespritzt, ist ein Düsensatz von 1,2 mm bis 1,5 mm, bei einer Saugbecherpistole 1,5 mm bis 1,7 mm einzusetzen. Gefüllte Beschichtungsstoffe sind mit größeren Düsen zu spritzen, als z.B. Klarlacke.

Fehlerfreie Spritzergebnisse. Damit die gespritzte Oberfläche keine Fehler aufweist, sind folgende Punkte zu beachten:

- Auf sorgfältige Pflege besonders der Düsensätze und der Pistole achten.
- Bei kurzer Arbeitsunterbrechung Pistole mit Verdünnung kurz durchspritzen.
- Düsensätze sind komplette Einheiten und sollen nicht untereinander ausgetauscht werden.
- Beim Ersetzen und nach dem Reinigen die Stellung der Luftdüse beachten.
- Nur das vom Hersteller empfohlene Düsenreinigungsset und Pistolenwerkzeug verwenden.
- Pistole und Dichtungen nie in Löse- oder Verdünnungsmittel aufbewahren.
- Nadel und Kolbenführungen nach Gebrauch leicht ölen.
- Nur aufbereitete Spritzluft, also von Öl und Wasser befreite Luft, verwenden.
- Das Spritzbild ist vom Eingangsfließdruck abhängig, daher Druck kontrollieren.

Spritzpistolen müssen auch bei kurzer Arbeitsunterbrechung gesäubert werden, damit die Düsen nicht verkleben und das Spritzbild nicht beeinträchtigt wird.

Spritztechnik. Die richtige Arbeitstechnik beim Spritzen gewährleistet die bestmögliche Güte der fertigen Beschichtung. Es sollte daher beachtet werden:

- Die Spritzpistole immer parallel zum Beschichtungsobjekt führen. Bilden Pistole und Objekt einen 90°-Winkel, werden unterschiedliche Schichtdicken und damit Läufer vermieden.
- Der Abstand von Spritzpistole und Beschichtungsobjekt soll gleichbleibend zwischen 15 cm und 20 cm betragen. Zu großer Abstand lässt Farbnebel entstehen, zu geringer bläst den Beschichtungsstoff zusammen, und es bilden sich Krater und Läufer.
- Mit den Kanten des Beschichtungsobjekts beginnen. Bei Außenecken auf die Eckfläche und bei Innenecken von der Ecke weg spritzen.
- Gute Deckfähigkeit und gleichmäßige Schichtdicke wird nur durch Kreuzgangspritzen erreicht.

Kreuzgangspritzen:
Einmal waagerecht und einmal senkrecht spritzen mit dem Breitstrahl. Dabei das Objekt nicht drehen.
Oder: Einmal waagerecht spritzen, das Objekt um 90° drehen und dann zum zweiten Mal spritzen.

Spritzfehler		
Spritzbild	Störung	Ursache und Behebung
	Rundstrahl einseitig	Mittelluftöffnung der Luft- bzw. Farbdüse verschmutzt oder deformiert; gründlich reinigen oder nötigenfalls Düsensatz ersetzen
	Spritzbild einseitig, stark gekrümmt	einseitige Verschmutzung der Bohrung in der Luftdüse; Bohrung reinigen oder ggf. Düsensatz erneuern
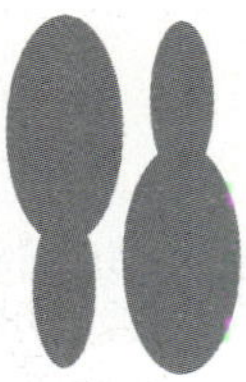	einseitig verschobenes Spritzbild	verschmutzte bzw. deformierte Bohrungen an den Hörnern der Luftdüse; Düse mit Reinigungsset reinigen oder Düsensatz tauschen
	schwalbenschwanzförmiger, gespaltener Strahl	Material zu stark verdünnt, Spritzdruck zu hoch, Strahlbreite zu groß; Material einstellen, Druck reduzieren, Strahlbreite regulieren
	Materialauftrag in der Strahlmitte zu stark	Zerstäuberdruck zu hoch, Viskosität zu hoch, zu viel Materialauftrag; Druck erhöhen, Material verdünnen, kleinere Düse einsetzten
	stoßweiser oder flatternder Spritzstrahl	lose Farbdüse bzw. Farbnadel, Becher verstopft; Teile fest anziehen, Entlüftungsbohrung am Becher reinigen

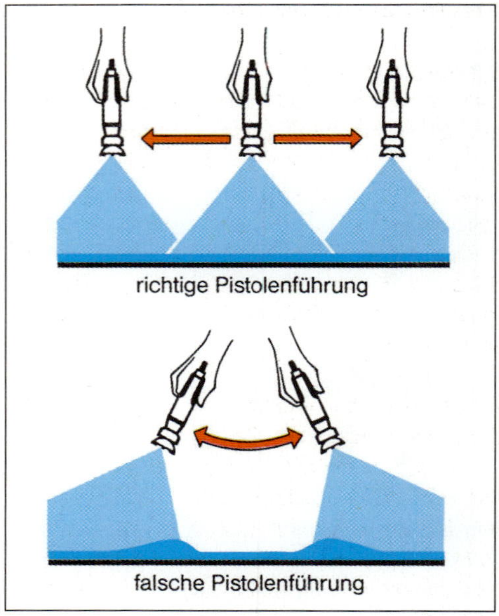

Bild 1. Pistolenführung beim Spritzen

Pistolenwaschanlagen. Aus Umweltschutzgründen sollten Pistolen heute nicht mehr von Hand gesäubert werden. Dieses gilt besonders dann, wenn mit lösemittelhaltigen Stoffen gearbeitet wurde. Pistolenwaschanlagen mit integrierter Absaugung der Lösemitteldämpfe sorgen für gute Arbeitsplatz- und Umweltbedingungen.

Die Pistolenreinigung ist denkbar einfach. So wird nur der Deckel von einer Fließbecherpistole entfernt und diese in den Reinigungsbehälter eingesetzt. Die Pistole braucht nicht demontiert zu werden. Damit keine Lackreste und Reinigungsmittel in die Luftbohrungen der Pistole eindringen können, wird diese an eine Luftzuführung angeschlossen und während des Reinigungsvorgangs freigeblasen.

Für die Abfolge von Waschen, Blasen und Spülen werden pro Reinigungsvorgang nur bis zu 0,200 l sauberes Reinigungsmittel benötigt. Das Umlaufreinigungsmittel wird nach dem Waschzyklus gefiltert und behält dadurch lange seine Reinigungsfähigkeit. Da immer nur ein Reinigungsmittel verwendet wird, ist die Wiederaufbereitung des verschmutzten Mittels kein Problem.

Viskosität, Viskosimeter s. S. 68

Gesundheits- und Umweltschutz:

Spritzen, besonders luftzerstäubendes Spritzen, verursacht Farbnebel und belastet dadurch Mensch und Umwelt. Beim Spritzen im Freien kann sich der Mensch durch eine Atemschutzausrüstung schützen. In den meisten Fällen aber kann die Umwelt ohne großen technischen Aufwand nicht geschützt werden. Daher sollten im Freien lösemittelreduzierte Beschichtungsstoffe und nebelarme Spritzverfahren eingesetzt werden.

Große Gefahr für Mensch und Umwelt besteht durch explosionsfähige Gemische. Diese entstehen immer dann, wenn sich Luft unter normalen atmosphärischen Bedingungen mit Gasen, Dämpfen, Nebeln oder Stäuben mischt. Da Lösemittel schwerer sind als Luft, sammeln diese sich in Vertiefungen und können explosionsgefährliche Gemische bilden.

Nach der VGB 23 der Bauberufsgenossenschaft sind daher bei Spritzvorgängen in geschlossenen Räumen umfangreiche Vorkehrungen notwendig, um die Atem- und Abluft sauberzuhalten:

- Pistolen nur in Umlaufreinigungsmaschinen reinigen; dadurch verringert sich die Umweltbelastung.
- Nur mit Atemschutz arbeiten.
- In einer Betriebsanweisung hat der Unternehmer sicherzustellen, dass Gefahren im Umgang mit Spritzgeräten, Anlagen und Beschichtungsstoffen vermieden werden.

Atemschutz. Bindemittelteilchen und Lösemitteldämpfe werden durch Einatmen über den Mund aufgenommen, über die Blutbahnen transportiert und schädigen den gesamten Organismus. Lösemittel gelangen zusätzlich über die Haut (auch über die Augen und die Kopfhaut) in den Körper. Art und Zusammensetzung der Schadstoffe, sowie deren Konzentration (MAK-Wert) sind wesentliche Kriterien für die Wahl des geeigneten Atemschutzes.

Bei festen Schadstoffen hängt es entscheidend von der Partikelgröße ab, wie weit diese in die Atemwege eindringen.

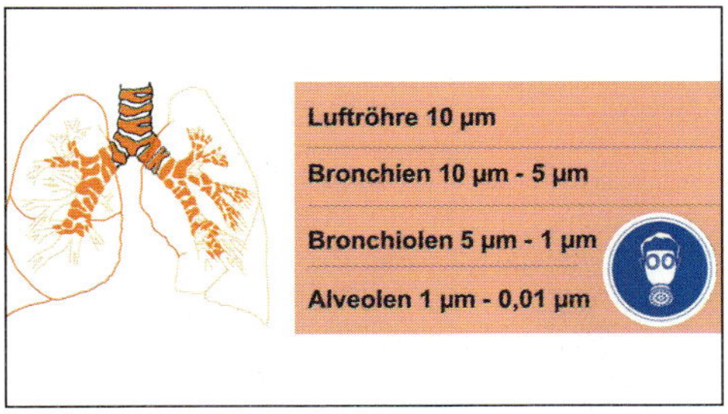

Bild 1. Partikelaufnahme der Atemwege

Atemschutzgeräte. Nach DIN EN 133 werden umgebungslufabhängige und umgebungsluftunabhängige Systeme unterschieden. Geräte beider Systeme helfen Gesundheitsschäden zu verhindern.

Es ist daher von seiten des Unternehmers darauf zu achten, dass Schutzkleidung und funktionstüchtige Atemschutzgeräte nicht nur zur Verfügung stehen, sondern von den Malern und Lackieren auch benutzt werden.

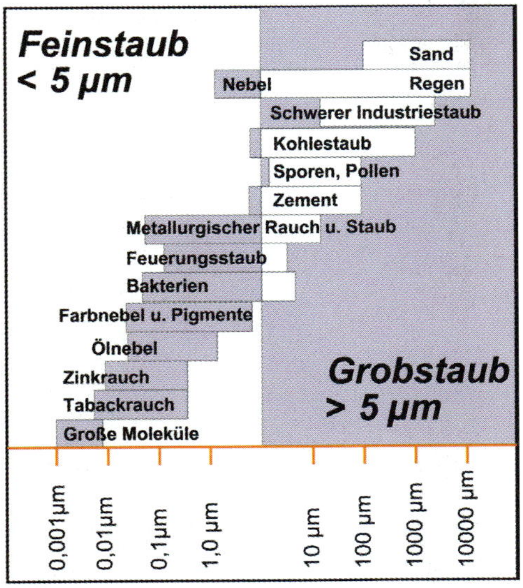

Bild 2. Beispiele für Fein- und Grobstäube

Bei der Verarbeitung von Farben und Lacken im Spritzverfahren tritt immer eine gesundheitsgefährdende Belastung durch Dämpfe und Partikel auf.

Atemschutzgeräte				
Atemschutz	Schutzsystem	Vorteile	Nachteile	Verwendung
Halbmaske 	Die Gummimaske ist mit einem oder zwei auswechselbaren Kohlefiltern ausgestattet, denen noch zusätzlich Filter vorgeschaltet sind.	geringe Kosten, leicht tragbar, keine Sichteinschränkung	erschwertes Aus- und Einatmen, Schweißansammlung in der Maske, ungeschützte Augen, umgebungsluftabhängig	Spritzen, Schleifen, Umfüllen von Lösemitteln, Verarbeiten gesundheitsschädlicher Stoffe
belüftete Halbmaske 	Eine Maske aus Hartgummi mit Kohlefilter und zusätzlicher Luftzuführung von Kompressorluft. Ein vorgeschaltetes Filter hält die Atemluft schadstofffrei.	leicht tragbar, leichtes Ein- und Ausatmen, uneingeschränkte Sicht, umgebungsluftunabhängig	an Kompressor gebunden, daher abhängige Reichweite, ungeschützte Augen	länger andauernde Spritzarbeiten
belüftete Sicherheitshaube 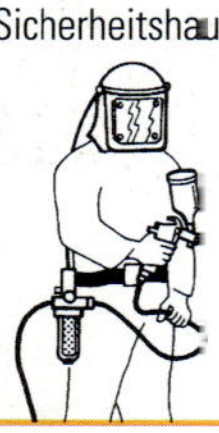	Die Kopfhaube ist der anatomischen Kopfform so angepasst, dass das Gesichtsfeld dicht abgeschlossen ist. Ein Filter sorgt für schadstofffreie Kompressorluft.	saubere Atemluft, bequemes Atmen, Schutz von Augen, Gesichtshaut und Haaren, umgebungsluftunabhängig	hoher Geräteaufwand, Blickfeldeinschränkung, eingeschränkte Reichweite	gesundheitsschädliche Arbeitsverfahren, Strahlarbeiten, Verarbeitung von gesundheitsschädlichen und giftigen Stoffen

Atemfilter und Schutzstufen				
Anwendungsbereich	Kennbuchstabe	Kennfarbe	Filterstufen	Schutzwirkung
Partikel Stäube, Rauch, Nebel	P	weiß	P1	mindergiftige, feste Stoffe, z.B. Schleifstäube von mineralischen Untergründen, Spachtelmassen, Füllern
			P2	mindergiftige, feste und flüssige Stoffe, z.B. Schleifen von Rostschutzbeschichtungen, Spritzen von Dispersionsfarben
			P3	giftige, feste und flüssige Stoffe, z.B. Schleifen von blei- und chromathaltigen Rostschutzbeschichtungen, Sprühen von Schädlingsbekämpfungsmitteln Anmerkung: Der Partikelfilter P3 hat eine ca. 400 mal höhere Abscheidung als der P1 Filter
Organische Gase und Dämpfe	A	braun	A1	organische Gase und Dämpfe, z.B. Lösemittel mit Siedepunkten über 65 °C z.B. Lackieren lösemittelbasierter Lacke
			A2	Spritzen von Isozyanatharzlacken, Abbeizen mit Abbeizern auf organischer Lösemittelbasis
			Ax	organische Gase und Dämpfe, z.B. Lösemittel mit Siedepunkten unter 65 °C Anmerkung: Das Gasaufnahmevermögen ist beim A2 Filter 2,5 mal höher als beim A1 Filter; Filterstufen A1/P1 gelten bis zum 4-fachen MAK-Wert, A2/P3 bis zum 30-fachen MAK-Wert

Lackierräume und Lackierbereiche. Nach den berufsgenossenschaftlichen Sicherheitsvorschriften dürfen Spritzarbeiten nur in dafür ausgestatteten Räumen oder in Bereichen ausgeführt werden, die um die Verarbeitungsstelle eine Sicherheitszone von 5 m aufweisen. Dabei werden für das Verarbeiten von Beschichtungsstoffen mit einem Flammpunkt unter 21 °C (Gefahrenklasse A I) Sicherheitszonen um Spritzstände oder Spritzkabinen eingeteilt:

Zone 1: Bereiche, in denen eine gefährliche explosionsfähige Atmosphäre durch Gase, Dämpfe oder Nebel gelegentlich auftritt.

Zone 2: Bereiche, in denen eine gefährliche explosionsfähige Atmosphäre durch Gase, Dämpfe oder Nebel nur selten und dann auch nur kurzzeitig auftritt.

Lüftung und Spritznebelbeseitigung. In Räumen, in denen gespritzt wird, müssen entsprechende Zu- und Abluftführungen vorhanden sein. Bei nicht genehmigungsfähigen Entlüftungsanlagen ist die TA-Luft zu berücksichtigen.
Folgende Absauganlagen für Spritznebel sind möglich, wobei jedoch die Lösemittel, wenn sie nicht über Kohlefilter geleitet werden, in die Umwelt gelangen.

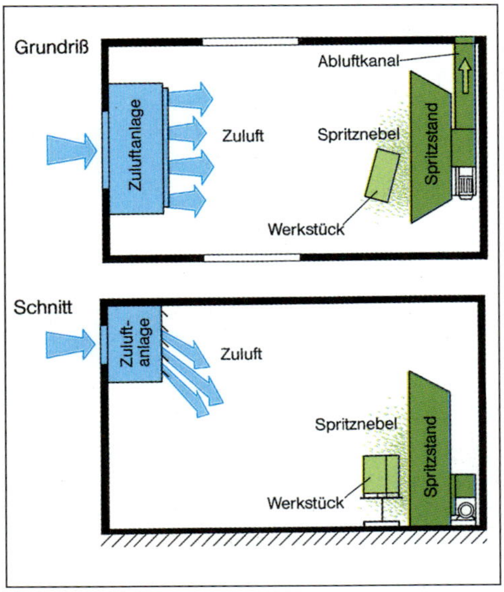

Bild 1. Beispiel für Luftführung in Spritzräumen

Flammpunkt s. S. 81

Anlagen zur Spritznebelbeseitigung

Spritznebel-beseitigung	Prinzip	Vorteile	Nachteile	Verwendung
Trockenab-scheidung	Ein Ventilator saugt die verunreinigte Luft durch schmale Schlitze.			
	Abluftverfahren: Die gereinigte Luft wird durch Rohrleitungen ins Freie geführt.	leichte transportable Anlagen	durch ständigen Luftabzug Energieverluste im Winter	für gelegentliche Spritzarbeiten, mobile Geräte für Baustellen
	Umluftverfahren: Die gereinigte Luft wird dem Spritzraum wieder zugeführt.	keine Wärmeverluste	großer Filteraufwand, festinstalliert	für häufige Spritzarbeiten, in Groß- und Kleinanlagen lieferbar
	Kombinationsverfahren: Ein Drittel der gereinigten Luft wird nach außen abgeführt; zwei Drittel werden feingefiltert und dem Spritzraum wieder zugeführt.	geringe Wärmeverluste, ständige Frischluftzufuhr	hoher Geräteaufwand, festinstalliert, großer Filteraufwand	für häufige Spritzarbeiten, für Großanlagen
Nassab-scheidung	Die farbhaltige Luft wird durch Schlitze abgesaugt, an deren Öffnungen der Farbnebel einen Wasserschleier kreuzt.	wirksame Reinigung der Luft	hoher Geräteaufwand, umweltschädigend, wenn keine Wasseraufbereitung möglich	für große Spritzanlagen in der Industrie

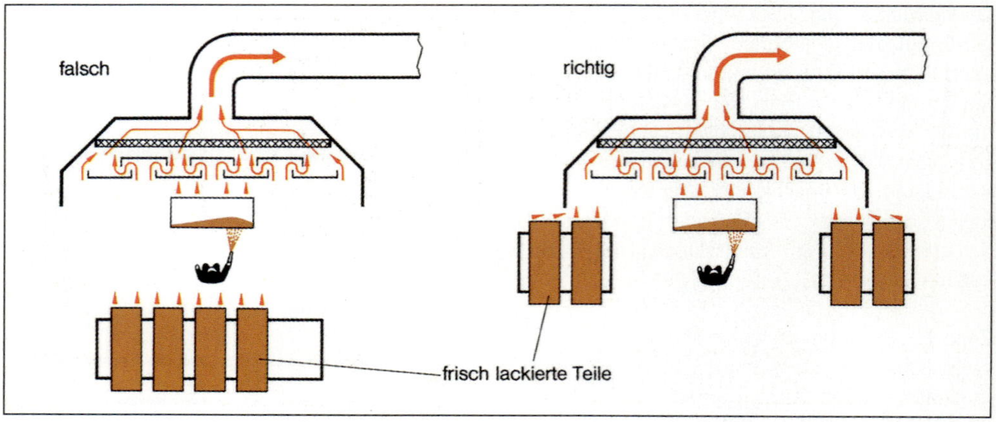

Bild 1. Abstellen frisch beschichteter Teile

Abstellen frisch beschichteter Teile. Frisch beschichtete Teile sollen so abgelegt werden, dass die abdunstenden Lösemittel nicht in den Atembereich des Malers und Lackierers abgeführt werden.

2.4 Tauchen

Ein rationelles Applikationsverfahren für profilierte Oberflächen oder kompliziert geformte Kleinteile ist das Tauchen. Dieses Verfahren ist aber nur für industrielle Beschichtungen in Großserien wirtschaftlich.

Tauchen

Verfahren	Prinzip	Vorteile	Nachteile	Verwendung
Tauchen in Tauchwannen 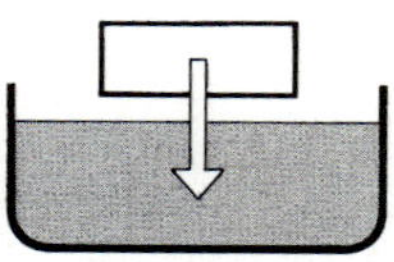	In einer mit Beschichtungsstoff gefüllten Tauchwanne werden die Objekte vollständig untergetaucht. Die Viskosität des Beschichtungsstoffes bestimmt die Schichtdicke.	fließbandmäßige Beschichtung von Kleinteilen, Hohlraumbeschichtungen, hohe Eindringtiefen bei Holzwerkstücken	nur für Großserien rentabel, ständige Viskositätsprüfung, Gefahr von Läuferbildung, Tropfenbildung an der Ablaufseite	industrielle Großserienbeschichtung, industrielle Holzimprägnierung
Elektrotauchlackierung (ETL) oder Elektrophorese 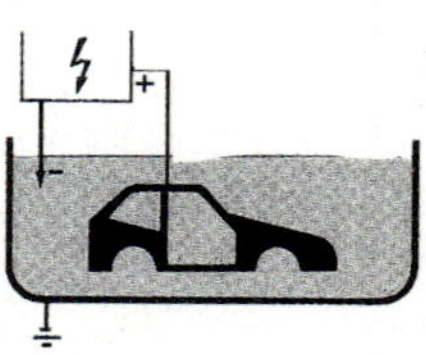	Das Beschichtungsobjekt wird an den positiven Pol einer Gleichspannung von 50 V bis 500 V angeschlossen. Das Tauchbecken ist negativ geerdet und mit einem niedrigviskosen, wasserverdünnbaren Beschichtungsstoff gefüllt. Im Gleichspannungsfeld wandern die im Wasser feinverteilten Lackteilchen (kolloide Lösung) zum Beschichtungsobjekt.	kurze Beschichtungszeit, Schichtdicke durch die Spannungsstärke regelbar, gleichmäßige Beschichtung auch an Kanten und in Hohlräumen, geringer Lösemittelanteil, umweltfreundlich	nur industriell nutzbar, nur für elektrisch leitende Werkstücke	industrielle Kfz-Lackierung

Kolloide Lösung

2.5 Fluten

Dieses Beschichtungsverfahren wird stationär in der Industrie und transportabel im Handwerk eingesetzt.

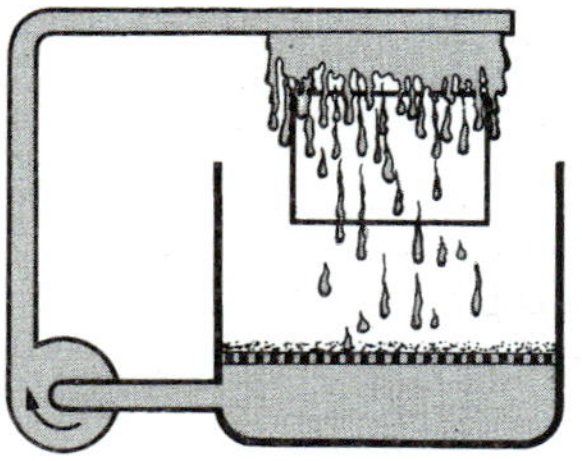

Bild 1. Fluten

Fluten

Prinzip	Vorteile	Nachteile	Verwendung
Das Beschichtungsmaterial wird aus der Flutwanne gepumpt und über das Beschichtungsobjekt gegossen. Das überschüssige Material tropft in die Wanne zurück. Es wird gesiebt und gelangt zur Pumpe zurück.	rationelle Beschichtung großer Stückzahlen, geringer Schüttverlust	ständige Viskositätsprüfung, hohe Lösemittelverdunstung, umweltschädlich bei lösemittelbasierten Beschichtungsstoffen	Beschichtungen von Heizkörpern, neuen Fenstern, Gittern, Rosten

Schüttverlust

3 Entschichtungsverfahren

Um einen Untergrund für eine neue Beschichtung gänzlich von der Altbeschichtung zu befreien, gibt es folgende Gründe:

- Nach erfolgter Untergrundprüfung, z.B. durch Gitterschnitt- oder Kratzprobe, wird mangelhafte Haftung der Altbeschichtung festgestellt.
- Ein Untergrund wurde nicht fachgerecht und mit untauglichen Stoffen beschichtet, z.B. Zink mit Alkydharzlackfarben, oder Kalkputz im Außenbereich mit Dispersionsfarben.
- Eine deckend aufgetragene Beschichtung soll durch eine lasierende Beschichtung ersetzt werden.

Generell unterscheidet man:
- physikalische Entschichtungsverfahren,
- chemische Entschichtungsverfahren.

Dabei hängt die Wahl des Verfahrens sowohl vom Untergrund als auch von der Altbeschichtung ab. Die Entscheidung für das richtige Verfahren ergibt sich durch testen der unterschiedlichen Verfahren vor Ort. Wirtschaftliche und umweltverträgliche Gründe können für das einzusetzende Verfahren ausschlaggebend sein.

3.1 Physikalische Entschichtungsverfahren

Diese Verfahren sind entweder mechanisch, thermisch oder lösend und werden handwerklich eingesetzt.

Bild 2. Umweltfreundliches Entfernen von Altbeschichtungen

Gitterschnittprobe s. S. 124

Physikalische Entschichtungsverfahren

Verfahren	Prinzip	Vorteile	Nachteile	Verwendung
Mechanisch: **Abstoßen, Abkratzen** 	mit Zugschaber, Ziehklingen oder Glasscherben abkratzen oder abziehen; mit Stielspachtel oder Roststecher abstoßen	schnelles und rationelles Entfernen auf ebenen Flächen, auch bei profilierten Werkstücken möglich	nur für kleine Flächen einsetzbar, bei größeren Flächen unwirtschaftlich, weil zeitraubend	nur lose und blätternde sowie schlecht haftende Beschichtungen können entfernt werden
Abschleifen Werkzeuge siehe Seite 30	Rotations- oder Winkelschleifer mit entsprechenden Schleifmitteln	müheloses und zeitsparendes Entfernen auf fast allen ebenen Untergründen, besonders bei metallischen	durch Reibungswärme sehr schnelles Zusetzen von Schleifpapieren, besonders bei Dispersionen	auf kleiner ebenen Flächen zum Entfernen von Lackschichten
Abfräsen Werkzeug siehe Seite 31	rotierende Hartmetall-Fräswerkzeuge mit Staubabsaugung; Frästiefe justierbar für gewünschten Materialabtrag; bei Lackfräsen Frästiefen von 0,01mm – 0,3 mm	rationelles und müheloses Verfahren mit bis zu 50 % Zeitersparnis gegenüber anderen Verfahren, auch in geschlossenen Räumen einsetzbar, umweltfreundlich, weil kein Sondermüll anfällt	hoher Geräteaufwand, in der Bewegungsfreiheit eingeschränkt	Entfernen von Lacken und Putzen im Innen- und Außenbereich, auch auf Wärmedämmverbundsystemen, Entfernen von Beschichtungsstoffen von Putzoberflächen, Beseitigen von Klebstoffen auf Böden und Fliesenuntergründen
Abstrahlen	Rotationsdruckstrahler mit Feinstrahlmittel, z.B. Glaspulvermehl oder Wasser; Feuchtstrahlsysteme mit Niederdruck 0,5 bar bis 2,0 bar	untergrundschonend, umweltfreundlich, weil keine Chemikalien einzusetzen sind, rationell und wirtschaftlich	großer Geräteaufwand, falsche Bestimmung der Korngröße des Strahlgutes kann zu Untergrundschäden führen	für alle Einsatzbereiche und Untergründe, bei denen es auf möglichst große Flächenleistungen ankommt, einsetzbar auch auf Holz oder an denkmalgeschützten Gebäuden

Physikalische Entschichtungsverfahren				
Verfahren	Prinzip	Vorteile	Nachteile	Verwendung
Thermisch: **Abbrennen** 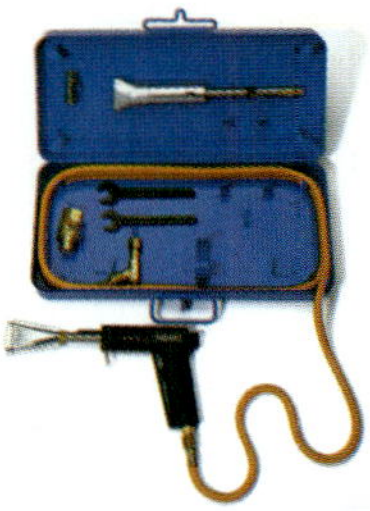	propangasgetriebene Kombigeräte, die wahlweise Heißluft oder durch einen Piezozünder eine stufenlos einstellbare Flamme erzeugen; Arbeitsleistung 3100 W; elektrisch betriebene Heißluftgeräte mit Kaltluftstufe und drei Heizstufen, Temperatur bis 650 °C, Arbeitsleistung 2600 W	Kombigerät unabhängig von Stromquelle einsetzbar, sehr schnelles Erweichen der Beschichtungsstoffe, Kaltstufe des Heißluftgerätes auch zur Trocknung von Farbproben einsetzbar	mit offener Flamme keine Holzuntergründe abbrennen, wenn lasierend beschichtet wird; gesundheits- und umweltschädliche Dämpfe können entstehen, Metalle verziehen sich, Kunststoffe können schmelzen; nur bei kleinen Flächen wirtschaftlich	für alle Öl- und Lackfarben, für Dispersionen auch für Kunstharzputze geeignet
Auflösend: **Abwaschen**	reversible Beschichtungsstoffe können mit ihrem entsprechenden Lösemittel aufgelöst werden	keine mechanische oder thermische Beanspruchung des Untergrundes	oft sehr zeitaufwendig, sicheres Abdecken ist wichtig	Leimfarben werden mit Wasser entfernt; Nitrolacke werden mit Nitrolösemittel entfernt
Abbeizen	durch sehr starke Lösemittel wird die lösende Wirkung von Abbeizfluiden erzeugt, Paraffine und Wachse verhindern schnelles Verdunsten, Verdickungsmittel ermöglichen Auftragen und Anhaften an senkrechten Flächen	schnelles und sicheres Entfernen nach entsprechender Wartezeit	enthält der Abbeizer Paraffine, muss der Untergrund mit Lösemitteln nachgewaschen werden, daher sehr umweltschädigend; Einwirkzeit von 20 min bis 30 min; bei wasseremulgierbaren Abbeizern mit Wasser nachwaschen, aber nur mit wasserrechtlicher Genehmigung indirekt einleiten	Entfernen von Dispersionen, Lacken, Lackfarben, Kunstharzputzen

reversibel

3.2 Chemische Entschichtungsverfahren

indirekte Einleitung s. S. 21

Alle Altbeschichtungen, bei denen physikalische Verfahren nicht einsetzbar sind, müssen chemisch entschichtet werden.

Ablaugmittel enthalten Kali- oder Natronlaugen, die mit den Fettsäuren der Beschichtungsstoffe zu löslichen Seifen reagieren. Nach der Entschichtung Laugenreste mit viel Wasser entfernen. Ablaugmittel dürfen nicht mit Naturborsten-Pinseln aufgetragen werden, da diese angegriffen und zerstört werden.

Beschichtungsstoffe die durch Ablaugmittel entfernt werden können sind:
- Ölfarben und ölmodifizierte Lacke und
- Lackfarben (z.B. Alkydharzlacke).

Hölzer, besonders gerbsäurehaltige wie Eiche, verfärben sich durch starke Laugen und müssen mit verdünnten Säuren (z.B. Oxalsäure) wieder aufgehellt werden. Die entstandenen Salze werden mit viel Wasser abgewaschen.

Gesundheitsschutz:
- Laugen nur mit Schutzbrille und Schutzhandschuhen verarbeiten.
- Gefahr von Verätzungen.

Aufgaben zur Wiederholung (W), Aufgaben zur Vertiefung (V)

W 1. Warum ist die Untergrundvorbereitung so wichtig für nachfolgende Beschichtungen?

W 2. Warum schleift der Maler und Lackierer a) raue, b) sehr glatte Oberflächen?

W 3. Mit welcher Schleifmittelkörnung wird eine Spachtelmasse vor einer Grundbeschichtung geschliffen?

W 4. Warum sind antistatisch beschichtete Schleifpapiere für das Anrauen von lackierten Flächen geeigneter?

W 5. Welcher Untergrund soll mit einem Schleifvlies geschliffen werden?

W 6. Welche Schleifmittelträger eignen sich für den Nassschliff?

W 7. Welches Schleifgerät setzen Sie für Problemzonen, wie Ecken oder profilierte Teile, ein?

W 8. Nennen Sie Vorteile von druckluftgetriebenen Schleifgeräten gegenüber elektrisch angetrieben.

W 9. Welches Gerät setzen Sie ein, wenn Kunststoffputze von einer Fassade entfernt werden müssen?

W 10. Was besagt der Rostgrad Ri 5?

W 11. Welche Verunreinigungen können auf Stahl und Eisen vorkommen?

W 12. Nennen Sie die vier Gruppen der Reinigungsverfahren für Stahl und Eisen.

W 13. Welche Normreinheitsgrade sind mit einer Handentrostung zu erreichen?

W 14. Erklären Sie den Unterschied zwischen den Normreinheitsgraden St 2 und Pst 2.

W 15. Mit welchen Werkzeugen erreichen Sie die Normreinheitsgrade St 2, St 3, Pst 2 und Pst 3?

W 16. Mit welchem Reinigungsverfahren erzielen Sie den höchsten Normreinheitsgrad Sa 3?

W 17. Welches Strahlmittel darf nur in geschlossenen Umlaufanlagen eingesetzt werden?

W 18. Erklären Sie die Wirkungsweisen des Strahlens mit Strahlmitteln und des Flammstrahlens.

W 19. Welche Umwelt- und Sicherheitsbestimmungen sind bei Strahlarbeiten zu berücksichtigen?

W 20. Auf welche Umweltbelastungen muss sich der Maler und Lackierer beim Hochdruckreinigen einstellen?

W 21. Nennen Sie Einsatzbereiche für Dampfstrahlreiniger.

W 22. Nennen Sie die fünf wichtigsten Applikationsverfahren für flüssige Beschichtungsstoffe.

W 23. Welche Spachtelwerkzeuge eignen sich zum Spachteln großer Flächen?

W 24. Welches Besteckmaterial eignet sich für Pinsel und Bürsten?

W 25. Warum eignen sich Ringpinsel besonders für Lackierungen?

W 26. Bei welcher Arbeit benötigen Sie einen Anschießer?

W 27. Was besagt die Ziffer 12 am Stilende eines Ringpinsels?

W 28. Wozu benötigt der Maler und Lackierer Flachpinsel?

W 29. Welches Werkzeug beschränkt heute den Einsatz von Flächenstreichern und Bürsten?

W 30. Wie werden Streichwerkzeuge nach Einsatz mit wasserverdünnbaren Stoffen gereinigt und aufbewahrt?

W 31. Welcher wasserverdünnbarer Beschichtungsstoff lässt sich nach dem Erhärten nicht mehr aus Streichwerkzeugen entfernen?

W 32. Womit werden Werkzeuge und Geräte gereinigt, mit denen Reaktionslacke verarbeitet wurden?

W 33. Mit welchem Lösemittel kann erhärteter Reaktionslack von Werkzeugen entfernt werden?

W 34. Welche Vorteile hat das Rollen gegenüber dem Streichen?

W 35. Wie werden Rollwerkzeuge bei kurzzeitiger Arbeitsunterbrechung aufbewahrt?

W 36. Wie werden Rollwerkzeuge gereinigt und gepflegt?

W 37. Welche Zerstäubungsarten gibt es beim Spritzen von Beschichtungsstoffen?

W 38. Wie unterscheiden sich die luftzerstäubenden Spritzverfahren?

W 39. Erklären Sie die Wirkungsweisen der luftzerstäubenden Spritzpistolen.

W 40. Wie beeinflusst die Luftdüsenstellung die Strahlform einer Niederdruckpistole?

W 41. Nennen Sie umweltverträgliche Spritzverfahren.

W 42. Wie wird bei Höchstdruckspritzgeräten der Spritzdruck erzeugt?

W 43. Welcher Pistolenteil muss besonders gepflegt werden oder gegebenenfalls ausgetauscht werden?

W 44. Erklären Sie das elektrostatische Spritzverfahren.

W 45. Beschreiben Sie die Technik des Spritzens.

W 46. Wie werden Spritzpistolen gereinigt?

W 47. Warum sind bei Spritzarbeiten Absauganlagen vorgeschrieben?

W 48. Welches Atemschutzsystem ist das wirkungsvollste?

W 49. Welche Kennfarbe hat ein Partikelfilter und welche Filterstufe muss eingesetzt werden, wenn bleihaltige Altbeschichtungen geschliffen werden?

W 50. Wann können in handwerklich arbeitenden Betrieben die Applikationsverfahren Tauchen und Fluten eingesetzt werden?

W 51. Welche Entschichtungsverfahren können eingesetzt werden?

W 52. Nennen Sie Gründe, warum eine Altbeschichtung entfernt werden muss.

W 53. Nennen Sie ein effektives und untergrundschonendes Entschichtungsverfahren für große Flächen.

W 54. Warum soll auf ein Abbrennen von Altbeschichtungen verzichtet werden?

W 55. Mit welchen Werkzeugen werden Ablaugmittel zur chemischen Entschichtung aufgetragen?

V 1. Was sagt der Härtegrad von Aluminiumoxid gegenüber Siliciumcarbid aus?

V 2. Eignen sich elektrisch getriebe Schleifmaschinen für den Nassschliff?

V 3. Nach einer Zwischenbeschichtung erkennt man noch die Schleifspuren der Spachtelung. Welcher Schleiffehler liegt vor ?

V 4. Warum muss Walzhaut vor einer Beschichtung entfernt werden?

V 5. Womit kann die chemische Flammstrahlwirkung verglichen werden?

V 6. Welche Spachtelmassen eignen sich besonders für Stahlflächen?

V 7. Kann die Auftragsdicke einer Spachtelmasse durch die Handhabung der Spachtelwerkzeuge beeinflusst werden?

V 8. Erklären Sie die Zerstäubung der Beschichtungsstoffe beim Airlessverfahren.

V 9. Erklären Sie die Voraussetzungen für eine ETL-Applikation.

V 10. Erklären Sie die Entstehung von Salzen beim Entschichten mit Ablaugern auf Eichenholz.

Die Beschichtungs-, Werk- und Hilfsstoffe

1 Aufbau und Eigenschaften der Stoffe

Element

Die Stoffe, die der Maler und Lackierer als Beschichtungsmaterial oder Untergrund vorfindet, verfügen sowohl über physikalische als auch über chemische Eigenschaften. Diese sind von ihrer Beschaffenheit abhängig.

Atom

Elementarteilchen

Schon im alten Griechenland dachten die Menschen über den Aufbau und über die Beschaffenheit der sie umgebenden Dinge nach. Die Naturwissenschaftler und Philosophen Demokritos (ca. 450 v. Chr.) und Leukippos (ca. 460 – 370 v. Chr.) kamen zu der Erkenntnis, dass unsere Umwelt trotz ihrer Vielfältigkeit nur aus verhältnismäßig wenigen Stoffen und diese aus kleinen, nicht mehr teilbaren Teilchen besteht.

Um Zusammenhänge zwischen diesen Teilchen zu beschreiben, haben sich zwei Naturwissenschaften entwickelt: die Physik und die Chemie.

Molekül

Chemie. Die Chemie erforscht die Umwandlung von lebenden und unbelebten Stoffen und beschäftigt sich mit der gesetzmäßigen Bildung von Verbindungen aus Elementen, mit den wechselseitigen Umwandlungen der Verbindungen und mit der Zerlegung der Verbindungen in Elemente.

Physik. Die Physik ist dagegen diejenige Naturwissenschaft, die Grundgesetze der unbelebten Natur beschreibt, den Zustand und das Verhalten der Stoffe erforscht, um nach diesen Gesetzmäßigkeiten Zusammenhänge zu beschreiben oder vorherbestimmen zu können.

1.1 Atome und Moleküle

Elemente. Unsere Umwelt lässt sich heute auf ca. 107 Elemente (Grundstoffe) zurückführen, die sich mit chemischen Mitteln nicht weiter zerlegen lassen. Jedes Element hat physikalische und chemische Eigenschaften.

Atome. Elemente sind aus vielen kleinen Teilchen zusammengesetzt, den Atomen. Diese bestehen aus Kleinstbausteinen, den Elementarteilchen. Die wichtigsten Elementarteilchen sind Protonen, Elektronen und Neutronen. Sie sind wie folgt geladen:

- Protonen → einfach positiv,
- Elektronen → einfach negativ,
- Neutronen → elektrisch neutral.

Nach einem häufig verwendeten Atommodell umkreisen Elektronen den Atomkern aus Protonen und Neutronen, z.B.:

- Wasserstoffatom:
  Ein Elektron umkreist ein Proton.
- Kohlenstoffatom:
  Der sechsfach positive Kern wird von sechs Elektronen umkreist.

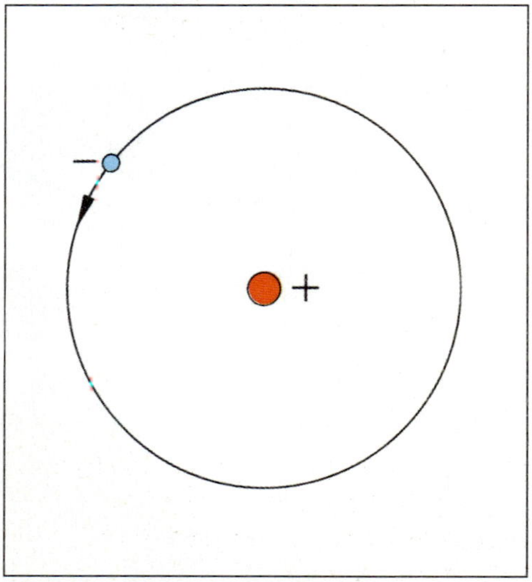

Bild 1. Modell eines Wasserstoffatoms

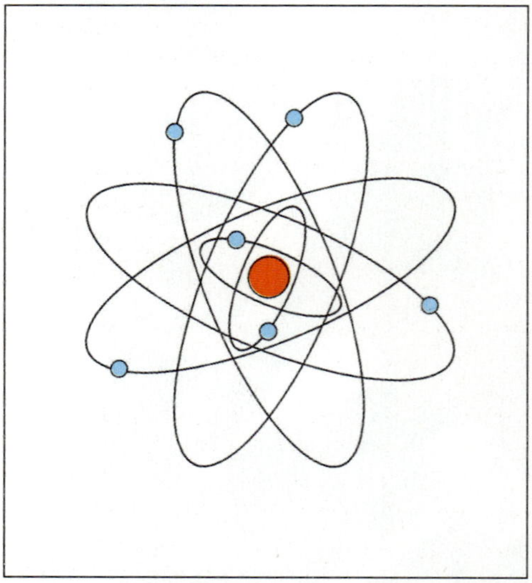

Bild 2. Modell eines Kohlenstoffatoms

Moleküle. Atome gleicher oder verschiedener Elemente können eine Verbindung eingehen. Die durch die Verbindung entstandenen Teilchen werden Moleküle genannt. Alle Moleküle eines bestimmten Stoffes sind in gleicher Weise in einem bestimmten Anzahlverhältnis von Atomen zusammengesetzt wie z.B. das Wassermolekül: Zwei Wasserstoffatome verbinden sich mit einem Sauerstoffatom zu einem Wassermolekül.

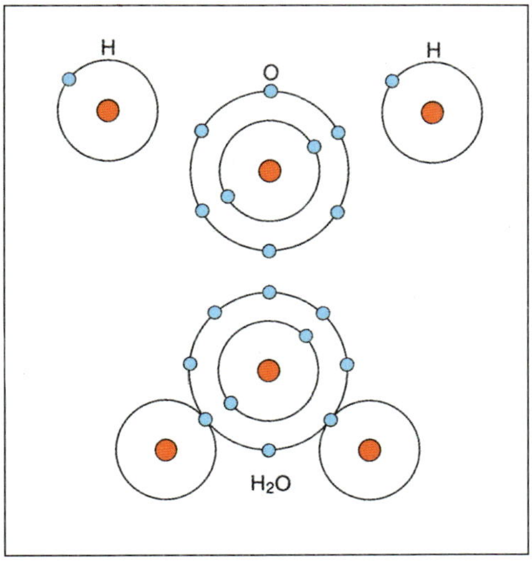

Bild 1. Modell eines Wassermoleküls

Chemische Reaktion. Leinöl in einer geschlossenen Flasche verändert sich nicht. Erst an der Luft, d.h. durch den Sauerstoff, kann eine Leinölschicht erhärten. Die Erhärtung (Trocknung) von Leinöl ist also eine chemische Reaktion.

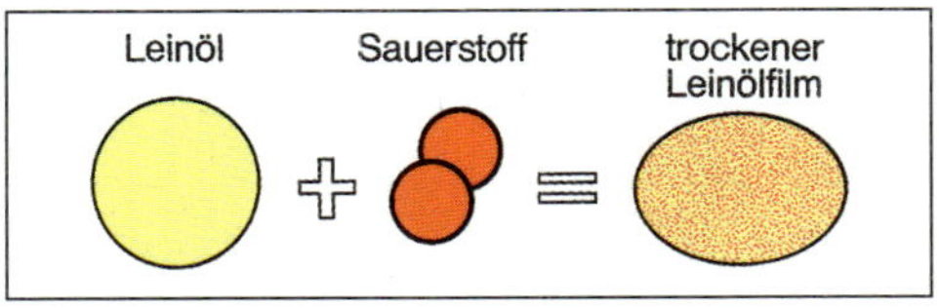

Bild 2. Erhärten von Leinöl

Synthese. Werden Reinstoffe durch eine Reaktion zu einem neuen Stoff verbunden, wird dies Synthese genannt. Die entstandenen Stoffe sind Verbindungen mit völlig neuen Eigenschaften, z.B. Kunstharze oder auch Kochsalz. Reinstoffe können sich aber nur in einem bestimmten Gewichtsverhältnis mit anderen Stoffen verbinden.

Analyse. Wird eine Verbindung mit einem chemischen Verfahren in die einzelnen Bestandteile zerlegt, so wird dieser Vorgang Analyse genannt. Analyse

Bei chemischen Reaktionen spielt Energie eine bedeutende Rolle:

- endotherme Reaktionen sind wärmeverbrauchend, z.B. Brennen von Kalk,
- exotherme Reaktionen sind wärmeabgebend, z.B. Löschen von Kalk oder Erhärten von Gips,
- Aktivierungsenergie setzt Reaktionen erst in Gang, z.B. Verbrennen von Holzkohle.

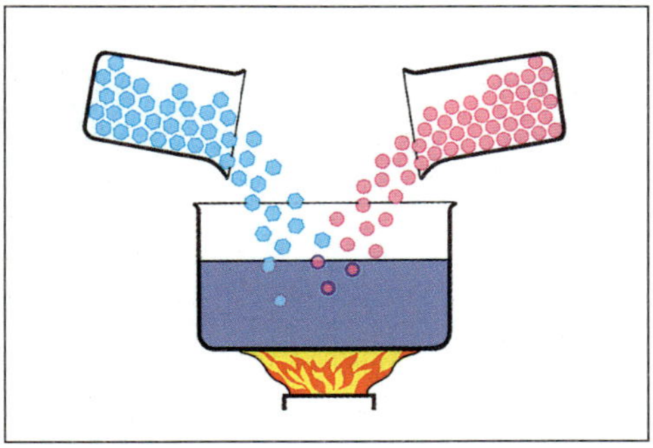

Bild 3. Stoffzusammenführung mit Energiezuführung (endotherme Reaktion)

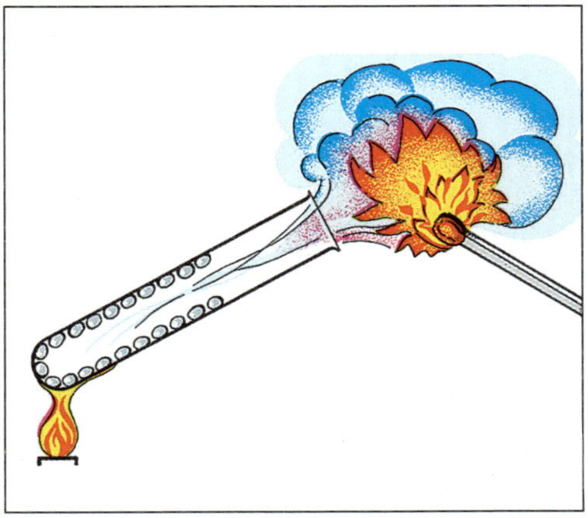

Bild 4. Stoffzusammenführung mit Energiefreisetzung (exotherme Reaktion)

Synthese

Bei chemischen Reaktionen wird entweder Energie verbraucht oder freigesetzt. Dabei werden aus Ausgangsstoffen neue Stoffe gebildet.

Stoffe

Reinstoffe

Stoffe aus nur einer Stoffart.

Sie sind homogen, d.h., sie sind einheitlich zusammengesetzt und besitzen einheitliche Eigenschaften.
Kupfer oder Wasser sind z.B. Reinstoffe.
Reinstoffe lassen sich durch physikalische Trennverfahren, z.B. Erhitzen, Zentrifugieren oder Filtern, weder in andere Stoffe zerlegen, noch ändern sie bei diesen Trennungen, ihre Stoffeigenschaften.

Stoffgemische

Stoffe aus mehreren Reinstoffen.

Die Eigenschaften der gemischten Reinstoffe bleiben erhalten, eine Trennung der beteiligten Stoffe kann physikalisch vorgenommen werden.

Elemente

Grundstoffe, die sich chemisch nicht in andere Stoffe zerlegen lassen, z.B. Kohlenstoff oder Eisen.

- **Metalle**
- **Nichtmetalle**

Verbindungen

Reinstoffe, die aus verschiedenen Elementen zusammengesetzt sind;
sie können chemisch wieder getrennt werden.

Homogen

Gleichartige Gemische, z.B. Salzlösungen für Holzschutz oder Lösemittelgemische.

Heterogen

Ungleichartige Gemische, z.B. Anstrichstoffe, Schmutzwasser, Beton.

1.2 Reinstoffe und Stoffgemische

Stoff. Ein Stoff wird an seinen spezifischen (kennzeichnenden) Eigenschaften erkannt, z.B. Dichte, Schmelz- und Siedepunkt, Farbe, Glanz, Aufbau, Geschmack, Geruch u.a. Eine Einteilung der Stoffe lässt sich z.B. nach deren Zusammensetzung vornehmen, wobei Reinstoffe und Stoffgemische oder -gemenge unterschieden werden.

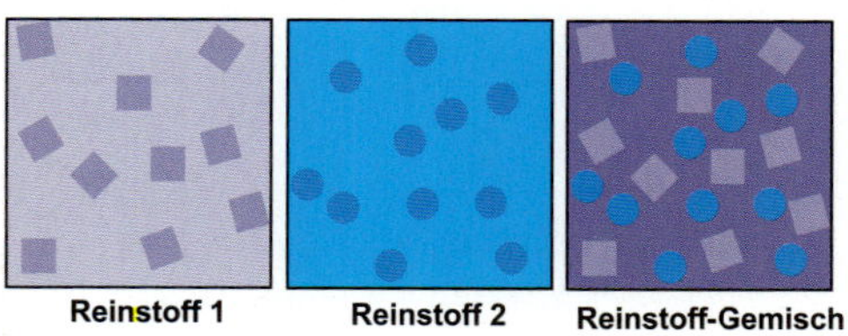

System und Phase. Wird ein Reinstoff, z.B. Wasser, in ein Gefäß geschüttet, so bildet das Wasser ein **chemisches System**.
Die Grenzen des Systems sind die Gefäßinnenwand und die Flüssigkeitsoberfläche. Das System Wasser ist homogen, d.h., das Wasser ist überall gleich beschaffen. Ein homogenes System mit durchgängig gleichen Eigenschaften und gleicher Zusammensetzung wird **Phase** genannt.

Suspension. Wird in das Gefäß mit Wasser ein Pigment, z.B. Kreide, eingerührt, so lässt sich die Kreide nicht in Wasser lösen.
Das Pigment setzt sich nach einiger Zeit am Boden ab. Dieses System besteht aus dem festen Pigment und dem flüssigen Wasser, also aus zwei Phasen. Die Phasen lassen sich durch Sedimentation (Ablagerung) trennen.

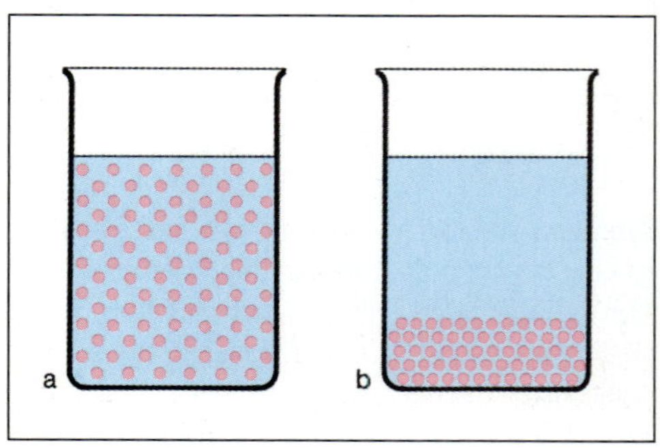

Bild 1. Suspension

Emulsion. Werden Wasser und Testbenzin zusammengerührt, so entsteht eine graue Flüssigkeit. Auch dieses System ist zweiphasig. Es besteht aber aus zwei Flüssigkeiten.
Diese Systeme werden, wenn sie verhältnismäßig stabil bleiben, als disperse (zerstreute, zerteilte) Gemische oder **Dispersionen** bezeichnet. Man unterscheidet fein-, mittel- und grob disperse Systeme.

DISPERSION
Feinste Verteilung eines Stoffes in einem anderen Stoff

Suspension
Heterogenes (ungleichartiges) System aus einer flüssigen und einer festen Phase.

Emulsion
Heterogenes (ungleichartiges) System aus zwei flüssigen Phasen.

Lösung. Wird in Wasser Salz gerührt, so lösen sich die Salzteilchen auf. Es entsteht ein homogenes einphasiges Gemisch und zwar solange, bis die Lösung gesättigt ist.

Bild 1. Lösung

Aggregatzustand s. S. 68

Mögliche Systeme

Zahl der Phasen	Aggregatzustände der Bestandteile	Bezeichnung	Beispiele
1	flüssig / flüssig	Lösung	Alkohol-Wasser-Gemisch
1	gasförmig / flüssig	Lösung	Salmiakgeist (Ammoniak in Wasser gelöst) Mineralwasser
1	fest / flüssig	Lösung	Salzlösung
1	fest / fest	Legierung	Messing, Bronze, Stahl
1	gasförmig / gasförmig	Gasgemisch	Luft, Acetylen-Sauerstoff-Gemisch zum Schweißen oder Flammstrahlen
2	flüssig / flüssig	Emulsion	Milch, Mayonnaise Öl in Wasser, Leinölfirnis in Wasser
2	fest / flüssig	Suspension	Kleister, Anstrichstoffe
2	fest / gasförmig	Aerosol	Rauch, Farbnebel
2 oder mehr	fest / fest	Feststoffgemisch	Gestein, z.B. Granit (Feldspat, Quarz, Glimmer)

1.3 Stoffeigenschaften und Aggregatzustände

Aggregatzustände. Stoffe können fest, flüssig oder gasförmig vorliegen. Diese Zustandsformen werden Aggregatzustände genannt. Bei der Änderung der Aggregatzustände durchläuft ein Stoff verschiedene Stufen. Zu jeder Änderung gehört ein bestimmter atmosphärischer Druck und eine bestimmte Temperatur.

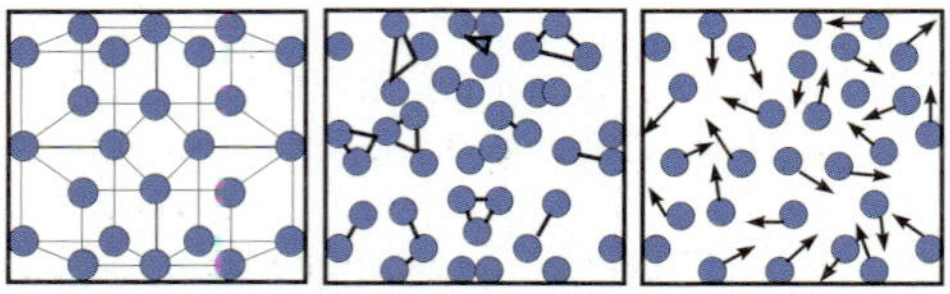

Kohäsionskraft

Kohäsionskräfte. Gleichartige Stoffe werden von Anziehungskräften zwischen den Molekülen zusammengehalten. Diese Zusammenhangskräfte, Kohäsionskräfte genannt, sind abhängig vom Abstand zwischen den Teilchen. Wird dieser Abstand zu groß, so wirken die Kräfte nicht mehr. Da sich bei einem gebrochenen, festen Körper die Teilchen nicht mehr auf den notwendigen Abstand zusammenbringen lassen, lässt er sich ohne Hilfsmittel (z.B. Kleber) nicht mehr zusammenfügen.

Wird einem Stoff Energie (Wärme) zugeführt, so bewegen sich die Teilchen immer stärker. Der Abstand wird größer, die Kohäsionskräfte geringer. Die Festigkeit des Stoffes lässt nach, er wird flüssig. Sind keine Kohäsionskräfte mehr vorhanden, so ist der Stoff gasförmig.

Sublimation und Resublimation. Einige Stoffe, z.B. Wasser, können ihren Aggregatzustand so ändern, dass sie dabei eine Zustandsform überspringen. Eis oder Schnee verdunsten im Winter, ohne den flüssigen Zustand einzunehmen. Einige Pigmente und Stoffe, z.B. Kupfer, Jod oder Naphthalin, sublimieren und können daher nicht für Einbrennlacke eingesetzt werden.
Wasserdampf (Luftfeuchte) kann, ohne flüssig zu werden, gefrieren (Raureif).

Gase. Stoffe in dieser Zustandsform besitzen keine Härte und keine Eigengestalt. Sie erfüllen jeden ihnen zu Verfügung stehenden Raum. Daraus folgt, dass die Teilchen eines gasförmigen Stoffes sich nach allen Raumrichtungen ungehindert bewegen können. Edelgase (Helium, Neon, Argon, Krypton, Xenon, Radon) und Metalldämpfe bestehen aus einzelnen Atomen, alle anderen Gase sind molekular. Gase sind kompressibel (zusammendrückbar).

Flüssigkeiten. In diesem Aggregatzustand besitzen Stoffe auch keine Härte. Sie passen sich jeder umgebenden Gestalt an. Die Teilchen bewegen sich ähnlich wie Gase in allen Richtungen des Raumes, üben aber sehr viel größere Kräfte aufeinander aus, als das bei Gasteilchen der Fall ist. Flüssigkeiten sind wenig kompressibel.
Die inneren Kräfte der Flüssigkeitsteilchen führen zur einem bestimmten Fließverhalten, der Viskosität.

Viskosität. Sie beschreibt die Zähigkeit oder die innere Reibung von Flüssigkeiten. Wird z.B. ein Kunstharzlack aufgerührt, so ist dazu eine größere Kraft notwendig, als für eine Dünnschichtlasur. Dieser unterschiedliche Kraftaufwand erklärt sich aus dem Widerstand der Flüssigkeitsteilchen, sich gegen ihre inneren Kräfte verschieben zu lassen.

Stoffe werden drei Viskositätsstufen zugeordnet:

- **Hochviskos:** zähflüssig, z.B. Kleister, Kleber, Abbeizer,
- **Mittelviskos:** dickflüssig, z.B. Füller, kalte Lacke oder Öle,
- **Niedrigviskos:** dünnflüssig, z.B. Wasser, Löse- und Verdünnungsmittel.

Härte s. S. 28

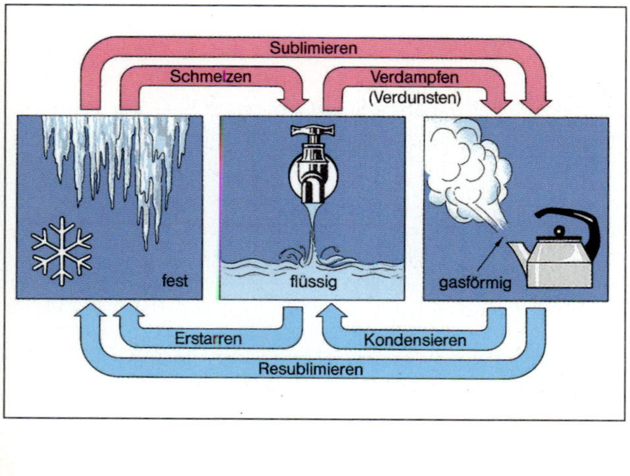

Bild 1. Aggregatzustände

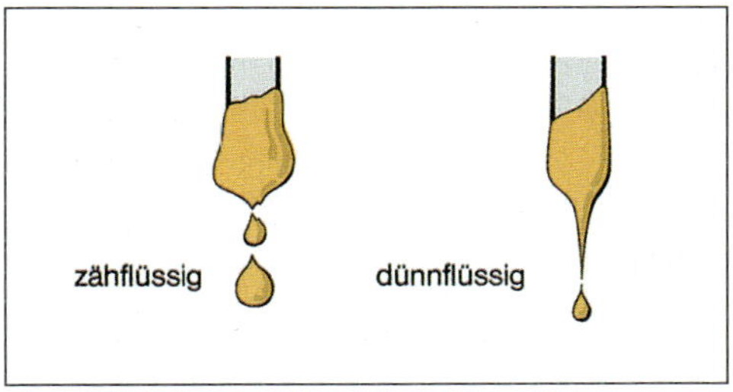

Bild 1. Viskosität

Nach DIN EN 1342-1 wird die Viskosität von Beschichtungsstoffen mit einen Auslaufbecher (DIN-Becher 4), auch Viskosimeter genannt, gemessen. Die Auslaufzeit aus diesem Normbecher (100 cm³, 4 mm Düseninnendurchmesser) in Sekunden bei ca. 20 °C ist das Maß für die Viskosität.

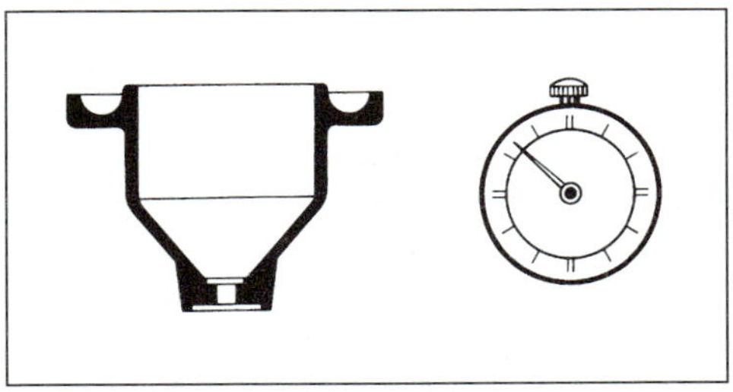

Bild 2. Auslaufbecher zur Viskositätsprüfung

Bei der Verarbeitung von Beschichtungsstoffen, besonders bei Lacken, ist die Viskosität genau auf das Beschichtungsverfahren abzustimmen, da sonst Läufer, Nasen oder der Orangenschaleneffekt entstehen.

Verarbeitungsviskosität von Lacken

Beschichtungsverfahren		Auslaufzeit in Sekunden bei ca. 20 °C
	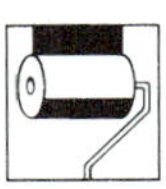	80 ... 120
		15 ... 30
		12 ... 20

Die Viskosität kann der Maler und Lackierer durch Zusetzen oder Entziehen von Verdünnungsmitteln oder durch Zufuhr oder Entzug von Wärme verändern.

Wärme oder Verdünnungsmittel verändern die Viskosität. Je höher die Temperatur ist oder je mehr Verdünnungsmittel zugegeben wird, desto geringer ist die Viskosität.

Thixotropie. Thixotrope Flüssigkeiten sind in Ruhelage gelartig. Diese Gelform wird durch Molekülketten gebildet, z.B. wenn einem Lackbindemittel Polyamide oder bestimmte Öle zugesetzt werden. Werden die Molekülketten durch mechanische Kräfte zerstört, also durch Schütteln, Rühren, Streichen oder beim Durchgang durch eine Spritzdüse, wird die Flüssigkeit hochviskos (Solform). Kommt die Flüssigkeit zur Ruhe, stellt sich die Gelform wieder ein.

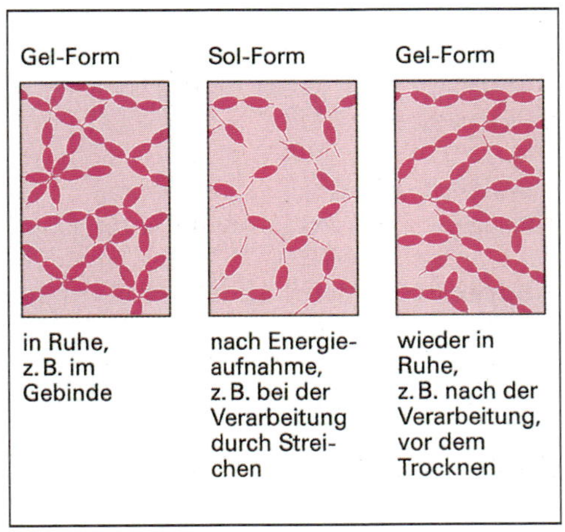

Bild 3. Zustandsformen thixotroper Flüssigkeiten

Thixotrope Lacke werden besonders im Korrosionsschutz eingesetzt. Hier müssen nach DIN 55928, je nach Bindemittel, füllstofffreie Schichtdicken bis zu 320 μm erreicht werden. Diese wären mit herkömmlichen Lacken erst nach fünf- bis sechsmaliger Beschichtung aufgetragen.
Teilthixotrope Beschichtungsstoffe werden heute als tropffreie Farben gehandelt.

Orangenschaleneffekt s. S. 253
Korrosionsschutz s. S. 175

Mit thixotropen Beschichtungsstoffen lassen sich durch einmaliges Beschichten hohe Schichtdicken erzielen.

Festkörper. Diese Stoffe sind starr und haben daher eine spezifische Eigengestalt. Feste Stoffe besitzen Härte und Festigkeit. Bei einem Festkörper ist die gegenseitige Lage seiner Teilchen genau festgelegt. Sie schwingen um ihre Ruhelage und werden durch innere Anziehungskräfte (Kohäsionskräfte) zusammengehalten. Daher sind feste Stoffe wenig kompressibel.

Festigkeit. Solange die Kohäsionskräfte zwischen den Molekülen eines gleichgearteten Stoffes größer sind als irgend eine auf ihn einwirkende Kraft, bleibt der Körper starr oder fest.

Je nach Angriffspunkt und Richtung der einwirkenden Kräfte unterscheidet man verschiedene Festigkeiten:

- **Zugfestigkeit.** Zugkräfte wirken auf Seile und Ketten, aber auch auf die Unterseiten von Betondecken.
- **Druckfestigkeit.** Druckkräfte wirken auf Mauerwerk, belasten Leitern und Gerüste.
- **Biegefestigkeit.** Druck- und Zugkräfte wirken auf Stahlträger oder Stützen.

Mit Festigkeit eines Stoffes, wird sein Widerstand gegen eine Verformung durch äußere Krafteinwirkung beschrieben.

Bild 1. Festigkeit

Plastizität. Ein Körper oder Stoff ist plastisch, wenn seine Form durch Krafteinwirkung verändert werden kann, ohne dass die Moleküle aus denen er besteht getrennt werden. Finden die verschobenen Teilchen wieder eine Ruhelage, so bleibt der Körper oder der Stoff in der neuen Form, auch wenn die Krafteinwirkung nicht mehr vorhanden ist. Ölkitt und Fugenmassen sind während der Verarbeitung plastisch.

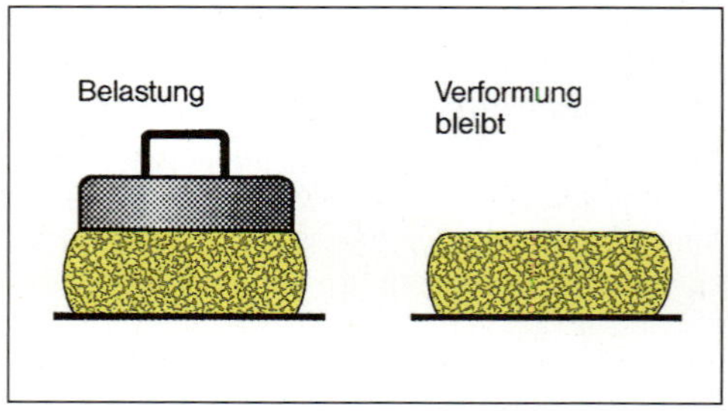

Bild 2. Plastizität

Elastizität. Bei elastischen Körpern oder Stoffen bleibt eine Formänderung nur bestehen, solange eine äußere Kraft auf den Körper oder den Stoff einwirkt. Verschwindet die Kraft, so kehrt der Körper in seine ursprüngliche Form zurück. Der Maler verwendet heute elastische Beschichtungen oder Dichtstoffe.

Härte, Festigkeit, Plastizität und Elastizität sind Eigenschaften von Stoffen im festen Aggregatzustand.

Dichtstoffe s. S. 99

2 Beschichtungsstoffe

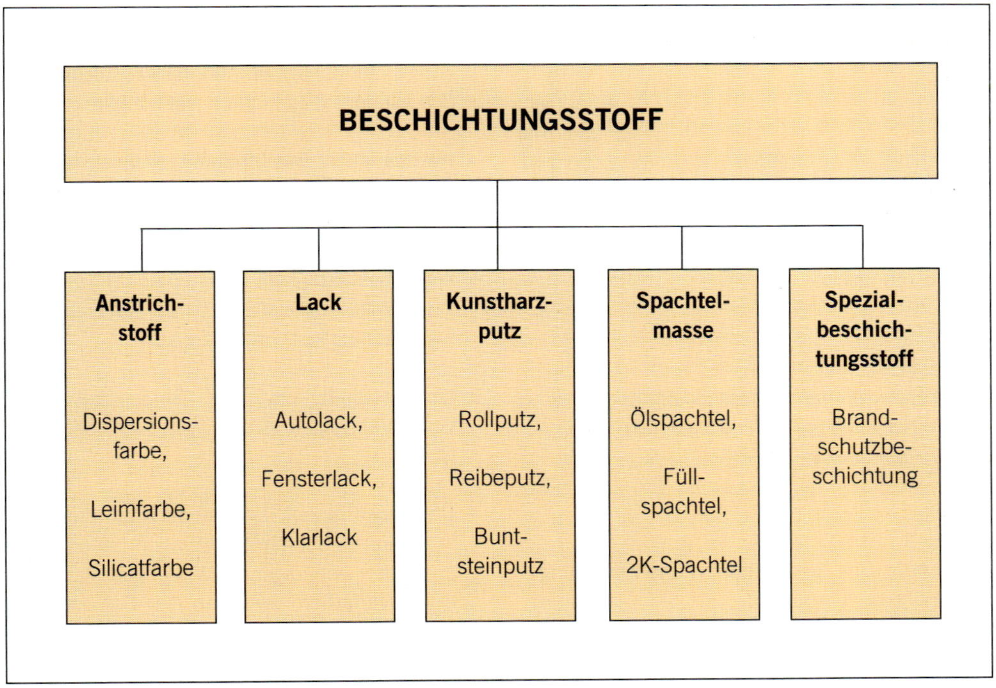

Beschichtungsstoff ist nach DIN EN 971 – 1 der Oberbegriff für Stoffe, die eine Beschichtung ergeben. Beschichtungsstoffe können flüssig bis pastenförmig oder auch pulverförmig sein und beinhalten:

- Bindemittel,
- Lösemittel,
- Farbmittel,
- Füllstoffe,
- Zusatzstoffe.

Lack oder Anstrichstoff. Beide Bezeichnungen werden für pigmentierte Beschichtungsstoffe verwendet, die auf einem Untergrund eine schützende, dekorative oder eine mit spezifischen technischen Eigenschaften (z.B. Brandschutz) ausgestattete deckende Beschichtung ergeben. Ein nicht pigmentierter Lack sollte mit **Klarlack** bezeichnet werden.

Das Bindemittel ist der wichtigste Bestandteil eines Beschichtungsstoffes. Es bestimmt seine Eigenschaften, Verwendung Verarbeitung und Qualität. EN

Bindemittelanteil. Die Art des verwendeten Bindemittels ist nicht alleine ausschlaggebend für die Qualität eines Beschichtungsstoffes. Auch die Anteile des Bindemittels oder der verwendeten Bindemittel sowie der anderen Bestandteile, z.B. Weichmacher, Pigmente oder Füllstoffe, können von größerem Einfluss sein.

DIN s. S. 251

2.1 Bindemittel

Nicht flüchtiger Anteil

Das Bindemittel ist nach DIN EN 971 – 1 der nicht flüchtige (nicht verdunstende) Bestandteil der Bindemittellösung oder der Bindemitteldispersion. Bindemittel können mit Farbmitteln und Zusatzstoffen angereichert werden. Mit diesen bilden sie nach der Trocknung den farbigen oder farblosen Beschichtungsfilm.

Die Eigenschaften eines Bindemittels legen hauptsächlich die Eigenschaften der aufgetragenen, getrockneten Beschichtung fest.

2.1.1 Aufgaben Eigenschaften und Einteilung

Aufgaben. Das Bindemittel erfüllt in einer Beschichtung die zwei Aufgaben:

- **Untergrundanhaftung.** Das Bindemittel soll den erhärteten oder getrockneten Beschichtungsstoff fest und dauerhaft an den Untergrund anhaften (anbinden) lassen.

Organische Stoffe
Anorganische Stoffe

- **Pigmentverankerung.** In einer farbigen Beschichtung soll das Bindemittel die Pigmente umhüllen und untereinander verbinden, damit sie nicht an die Oberfläche wandern und die Beschichtung nicht kreidet.

Eigenschaften. Die Eigenschaften des Bindemittels legen zum Teil auch die Verarbeitbarkeit, und auch die Haltbarkeit und das Aussehen einer Beschichtung fest:

- **Lösbarkeit.** Feste Bindemittel werden durch Lösemittel auftragbar oder bei Pulverbeschichtungsstoffen durch Wärme verlaufbar.
- **Verdünnbarkeit.** Die Bindemittellösung oder -dispersion muss sich auf die entsprechende Verarbeitungsviskosität einstellen lassen.
- **Pigmentverträglichkeit.** Das Bindemittel darf die Farbechtheit der Pigmente nicht beeinflussen.
- **Trockenfähigkeit.** Das Bindemittel muss unter den gegebenen Umständen, wie Temperatur oder Luftfeuchtigkeit den festen, blockfesten (klebefreien) Beschichtungsfilm bilden.
- **Haftfestigkeit.** Das Bindemittel muss eine hohe Adhäsionskraft zum jeweiligen Untergrund aufweisen.
- **Wetterbeständigkeit.** Das Bindemittel muss gegen Witterungseinflüsse (Hitze, Kälte, Trockenheit, Feuchtigkeit) beständig sein.
- **Lichtbeständigkeit.** Das Bindemittel muss besonders gegen kurzwelliges Licht beständig sein.
- **Überarbeitbarkeit.** Das Bindemittel muss sich in mehreren Schichten auftragen lassen, ohne dass sich schädigende Wirkungen (z.B. Anlösen, Verfärben) zwischen den Schichten ergeben.

Einteilung. Die Bindemittel lassen sich gemäß DIN EN 1062 – 1 nach zwei Kriterien unterteilen:

- **Einteilung nach dem Bindemitteltyp:**
  - *anorganische Bindemittel:* Kalk, Zement, Silicat,
  - *organische Bindemittel:* z.B. Acrylharz, Vinylharz, Öl, Alkydharz, Polyester u.a.
- **Einteilung nach dem Löse- oder Dispergierzustand des Bindemittels:**
  - *wasserverdünnbar:* Bindemittel gelöst oder dispergiert in Wasser,
  - *lösemittelverdünnbar:* Bindemittel gelöst oder dispergiert in organischen Lösemitteln,
  - *lösemittelfrei:* Bindemittel weder gelöst noch dispergiert in Wasser oder in organischen Lösemitteln, z.B. flüssige Harze.

Verarbeitungsviskosität s. S. 69
Adhäsionskraft s. S. 106

2.1.2 Wasserverdünnbare Bindemittel

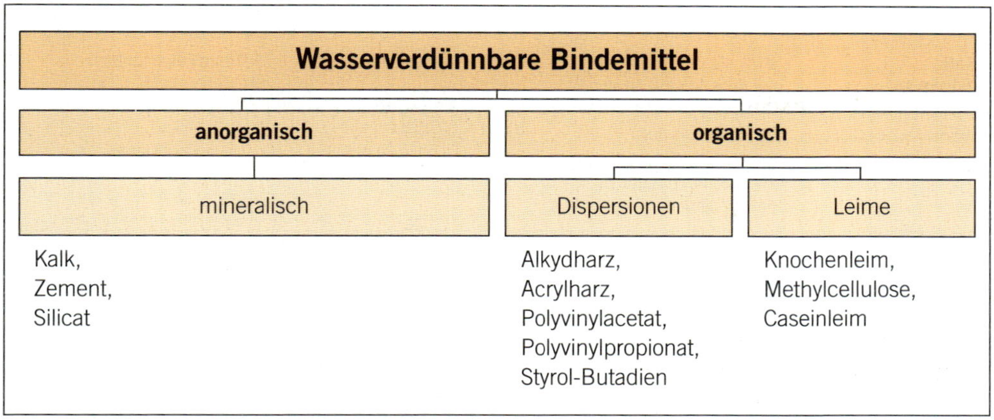

Aus Sicht des Umweltschutzes sind wasserverdünnbare Bindemittel vorzuziehen, weil diese keine oder nur wenige organische Lösemittel enthalten.

Anorganische, mineralische Bindemittel werden durch Brennen oder Schmelzen von mineralischen Stoffen hergestellt, die in der Erdkruste vorkommen.

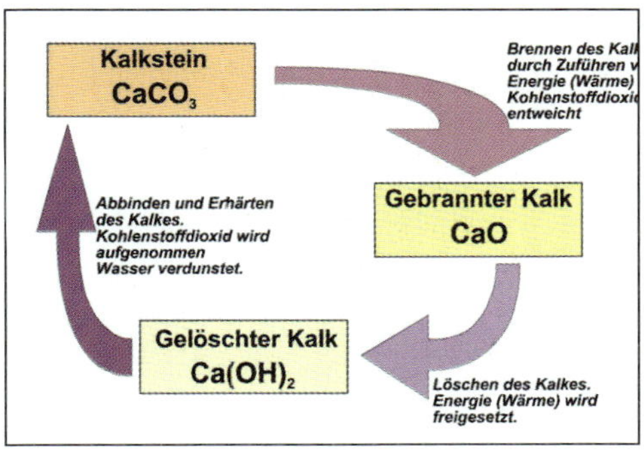

Bild 1. Kreislauf des Kalkes

Filmbildung. Nach DIN 55945 ist Filmbildung der Oberbegriff für den Übergang eines aufgetragenen Beschichtungsstoffes, vom flüssigen in den festen Zustand. Die Filmbildung erfolgt durch Trocknung und Härtung. Beide Vorgänge können gleichzeitig oder nacheinander ablaufen. Mineralische Bindemittel härten, und zwar durch chemische Reaktionen:

- **Carbonatisierung.** Gelöschter Kalk als Bindemittel unter Hinzugabe von Wasser als Verdünnugsmittel reagiert mit dem Kohlenstoffdioxid aus der Luft und erhärtet unter Freigabe von Wasserdampf zu Kalkstein:

$Ca(OH)_2 + H_2O + CO_2 \rightarrow CaCO_3 + 2\ H_2O$

Trocknung

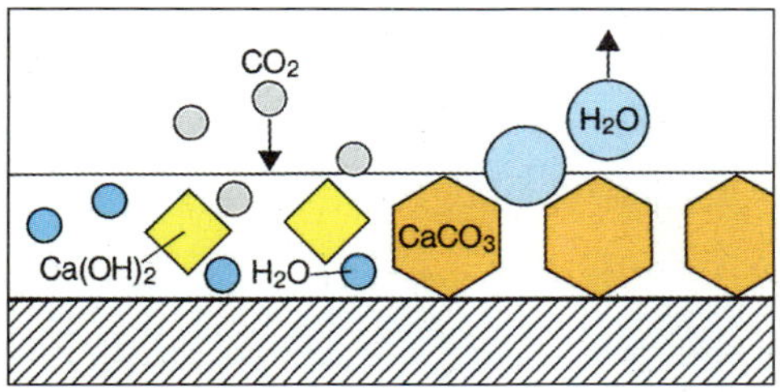

Bild 2. Carbonatisierung

- **Verkieselung.** Kaliumsilicat durchläuft, ähnlich wie Kalk, den umgekehrten Herstellungsprozess: Kaliumsilicat reagiert mit dem Kohlenstoffdioxid aus der Luft und bildet wasserunlösliches Siliciumoxid (Kieselsäure) und Pottasche:

$K_2SiO_3 + CO_2 \rightarrow SiO_2 + K_2CO_3$

Die frei werdende Pottasche ist zwar nicht sichtbar aber wasseranziehend (hydrophil), daher sollten stark feuchtigkeitsbelastete Beschichtungen, z.B. auf der Wetterseite, eine wasserabweisende (hydrophobe) Imprägnierung auf lösemittelfreier Siloxanbasis erhalten.

Härtung
hydrophil
hydrophob

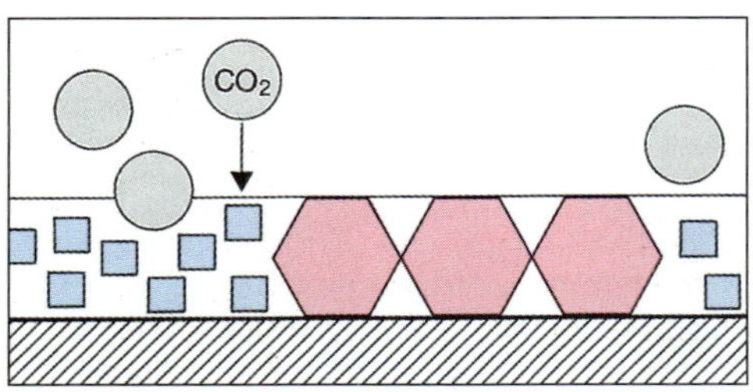

Bild 3. Verkieselung

Mineralische Bindemittel			
Bindemittel	Eigenschaften	Verwendung	Trocknung
Kalk: Bindemittel und Pigment zugleich, für Anstriche und Putze	stark alkalisch, nur abtönbar mit alkalibeständigen Pigmenten, bei Belastung durch Säure (saurer Regen) schnell abblätternd, pilztötend, diffusionsfähig	für wasser- und wetterfeste Anstriche, innen auf Putzen der Mörtelgruppen P I bis P III, außen auf P I bis P II	Härtung durch Carbonatisierung
Zement: Bindemittel für Anstriche und Putze, Weißzement Bindemittel und Pigment zugleich	stark alkalisch, korrosionshemmend bei Stahl und Eisen	für besonders harte Putze im Außenbereich, Korrosionsschutzmittel und Haftbrücke bei der Betoninstandsetzung, Zementschlemme als Beschichtung für Estriche	hydraulische Bindung, Härtung durch Verbindung mit Wasser und Bildung von Calciumsilicaten
Kaliumsilicat (Wasserglas): flüssiges Bindemittel für Silicatfarben und Dispersionssilicatfarben	stark alkalisch, abtönbar nur mit alkalibeständigen Pigmenten; ätzt Glas und Keramikfliesen, hohe Diffusionsfähigkeit, pilz- und keimtötend, unbrennbar, hohe Licht- und Wärmereflexion, hohe Lichtbeständigkeit, säurebeständig, umweltverträglich	für wasser- und wetterfeste Anstriche auf allen saugfähigen mineralischen Untergründen, insbesondere auf Natursteinen und Putzen, auf Holz als Flammschutz	Härtung durch Verkieselung

Organische Bindemittel werden aus tierischen oder pflanzlichen Stoffen gewonnen oder synthetisch hergestellt. **Dispersionen** (früher auch Binder genannt) bestehen aus Polymeren (Makromolekülen) die in Wasser dispergiert, also fein zerteilt sind.

Filmbildung. Die Trocknung der Dispersionen erfolgt physikalisch, d.h., die Löse-, Verdünnungs- bzw. Dispergiermittel verdunsten. Die Verdunstung ermöglicht das Zusammenfließen der Bindemittelteilchen zu einem zusammenhängenden Beschichtungsfilm. Physikalisch trocknen alle Leime, Kunststoffdispersionen, ölfreie Harzlösungen, Schellack, Spirituslack und Kautschukderivate.

Die Trocknungsgeschwindigkeit kann bei der physikalischen Trocknung durch Wärme erhöht werden.

Wärmetrocknung. Durch Erwärmen des Beschichtungsuntergrundes, z.B. von Metallen, oder durch Erwärmen der Beschichtungsstoffe bis ca. 80 °C wird die Verdunstung der Lösemittel beschleunigt.

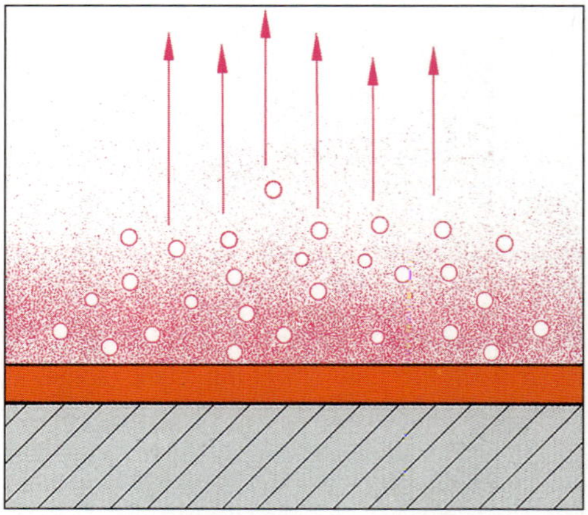

Bild 1. Physikalische Trocknung

Strahlungstrocknung. Durch Strahlungswärme wird die Trocknung von Kleinteilen beschleunigt, dabei erfolgt der Wärmetransport durch elektromagnetische Wellen z.B. bei Infrarotstrahlern.

Mörtelgruppen s. S. 134
Makromoleküle s. S. 187

Kunststoffdispersionen (KD)

Bindemittel	Eigenschaften	Verwendung	Trocknung
Kunststoffdispersionen: Polyvinylacetat (PVAC) Polyvinylpropionat (PVP) Polyacrylat (PA) Acrylnitril-Butadienstyrol (ABS) Styrolbutadien (SB)	nur bis + 5 °C verarbeitbar, da Eiskristalle den kalten Fluss verhindern, trockene KD-Beschichtungen sind wasserunlöslich,nur mit Abbeizfluiden entfernbar	Nassabriebbeständige Beschichtungen (Klasse 1-5 nach DIN EN 13300) auf allen tragfähigen Untergründen, außer auf alten Kalk- und Leimfarbenanstrichen, nicht auf MG P I, für innen und außen	physikalisch durch den „kalten Fluss" physikalisch wie bei KD-Bindemitteln
Kunststoffemulsion: Siliconharz und Kunststoffdispersionsanteile	ähnelt der mineralischen Kaliumsilicatfarbenbeschichtung, stark hydrophob, hohe Dampfdurchlässigkeit, mit KD-Farben überstreichbar	für wasch- und wetterbeständige Beschichtungen im Außenbereich, auf allen mineralischen Untergründen, auch auf frischen Putzen (Carbonatisierung wird nicht beeinträchtigt), auch auf alten Kalkbeschichtungen, nicht auf elastischen und fetten Dispersionsbeschichtungen	physikalisch wie KD-Bindemittel
Dispersions- oder Wasserlacke: Acrylate (z.B. Methyloacrylamid-Copolymere)	nach dem Trocknen lackähnliche Eigenschaften, sehr kleine Bindemittelteilchen, dadurch lackähnlicher Verlauf, sehr geringer Pigmentanteil (PVK = 15 % bis 20 %) gute Dehnbarkeit, witterungs- und UV-beständig, nur mit quellfreiem Pinselbesteck (Kunsstoffborsten) zu verarbeiten	Außen- und Innenbeschichtung von Beton, Porenbeton, Faserzement, Kalkstein,für alle Putze, Zinkstahl, Holz, Wandbekleidungen	

Kalter Fluss

Leimfarbe

Bindemittel	Eigenschaften	Verwendung	Trocknung
Methylcellulose	pulverförmiger Stoff, pflanzlicher Herkunft, wird in bestimmten Ansatzverhältnissen in Wasser zu Leimfarbe verrührt, die getrocknete Beschichtung ist reversibel, d.h., mit Wasser lässt sie sich auflösen und entfernen, daher kein tragfähiger Untergrund für Dispersionen oder Tapezierungen	Ansatzverhältnis Leim : Wasser = 1 : 25 mit Trockenpigmenten, z.B. Kreide, abtönbar für plastische und dehnbare Beschichtungsfilme im Innenbereich, wischbeständig plastische Anstrich- und Spachtelmassen zum Vorleimen stark saugender Untergründe, Ansatzverhältnis 1 : 50	physikalisch durch Verdunsten des Wassers

Dehnbarkeit

PVK s. S. 94

2.1.3 Lösemittelverdünnbare Bindemittel

Lösemittelverdünnbare Bindemittel (alle organisch)

Öle	Lacke				
	Naturharze:	**Kunstharze:**	**Cellulose:**	**Bitumen:**	**Kautschuk:**
Leinöl, Standöl, Ölharz, Firnis	rezent-fossile Harze: Bernstein, Kopal rezente Harze: Dammar, Kolophonium	Acrylharz, Alkydharz, Epoxidharz, Harnsoff-Formaldehydharz, Polyurethanharz, Siliconharz, Styrolharz, Vinylharz, Xylolharz	Nitrocellulose	Asphalt	Chlorkautschuk, Cyclokautschuk

Lösemittelverdünnbare Bindemittel besitzen eine lange Tradition. Das erklärt den zögerlichen Wechsel zu wasserverdünnbaren Stoffen mit gleichen oder sogar besseren Eigenschaften. Wegen der enthaltenen organischen Lösemittel sollten lösemittelverdünnbare Bindemittel in Innenräumen nur in Ausnahmefällen verwendet werden.

Ölfarben und Öllacke

Ölfarben, sind Beschichtungsstoffe, dessen Bindemittel

- aus nicht eingedicktem, trocknendem pflanzlichen Öl, mit oder ohne Zusatz von Standöl,
- aus schwach eingedicktem, trocknendem pflanzlichen Öl bestehen.

Öllacke sind Beschichtungsstoffe, dessen wichtigstes Bindemittel eingedickte, trocknende Öle sind. Ihnen können auch Harze beigemengt sein.

Standöl

Filmbildung. Ölige Bindemittel oder ölhaltige Alkydharze nehmen aus der Luft Sauerstoff auf, verbinden sich mit den freien Fettsäuren und bilden das in dem entsprechenden Lösemittel unlösliche Oxyn (Oxidationsprodukt). Die Härtung wird durch Trockenstoffe (Sikkative) beschleunigt. Wärmezufuhr beschleunigt sowohl den physikalischen Teil der Trocknung, die Lösemittelverdunstung, als auch den chemischen, die Sauerstoffaufnahme.

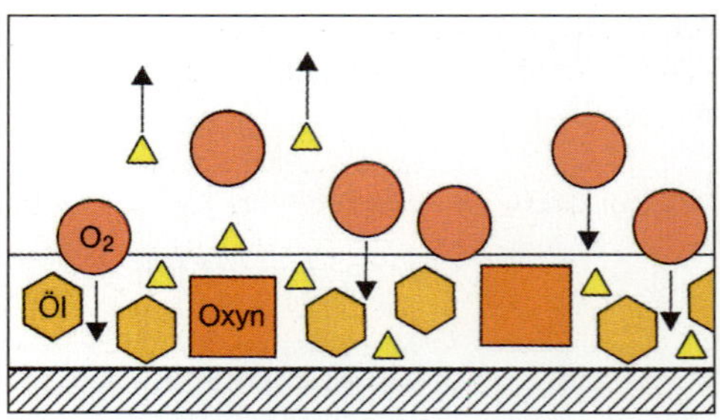

Bild 1. Oxidative Härtung

Lacke

Naturharzlacke, die als Bindemittel Naturharze z.B. Kolophonium enthalten, sollten nicht mit Naturlacken verwechselt werden. Denn Naturlacke enthalten Komponenten, die nur in der Natur entstanden sind und keine künstlich hergestellten

Beigaben und Stoffe die gesundheitsgefährdend sind. Die Bezeichnung „Biolacke“ für Naturlacke ist falsch und irreführend. Solche Beschichtungsstoffe können nicht der belebten Natur (bios = Leben) zugeordnet werden.

Kunstharzlacke enthalten ein Kunstharz oder Gemische aus Kunstharzen als Bindemittel. Da aber Kunstharzbindemittel sehr unterschiedliche oder spezielle Eigenschaften besitzen, soll das Kunstharz mit in der Lackbezeichnung aufgeführt werden, z.B. Alkydharzlack.

Filmbildung. Härten Kunstharze chemisch, erfolgt die Härtung durch:

- Polykondensation,
- Polyaddition,
- Polymerisation.

Polykondensation. Niedermolekulare Stoffe (Monomere) verketten sich zu Makromolekülen (Polymere) und geben dabei Wasser, Ammoniak oder Alkohol als Kondensationsprodukte ab. Dadurch entsteht ein sehr widerstandsfähiger Beschichtungsfilm. Auf diese Weise trocknen Einbrennlacke, säurehärtende Phenolharzlacke und Amino-Alkydharzlacke.

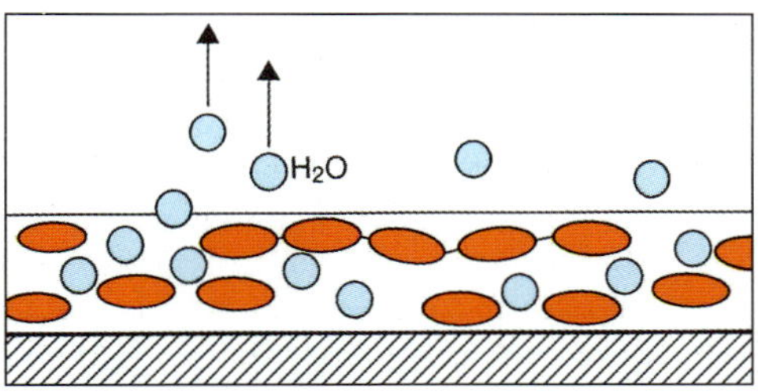

Bild 2. Härtung durch Polykondensation

Polyaddition. Monomere lagern sich zu Makromolekülen zusammen, ohne dabei Nebenprodukte zu bilden.

Reaktionslacke härten durch Polyaddition, z.B. Polyurethanlacke und Epoxidharzlacke. Diese Lacke werden durch zwei Komponenten bestimmt, der Härterkomponente und der Stammlackkomponente. Beide Komponenten werden in einem bestimmten Verhältnis gemischt und dann aufgetragen. Härter und Stammlack bilden, nachdem das Lösemittel verdunstet ist und nach erfolgter chemischer Reaktion, als Polyaddukt den Anstrichfilm.

Polymerisation. Ungesättigte, gleichartige Monomere verbinden sich zu kettenförmigen Makromolekülen. Auch hier wird der chemische Trocknungsprozess durch das Zusammenführen von Stammlack und Härter ausgelöst. Das Zusammenführen erfolgt kurz vor der Verarbeitung, wobei dann das Lösemittel, meistens Styrol, mitreagiert und nicht verdunstet, z.B. bei ungesättigten Polyesterharzlacken.

Makromoleküle

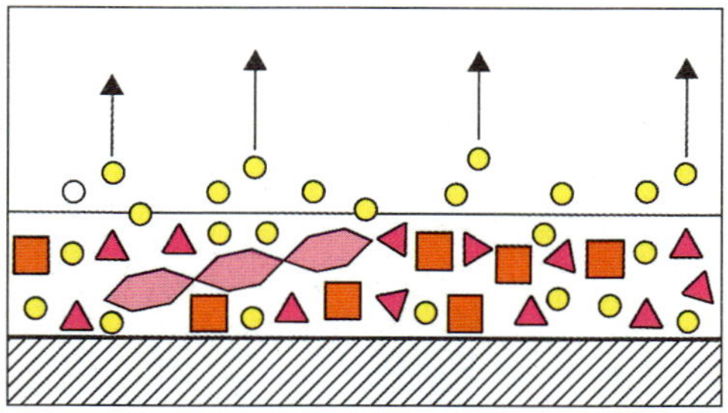

Bild 3. Härtung durch Polyaddition

Lacktrocknung und -härtung

Einbrennen. Verläuft die Vernetzung des Bindemittels (Molekülvergrößerung) durch Wärmeeinwirkung bei einer vorgegebenen Mindesttemperatur, so wird dieser Härtungsvorgang Einbrennen genannt. Durch die Energiezufuhr wird die chemische Reaktion in Gang gesetzt und beschleunigt. Die Einbrenntemperatur ist vom Bindemittel abhängig. Dabei wird vom Hersteller ein Temperaturbereich und eine Zeitdauer vorgegeben. Die Angaben liegen bei Temperaturen von 80 °C bis 300 °C und Einbrennzeiten von 1 Minute bis zu 1 Stunde.

Polykondensat

Forcierte Trocknung. Die Trocknung eines Beschichtungsstoffes erfolgt unter Zufuhr von Wärme. Dazu muss die Temperatur höher sein als die der Umgebungsluft, jedoch unterhalb der Einbrenntemperatur. Bei Kunstharzen, die chemisch trocknen, ist diese Trocknungsart eine Wärmehärtung.

Wärmehärtung

Trocknungsdauer. Die Zeitspanne zwischen dem Auftragen eines flüssigen Beschichtungsstoffes und dem Erreichen eines bestimmten Zustandes während der Filmbildung durch Trocknung ist die Trocknungsdauer oder -zeit.

Trocknungszustände von Beschichtungen**,** die während der Trocknungsdauer erreicht werden können, sind:

- **Staubtrocken**, wenn der auffallende Staub nicht mehr an der Oberfläche klebt.
- **Grifffest**, wenn die Oberfläche einer festen Berührung standhält.
- **Durchtrocken**, wenn die Gebrauchshärte in der gesamten Schicht erreicht ist.

Polyaddukt

Polymerisat

Kunstharze

Bindemittel	Eigenschaften	Verwendung	Trocknung
Acrylharz: aus Copolymerisaten, häufig in Verbindung mit Alkyd- oder Epoxidharz, zwei Typen: lufttrocknend und wärmetrocknend	schnelle Trocknung, gute Haftfestigkeit, Witterungs- und Lichtbeständigkeit, beständig auf alkalischen Untergründen, da schlecht verseifbar, verdünnbar nur mit Spezialverdünnung nach Angaben des Herstellers	*Typ lufttrocknend:* innen und außen auf Beton, Faserzement, Putzen der MG P III, Hartkunststoff (Duromere) *Typ wärmetrocknend:* auf Stahl, Aluminium und Zink, Fahrzeuglackierung	physikalisch durch Verdunsten der Löse- und Verdünnungsmittel, die Wärmetrocknung erfolgt durch Einbrennen und kann schon bei ca. 80 °C erfolgen
Alkydharz: am häufigsten verwendetes Bindemittel auf Polykondensatbasis, wird mit trocknenden oder nicht trocknenden Ölen modifiziert (verändert, gemildert), aufgrund der Ölbeimengungen ergeben sich drei Lackarten: langöliger Lack (Ölgehalt ≥ 60 %),	*langöliger Lack:* guter Verlauf, beste Streichbarkeit, gute Härte, wetter- und chemikalienbeständig, mit Terpentin, Testbenzin oder Spezialverdünnung verdünnbar *mittelöliger Lack:* sehr hart, wetter- und chemikalienbeständig, verdünnbar wie langöliger Lack	als Maler- und Korrosionsschutzlack auf Holz- und Metalluntergründen (nicht auf Zink!) im Innen und Außenbereich, alle Applikationen möglich industriell für Stahl- und Eisenuntergründe, z.B. für Maschinenteile oder Gebrauchsgüter, auch als Malerlack verwendbar	physikalisch/chemisch, d.h., durch Verdunsten des Lösemittels und Erhärtung durch Vernetzung der Bindemittelteile
mittelöliger Lack (Ölgehalt 40 % – 60 %, luft- und wärmetrocknend) kurzöliger Lack (≤ 40 %, wärmetrocknend und einbrennbar)	*kurzöliger Lack:* sehr hart, wetter- und chemikalienbeständig, sehr hoher Glanzeffekt, verdünnbar wie langöliger Lack	industriell für Einbrennlackierungen, besonders in der Fahrzeuglackierung	beschleunigte physikalisch-chemische Trocknung
Epoxidharz: Polykondensat aus Epichlorhydrin und Bisphenol A, Epoxidharzlacke sind Zweikomponentenlacke (2K-Lacke): Stammlack = Epoxidharz Härter = Amine zwei Arten lieferbar: lösemittelverdünnbar, wasserverdünnbar	*lösemittelverdünnbarer Lack:* abriebfest, wetter- und chemikalienbeständig, mit Spezialverdünnung verdünnbar, Dämpfe von Verdünner und Härter sind gesundheitsgefährdend *wasserverdünnbarer Lack:* abreibfest, wetter- und chemikalienbeständig, nicht beständig gegen Säuren, Härter wirkt ätzend! 	vor der Verarbeitung müssen Stammlack und Härter sorgfältig verrührt werden, für widerstandsfähige Beschichtungen auf Metall und Beton vor der Verarbeitung müssen Stammlack und Härter zusammengebracht werden, auf Betonböden, mit Epoxidharzgrundierung auch auf Metallen	Härtung durch Polyaddition, wenn vom Hersteller nicht anders angegeben, ist eine Trocknung unter 20 °C nicht möglich; Topfzeit ein bis drei Tage Härtung durch Polykondensation, Topfzeit einige Stunden

Topfzeit

Wärmetrocknung s. S. 77,

Kunstharze			
Bindemittel	Eigenschaften	Verwendung	Trockung
Polyurethanharz (PUR): Polyaddukt aus Polyester- und Isocyanatharz PUR-Lacke liegen als Ein- und Zweikomponentenlacke vor	*Einkomponentenlack:* die Polyadditionskomponenten sind im Gebinde miteinander vermischt, gute Haftfähigkeit, hohe mechanische Beansruchung möglich	zur Versiegelung von Holzfußböden und Beton	Härtung durch Polyaddition ausgelöst durch Luftfeuchtigkeit
	Zweikomponentenlack: (veraltete Bezeichnung DD-Lack): elastisch, abriebfest, wetter- und chemikalienbeständig, keine Verarbeitung bei Feuchtigkeit, weil der Härter mit Wasser reagiert, hitzebeständig bis 150 °C, mit Spezialverdünner verdünnbar, Dämpfe sind sehr gesundheitsgefährdend 	für stark belastbare Innen- und Außenbeschichtungen auf Stahl, Aluminium, Zink, Kunststoff und Holz	Topfzeit ein Tag
Polyvinylchlorid (PVC): Mischpolymerisat für PVC-Lacke oder PVAC-Lacke (Polyvinylacetat)	lösemittelverdünnbare Lacke, widerstandsfähig gegen Säuren, Laugen, Alkohole, Benzine und Wasser, schnelltrocknend, sehr elastisch, abriebfest, unbrennbar, hohe Widerstandsfähigkeit gegen Industriegase	für Metalle und mineralische Untergründe, für Kunststoffuntergründe, die vom Lösemittel des Beschichtungsstoffes nicht an- oder aufgelöst werden	physikalisch durch Verdunsten des Lösemittels
Ungesättigte Polyester (UP): Copolymerisat, UP-Lacke sind Zweikomponentenlacke	seidenglänzender bis hochglänzender Beschichtungsstoff, besonders hart und widerstandsfähig gegen mechanische Einwirkungen, chemikalienbeständig, empfindlich gegen starke, schnelle Temperaturschwankungen, hohes Füllvermögen	für Stahl- und Holzuntergründe, Holzbauteile und Holzwerkstücke wegen der hohen Oberflächenspannung beidseitig beschichten, max. Holzfeuchte bei 12 %, empfindlich gegen Holzinhaltstoffe, Verarbeitungshinweise des Herstellers genau beachten	Härtung durch Polymerisation, Topfzeit etwa 20 Minuten bis 30 Minuten

Holzfeuchte s. S. 152

Cellulose, ein Hauptbestandteil des Holzes, wird durch Salpetersäure in Cellulosenitrat umgewandelt. Das chemische Produkt wird auch Nitrocellulose genannt und dient als Bindemittel für Nitrolacke. Es ist mit anderen Kunstharzen, z.B. Alkydharz, Ölen und Weichmachern, kombinierbar. Die Lacke werden mit einem Lösemittelgemisch (Nitroverdünner) verdünnt. Nitrolacke werden auf Metall, Holz oder Putz verwendet, besonders auf Untergründen, bei denen es auf eine schnelle Trocknung ankommt. Der Lack trocknet physikalisch und ist reversibel, also wiederanlösbar.

Asphalt bzw. Bitumen ist ein Rückstand der Erdölraffination. Dieser Stoff wird mit trocknenden Ölen oder Kunstharzen verkocht und als Bindemittel für Bitumenbeschichtungsstoffe (Schwarzlacke) verwendet. Testbenzin löst Bitumen und dient als Verdünnung. Bitumenbeschichtungen werden wegen ihrer hohen Wasserbeständigkeit für Isolierbeschichtungen auf Beton, Stahl oder Holz eingesetzt. Das Bindemittel trocknet physikalisch.

Kautschuk als Natur- oder Kunstprodukt, wird mit Chlorgas behandelt und in Wasser geleitet. Es bildet sich so das Bindemittel für Chlorkautschuklacke. Diese Lacke sind äußerst chemikalien- und wasserbeständig. Sie werden deshalb vornehmlich in Wasserbecken und im Bereich chemischer Werke eingesetzt. Das Bindemittel ist nicht beständig gegen tierische und pflanzliche Fette und Öle sowie gegenüber den meisten Lösemitteln. Diese trocknen physikalisch.

2.1.4 Lösemittelfreie Bindemittel

Aus Gründen des Gesundheits- und Umweltschutzes sind lösemittelfreie Beschichtungen besonders im Innenbereich für den Maler und Lackierer von Bedeutung. Industriell werden diese Beschichtungsstoffe aus Emissionsschutzgründen aufgetragen.

Pulverlacke sind pigmentierte Beschichtungsstoffe, deren Bindemittel, PVC, Epoxidharz, Polyacrylate oder Polyurethane, gepulvert und frei von Lösemitteln sind. Zusätze verbessern den Verlauf, die Härtung und Dehnbarkeit. Das leicht bewegliche Pulver wird im elektrostatischen Sprühverfahren auf elektrisch leitende Untergründe aufgetragen. Anschließendes Einbrennen lässt das Bindemittel schmelzen und es verläuft mit den Pigmenten zu einem hochstrapazierfähigen und porenfreien Film. Erst durch die Hitze des Einbrennens erfolgt die Vernetzungsreaktion der Bindemittel.

Lösemittelfreie und wasserverdünnbare Bindemittel sind flüssige Kunstharze, die durch Verdickungsmittel (synthetische Polymere oder Oligomere) auf Applikationsviskosität eingestellt sind.

Umweltschutz s. S. 21, Applikationsviskosität s. S. 69, Elektrostatisches Verfahren s. S. 49

ELF

Flüssige Kunstharze

Bindemittel	Eigenschaften	Verwendung	Trocknung
Acrylatharze: für Acryllackdispersionen	flüssige Kunsstoffteilchen sind in Wasser ohne Lösemittelzugabe dispergiert (⟶ ELF-Lacke), geruchsneutral, desinfektionsmittelbeständig, scheuerbeständig, nicht fett- und säurebeständig (z.B. Handschweiß)	für hochwertige Innenwandbeschichtungen, auf normalsaugenden Putzen, Raufaser, Glasgewebe, alten Dispersionsfarben, alter Kunstharzlackierung, nicht auf Kalk- und Leimfarbenanstrichen	physikalisch durch Verdunsten des Wassers, niedrigere Filmbildungstemperatur, Filmbildung bis 0 °C möglich, Zusammenfließen und Verkleben der Teilchen durch hohe Bindungskräfte
Styrolacrylatharze: für Dispersionsbeschichtungen	ELF-Innenraum-Wandbeschichtungsstoff, waschbeständig, geruchsarm, verarbeitbar mit allen Dispersionspinseln und nicht zu langflorigen Lammfellwalzen, optimale Oberfläche durch Airlessgeräte	normal saugende Untergründe, Putze, Raufaser, alte Dispersionsfarben, Kalksandsteine, nicht auf Leimfarben- und Kalkanstriche	physikalisch durch Verdunsten des Wassers, niedrigere Filmbildungstemperatur, Filmbildung bis 0 °C möglich, Zusammenfließen und Verkleben der Teilchen durch hohe Bindungskräfte

2.2 Löse- und Verdünnungsmittel

Lösemittel sind Flüssigkeiten aus einer oder mehreren Komponenten. Lösemittel lösen, d.h., sie zerteilen das entsprechende Bindemittel bis auf Makromolekülgröße. Verdünnungsmittel verringern die Viskosität der Beschichtungsstoffe.

Lösemittel sollen:

- feste Bindemittel ohne chemische Reaktion lösen,
- je nach Prinzip der Filmbildung physikalisch verdunsten, oder chemisch zur Trocknung beitragen,
- die Pigmente nicht in ihrer Farbechtheit beeinträchtigen.

Verdünnungsmittel sollen:

- flüssige Beschichtungsstoffe auf die Verarbeitungsviskosität einstellen,
- Bindemittel, Lösemittel, Pigmente und Zusatzstoffe in ihrer Wirkung nicht beeinflussen,
- rückstandslos verdunsten.

Löse- und Verdünnungsmittel dürfen Beschichtungsstoffe chemisch nicht beeinflussen.

2.2.1 Eigenschaften

Lösemittel sind unter festgelegten Bedingungen, z.B. mit oder ohne Wärmezufuhr, flüchtig. Löse- und Verdünnungsmittel verdunsten nach der Applikation aus der Beschichtung. Bei den organischen Lösemitteln sind dabei Verdunstungszahl und Flammpunkt zu berücksichtigen.

Die Verdunstungszahl (VD) ist nach DIN 53170 das Verhältnis der gemessenen Verdunstungszeit der zu prüfenden Flüssigkeit, z.B. Nitroverdünnung, zur Verdunstungszeit von Diethylether ($C_2H_5OC_2H_5$) als Vergleichsflüssigkeit. Diethylether hat die Verdunstungszahl 1, und z.B. Terpentinöl 38. Terpentinöl verdunstet also 38 mal langsamer als Diethylether.
Es werden vier Verdunstungsgruppen gebildet.

Verdunstungsgruppen

Gruppe	VD	Beispiel
leicht flüchtig	≤ 10	Aceton, Toluol, Methanol
mittel flüchtig	10 – 35	Styrol, Ethanol, Xylol
schwer flüchtig	35 – 50	Terpentinöl, Ethylglykol
sehr schwer flüchtig	≥ 50	Testbenzin, Wasser

Flammpunkt ist nach DIN EN ISO 2431 unter festgelegten Bedingungen die niedrigste Temperatur, bei der sich aus einer Flüssigkeit so viel Dämpfe entwickeln, dass sie mit der umgebenden Luft ein entflammbares Gemisch bilden.

Flammpunkt (FP)

Flammpunkt °C	Beispiel
– 19	Aceton
– 14	Butanon
+ 6	Toluol
+ 31	Styrol
+ 32	Terpentinöl
+ 39	Testbenzin

Gefahrenklassen. Lösemittel werden nach ihrem Flammpunkt gemäß der Verordnung über brennbare Flüssigkeiten (VbF) in Gefahrenklassen eingestuft. Die Verordnung unterscheidet zwei Klassen, eine für wasserlösliche und eine für nicht in wasserlösliche Stoffe.

Die meisten Lösemittel gehören der Gefahrenklasse A an. Sie sind nicht in Wasser löslich und können daher bei einem Brand nicht mit Wasser gelöscht werden.

Dichte ρ

ρ (Rho)

Die Dichte ρ der organischen Lösemittel ist einerseits kleiner als die von Wasser (ρ = 1 kg/dm^3); sie schwimmen daher oben auf. Andererseits ist die Dichte von Lösemitteldämpfen aber größer als die der Luft (ρ = 0,120 kg/cm^3); sie sinken daher zu Boden. Durch statische Entladung oder andere Zündquellen, z.B. achtlos weggeworfene Zigaretten, entsteht Explosionsgefahr.

Explosionsgefahr besteht aber immer nur innerhalb bestimmter Explosionsgrenzen. Diese werden durch die Volumenteile des verdunsteten Lösemittels in der Luft angegeben. Unterhalb einer bestimmten Grenze (untere Zündgrenze) ist der Luftanteil zu hoch, um gezündet zu werden. Oberhalb einer bestimmten Grenze (obere Zündgrenze) ist das Lösemittel-Luft-Gemisch zu „fett“, der Lösemittelanteil zu hoch, um gezündet zu werden. Bei Lösemitteln der Gefahrenklassen A I und A II liegt die kritische Grenze, bei der Explosionsgefahr bei Raumtemperatur (ca. 20 °C) besteht, bei 1 % bis 2 % Massenanteilen an Lösemittel in der Luft, d.h., wenn mehr als 10 l Lösemittel in 1 m^3 Luft verdunstet sind, ist die kritische Grenze erreicht. Solche Konzentrationen sind selten, können aber häufig in Bodennähe in kleineren Mengen vorkommen.

Zündquellen ausschließen; Feuer, offenes Licht und Rauchen verboten.

Gefahrenklassen nach VbF

Gefahrenklasse **A**
Flüssigkeiten mit einem Flammpunkt ≤ 100 °C, die nicht in Wasser löslich sind.

Gefahrenklasse A I	**Gefahrenklasse A II**	**Gefahrenklasse A III**
Flüssigkeiten mit einem Flammpunkt unter 21 °C	Flüssigkeiten mit einem Flammpunkt von 21 °C bis 55 °C	Flüssigkeiten mit einem Flammpunkt über 55 °C
Beispiele: Benzin (leicht), Toluol, Ethylether	Beispiele: Terpentinöl, Testbenzin, Butanol	Beispiele: Tetralin, Dekalin, Dieselöl, Heizöl
Kennzeichnung nach GefStoffV: 	Kennzeichnung nach GefStoffV: keine	Kennzeichnung nach GefStoffV: keine
Gefahrenbezeichnung: hochentzündlich / leicht entzündlich	Gefahrenbezeichnung: entzündlich	Gefahrenbezeichnung: schwer entzündlich

Gefahrenklasse B

Flüssigkeiten mit einem Flammpunkt ≤ 21 °C, die sich bei 15 °C in Wasser lösen.
Beispiel: Aceton, Ethylalkohol (Spiritus), Ether

Kennzeichnung nach GefStoffV:

Gefahrenbezeichnung:
hochentzündlich / leicht entzündlich

2.2.2 Einteilung und Verwendung

Für die lösemittelverdünnbaren Beschichtungsstoffe werden organische Lösemittel verwendet. Diese sind auch in wasserverdünnbaren Dispersionen bis zu 8 % enthalten und unterstützen die Dispergierung. Wasser ist das einzige anorganische Löse- und Verdünnungsmittel.

Lösemittel

	Bezeichnung (Gefahrenklasse)	Verwendung
Organische Lösemittel	**Kohlenwasserstoffe**	
	Aliphatische Kohlenwasserstoffe sind kettenförmige Verbindungen, auch Verbindungen der „Fettreihe" genannt, z.B. Testbenzin (A II), Heptan (A I), Hexan (A I)	Öllacke, Alkydharzlacke, PVC-Mischpolymerisatharze, Cyclokautschuklacke
	Aromatische Kohlenwasserstoffe sind Verbindungen, die im Molekül einen Benzolring enthalten, z.B. Toluol (A I), Xylol (A II), Styrol (A II)	Alkydharzlacke, Polyacrylharzlacke, Chlorkautschuklacke, Polyesterharzlacke
	Alkohole	
	z.B. Methanol (B), Propanol (B), Isopropanol (A II), Butanol (A II)	Spirituslacke, Nitrocelluloselacke, Polyurethanharzlacke, Epoxidharzlacke
	Ester	
	z.B. Methylacetat (A I), Ethylacetat, (A II), Isobuthylacetat, (A I), Ethylglycolacetat (A II)	Nitrocelluloselacke, Polyurethanharzlacke, Epoxidharzlacke
	Ketone	
	z.B. Aceton (B), Methylisobutylketon (A II), Cyclohexanon (A III), Methylcyclohexanon (A II)	Nitrocelluloselacke, Polyurethanharzlacke, Epoxidharzlacke
	Terpentin und Kienöl	
	ätherische Öle aus Nadelhölzern (Pinusarten) durch verschiedene Destillationsverfahren gewonnen, z.B. Basalmterpentinöl (A II), Wurzelterpentinöl (A II), Sulfatterpentinöl (A II)	Öllacke, Alkydharzlacke
Anorganische Lösemittel	**Wasser**	Acrylharz-Dispersionslacke, Dispersions- und Emulsionsbeschichtungsstoffe, Kalkfarben, Zementfarben, Leimfarben

2.2.3 Kennzeichnung und Lagerung

Kennzeichnung. Nach der Verordnung zum Schutz vor gefährlichen Stoffen (Gefahrstoffverordnung GefStoffV vom 15. April 1997) müssen Löse- und Verdünnungsmittel auf dem Gebinde folgende Information in ausreichender Größe aufweisen:

VbF
- Bezeichnung des Stoffes bzw. der Zubereitung, z.B Aceton oder Nitro-Universal-Verdünnung, oder Handelsname.
- Bezeichnung der Bestandteile der Zubereitung, z.B. Isomerenmischung enthält Toluol und Xylol.
- Gefahrensymbol mit der zugehörigen Gefahrenbezeichnung, z.B.:

- Hinweise auf die besonderen Gefahren (R-Sätze), z.B.: R 11 = leicht entzündlich, R 20/21 = gesundheitsschädlich beim Einatmen und bei Berührung mit der Haut, R 38 = reizt die Haut.
- Sicherheitsratschläge (S-Sätze), z.B.: S 7/9 = Behälter dicht geschlossen an einem gut gelüfteten Ort aufbewahren. S 16 = Von Zündquellen fern halten. S 51 = Nur in gut gelüfteten Bereichen verwenden.
- Name, Anschrift und Telefonnummer des Herstellers, Einfüllers oder des Vertreibers; bei Herstellern mit Sitz außerhalb der Europäischen Gemeinschaft Name und Anschrift dessen, der den Stoff oder die Zubereitung in die EG einführt.
- Menge oder die Füllmenge des Inhalts für erhältliche verpackte Stoffe oder Zubereitungen, z.B. 6 Liter.

Die Gefahrstoffverordnung enthält 64 Hinweise auf besondere Gefahren, sogenannte R-Sätze, 57 Kombinationen von R-Sätzen, 62 Sicherheitsratschläge, sogenannte S-Sätze, und 17 Kombinationen von S-Sätzen, die nicht nur auf Löse- und Verdünnungmitteln aufgedruckt sein müssen, sondern auf allen Stoffen, von denen eine Gefahr für Leib, Leben und Umwelt ausgeht.

Lösemittel schädigen Gesundheit und Umwelt! Daher immer Sicherheitsratschläge (S-Sätze) und Hinweise auf besondere Gefahren (R-Sätze) beachten.

Die Lagerung von Lösemitteln ist gemäß der VbF vom 13. Dezember 1996 unzulässig in:
- Durchgängen und Durchfahrten,
- Treppenräumen,
- allgemein zugänglichen Fluren,
- auf Dächern von Wohnhäusern, Krankenhäusern, Bürohäusern sowie in Dachräumen,
- Arbeitsräumen,
- Gast- und Schankräumen.

Brennbare Flüssigkeiten der Gefahrenklasse A I und A II oder B dürfen die nachstehenden Lagermengen an den genannten Orten nicht überschreiten, wenn die Aufbewahrung in zerbrechlichen Behältern erfolgt.

Sofern die Lagerung mit dem Schutz der Arbeitnehmer vereinbar ist und in besonderen Einrichtungen erfolgt, dürfen die für Lagerräume angegebenen Mengen innerhalb eines Arbeitsraumes überschritten werden.

Lagerung von Lösemitteln in zerbrechlichen / anderen Gebinden

Lagerort	Lagermenge in l	
	A I	AII oder B
Wohnungen, Räume ohne feuerbeständige Tür	1 / 1	5 / 5
Keller von Wohngebäuden	1 / 20	5 / 20
Verkaufs- und Vorratsräume des Einzelhandels bis 60 m^2	5 / 60	10 / 120
über 60 m^2 bis 500 m^2	20 / 200	40 / 400

2.3 Farbmittel

Bild 1. Decke im Treppenhaus der Galerie im Lenbachhaus, München

2.3.1 Farbe – eine optische Wahrnehmung

Damit der Buntton eines Beschichtungsstoffes von uns Menschen auf Flächen oder Körpern wahrgenommen werden kann, ist Licht vorauszusetzen. Nur mit Licht sind Farben, Formen und Strukturen für den Menschen sichtbar.

Elektromagnetische Wellen. Fällt weißes Licht, z.B. Sonnenlicht, auf ein Glasprisma, so wird es in Spektralfarben (Regenbogenfarben) aufgespalten. Diese Spektralfarben sind elektromagnetische Wellen unterschiedlicher Wellenlängen und damit unterschiedlichen Energieinhaltes.

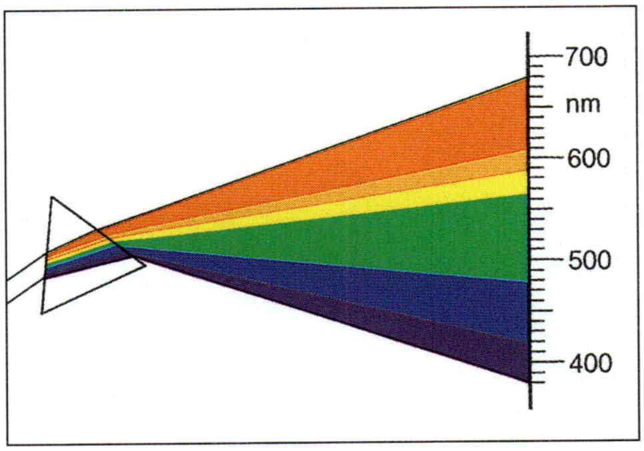

Bild 2. Spektralfarben des weißen Lichtes

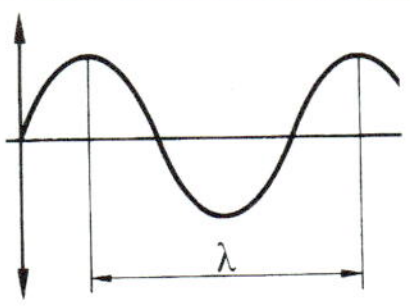

$$1\ \text{nm} = 10^{-9}\ \text{m} = \frac{1}{1\,000\,000}\ \text{mm}$$

Bild 3: Wellenlänge λ

Elektromagnetische Wellen unterscheiden sich durch Wellenlänge und Frequenz. Sie benötigen für ihre Ausbreitung keine Stoffe, d.h., sie breiten sich auch im Vakuum aus. Die Ausbreitung ist Strahlung, wie die Wärmestrahlung eines erhitzten Körpers.

Die verschiedenen Arten der elektromagnetischen Strahlung bilden – nach ihrer Wellenlänge geordnet – ein kontinuierliches Spektrum. Die Wellenlänge (λ) wird in Nanometer (nm) gemessen.

Licht ist für das menschliche Auge sichtbare Strahlung. Die Wellenlängen des Lichtspektrums reichen etwa von etwa 380 nm bis 780 nm.

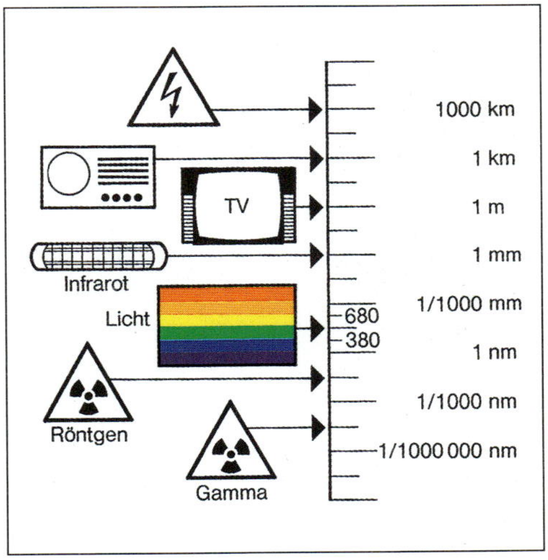

Bild 4. Arten elektromagnetischer Strahlung

λ

Wärmestrahlung s. S 111

Jeder Stoff beginnt ab einer bestimmten Temperatur sichtbar zu strahlen. So erzeugen brennende Gegenstände, Kerzen, Glühlampen und natürlich die Sonne Licht. Die Abstrahlung (Emission) von Lichtquellen ist unterschiedlich. Daher nimmt unser Auge Bunttöne bei unterschiedlicher Beleuchtung unterschiedlich wahr. Deswegen sollen Bunttöne für Beschichtungen oder Wandbekleidungen nur bei Tageslicht oder bei dem Licht ausgesucht werden, bei dem sie wirken sollen.

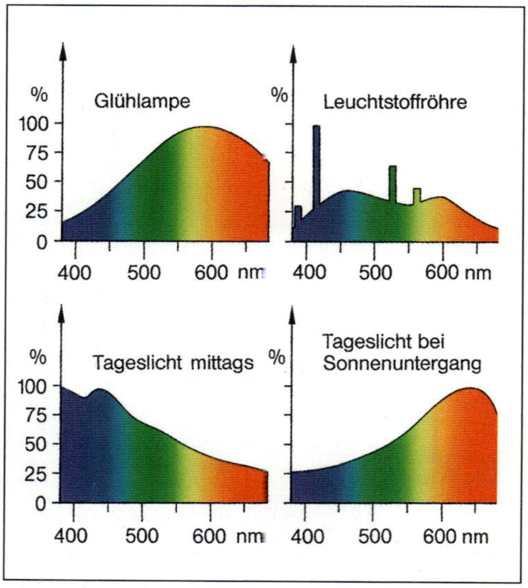

Bild 1. Emissionsspektren unterschiedlicher Lichtquellen

Eigenschaften des Lichtes

α, β **Reflexion.** Treffen Lichtwellen auf eine glatte, ebene Fläche, so werden sie zurückgeworfen. Dieser Vorgang wird Reflexion genannt. Sie erfolgt gesetzmäßig. An einer ebenen, glatten Fläche wird Licht so reflektiert, dass der Einfallswinkel α gleich dem Ausfallswinkel β oder Reflexionswinkel ist, d.h., das Licht wird unter dem gleichen Winkel zurückgeworfen, unter dem es auftritt. Der einfallende Lichtstrahl, das Einfallslot und der reflektierte Lichtstrahl liegen in einer Ebene.

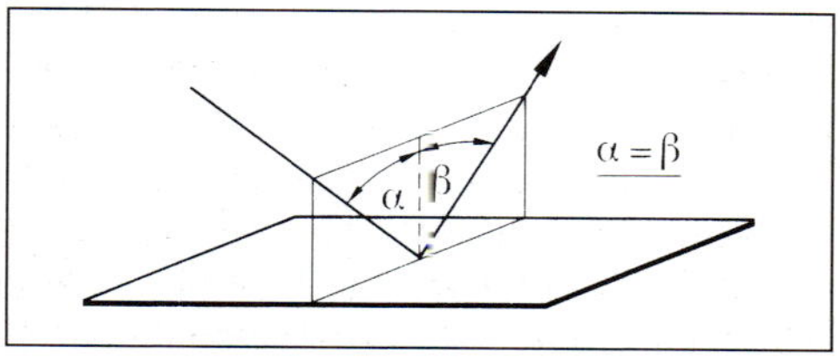

Bild 2. Prinzip der Lichtreflexion

Würde das auffallende Licht von Stoffen und Körpern nicht reflektiert, so wären wir nicht in der Lage, etwas zu sehen. Erst die unterschiedliche Reflexion an den uns umgebenden Körpern ermöglicht uns das Sehen.

Lichtbrechung. Viele Gase, Flüssigkeiten und feste Stoffe lassen Lichtwellen hindurch. Sie sind lichtdurchlässig oder durchsichtig. Metalle sind lichtundurchlässig.Wechselt Licht aus einem Gas, z.B. Luft, in eine lichtdurchlässige Flüssigkeit, z.B. Wasser, so wird das Licht an jeder Trennfläche gebrochen, der Lichtstrahl wird abgelenkt. Diese Eigenschaft wird Refraktion oder Brechung genannt.

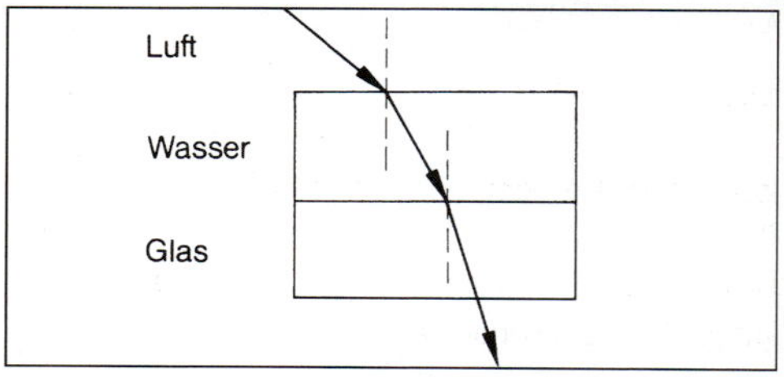

Bild 3. Lichtbrechung

Ein Maß für die Brechung des Lichtes ist der Brechungsindex (Brechzahl). Je stärker ein Lichtstrahl abgelenkt wird, um so größer ist sein Brechungsindex. Der Brechungsindex gibt die unterschiedliche Lichtbrechung beim Übergang von Luft in andere Stoffe an. Stoffe mit hohem Brechungsindex nennt man optisch dichter gegenüber Stoffen mit geringem Brechungsindex, die optisch dünner genannt werden.

Das Deckvermögen von Anstrichstoffen hängt u. a. vom jeweiligen Brechungsindex der Bestandteile, besonders der Bindemittel und Pigmente ab. Je größer der Unterschied in der optischen Dichte der Bestandteile ist, desto größer ist das Deckvermögen der Beschichtung.

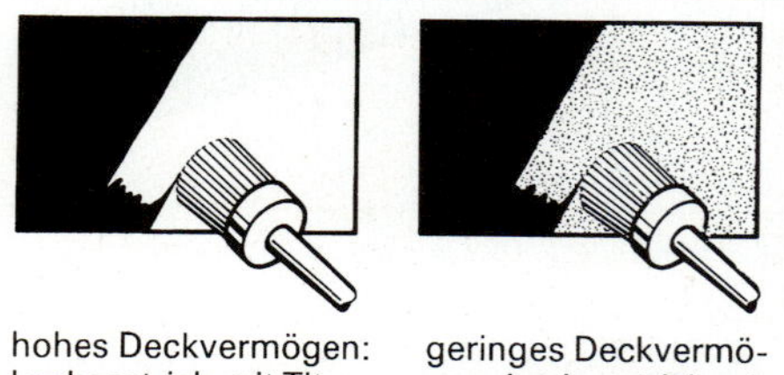

hohes Deckvermögen: Lackanstrich mit Titandioxid als Pigment

geringes Deckvermögen: Lackanstrich mit Kreide als Pigment

Bild 4. Deckvermögen und Brechungsindex

Deckvermögen s. S. 92

Brechungsindex	
Lichtbrechender Stoff	Brechungsindex
Luft	1
Wasser	1,33
Alkohol	1,36
Glas	1,51 ... 1,75
Diamant	2,42
Bindemittel (Lacke)	1,5
Weißpigmente:	
Zinkoxid	2
Titandioxid	2,7
Kreide	1,5

Absorption. Fällt Licht auf einen undurchsichtigen Körper, so werden die Lichtwellen, die der Eigenfarbe des Körpers entsprechen, reflektiert. Der Restanteil des Spektrums wird vom Körper aufgenommen und in Wärme umgewandelt. Dieser Vorgang wird Absorption (Aufsaugen) genannt.
Ein absolut schwarzer Körper absorbiert alle Lichtwellen und erwärmt sich. Das erklärt die Erwärmung von dunkel beschichteten Flächen in relativ kurzer Zeit.

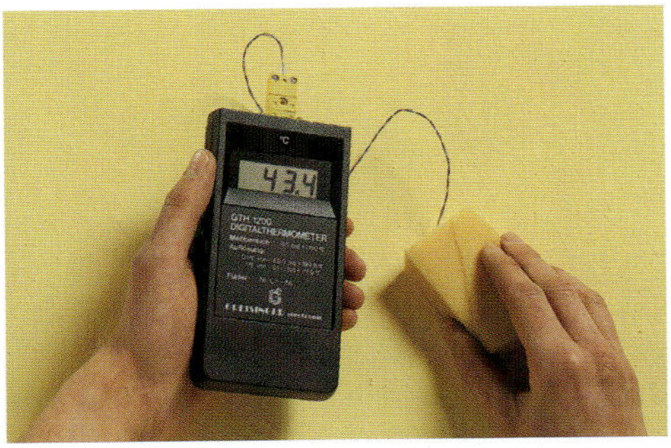

Bild 1. Erwärmung einer hellen Fassadenfläche durch die Mittagssonne

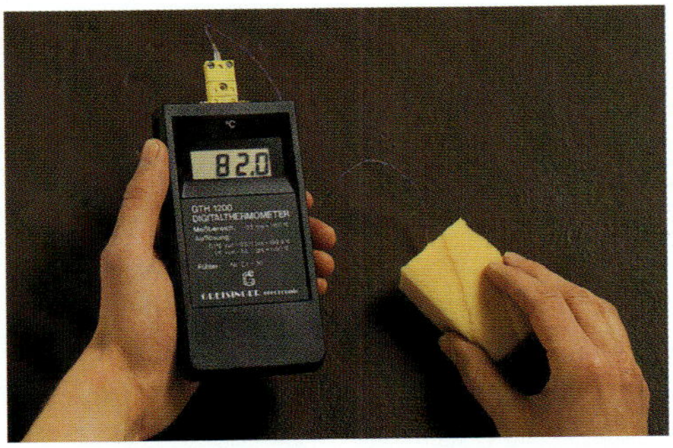

Bild 2. Die dunkle Fassadenfläche wird bei gleicher Sonneneinstrahlung doppelt so warm

Farbentstehung und Farbordnung

Licht, also elektromagnetische Wellen im Bereich von 380 nm bis 780 nm, wird vom menschlichen Auge wahrgenommen, in Empfindungen umgewandelt, über Nervenbahnen zum Gehirn geleitet und dort als bewusstes Sehen gedeutet (Gesichtssinn). Gesichtssinn

Additive Farbenstehung. Weißes Licht (Sonnenlicht) wird durch ein Glasprisma in seine Spektralfarben zerlegt. Fällt dieses Spektrum durch eine Sammellinse, so entsteht wieder weißes Licht.

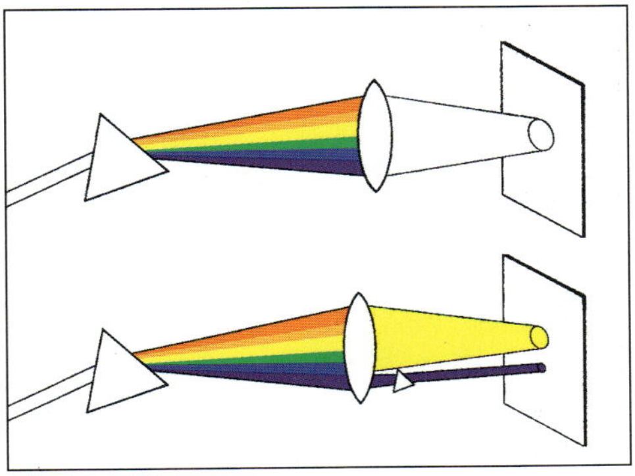

Bild 3. Additive Farbentstehung

Wird aus dem kontinuierlichen Lichtspektrum eine Spektralfarbe durch ein weiteres Prisma abgelenkt, so ergibt die Vereinigung des Restspektrums nicht mehr Weiß sondern eine bestimmte Mischfarbe.

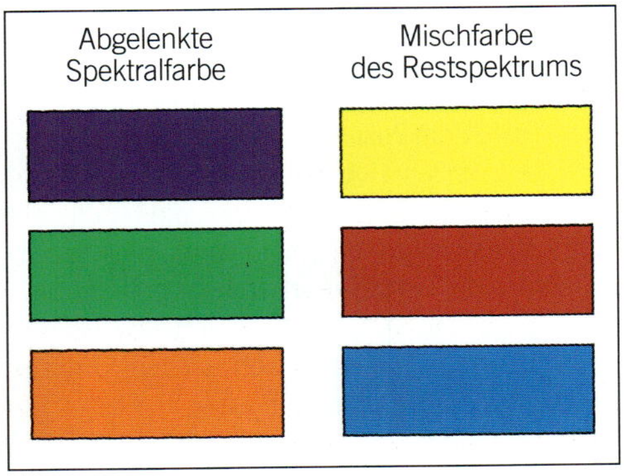

Vereinigt man den abgelenkten Spektralteil mit der jeweiligen Mischfarbe, so wird natürlich wieder Weiß entstehen. Das Farbenpaar, d.h., die abgelenkte Spektralfarbe und die Mischfarbe des Restspektrums, ergänzen sich also immer zu weißem Licht. Daher werden die in der Tabelle aufgeführten Farbenpaare Ergänzungsfarben oder **Komplementärfarben** genannt. Komplementär

Werden die drei abgelenkten Spektralfarben jeweils untereinander gemischt, z.B. durch Überblenden von entsprechend farbigen Lichtquellen, so entstehen wieder die Mischfarben des Restspektrums.

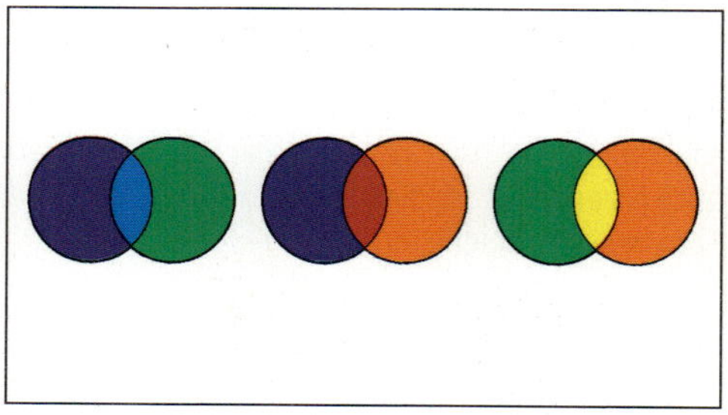

Bild 1. Mischfarben aus abgelenkten Spektralfarben

Werden alle drei abgelenkten Spektralfarben so übereinander geblendet, z.B. durch farbige Scheinwerfer, so entsteht in der Überlappung aller drei Farben wieder Weiß.

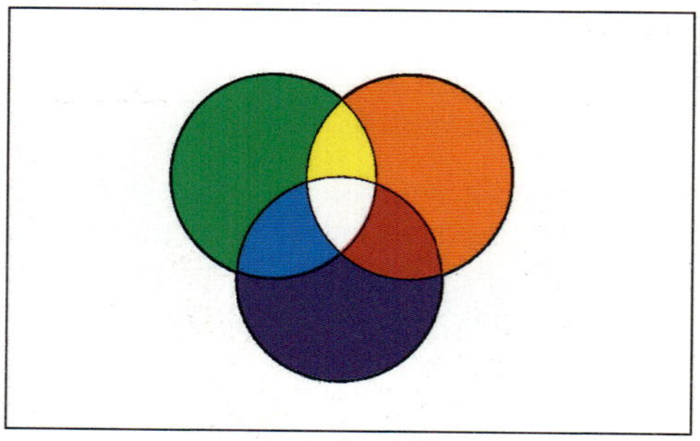

Bild 2. Additive Farbmischung

Da hierbei durch Zusammenführen von drei Spektralfarben weißes Licht entsteht, und durch Zusammenführen von je zwei Farben die Mischfarbe des Restspektrums entsteht, nennt man dieses Verfahren die addidive (hinzufügende) Farbmischung. Das menschliche Auge und die Farbfernsehgeräte funktionieren nach diesem Prinzip.

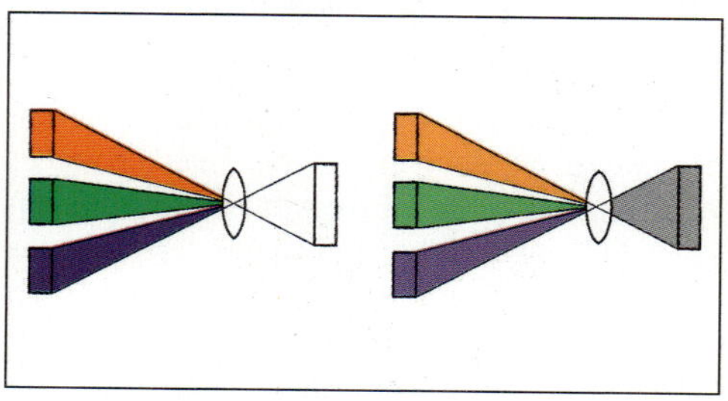

Bild 3. Entstehung von Grau durch farbiges Licht

Werden drei Spektralbereiche mit 100 % Intensität angeboten, so entsteht Weiß. Werden drei Spektralbereiche mit 50 % Intensität angeboten, so entsteht ein mittleres Grau.

Alle Farben entstehen durch Mischung und durch unterschiedliche Intensität der drei Spektralbereiche.

Die additive Farbmischung ist das Mischen von Lichtfarben.

Subtraktive Farbentstehung. Ein roter, undurchsichtiger Körper wird mit weißem Licht bestrahlt. Fällt dann das von dem Körper reflektierte Licht durch ein Glasprisma, so fehlt das Restspektrum. Es wurde vom Körper absorbiert.

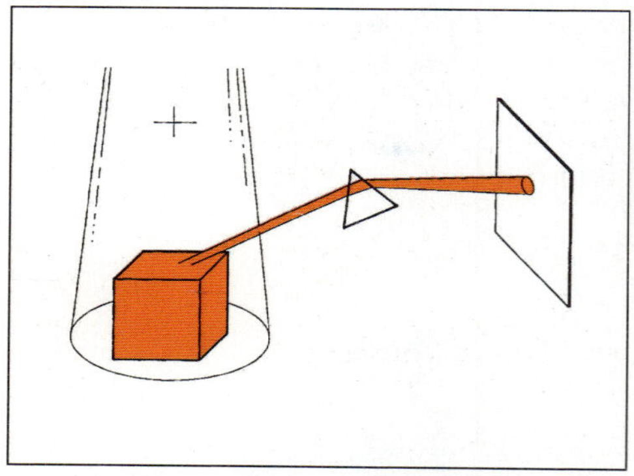

Bild 4. Absorption des Restspektrums

Durch Absorption von Spektralbereichen des weißen Lichtes können folgende Farben entstehen:

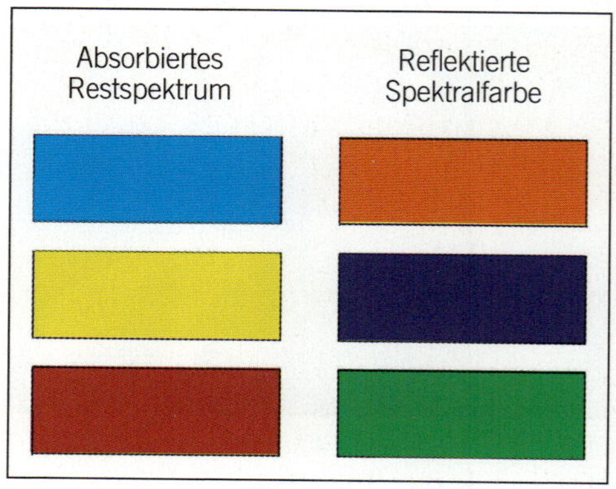

Werden die drei absorbierten Farben jeweils wieder untereinander gemischt, so entsteht durch Wegnehmen vom Gesamtspektrum, z.B. durch Übereinanderlegen von lasierenden Farbschichten auf diesem Papier, wieder eine Mischfarbe.

Bild 1. Mischen lasierender Farbschichten

Legt man alle drei Farben übereinander, so wird das gesamte Spektrum absorbiert und es entsteht in der Überlappung Schwarz.

Bild 2. Subtraktive Farbmischung

Da hier durch Subtrahieren von drei Spektralbereichen Schwarz entsteht oder durch zwei Farben eine Mischfarbe, nennt man diese Farbenstehung die subtraktive (abziehende, vermindernde) Farbmischung.

Subtraktive Farbmischung liegt immer dann vor, wenn Spektralbereiche des weißen Lichtes von Farbfiltern, lasierenden Farbstoffen oder von festen Pigmenten einer Beschichtung absorbiert werden.

Farbordnung. Die Farbigkeit der Beschichtungsstoffe wird durch Pigmente erreicht. Werden pigmentierte Beschichtungsstoffe gemischt, so gelten folgende Bezeichnungen:

- **Erst- oder Primärfarben** (Grundfarben). Die Primärfarben lassen sich nicht aus anderen Farben mischen. Werden diese drei Farben zu gleichen Teilen (auf das Färbevermögen bezogen) miteinander gemischt, so erhält man im Idealfall Schwarz. Da alle Pigmente aus technologischen oder Kostengründen, mit Füllstoffen (z.B. mit weißem Quarzsand) verschnitten werden, ergibt eine Ausmischung in der Praxis Dunkelgrau. Die Farbe Weiß kann nicht gemischt werden.

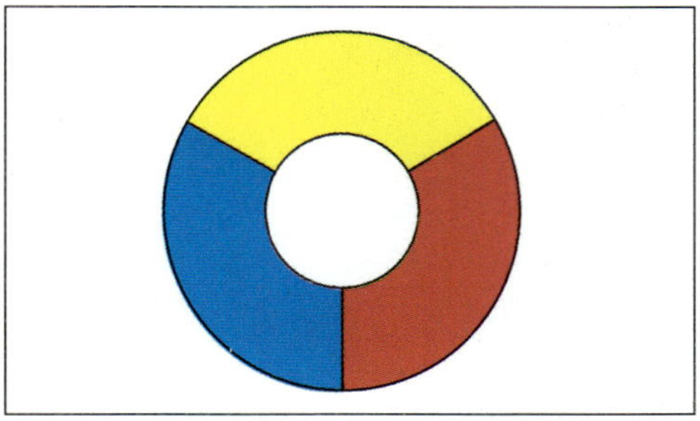

Bild 3. Die Primärfarben

- **Zweit- oder Sekundärfarben** (Mischfarben 1. Grades). Werden jeweils zwei Primärfarben miteinander gemischt, so ergeben sich drei Mischfarben.

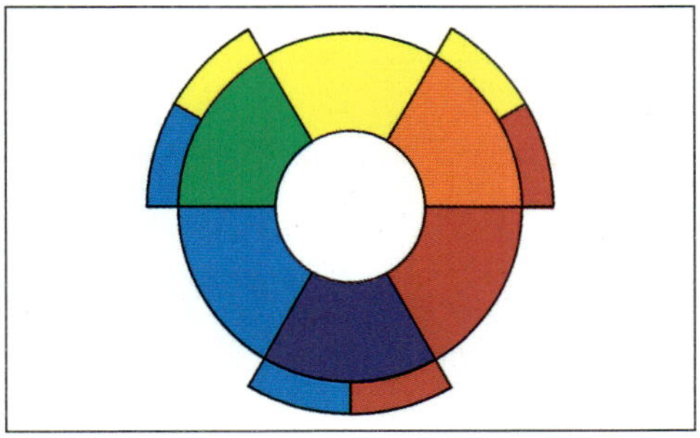

Bild 4. Die Primär- und daraus gemischten Sekundärfarben

- **Dritt- oder Tertiärfarben** (Mischfarben 2. Ordnung). Werden die Sekundärfarben untereinander gemischt, so ergeben sich Mischfarben 2. Grades. Die Bunttöne haben erdigen Charakter.

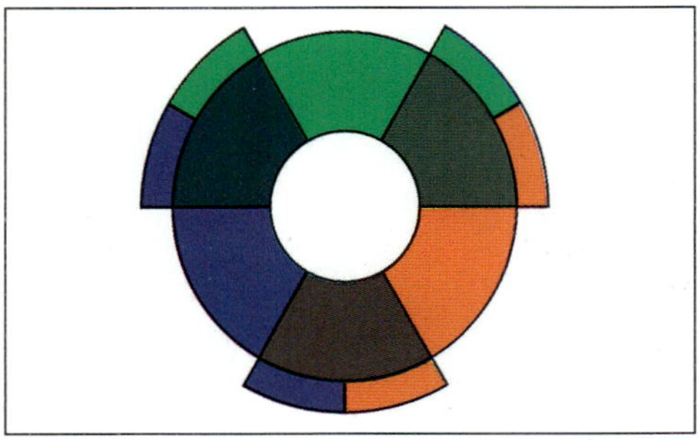

Bild 5. Die Sekundär- und daraus gemischten Tertiärfarben

Das Farbdreieck von Goethe. Johann Wolfgang von Goethe (1749 – 1832) ordnete die Primärfarben und ihre Ausmischungen in ein gleichschenkliges Dreieck.

Bild 1. Das Farbdreieck von Johann Wolfgang von Goethe

Komplementärfarben. Das Farbenpaar aus einer Primär- und einer Sekundärfarbe, das sich im Idealfall zu schwarz ergänzt, heißt Komplementärfarbenpaar. In einem Farbkreis liegen sich die Komplementärfarben gegenüber. Folgende Farben sind Komplementärfarben:

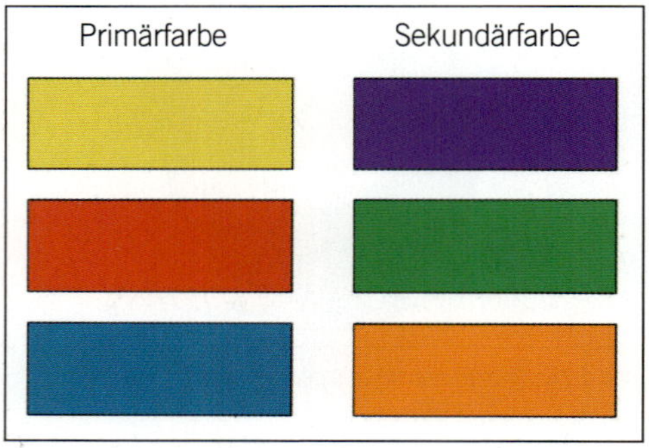

Bild 2. Komplementärfarbenpaare

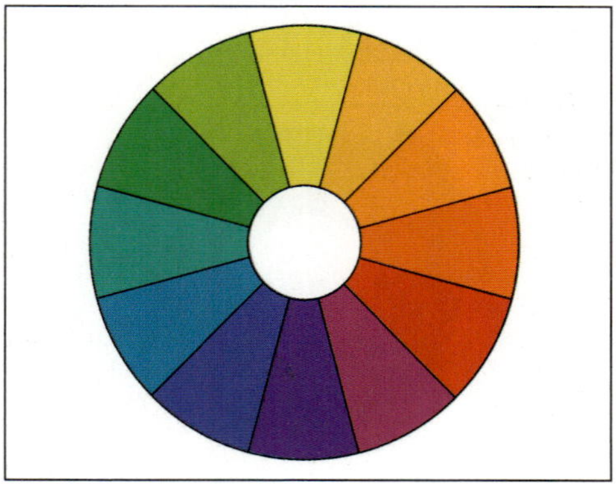

Bild 3. Zwölfteiliger Farbkreis

Ordnung durch Farben

Genormte Farben. Der Frühere **R**eichs-**A**usschuss für **L**ieferbedingungen, ein Institut der Wirtschaft, hat bestimmte Bunttöne genormt. Dieses Institut heißt heute „Deutsches Institut für Gütesicherung e. V. (RAL)". In seinem Farbtonhauptregister RAL 840 HR sind ca. 160 genormte Bunttöne in neun Farbreihen festgelegt. Durch die Angabe ihrer vierstelligen Nummer wird die Einheitlichkeit dieser Bunttöne in der ganzen Bundesrepublik Deutschland gewährleistet.

Mit RAL-Farben werden Kennzeichnungen vorgenommen. So ordnet DIN EN 2403 Durchflussstoffen in Rohrleitungen Farbtöne zu (siehe Tabelle Seite 91).

RAL Kennzeichnungs- und Sicherheitsfarben

Reihennummer	Buntton	RAL-Nummer und Verwendung
1000	gelb	1004 Warnung 1021 brennbare Gase
2000	orange	2003 Säuren
3000	rot	3000 Gefahr 3003 Wasserdampf
4000	violett	4001 Laugen
5000	blau	5010 Hinweise 5015 Sauerstoff
6000	grün	6001 Sicherheit 6018 Wasser
7000	grau	7001 Luft
8000	braun	8001 brennbare Flüssigkeiten
9000	weiß und schwarz	9005 Markierungs-, Symbol- und Schriftfarbe zu Gelb

2.3.2 Einteilung der Farbmittel

Farbmittel für Beschichtungsstoffe sind entweder Farbstoffe oder Pigmente. Die in der Praxis verwendeten Farbmittel – die Übersicht zeigt wenige Beispiele – werden nach DIN wie folgt eingeteilt:

Farbstoffe sind organische, im Bindemittel oder in Lösemitteln lösliche Farbmittel. Wegen Ihrer Löslichkeit sind sie für Deckbeschichtungen unbrauchbar. Farbstoffe können aber mit einem Träger (Substrat) chemisch verbunden werden und als Pigment eingesetzt werden. So werden z.B. stark färbende Azoverbindungen durch Salzbildung zu Pigmenten. Diesen Vorgang nennt man Verlackung, die so hergestellten Pigmente Farblacke.

Farbstoffe werden heute zum Färben von Textilien, Leder, Papier, Kunsstoffen und Lebensmitteln eingesetzt.

FARBMITTEL

- **anorganisch**
  - **Pigmente**
- **organisch**
  - **Pigmente**
  - **Farbstoffe**

anorganisch – Pigmente

Weißpigmente:
Lithopone,
Titandioxid,
Zinkoxid,
Zinksulfid,

Buntpigmente:
Cadiumgelb,
Chromgelb,
Molybdatorange,
Cadmiumrot,
Cobaltblau,
Ultramarinblau,
Chromoxidgrün,
Cobaltgrün,
Eisenoxidbraun,
Umbra

Schwarzpigmente:
Eisenoxidschwarz,
Pigmentruß,
Spinellschwarz,

Glanzpigmente:
Metallfarbpigmente,
z.B. Aluminium,
Kupfer-Zink-Legierung,
Perlglanzpigmente,
z.B. Titanoxid auf Glimmer,
Interferenzpigmente,
z.B. feuergefärbte Metallbronze,
Eisenoxid auf Glimmer

Leuchtpigmente:
fluoreszierende Pigmete
nachleuchtende Pigmente

organisch – Pigmente

Weißpigmente:
ohne praktische Bedeutung

Buntpigmente:
Arylidgelb,
Dipyrazolongelb,
Anthanthronrot,
Chinacridonviolett,
Indathronblau,
Phthalocyaningrün,
Schwarzpigmente:
Anilinschwarz

Glanzpigmente:
Fischsilber (Guanin)

Leuchtpigmente:
Azomethinfluorezenzgelb

organisch – Farbstoffe

Buntfarbstoffe:
Chinilingelb,
Monoazoorange,
Xanthenrot,
Anthrachininviolett,
Anthrachininblau,
Tiphenylmethanblau,
Disazobraun,
Schwarzfarbstoffe:
Azoschwarz,
Azofettschwarz

Leuchtfarbstoffe:
Thioxanthengelb,
Xanthengelb,
Perylengrün

2.3.3 Pigmente und ihre Eigenschaften

Pigmente sind mikroskopisch kleine, feste, unlösliche, im Bindemittel dispergierte Stoffe. Ihre farbgebenden Eigenschaften werden durch Molekülstruktur, Kristallaufbau und Teilchengröße bestimmt. Pigmente gehören nicht unbedingt zu den Stoffen, die aus technologischer Sicht unbedingt Bestandteile von Beschichtungsstoffen sein müssen. Klarlacke sind pigmentfrei.
Pigmente zeichnen sich durch folgende Eigenschaften aus:

- optische Eigenschaften
  - Deckvermögen,
  - Färbevermögen,
  - Effekte,
  - Lichtbeständigkeit,
- technologische Eigenschaften
  - Pigmentvolumenkonzentration,
  - Passivierung,
  - Aktivierung,
  - Chemikalienverträglichkeit.

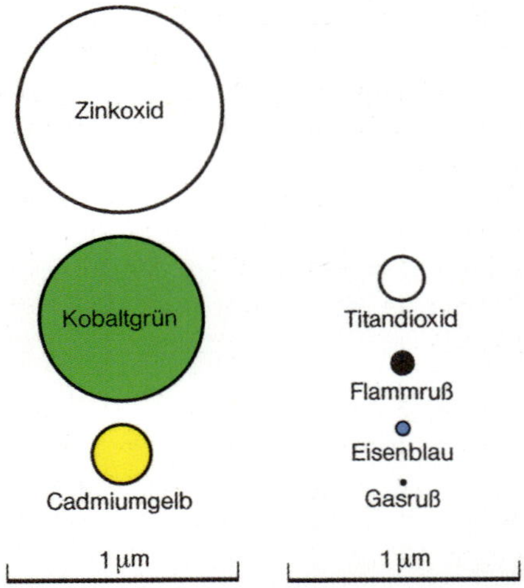

Ein menschliches Haar (Durchmesser 100 µm) würde in diesem Maßstab (50 000 : 1) einen Durchmesser von 5 m haben.

Bild 1. Verschiedene Pigmente im Größenvergleich

Optische Eigenschaften

Das Färbevermögen ist die Eigenschaft eines Pigmentes, den eigenen Farbton und die Farbstärke in Mischung mit anderen Pigmenten mehr oder weniger zu verändern. Diese Eigenschaft wird wesentlich vom Verhalten gegenüber Licht bestimmt. Je höher der jeweilige Absorptions- und Reflexionswert und je größer der Brechungsindex des Pigments ist, desto größer ist das Färbevermögen. So hat z.B. Titandioxid ein höheres Färbevermögen als Zinkoxid.

Das Färbevermögen ist abhängig vom Absorptionsvermögen, vom Brechungsindex und von der Teilchengröße der Pigmente.

Farben nachmischen:
Ist der nachzumischende Buntton eines Beschichtungsstoffes heller (überprüfen mit der Graukarte) als der Buntton der Abtönfarbe, immer Abtönfarbe in die weiße Farbe einrühren. Ist der Buntton der Abtönfarbe dunkler als die Nachmischfarbe, Weiß in die Abtönfarbe mischen.

Das Deckvermögen eines pigmentierten Beschichtungsstoffes ist die Fähigkeit, den Kontrast zwischen der Untergrundfarbe und der nachfolgenden Beschichtung aufzuheben. Ein Pigment ist um so deckender, je stärker es das nicht absorbierende Licht reflektiert.

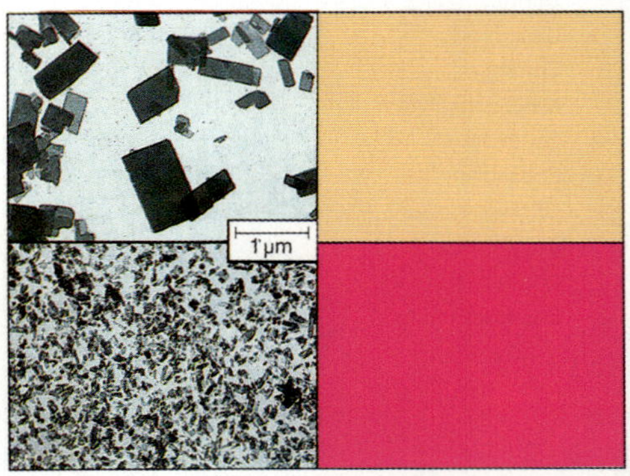

Bild 2. Deckvermögen von Pigmenten bei unterschiedlicher Teilchengröße

Das Deckvermögen hängt von der Teilchengröße und vom Brechungsindex der Pigmente ab.

Das Deckvermögen nimmt mit kleiner werdendem Teilchendurchmesser der Pigmente zu, und zwar so lange, bis die Größe des Pigments der Wellenlänge des einfallenden Lichtes entspricht. Pigmentierte Beschichtungen werden unterschieden in:

- **Deckende Beschichtungen.** Der Untergrund scheint nicht durch, d.h., Pigmentgröße und -verteilung sind so gewählt, dass das einfallende Licht nur von den Pigmenten reflektiert wird.

- **Lasierende Beschichtungen.** Der Untergrund scheint durch, d.h., Pigmentgröße, Anzahl und Pigmentverteilung sind so gewählt, dass das auffallende Licht von Untergrund und Pigmenten reflektiert wird.

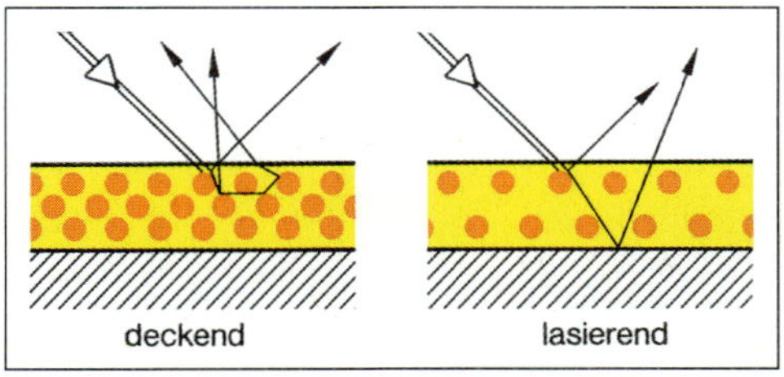

Bild 1. Prinzip von deckender und lasierender Beschichtung.

Das Deckvermögen kann durch stark reflektierende Pigmente erhöht werden, z.B. durch Titandioxid oder Metallflitter (Metallic-Lacke).

Metalliceffekt. Metalleffektpigmente verleihen einer Beschichtung nach dem Trocknen ein metallisches Aussehen, das vom Betrachtungswinkel abhängig ist. Solche Pigmente sind z.B. Aluminiumplättchen mit Siliconzusätzen oder pulverisierte Kupfer-Zink-Legierungen (Messing) und auch Kupfer-Zinn-Legierungen (Bronze). Die Effektgebung ist von der Art der Plättchen und von deren Ausrichtung in der getrockneten Schicht abhängig.

Die Pigmente sind im Bindemittel auf Alkyd- oder Epoxidbasis dispergiert. Die getrocknete Oberfläche zeigt Strukturen, die in der Benennung der Beschichtungsstoffe angedeutet werden:

- **Hammerschlag.** Aluminium mit Siliconzusatz erzeugt den Metalleffekt zusammen mit Buntpigmenten. Es entsteht eine leicht gehämmert aussehende strukturierte Oberfläche.

- **Metallic.** Aluminium- oder Bronzeplättchen ergeben in Verbindung mit anderen Buntpigmenten, die zusätzlich das Absorptions- und Streuvermögen begünstigen, den Metallic-Effekt bei glatter Oberfläche.

Lumineszenzeffekt. Dieser Effekt wird durch Leuchtpigmente bewirkt. Als Pigmente werden PVC- und Melaminharzpulver, das mit Azofarbstoffen rot, grün, gelb oder orange gefärbt wurde, eingesetzt. Der Leuchteffekt entsteht auf zwei Arten: Lumineszenz

- **Fluoreszenz.** Licht, besonders kurzwellige Strahlung, wird von den Pigmenten absorbiert und ohne zeitliche Verzögerung in längere Wellen abgestrahlt. Dadurch erscheint z.B. eine Beschriftung leuchtender als die Umgebung.

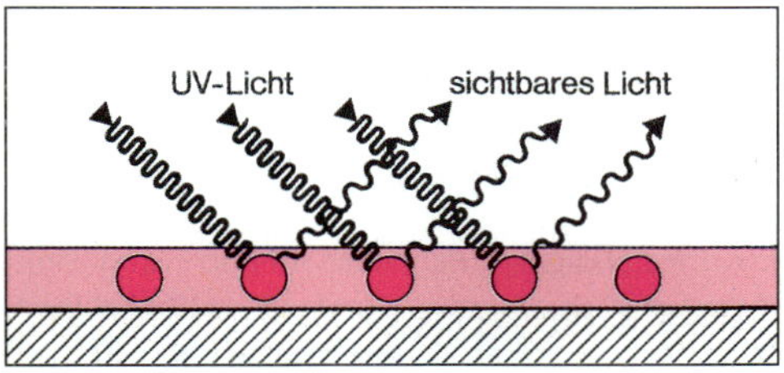

Bild 2. Prinzip der Fluoreszenz

- **Phosphoreszenz.** Licht wird von den Pigmenten, z.B. Erdalkalisulfiden, absorbiert und in längeren Wellen auch noch nach einiger Zeit abgestrahlt (Nachleuchten).

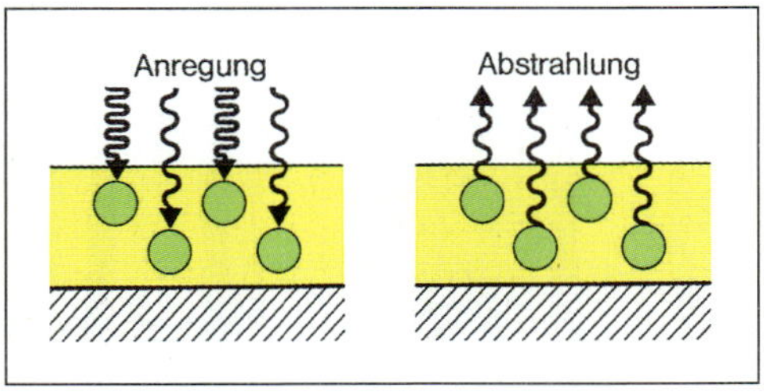

Bild 3. Prinzip der Phosphoreszenz

Lumineszenzpigmente werden in Sicherheitsfarben z.B. für Notausgänge, Rettungswege oder -fahrzeuge, aber auch für besondere Effekte beim Theater oder in Discos verwendet.

Interferenz

Perlglanzeffekt. Perlglanzpigmente bestehen aus transparenten (durchscheinenden) Plättchen von bestimmter Dicke, die ähnlich wie Perlen oder Muscheln durch Interferenz in Regenbogenfarben schillern. Die Pigmente bestehen aus speziellem, alkalischem Bleichromat oder aus Titandioxid, das auf Glimmer (einem bestimmten Mineral) niedergeschlagen wurde. Die Farbigkeit wird von der Plättchendicke hervorgerufen, die Plättchen selbst sind farblos.

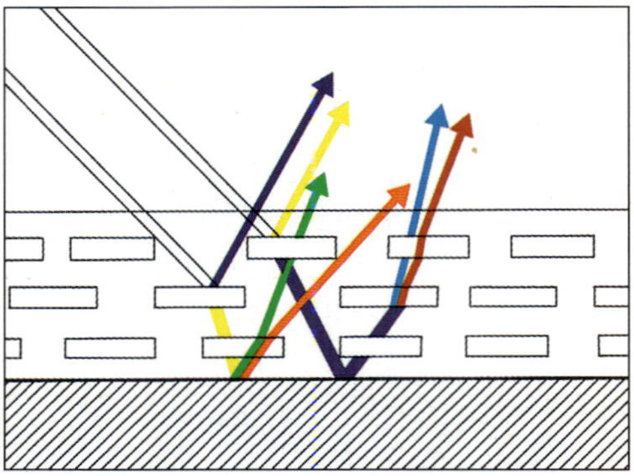

Bild 1. Wirkungsweise von Perlglanzpigmenten

Lichtbeständigkeit. Pigmente können durch Lichteinwirkung, besonders durch den UV-Anteil in Licht, ihren Farbton ändern. Sie können ausbleichen oder auch nachdunkeln. Je stärker mit weißen Pigmenten abgetönt wird, um so schneller bleicht ein Buntton aus. Daher werden hellere Farbtöne unter Sonneneinstrahlung schneller aufgehellt als dunklere Farbtöne.

Bild 2. Ausgebleichte Pigmente

Technologische Eigenschaften

Pigmente dienen nicht nur als Farbmittel. In Verbindung mit dem Bindemittel üben sie wesentlichen Einfluss auf die Wirksamkeit der Beschichtung aus.

Pigmentvolumenkonzentration (PVK). Der Pigmentanteil des Beschichtungsstoffes wird durch die Pigmentvolumenkonzentration angegeben. Dazu wird das Verhältnis des Volumenanteils der Pigmente zum Volumenanteil aller nicht flüchtigen Bestandteile gebildet und in Prozent ausgedrückt.

$$\text{PVK} = \frac{\text{Pigmentvolumen} \cdot 100\ \%}{\text{Gesamtvolumen der nicht flüchtigen Anteile}}$$

Hat z.B. eine KD-Farbe für außen eine PVK von 45 % und für innen von 60 %, bedeutet dies, dass die Außenfarbe zu 45 % und die Innenfarbe zu 60 % aus Pigmenten besteht. Der für das Bindemittel verbleibende Anteil ist bei der Innenfarbe gering und dadurch entstehen innerhalb des Beschichtungsfilms wenige bindemittelreiche Zonen. Daher hält eine Innenfarbe den mechanischen, thermischen und chemischen Belastungen für den Außenbereich nicht stand. Die Menge der zugegebenen Pigmente verändert daher die Eigenschaften der Beschichtung mit zunehmendem Prozentsatz der PVK. Folgende Beeinflussungen sind möglich:

- **Verminderung** von
  - Glanzgrad,
  - Elastizität,
  - Pigmenteinbindung,
  - Trocknungsgeschwindigkeit,
- **Erhöhung** von
  - Deckvermögen,
  - Härte,
  - Abriebfestigkeit,
  - Wasserdampfdurchlässigkeit.

Aktive Pigmente, z.B. Zinkweiß, reagieren chemisch mit dem öligen oder ölmodifiziertem Bindemittel des Beschichtungsstoffes. Diese Reaktion führt zu wasserunlöslichen Metallseifen. Diese bilden sich auch bei der Trocknung von alkalischen Pigmenten in langöligen Alkydharzen.

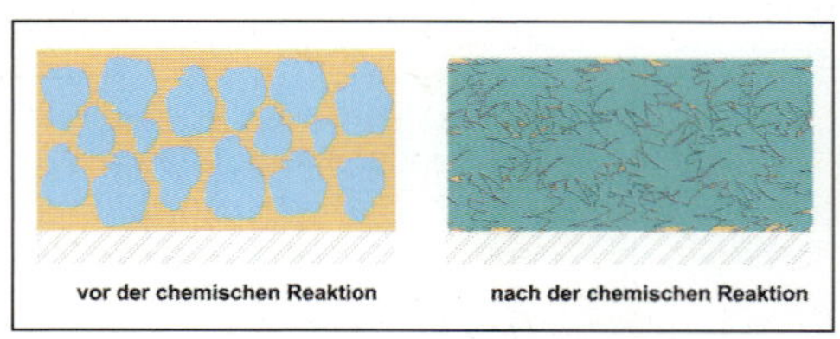

Bild 3. Prinzip der aktiven Pigmente

nicht flüchtige Anteile s. S. 253

Passivierung durch aktive Pigmente erfolgt in Grundbeschichtungen auf unedlen Metallen. Dadurch wird deren Korrosion gehemmt oder verhindert und ihre Widerstandsfähigkeit gegen chemische Einflüsse erhöht.

Inaktive Pigmente, z.B. Eisenglimmer, reagieren nicht chemisch mit trocknenden Ölen oder Harzen. Sie sind, wie andere Pigmente auch, vom Bindemittel umschlossen. Die Form der Pigmente kann aber ausschlaggebend für den Einsatz im Korrosionsschutz sein. So verringern z.B. schuppenförmige Pigmente, durch Form, Größe und Ablagerung im Bindemittel, die Durchlässigkeit für Wasser und atmosphärische Belastungsstoffe.

Passivierung s. S. 254, Zinküberzüge s. S. 180
Elektrochemische Passivierung s. S. 179,
Korrosion s. S. 180, unedle Metalle s. S. 173

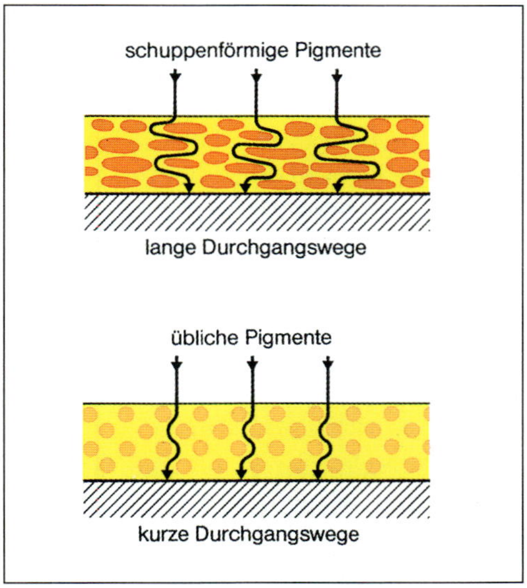

Bild 1. Passivierung durch inaktive Pigmente

Passivierung

Korrosionsschutzpigmente

Pigment	Art und Eigenschaften	Verwendung
Aluminium Al silbrig	inaktives schuppenförmiges Pigment, hohe Reflexionswirkung, hohe Temperaturbeständigkeit	in Öl und Kunstharzen, auch für reflektierende Deckbeschichtungsstoffe
Bleistaub Pb schwarz	aktives Pigment, gute mechanische und chemische Beständigkeit, aber nicht alkalibeständig, gute Wetterbeständigkeit, auch elektrochemisch passivierend	in ölmodifizierten Kunstharzen, Chlorkautschuk, Epoxidharzen, für Grundbeschichtungsstoffe
Eisenglimmer Eisen(III)-oxid Fe_2O_3 silbergrau	inaktives schuppenförmiges Pigment, hohe Beständigkeit bei atmosphärischer, chemischer und thermischer Beanspruchung, gut zu kombinieren mit anderen Pigmenten, besonders mit Aluminium	in Öl, Bitumen und Kunstharzen, für Grund- und Deckbeschichtungsstoffe
Zinkstaub Zn grau	aktives Pigment, weil in dem metallischen Zink Zinkoxid enthalten ist, nicht passivierend, abreib-, hitze-, wasserbeständig, schwache chemische und atmosphärische Beanspruchung, schnell trocknend, schlecht zu überstreichen	in organischen Bindemitteln sowohl ein- und zweikomponentig auch in Wasserglas, für Grundbeschichtungsstoffe, zum Ausbessern von korrodierten Zinküberzügen
Zinkweiß (Zinkoxid) ZnO weiß	aktives Pigment, nicht passivierend, temperaturbeständig, UV-undurchlässig, schwache fungizide Wirkung, bildet Zinkseifen und reagiert mit sauren Filmabbauprodukten und führt sie in nicht korrodierende Produkte über	in ölmodifizierten Kunstharzen, Chlorkautschuk, Cyclokautschuk, u. a. organischen Bindemitteln, für Grund- und Deckbeschichtungsstoffe
Zinkphosphat $Zn_3(PO_4)_2$ weiß	aktives Pigment, passivierend, ungiftig, haftvermittelnd, auf frischen Feuerverzinkungen einsetzbar, gut mit Zinkoxid zu kombinieren	in ölmodifizierten Kunstharzen und anderen organischen Bindemitteln, für Grundbeschichtungsstoffe

2.4 Füllstoffe

Füllstoffe sind feste, unlösliche, schwach färbende, farbgebende oder farblose Stoffe, die den Bindemitteln zugesetzt werden. Sie sind in konfektionierten (fabrikmäßig hergestellten) Beschichtungsstoffen enthalten und erfüllen die unterschiedlichsten Aufgaben.

Füllstoffe:

- sparen Pigmente ein und erhöhen das Deckvermögen in KD-Beschichtungen,
- verbessern die Haftfähigkeit und die mechanischen Eigenschaften der Beschichtung,
- erhöhen die Härte und die Schleifbarkeit einer Beschichtung,
- beteiligen sich am Zustandekommen der PVK eines Beschichtungsstoffes,
- mattieren die Filmoberfläche sonst glänzender Beschichtungsstoffe,
- verleihen Beschichtungen strukturierte Oberflächeneffekte.

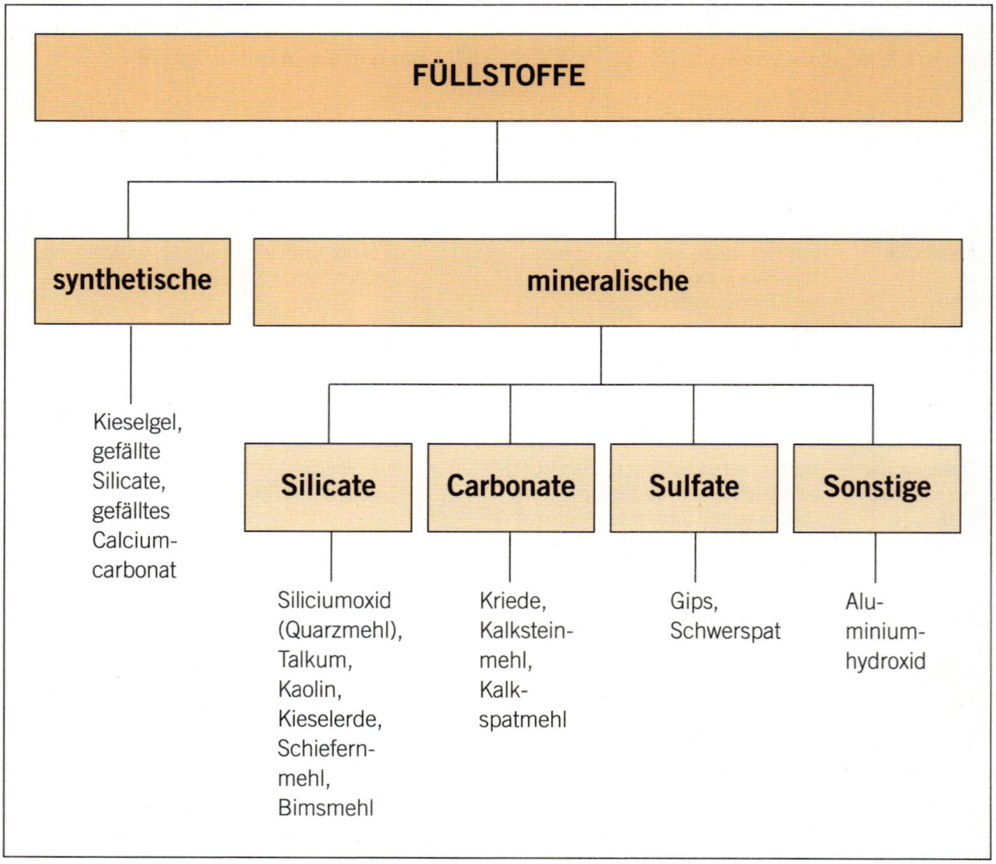

2.5 Zusatzstoffe

Zusatzstoffe, Additive oder Hilfsstoffe werden meistens fabrikationsmäßig den Beschichtungsstoffen in sehr geringen Mengen zugesetzt.

Zusatzstoffe:

- erleichtern die Produktion,
- beeinflussen die Eigenschaften von flüssigen und getrockneten Beschichtungsstoffen,
- können mit anderen nicht flüchtigen Anteilen den Beschichtungsfilm bilden.

Zusatzstoffe

Stoffe	Beschreibung und Verwendung
Trockenstoffe (Sikkative)	nach DIN EN 971 – 1 Metallsalze organischer Säuren die oxidativ härtenden Bindemitteln zugesetzt werden, um den Härtungsprozess zu beschleunigen
Verlaufmittel	Siliconöl oder Crotonsäure unterstützen die Glättung der Oberfläche flüssiger Lackfilme bevor das Lösemittel verdunstet
Verdickungsmittel	beeinflussen die Viskosität flüssiger Beschichtungsstoffe und vermindern Entmischungen und Absetzen ihrer Bestandteile, z.B. Siliciumdioxid, Aluminiumsilicate, Polyamide
Antihautmittel (Hautverhütungsmittel)	verzögern bei allen oxidativ härtenden Bindemitteln die Trocknung in den Gefäßen, sind also Gegenspieler der Sikkative, z.B. Oxime und Diamine
Biozide	verhindern mikrobielle Zersetzungsvorgänge besonders in wasserverdünnbaren Bindemitteln; in der getrockneten Beschichtung wirken - Fungizide, sie verhindern Pilzbefall, - Insektizide, sie verhindern Insektenbefall, - Bakterizide, sie töten Bakterien; diese Mittel können schädliche Wirkungen auf Mensch und Umwelt ausüben und sind daher zulassungspflichtig
Antifoulings	verhindern Bewuchs mit Algen und unter Wasser gedeihenden Organismen, aber auch Moos- und Algenbefall auf Dispersionsbeschichtungen, beim Auftrag von Beschichtungsstoffen mit Antifoulings, die Arsen-, Zinn- oder Quecksilberverbindungen enthalten, ist der Gewässerschutz und sind bestimmte Sicherheitsbestimmungen zu beachten
Weichmacher	schwer flüchtige Lösemittel, die dem Beschichtungsfilm Plastizität verleihen sollen; die weichmachende Wirkung ist rein physikalisch, d.h., wenn trotz ihrer Schwerflüchtigkeit nach längerer Lebensdauer des Beschichtungsfilms die Weichmacher allmählich verdunsten, lässt auch ihre Wirkung nach, die Beschichtung wird spröde; Weichmacherwanderungen in benachbarte Filmschichten oder in den Untergrund führen zu Spannungsrissen und Anquellen; wandern Weichmacher in die Lackoberfläche, führt dies zu Verschmutzungen; Weichmacher sind z.B. Ester höherer Alkohole

3 Werk- und Hilfsstoffe

3.1 Spachtelmassen und Füller

Zu beschichtende Untergründe weisen oft Unebenheiten, Risse, Löcher oder Kratzer auf. Diese Fehlstellen müssen beseitigt werden. Auch werden auf metallischen Untergründen schleifbare Dickbeschichtungen notwendig, um einen sehr glatten Untergrund für einwandfreie Lackierung zu erhalten.

Spachtelmassen. Diese Beschichtungsstoffe sind nach DIN 55945 pigmentierte hochgefüllte Stoffe, die zieh-, streich- oder spritzbar eingestellt werden können. Ihre Oberfläche muss nass oder trocken schleifbar sein. Spachtelmassen können nach dem Bindemittel und nach dem Verwendungszweck unterschieden werden, z.B. Füllspachtel, Innenspachtel, Außenspachtel, Reparaturspachtel. Auf Spachtelungen erfolgt meistens eine Schlussbeschichtung.

Füller sind niedrigviskose, hochfüllende Beschichtungsstoffe. Es sind streich- oder spritzbare Stoffe mit Alkydharz, Epoxidharz, Acrylharz, PUR-Harz oder Copolymerisatharz als Bindemittel. Sie sollen Unebenheiten des Untergrundes und Untergrundstrukturen ausfüllen und abdecken. Sie erhöhen die mechanische Beanspruchbarkeit des Beschichtungssystems.

Füller sind schnelltrocknend, härten auch in dickeren Schichten durch und ergeben eine seidenmatte Oberfläche. Sie sind trocken- und nass schleifbar. Auf Holz- und Metalluntergründen werden sie als Grund- oder Zwischenbeschichtung angewendet.

Beschichtungssystem s. S. 122 ff.
Grund- und Zwischenbeschichtung s. S. 123

Spachtelmassen

Bindemittelbasis	Beschreibung	Verwendung
Alkydharz	unpigmnetierte oder pigmentierte Spachtelmasse mit Füllstoff auf Kieselsäurebasis, durchgehärtet sehr gut schleifbar	für alle nachfolgenden Lackierungen, auf allen Untergründen außer auf Holz im Außenbereich
Epoxidharz	Zweikomponentenspachtelmasse, schnell trocknend, gut haftend, sehr hart	für Betonuntergründe, spezielle Arten auch für Metall
ungesättigtes Polyesterharz (UP)	schnelltrocknende Spachtelmasse, nass- oder trocken schleifbar, Auftrag in beliebiger Schichtdicke, da keine Spannungs- oder Trockenrisse auftreten, überstreichbar mit allen Lacken, lieferbar als Ein- und Zweikomponentenspachtel	für Metall- und Holzuntergründe
Gips	hydraulisch abbindende Spachtelmasse mit organischen Zusätzen (Kunststoffe, Cellulose) gut haftend auf allen saugenden mineralischen Untergründen, nicht mit Kalk- oder Silicatfarben überstreichbar	wegen der Wasserlöslichkeit nur im Innenbereich einsetzbar
Kunststoffdispersionen	Spachtelmassen gut haftend, wasserdampfdiffusionsfähig,	für innen und außen, für alle mineralischen Untergründe

3.2 Dichtstoffe

Stoffe, außer Kitt auf der Basis trocknender Öle, die gemäß DIN 52460 zum Abdichten von Fugen im Hochbau und zum Abdichten von Verglasungen eingesetzt werden, bezeichnet man als Dichtstoffe. Bei den härtenden Stoffen bleibt die Bezeichnung Kitt.

3.2.1 Einsatzbereiche und Einteilung

Einsatzbereiche. Dichtstoffe werden spritzfähig für Hand- oder Druckluftkartuschen oder in speziellen Bändern geliefert und für folgende Fugen im Hochbau eingesetzt.

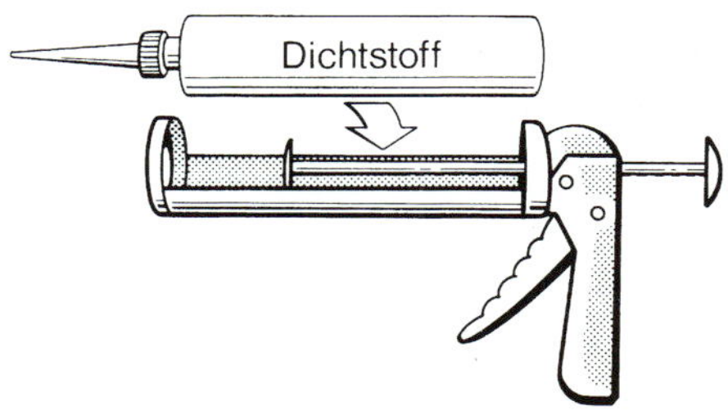

Bild 1. Kartuschenpistole für Dichtstoffe

Fugenarten:

- **Anschlussfuge** zwischen unterschiedlichen Bauteilen von ungleichem Material oder verschiedener Funktion, z.B. zwischen Fenster und Wand,
- **Bauteilfuge** zwischen Bauteilen von gleichartigem Material oder gleicher Funktion, z.B. zwischen zwei Betonwänden,
- **Stoßfuge** bei Seitenteilen, die senkrecht zur Bauteilebene stehen,
- **Überlappungsfuge oder Scherfuge** bei Flanken, die parallel zur Bauteilebene liegen.

Einteilung. Die Dichtstoffe müssen an den Bauteilflächen eine ausreichende Haftung besitzen, um die auftretenden Dehn-, Stauch- und Scherbewegungen aufnehmen zu können. Dabei darf die Abdichtung der Fugen über einen längeren Zeitraum keinen Schaden nehmen und muss funktionsfähig bleiben.

Eigenschaftsgruppen. Nach ihren physikalischen Eigenschaften werden Dichtstoffe in folgende Gruppen eingeteilt (kursiv = überwiegender Anteil):

- härtend,
- plastisch,
- elasto*plastisch,*
- plasto*elastisch,*
- elastisch.

Die Auswahl des Dichtstoffes richtet sich nach Bauwerk, Beanspruchung und Fugenart. Bewegungen von Bauteilen können nur mit geeigneten Dichtstoffen aufgefangen werden, die eine funktionsfähige Fuge gewährleisten.

3.2.2 Verarbeitung

Der Untergrund oder die Haftflächen müssen sein:

- trocken,
- frei von Verunreinigungen,
- frei von Beschichtungen.

Durch Trennfolien oder mit nicht wassersaugenden Hinterfüllmaterialien ist die Haftung der Dichtstoffe am Fugengrund zu verhindern, um Überdehnungen durch Dreiflächenhaftung zu vermeiden. Der Dichtstoff muss so in die Fugen gespritzt werden, dass keine Luftblasen eingeschlossen werden. Auch muss an den Bauteilflächen eine vollständige Benetzung mit Dichtstoff auftreten. Fuge
Die Fugenoberfläche wird mit Glättmittel (i.d.R. Seifenlauge) geglättet. Nach einem vom Hersteller vorgegebenen Zeitraum kann mit Folgearbeiten begonnen werden.
Dichtstoffe beinhalten Weichmacher. Diese Stoffe diffundieren in auf Dichtstoffe aufgetragene Beschichtungen, lösen sie an und zerstören sie.

Das Überstreichen bewegungsausgleichender Dichtstoffe ist nicht erlaubt. Fugenränder maximal 1 mm beschneiden, oder besser, entsprechend eingefärbte Dichtstoffe verwenden.

Verglasung s. S. 234 ff., Weichmacher s. S. 97
Härte s. S. 28, Plastizität s. S. 70, Benetzbarkeit s. S. 108

Dichtstoffarten

Dichtstoff/Kitt	lösemittelfrei	lösemittelhaltig	wasserhaltig	härtend	plastisch	elastisch	mit Luft reagierend	mit Feuchte reagierend	mit Härter reagierend	zul. Gesamtverformung in %
Leinölkitt	•			•			•			0
Buthylkitt	•	•		•	•		•			0 – 5
Dispersionsacrylat			•		• ↔	•	•			5 – 20
Lösemittelacrylat		•			• ↔	•				5 – 10
Polyurethan, einkomponentig	•	•				•		•		10 – 25
Polyurethan, zweikomponentig	•					•			•	10 – 25
Polysulfid, einkomponentig	•					•		•		10 – 25
Polysulfid, zweikomponentig	•					•			•	10 – 25
Silicon, sauer vernetzt	•					•		•		20 – 25
Silicon, neutral vernetzt	•					•		•		20 – 25
Silicon, alkalisch vernetzt	•					•		•		20 – 25

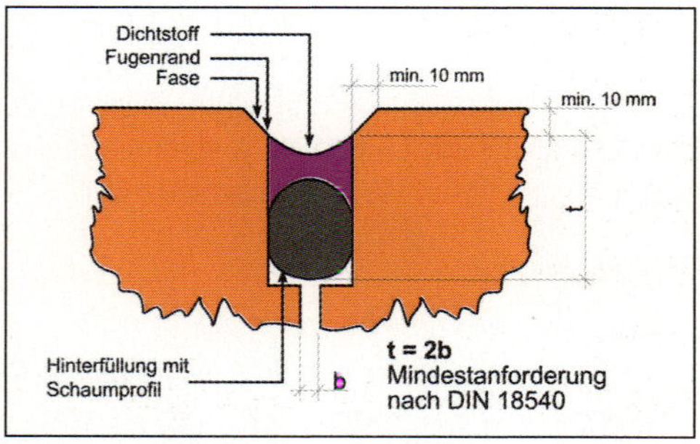

Bild 1. Dimensionierung von Fugen und Dichtstoff

Die Fugenränder immer abkleben. Nur so entsteht ein sauberer und gerader Verlauf des Dichtstoffrandes; der Untergrund bleibt so für nachfolgende Beschichtungen fleckenlos.

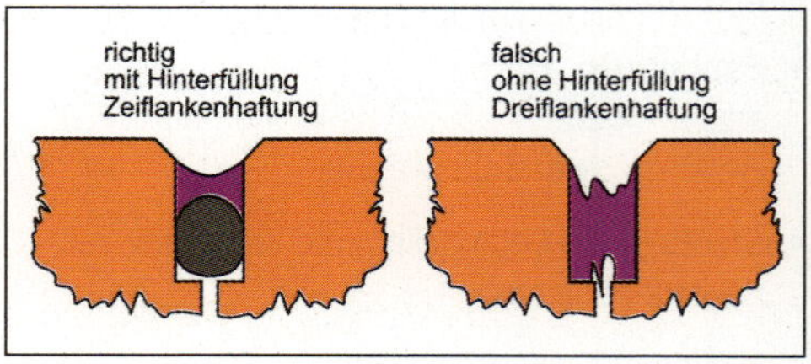

Bild 2. Fugenabdichtung mit Hinterfüllmaterial, z.B. Schaumprofil

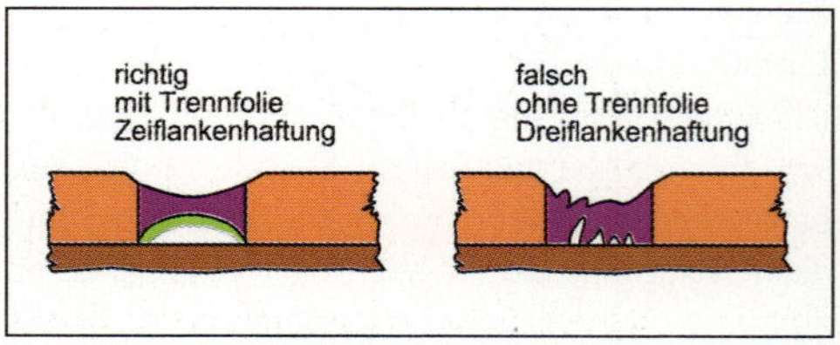

Bild 3. Fugenabdichtung mit Trennfolie

Aufgaben zur Wiederholung (W), Aufgaben zur Vertiefung (V)

W 1. Erklären Sie den Unterschied zwischen Chemie und Physik.

W 2. Erklären Sie den Aufbau eines Wasserstoffatoms.

W 3. Was ist unter „chemischer Reaktion“ zu verstehen?

W 4. Was ist eine Synthese und was eine Analyse?

W 5. Wodurch unterscheiden sich Lösungen von Dispersionen?

W 6. In welchen Aggregatzuständen können Stoffe auftreten?

W 7. Wovon hängt eine Aggregatzustandsänderung eines Stoffes ab?

W 8. Welchen Aggregatzustand können einige Stoffe überspringen?

W 9. Können Stoffe atomar in der Natur vorliegen?

W 10. Welche Eigenschaften der Flüssigkeiten sind für den Maler und Lackierer bedeutsam?

W 11. Wie kann die Viskosität von Beschichtungsstoffen beeinflusst werden?

W 12. Erklären Sie die Aggregatzustände am Teilchenmodell.

W 13. Welchen Einfluss übt die Kohäsion auf den Aggregatzustand der Stoffe aus?

W 14. Warum werden mit thixotropen Beschichtungsstoffen besondere Schichtdicken erzielt?

W 15. Wodurch unterscheidet sich Festigkeit von Härte und Plastizät von Elastizität?

W 16. Welche fünf Stoffe können einen Beschichtungsstoff bilden?

W 17. Welche Aufgaben hat das Bindemittel in einem Beschichtungsstoff?

W 18. Nennen Sie die Eigenschaften, die ein Bindemittel im Beschichtungsstoff erfüllen soll.

W 19. Wie lassen sich Bindemittel einteilen?

W 20. Wodurch unterscheiden sich organische Stoffe von anorganischen Stoffen?

W 21. Warum ist eine Einteilung der Bindemittel nach ihrem Löse- und Dispergierzustand sinnvoll?

W 22. Warum wird beim Auftragen von Kalk ein „Kreislauf“ geschlossen?

W 23. Wie kann die Filmbildung eines Beschichtungsstoffes erfolgen?

W 24. Wie härten anorganische mineralische Bindemittel?

W 25. Nennen Sie die Eigenschaften und Verwendungsmöglichkeiten von Kaliumsilicat.

W 26. Was bewirkt die freigesetzte Pottasche bei einer Silicatfarbenbeschichtung?

W 27. Welche Stoffe sind vor einer Beschichtung mit Silicatfarben sorgfältig abzudecken?

W 28. Wie erfolgt die Filmbildung bei Dispersionsfarben?

W 29. Bis zu welcher Temperatur dürfen KD-Farben im Außenbereich aufgetragen werden?

W 30. Nennen Sie Verwendungsmöglichkeiten für Kunststoffemulsionsfarben.

W 31. Was sind Dispersionslacke?

W 32. Welche Pinsel eignen sich zur Verarbeitung von Dispersionslacken?

W 33. In welchem Ansatzverhältnis wird Methylcellulose zum Vorleimen angesetzt?

W 34. Warum müssen Leimfarben vor einer Dispersionsfarbenbeschichtung restlos entfernt werden?

W 35. Welche Beschichtungsstoffe werden mit „2K-Lack" bezeichnet?

W 36. Wie erfolgt die Filmbildung bei öligen und ölhaltigen Bindemitteln?

W 37. Warum ist die Bezeichnung „Bio-Lacke" für Beschichtungsstoffe mit natürlich entstandenen Komponenten falsch und irreführend?

W 38. Erklären Sie die Filmbildung von Kunstharzen.

W 39. Wodurch unterscheiden sich die Trocknungsprozesse „Einbrennen und forcierte Trocknung"?

W 40. Erklären Sie die Verwendungsmöglichkeiten von Alkydharz in Abhängigkeit von den Ölbeimengungen.

W 41. Was sind Zweikomponentenlacke? Warum werden diese auch Reaktionslacke genannt?

W 42. Was bedeutet der Begriff Topfzeit?

W 43. Nennen Sie Beispiele für den Einsatz von Cellulose-, Bitumen- und Asphaltlacken.

W 45. Was sind Pulverlacke?

W 46. Was sind ELF-Beschichtungsstoffe?

W 47. Wodurch unterscheidet sich ein Lösemittel von einem Verdünnungsmittel?

W 48. Welches Unterscheidungsmerkmal teilt Lösemittel in der Gefahrenklasse A ein?

W 49. Welche Eigenschaft des Lösemittels ist für die Trocknung von Beschichtungsstoffen wichtig?

W 50. Was bedeutet der Flammpunkt der Lösemittel?

W 51. Warum sind Lösemittel explosionsgefährlich?

W 52. Gibt es ein „universell" einsetzbares Lösemittel?

W 53. Welche Informationen müssen nach der GefStoffV auf Löse- und Verdünnungsmittelpackungen angebracht sein?

W 54. Was sind Farbmittel?

W 55. Was sind Spektralfarben und wie werden sie unterschieden?

W 56. Warum glänzt eine Hochglanzlackierung, und warum ist eine Seidenglanzlackierung matt?

W 57. Warum erwärmt sich eine hell beschichtete Fläche nicht so stark wie eine dunkel beschichtete?

W 58. Was ist der Brechungsindex; in welchem Zusammenhang steht er zum Deckvermögen eines Beschichtungsstoffes?

W 59. Erklären Sie die additive und die subtraktive Farbentstehung.

W 60. Aus welchen Bunttönen mischt der Maler und Lackierer die Sekundär- und aus welchen die Tertiärfarben?

W 61. Welche Farbenpaare ergänzen sich im Idealfall immer zu Schwarz?

W 62. Welche Pigmentarten gibt es?

W 63. Welche Faktoren beeinflussen das Färbevermögen von Pigmenten?

W 64. Wodurch wird das Deckvermögen eines Beschichtungsstoffes bestimmt?

W 65. Was ist eine lasierende Beschichtung?

W 66. Welche Bunttöne bleichen schnell aus?

W 67. Welche Eigenschaften eines Beschichtungsstoffes werden durch die PVK bestimmt?

W 68. Was bedeutet Passivierung durch Pigmente?

W 69. Wodurch unterscheiden sich aktive von inaktiven Pigmenten?

W 70. Welche Pigmente sind farblos, lassen aber eine Beschichtung doch farbig erscheinen?

W 71. Welche Aufgaben erfüllen Füllstoffe in einer Beschichtung?

W 72. Warum werden Additive den Beschichtungsstoffen zugesetzt?

W 73. Was sind Weichmacher, und was bedeutet die hohe VD für den Beschichtungsstoff?

W 74. Wie müssen Spachtelmassen sich verarbeitungsmäßig einstellen lassen?

W 75. Welche Spachtelmasse darf nicht mit mineralischen Beschichtungsstoffen überstrichen werden?

W 76. Wie werden hochfüllende Beschichtungsstoffe genannt?

W 77. Welche Fugen am Hochbau werden durch den Maler und Lackierer abgedichtet?

W 78. In welche Eigenschaftsgruppen werden Dichtstoffe eingeteilt?

W 79. Welche Bewegungen an Bauteilen oder Baukörpern müssen Dichtstoffe mitmachen können?

W 80. Dürfen Dichtstoffe, die bewegungsausgleichend wirken, überstrichen werden?

V 1. Wie kann Wasser analysiert werden?

V 2. Was bedeutet Enthalpie und was Enthalpiedifferenz?

V 3. Nennen Sie Beispiele für endotherme und exotherme Reaktionen.

V 4. Trocknet eine nasse Fassade auch bei Frost?

V 5. Was bedeutet die Koexistenz dreier Phasen von Stoffen?

V 6. Kann Wasser als Thermometerflüssigkeit dienen?

V 7. Welche Voraussetzungen müssen gegeben sein, um Gas zu verflüssigen?

V 8. DIN 55945 legt als Eigenschaft einer bestimmten Beschichtung „Dekontaminierbarkeit" fest; erklären Sie diese Eigenschaft.

V 9. Welche reaktiven flüchtigen Stoffe gehören zum Bindemittel?

V 10. Was ist ein „Shop Primer"?

V 11. Einbrennöfen in der Kfz-Lackierung funktionieren entweder nach dem Konvektions-, Infrarot- oder einem Kombinationsprinzip. Erklären Sie den Unterschied.

V 12. Bei der Filmbildung von Polymerdispersionen stehen die Filmbildekräfte der dispergierten Polymerteilchen im umgekehrten Verhältnis zu ihrem Durchmesser. Wie müssen die Teilchen beschaffen sein, damit ein zügiges Zusammenfließen erfolgen kann?

V 13. Was bedeutet das Rückstellvermögen für die Wirkungsweise eines Dichtstoffes?

V 14. Bei Dichtstoffen werden auf den Packungen die Angaben „beschichtungsverträglich" und „überstreichbar" verwendet. Worin liegt der Unterschied und was bedeuten diese für die Praxis des Malers und Lackierers?

V 15. In welchen Fällen ist an Bauteilen die Fugenbreite vor der Abdichtung zu vergrößern?

Die Untergründe und ihre Beschichtung

1 Physikalisch-technologische Zusammenhänge

Alle Untergründe, die der Maler und Lackierer durch Beschichtungen schützt und gestaltet, haben bestimmte stoffliche Eigenschaften, die er mit den Eigenschaften des fachgerecht ausgewählten Beschichtungssystems in Einklang bringen muss. Dafür sind Kenntnisse über Eigenschaften und Verhaltensweisen des Untergrundes erforderlich.

1.1 Anhaftung von Stoffen

Adhäsionskraft. Die Moleküle eines Stoffes halten durch Kohäsionskräfte aneinander fest. Verschiedene Stoffe haften auch aneinander, z.B. Beschichtungsstoffe am Untergrund. Für dieses Anhaften der Stoffe ist die Adhäsionskraft oder Anhangskraft der verschiedenen Stoffe verantwortlich. Diese Kraft ist hauptsächlich abhängig von der Anzahl der wirksamen Teilchen, die aufeinander wirken können. Eine große Oberfläche hat mehr wirksame Teilchen als eine kleine. So ist die Anhaftung zwischen einer rauen Oberfläche und einem Beschichtungsstoff größer als zwischen einer glatten Oberfläche und dem gleichen Beschichtungsstoff. Eine Flüssigkeit zwischen zwei festen Stoffen, z.B. Kleister zwischen Wand und Tapete, erhöht die Anzahl der wechselwirkenden Teilchen und die Tapete haftet an der Wand.

Schwerkraft

Adhäsion

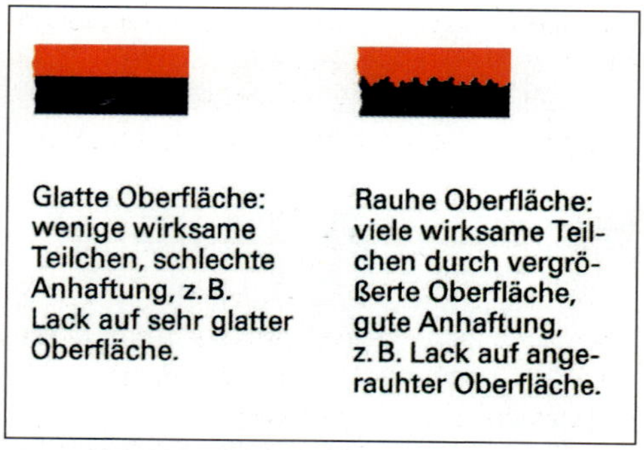

Bild 1. Oberflächenbeschaffenheit und Adhäsionskraft

Kohäsion s. S. 68

1.2 Feuchteverhalten von Baustoffen

Feuchtigkeit in Bauteilen. Feuchtigkeit in und auf Untergründen ist ein wichtiger Umstand, der beschichtungstechnisch immer berücksichtigt werden muss, denn Feuchte hat Folgen:

- Durchfeuchtete Bauteile haben eine höhere Wärmeleitfähigkeit und vermindern so den Wärmeschutz.
- Die Hygiene im Raum wird durch Schimmelpilzbildung an den Innenseiten von Außenbauteilen beeinträchtigt.
- Die Standsicherheit des Baukörpers ist durch Schädigung von Bauteilen gefährdet.

Kapillarität (Haarröhrchenwirkung). Die Aufnahme von Feuchtigkeit hat eine Ursache in der Kapillarität der Baustoffe. An den Grenzflächen zwischen einer Flüssigkeit und einem festen Stoff werden die Moleküle durch die wirkende Adhäsionskraft beeinflusst. In sehr engen Röhrchen (Haarröhrchen oder Kapillaren) verstärkt sich diese Wirkung. In dem festen Stoff ist die Flüssigkeit dem Zusammenwirken von Kohäsion, Adhäsion und der Schwerkraft ausgesetzt. Im Kohäsionsbereich ist die nach unten gerichtete Schwerkraft, die von der Kohäsion der Flüssigkeit abhängt, größer als die nach oben gerichtete Adhäsionskraft. Diese ist materialabhängig, aber bei jeder Kapillargröße nahezu gleich groß. Sie wird mit enger werdendem Röhrchendurchmesser immer kleiner. Die Adhäsionskraft überwiegt schließlich und somit kann die Flüssigkeit nach oben steigen.

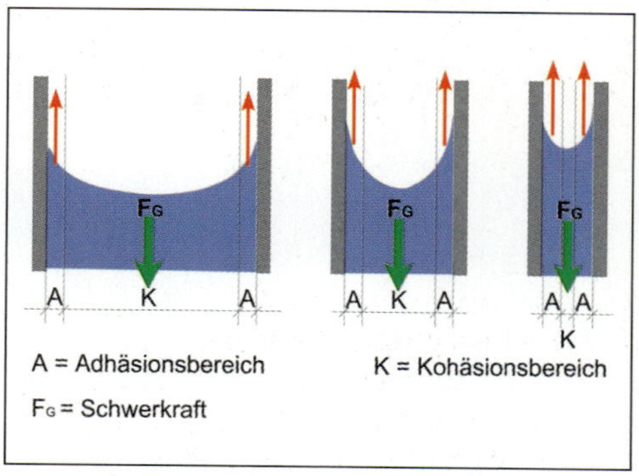

Bild 2. Zusammenwirken von Kohäsion, Adhäsion und Schwerkraft in Kapillaren

Dass Pinsel Farbe aufsaugen und somit als Streichwerkzeuge eingesetzt werden können, hängt von den Kapillaren, also den engen Zwischenräumen der Borsten oder Haare ab.

Je mehr Kapillaren ein Stoff hat und je feiner sie sind, um so größer ist die Kapillarität und damit die Aufnahme von Feuchtigkeit.

Porosität. Wird bei der Entstehung eines festen Stoffes eine Flüssigkeit oder ein Gas frei gesetzt oder eingeschlossen, so bildet der Stoff an diesen Stellen Poren, z.B. bei der Herstellung von Porenbeton. Andere Stoffe besitzen keine Poren, sie sind dicht, z.B. Glas oder Metall. Die Art und die Größe der Poren sind entscheidend für die Wasseraufnahmefähigkeit von Baustoffen.

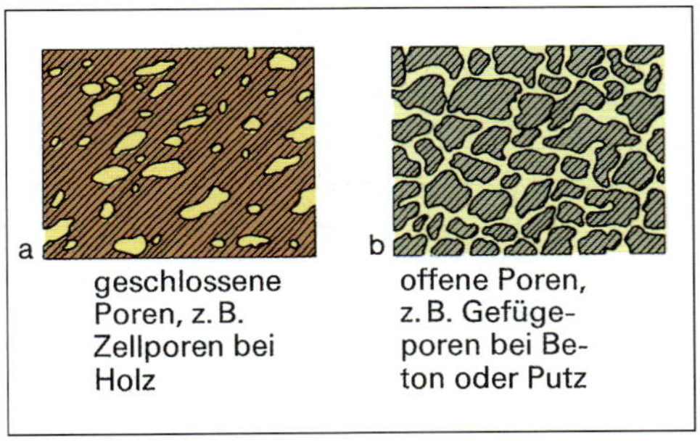

Bild 1. Arten von Poren

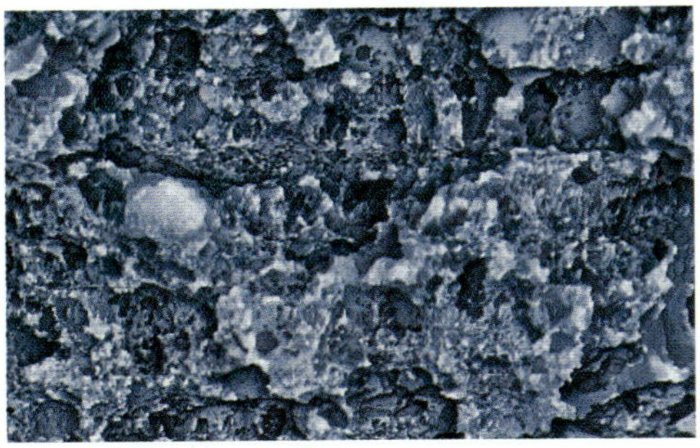

Bild 2. REM-Aufnahme: Starke Porosität

Die Porosität von Baustoffen hat sowohl positive als auch negative Eigenschaften.

- **Vorteile von porösen Baustoffen:**
  - leicht, z.B. Porenbeton (s. S. 142),
  - gut verarbeitbar, z.B. Holz (s. S. 151 ff.),
  - gute Wärmedämmung (s. S. 200),
  - gute Schalldämmung (s. S. 114 f.),
  - gutes Diffusionsverhalten (s. S. 108 f.).
- **Nachteile von porösen Baustoffen:**
  - geringe Druck- und Zugfestigkeit (s. S. 70),
  - hohe Saugfähigkeit,
  - hohe Wasserdurchlässigkeit,
  - starke Frostgefahr,
  - hohe Zersetzungsgefahr.

Steigvermögen

Die Vorteile sollten durch Verwendung der entsprechenden Baustoffe genutzt werden; die Nachteile kann der Maler und Lackierer durch folgende Maßnahmen herabsetzen.

Imprägnieren. Imprägniermittel, z.B. Siliconharze, Kaliumwasserglas oder Fluate, werden durch die Poren tief in den Untergrund eingebracht. Das Material dringt in den kapillar saugenden Untergrund ein, bildet aber keine zusammenhängende Schicht.

Anwendung:

- Isolieren bei der Gefahr von Ausblühungen mineralischer Untergründe,
- Hydrophobieren wasserempfinglicher Untergründe, z.B. Gipskartonplatten (s. S. 252),
- Schutz vor atmosphärischen, chemischen, pflanzlichen und tierischen Einflüssen auf mineralischen Untergründen und auf Hölzern.

Grundierung

Grundieren. Grundierungen bereiten poröse Untergründe für weitere abgestimmte Beschichtungen vor. Angewendet werden niedrigviskose, pigment- und füllstoffarme bzw. pigment- und füllstofffreie Grundbeschichtungsstoffe, z.B. lösemittelverdünnbare auf Polymerisatharzbasis, wasserverdünnbare auf Kunststoffdispersionsbasis oder Haftgrundbeschichtungsstoffe auf Zinkchromatbasis.

Egalisieren

Anwendung:

- Verringern und egalisieren der Saugfähigkeit von mineralischen Untergründen und Hölzern,
- Verbessern des Haftvermögens auf mineralischen, metallischen und hölzernen Untergründen,
- Verfestigung innen und außen auf mineralischen Untergründen leicht absandelnder Oberflächen.

diffundieren

Grundierung nicht satt oder unverdünnt auftragen. Nach einer Grundierung darf die Oberfläche nicht glänzen. Glänzende Grundierungen bilden einen zusammenhängenden Film. Die Haftfähigkeit der folgenden Beschichtung ist beeinträchtigt.

Fluate s. S. 121, Porenbeton s. S. 142 f.

Versiegeln. Darunter versteht man das Füllen der Poren, bis es zu einer dünnen Filmbildung an der Oberfläche kommt. Eingesetzt werden Alkydharzlacke, Polyurethanharzlacke, Epoxidharzlacke für Holz, Zement- oder Betonestriche.

Anwendung:
- Erzielen einer Schicht, die das Eindringen von Wasser in hölzerne oder mineralische Untergründe verhindert,
- Abdichten von Parkettfußböden gegen Feuchtigkeit,
- Erhöhen der Abriebfestigkeit und Chemikalienbeständigkeit auf Holz- und Zementböden.

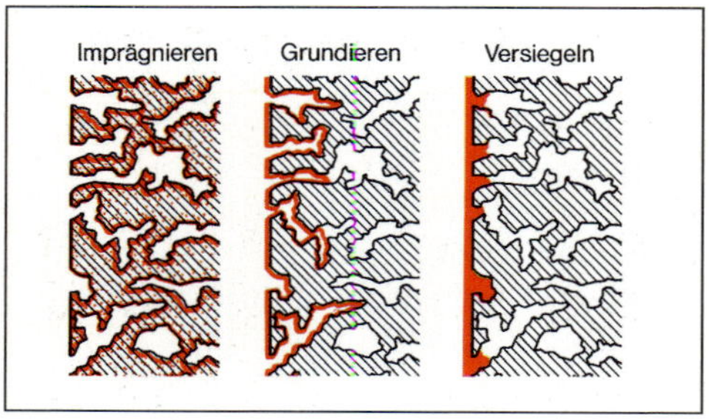

Bild 1. Imprägnieren, Grundieren und Versiegeln

Benetzbarkeit. Poröse und raue Stoffe nehmen Flüssigkeiten auf oder lassen sie anhaften. Stoffe, die eine sehr glatte Oberfläche und eine hohe Oberflächenspannung aufweisen, lassen sich nur schwer mit Flüssigkeiten benetzen. Flüssigkeiten haften nicht an glatten Oberflächen, wenn die

Kohäsion

Kohäsionskräfte innerhalb der Flüssigkeit größer sind als die Adhäsionskräfte zwischen Flüssigkeit und Untergrund.

lipophob

lipophil

Werden Beschichtungsstoffe, z.B. Dispersionslacke, die sich zum Untergrund lipophob (fettfeindlich) verhalten auf einen fettfreien Untergrund aufgetragen, so lässt der Lack sich gleichmäßig darauf verteilen und bildet einen geschlossenen Anstrichfilm. Der Untergrund ist benetzbar.

> **Benetzungsprobe:**
> Anfeuchten des Untergrundes, Bespritzen oder Besprühen mit Wasser, um die Saugfähigkeit und Benetzbarkeit des Untergrundes festzustellen. So werden auch feine Risse sichtbar gemacht.

Hydrophobierungsmittel s. S. 128

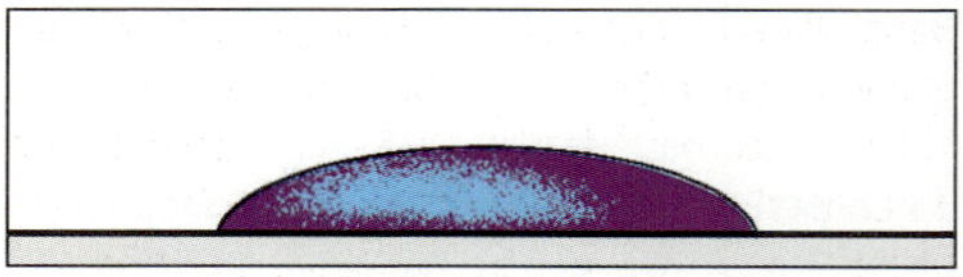

Bild 2. Benetzbarer Untergrund

Wird aber der gleiche Dispersionslack auf einen fettigen Untergrund aufgetragen, so lässt sich der Beschichtungsstoff nicht einwandfrei verteilen, der Untergrund ist nicht benetzbar.

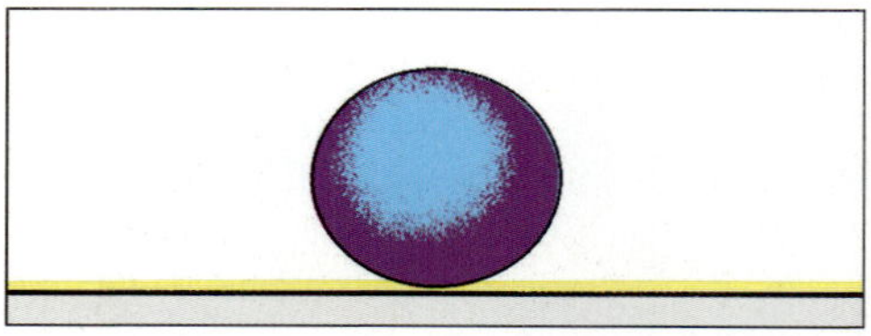

Bild 3. Nicht benetzbarer Untergrund

Auch Wasser hat eine hohe Oberflächenspannung. Daher muss bei der Applikation von flüssigen Beschichtungsstoffen der Maler und Lackierer, besonders bei der Verwendung von wässrigen oder wasserverdünnbaren Beschichtungsstoffen, auf die Netzfähigkeit achten. Öl, z.B. Schalöl auf Sichtbeton, muss vor einer solchen Beschichtung entfernt oder abgesperrt werden.

Die Netzfähigkeit von Wasser kann durch Netzmittel, wie Spülmittel oder Laugen, erhöht werden. Untergründe können aber durch Hydrophobierungsmittel unbenetzbar gemacht werden. Autolacke werden durch Politur oder Wachs unbenetzbar. Das Wasser perlt ab.

Nicht benetzbare Untergründe sind für Beschichtungen ungeeignet. Durch Reinigen mit Laugen oder Aufrauen der Oberfläche werden sie benetzbar.

Diffusion

Konzentrationsausgleich. Die Porosität führt zu einer Eigenschaft der Baustoffe, die sich auf gasförmige und flüssige Stoffe bezieht. Die frei beweglichen Gasmoleküle schieben sich z.B. in die Poren oder zwischen Moleküle eines angrenzenden anderen Stoffes. Je beweglicher die Moleküle sind desto größer ist ihr Bestreben, sich auszubreiten (diffundieren). Dabei geht die Diffusion immer von den Stellen größerer Molekülkonzentration zu Stellen geringerer Konzentration und zwar so lange, bis überall die gleiche Molekülkonzentration vorhanden ist. Ein Konzentrationsausgleich z.B. von Wasserdampf findet in Wohnräumen statt.

Baustoffe oder auch Beschichtungen, z.B. Kunststoffdisperionsfarben, sind zwar wasserdicht aber nicht wasserdampfdicht So kann Wasserdampf durch bestimmte Beschichtungen und bestimmte Untergründe von außen nach innen oder von innen nach außen diffundieren. Der Wasserdampfgehalt der Luft, die Luftfeuchte, hat wesentlichen Einfluss auf das Raumklima und somit auf das Wohlbefinden der Menschen, Tiere und Pflanzen, die in dem Raum leben.

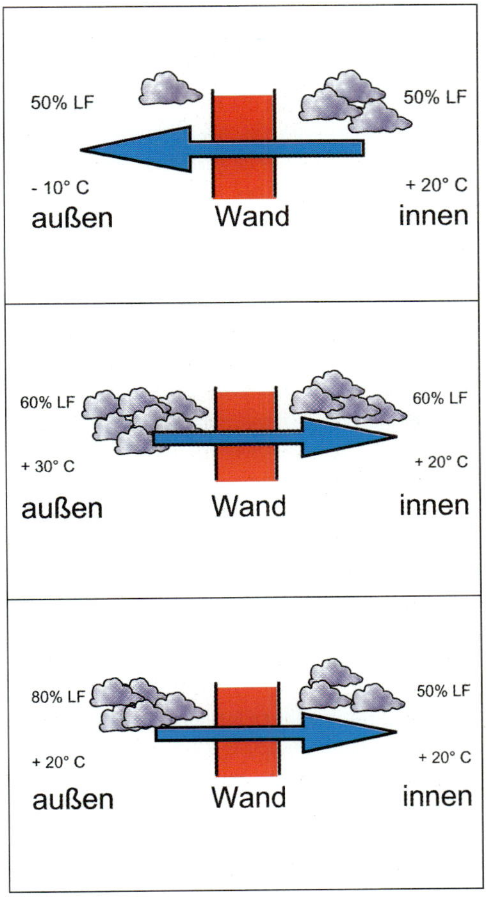

Bild 1. Diffusionsrichtung in Abhängigkeit von Temperaturgefälle und Luftfeuchte (LF)

Diffusionsdurchlasswiderstand. Baustoffe und auch Beschichtungen setzen z.B. dem Durchgang von Gasen einen Widerstand entgegen. Dieser Widerstand eines Stoffes wird s_d-Wert genannt und ist von der Dicke *s* einer Trennschicht (in m) und dem Widerstandsfaktor μ (μ-Wert), einem stoffspezifischen Kennwert, abhängig. Luft hat definitionsgemäß den Widerstandsfaktor 1. So bedeutet ein s_d-Wert von 1,00 m, dass diese Schicht dem Wasserdampf den gleichen Widerstand wie 1,00 m ruhende Luft entgegensetzt. Der s_d-Wert wird daher auch diffusionsäquivalente Luftschichtdicke genannt. Eine Silicatfarbenbeschichtung von 0,3 mm Schichtdicke hat z.B. einen s_d-Wert von 0,01 m. Bei gleicher Schichtdicke weist eine pigmentierte Epoxidharzbeschichtung einen s_d-Wert von 33,00 m auf. D.h., dass diese Beschichtung 3300 mal weniger Wasserdampf durchlässt als die Silicatfarbenbeschichtung.

Wasserdampfdiffusion nach DIN 4108

Baustoffschicht	μ-Wert	s_d-Wert in m
Kalkzementputz 2 cm	15 – 35	0,30 – 0,70
Kunstharzputz 4 mm	50 – 200	0,20 – 0,80
Leichthochlochziegel 30 cm	5 – 10	1,50 – 3,00
Kalksandstein 24 cm	5 – 25	1,20 – 6,00
Polystyrol-Hartschaum 6 cm	20 – 50	1,20 – 3,00
Steinwolle 6 cm	1	0,06

Die Diffusionsfähigkeit von Untergründen soll bei Beschichtungen möglichst erhalten bleiben.

Osmose ist der Vorgang, bei dem aus einer schwächer konzentrierten Lösung Wassermoleküle durch eine halb durchlässige (semipermeable) Trennschicht in eine konzentriertere Lösung wandern und dadurch einen Konzentrationsausgleich schaffen. Diffusion läuft hier nur in einer Richtung ab. Viele Beschichtungen sind halb durchlässig. Sie lassen Gase oder Flüssigkeiten in einer Richtung durch. Wird z.B. Wasser von einer Salzlösung durch eine semipermeable Schicht getrennt, dann treten Wassermoleküle durch die Trennschicht in die Salzlösung, aber gelöste Salze nicht in das Wasser.

Oft sind Salzrückstände auf Untergründen Ursache von Osmoseblasen der Beton- oder Putzbeschichtung. An Kfz-Karosserien oder anderen blanken Metallen, die durch Berührung verunreinigt wurden (Handschweiß), tritt nach einiger Zeit Unterrostung der Beschichtung durch Osmose auf.

Durch Osmose können Beschichtungen auf mineralischen und metallischen Untergründen zerstört werden.

Die Luftfeuchte ist von der Temperatur abhängig. Je höher die Lufttemperatur ist, um so mehr Wasserdampf kann von ihr aufgenommen werden. Bei einer gegebenen Temperatur kann $1\ m^3$ Luft eine bestimmte Masse Wasserdampf (in g) aufnehmen. Wenn die Luft gesättigt ist, ist die maximale Luftfeuchte erreicht (= 100 %). Die bei der gegebenen Temperatur tatsächlich aufgenommene Masse Wasserdampf ist die absolute Luftfeuchte. Daraus ergibt sich die relative Luftfeuchte.

$$\text{rel. Luftfeuchte} = \frac{\text{abs. Luftfeuchte} \cdot 100\ \%}{\text{max. Luftfeuchte}}$$

Beispiel:
Temperatur: 20 °C,
absolute Luftfeuchte: 10 g/m³,
maximale Luftfeuchte: 17,3 g/m³,
ergibt eine relative Luftfeuchte von 58 %.

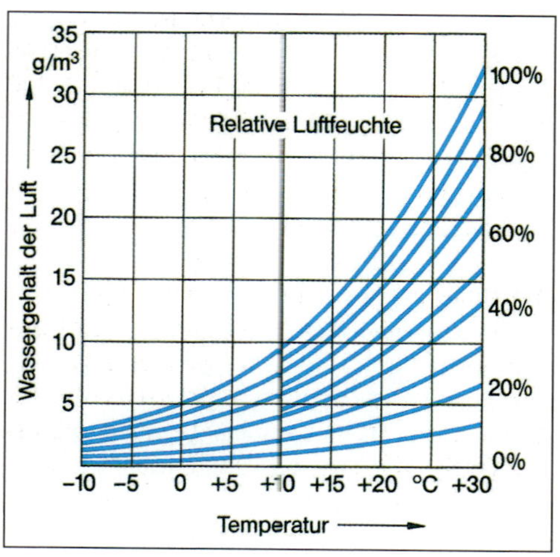

Bild 1. Wassergehalt der Luft in Abhängigkeit der Temperatur

Der mitteleuropäische Mensch fühlt sich in Innenräumen wohl bei einer relativen Luftfeuchte zwischen 45 % und 55 % und einer Temperatur zwischen 20 °C und 22 °C. Um die Diffusion von Wasserdampf zu Gunsten dieses Raumklimas in Innenräumen zu erhalten, sollten Mauerwerk und Beschichtungen nicht dampfdicht sein.
Absolut dampfdicht sind Metalle und Glas.

Tauwasserbildung. Die Wasssermasse, die Luft in Dampfform aufnehmen kann, ist von der Temperatur abhängig. Wenn bei einer bestimmten Temperatur die relative Luftfeuchte von 100 % erreicht ist, ist die Luft gesättigt. Diese zugehörige Temperatur wird Taupunkttemperatur oder einfach Taupunkt genannt. Würde die Luft in diesem Zustand abkühlen, so müsste die relative Luftfeuchte über 100 % ansteigen. Dies ist aber unmöglich. Daher wird die nicht mehr speicherbare Luftfeuchte in Form von flüssigem Wasser ausgeschieden.

Unter dem Taupunkt versteht man die Temperatur, bei der Luft beginnt, Feuchtigkeit in Form von Wasser auszuscheiden. Dieses Wasser wird Tauwasser oder Kondenswasser genannt.

Wenn die Oberflächentemperatur an den Innenseiten von Außenbauteilen niedriger als die Taupunkttemperatur ist, kommt es zu Tauwasserbildung. Dies ist immer der Fall, wenn die Temperaturdifferenz zwischen Raumluft und innerer Wandoberfläche groß ist. Deshalb beschlagen z.B. Außenfenster bei niedrigen Außentemperaturen.

Tauwasserbildung auf Oberflächen von Bauteilen:

- bei unzureichendem Wärmeschutz,
- im Bereich von Wärmebrücken,
- in Räumen mit hoher Luftfeuchte, z.B. in Bädern, Küchen,
- in Räumen mit niedriger Lufttemperatur, z.B. in ungeheizten Schlafzimmern.

Bedenklich ist Tauwasserbildung über einen längeren Zeitraum auf Innenanstrichen, Tapeten und Putzen, da hierdurch Schimmelpilze und Ausblühungen entstehen, die zu gesundheitlichen Problemen und zur Zerstörung des Anstrichs, der Tapeten oder des Putzes führen.
Feuchtigkeit muss daher durch Lüften wieder aus Wohnräumen entfernt werden.

Unterrostung s. S. 175

1.2 Verhalten von Baustoffen gegenüber Wärme und Schall

Wärme

Wärmeübertragung. Dass in einem Raum gleiche Temperaturen herrschen, unabhängig davon, wo die Wärmequelle im Raum angebracht ist, liegt an der Wärmeübertragung. Die Wärme in unserer Umgebung wird meistens auf mehrere Arten übertragen. Unterschieden werden drei Übertragungsarten.

Wärmeübertragung

Art	Transport	Beispiel
Wärmeströmung (Konvektion)	Leichtbewegliche Gas- oder Flüssigkeitsmoleküle transportieren die Wärme.	Heizungssystem: Wasser wird erhitzt und strömt zu den Heizkörpern, diese erwärmen den Raum durch Luftzirkulation; Heißluftfön
Wärmeleitung	In einem festen Stoff wird die Wärme von dem wärmeren Teil zum kälteren geleitet.	Wärmeerzeugung bei Heizgeräten oder Kochplatten, Wärmeverlust durch Fenster und Wände des Hauses
Wärmestrahlung	Der Wärmetransport benötigt keinen materiellen Träger. Die Wärme wird durch elektromagnetische Wellen übertragen.	Sonnenstrahlung, Infrarotstrahler

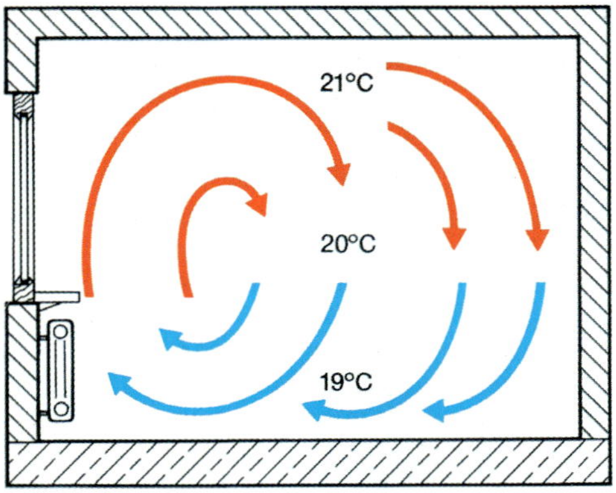

Bild 1. Wärmeströmung

Gemeinsamkeiten der Wärmeübertragung:
- Jeder Wärmetransport setzt eine Temperaturdifferenz voraus.
- Der Wärmeübertrag erfolgt immer vom wärmeren zum kälteren Körper.
- Die Temperatur des zu erwärmenden Körpers kann nie über die Temperatur der Wärmequelle steigen.

Für die Wärmeströmung und die Wärmeleitung werden Stoffe benötigt; Wärmestrahlung erfolgt auch in einem vollkommen leeren Raum, z.B. im Weltraum.

Temperatur. Die Temperatur gibt den Wärmezustand eines Stoffes an. Sie ist Maß für den Wärmezustand eines Körpers. Je höher die Temperatur eines Körpers ist, desto größer ist die mittlere Bewegungsenergie seiner Atome oder Moleküle. Bei der tiefsten möglichen Temperatur von –273 °C (= 0 Kelvin = absoluter Nullpunkt), sind alle Atome in Ruhe. Bei Temperaturmessgeräten (Thermometern) wird die Ausdehnung von Stoffen bei Wärmezufuhr ausgenutzt.

Wärmemenge. Werden zwei Körper mit verschiedenen Temperaturen zusammengebracht, so gleichen sich diese aus. Dazu geht eine Wärmemenge vom wärmeren auf den kälteren über. Diese Wärmemenge stellt einen Energiebetrag dar, der in Wattsekunden (Ws) gemessen wird.

Temperaturskalen

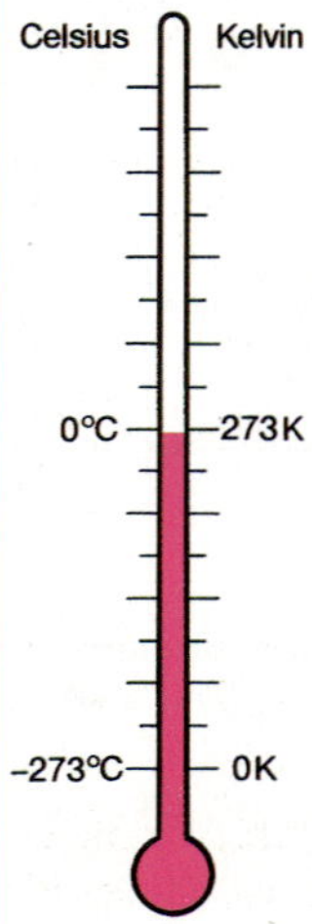

Celsiusskala

Anders Celsius (1701 – 1744) legte die dezimale Temperaturskala durch den Schmelzpunkt von Eis und den Siedepunkt von Wasser fest.
Schmelzpunkt von Eis = 0° C,
Siedepunkt von Wasser = 100° C.
Die Celsiusskala ist die meistbenutzte Thermometerskala.

Kelvinskala

Lord William Kelvin (1824 – 1907) befasste sich mit der Ausdehnung von Gasen bei Änderung der Wärmezufuhr. Bei der theoretisch tiefsten Temperatur von 0 K ist keine Wärmebewegung von Teilchen mehr vorhanden.
Absoluter Nullpunkt = 0 K,
0 K = –273° C.
In Kelvin werden Temperaturdifferenzen in der Technik angegeben.

Wärmeleitfähigkeit λ (Lambda). Der Rechenwert gibt die Wärmemenge an, die bei 1 m Wanddicke je m² Wandfläche und 1 K Temperaturunterschied in einer Stunde von innen nach außen geleitet wird. Die Einheit ist W/(mK).

Je größer der Wert von λ, desto größer ist die Wärmeleitfähigkeit.
Je kleiner der Wert von λ, desto besser ist die Wärmedämmung.

Die Wärmeleitfähigkeit von Baustoffen ist abhängig von:

- **Dichte ρ des Stoffes.** Luft leitet die Wärme schlecht (λ = 0,02 W/(mK)), daher besitzen Stoffe mit vielen Luftporen eine geringe Rohdichte, verbessern aber die Wärmedämmung.
- **Art, Größe und Verteilung der Poren.** Viele kleine kugelförmige Poren sind besser als wenige große längliche Poren, wobei eine Porenhäufung schlechter ist als eine gleichmäßige Verteilung.
- **Feuchtegehalt des Stoffes.** Der Porengehalt, die Luftbewegungen um das Bauteil sowie die klimatische Beanspruchung innen und außen sind entscheidend. Jede Bauteildurchfeuchtung verschlechtert die Wärmedämmfähigkeit.
- **Temperatur des Stoffes.** Die Moleküle warmer Stoffe bewegen sich schneller, als die kalter Stoffe. Je niedriger die Temperatur eines Bauteils ist, um so schlechter ist die Wärmeleitfähigkeit.

Je geringer die Rohdichte eines Stoffes ist, um so geringer ist seine Wärmeleitfähigkeit, und um so größer ist der Wärmedämmwert.

Wärmeleitfähigkeit und Rohdichte von Baustoffen nach DIN 4108 T 4

Baustoff	λ in W/(mK)	ρ in kg/dm³
Gipsmörtel	0,700	1,4
Kalkzementmörtel	0,870	1,8
Normalbeton	2,100	2,4
Vollziegel	0,960	2,0
Kalksandstein KSL	0,700	1,4
Polystyrol-Hartschaum	0,035	0,015
Steinwolle-Dämmplatten	0,040	0,2

Wärmedurchgangskoeffizient *U*. Darunter ist die Wärmemenge zu verstehen, die pro Stunde (h) durch 1 m² einer Stoffschicht mit der Dicke *s* (in m) im Dauerzustand der Beheizung hindurchgeht, wenn der Temperaturunterschied von Raumluft zu Außenluft 1 K beträgt. Die Einheit ist W/(m²K). Dieser Koeffizient *U*, auch *U*-Wert genannt, ist also das Maß für den Wärmetransport, der aufgrund von Temperaturunterschieden von der warmen zur kalten Seite durch ein Bauteil fließt.

Je kleiner der U-Wert, um so geringer der Wärmeverlust.

Der *U*-Wert stellt die wichtigste bauphysikalische Größe im Wärmeschutz dar. Z.B. wird bei Wänden, Fenstern, und Verglasungen stets der *U*-Wert angegeben. Nach der Energieeinsparverordnung dürfen bestimmte *U*-Werte bei Gebäuden mit normaler Innentemperatur nicht überschritten werden.

Wärmeschutz s. S. 200 f.

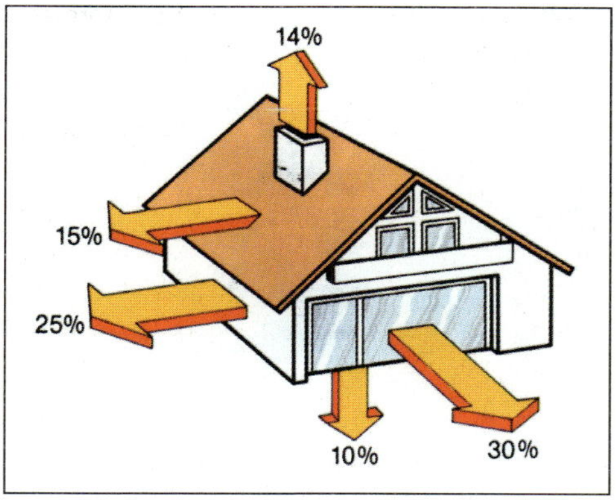

Bild 1. Wärmeverluste durch Transmission

U-Werte von Außenbauteilen bei kleinen Wohngebäuden mit ≤ 2 Vollgeschossen und ≤ 3 Wohneinheiten

Bauteil	U-Wert in W/(m²K)
Außenwände	≤ 0,50
Decken unter nicht ausgebauten Dachräumen	≤ 0,22
Kellerdecken	≤ 0,35
Außenliegende Fenster und Fenstertüren	≤ 0,70

Wärmebrücken. Diese entstehen an Bauteilen in Außenwandkonstruktionen, die aufgrund ihrer höheren Wärmeleitfähigkeit Wärme schneller ableiten als benachbarte Bauteile. Durch Wärmebrücken entsteht an der Oberfläche der Innenseite eine wesentlich geringere Temperatur, als auf der Innenseite des angrenzenden Mauerwerks ohne Wärmebrücke. An dieser Stelle bildet sich Tauwasser an der inneren Bauteiloberfläche. Nicht nur Schimmelpilze sind das entstehende Schadensbild, sondern es besteht an diesen Stellen erhöhte Rissgefahr durch thermische Spannungen. Wärmebrücken an Bauwerken sind sowohl konstruktiv als auch geometrisch bedingt:

- **konstruktiv bedingt:**
  - Fensterstürze,
  - durchgehende Betondecken,
  - Rolladenkästen,
  - Balkone,
  - Lichtschächte,
  - Stahlbetonstützen,
  - Kellerdecken,
- **geometrisch bedingt:**
  - Außenecken.

Bei einer Innenraumtemperatur von + 20 °C und einer relativen Luftfeuchte von 55 % liegt der Taupunkt bereits bei 10,7 °C, d.h. in Außenecken schlägt sich Kondenswasser an den Innenoberflächen nieder (s. Bild 2).

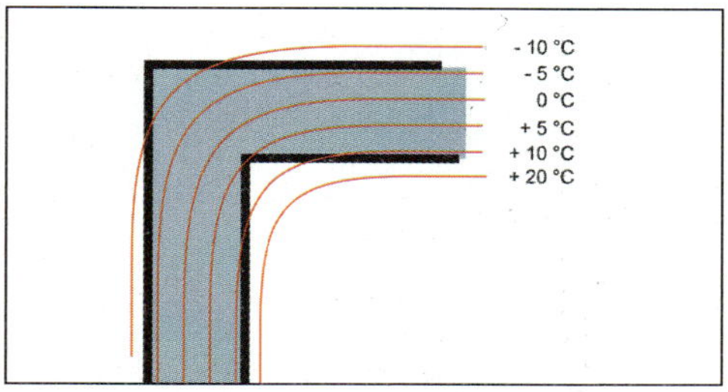

Bild 2. Geometrisch bedingte Wärmebrücke: Außenecke

Thermische Längenänderung. Durch Temperaturbeanspruchung werden Teile von Baukörpern bewegt. Bei Wärmezufuhr dehnen sich Bauteile aus, bei Wärmeabgabe ziehen sie sich zusammen. Diese thermischen Längenänderungen können aufgefangen werden durch:

- gleitende Lagerung,
- Fugenteilungen.

Gleitende Lagerungen fangen Schubkräfte von waagerechten Bauteilen auf, z.B. die entstehenden Kräfte einer Betonplatte auf ein Auflager. Fugen gleichen Längenausdehnungen von Bauteilen aus. Daher müssen ab einer bestimmten Länge eines Bauteils Fugen vorgesehen werden.
Von der Jahreszeit der Bauwerkerstellung aus gesehen, schrumpft ein Bauteil in Winter, dadurch wird z.B. eine Bauteilfuge größer. Im Sommer dagegen verkleinert sich diese Fuge.
So verändert z.B. eine Betonplatte von 8,00 m Länge, die bei 12 °C eingebaut wurde, ihre Ausdehnung im Winter bei –15 °C um 2,6 mm und im Sommer bei Erwärmung auf 58 °C um 4,4 mm. Die gesamte Längenänderung beträgt also 7 mm. Die Fugenbreite ist dieser Bewegung anzupassen. Dichtstoffe sind so auszulegen, dass sie, je nach Qualität, mit zusätzlichen Ausdehnungen von 10 % bis 25 % belastet werden können. D.h., der Fugendichtstoff zwischen zwei dieser Betonplatten muss sich mindestens auf 18 mm ausdehnen lassen.

Fuge mit Dichtstoffe s. S. 99

Schall

Schallausbreitung. Durch Schwingungen in festen, flüssigen oder gasförmigen Stoffen entsteht Schall. Die Schwingungen dieser Schallquellen gelangen an unser Ohr und werden als bestimmte Empfindung wahrgenommen.

Lautstärke. Die Schallempfindlichkeit des menschlichen Ohres wird in Dezibel (dB) angegeben. Diese logarithmische Verhältnisgröße besagt, dass eine Verzehnfachung der Schallenergie eine Verdoppelung des Höreindrucks bewirkt.

Frequenz

Ein Ton mit unterschiedlichen Frequenzen wird unterschiedlich laut wahrgenommen. Zum Beispiel liegt die Hörschwelle, an der das menschliche Ohr keinen Schall mehr wahrnimmt, für 1000 Hz bei 0 dB und für 100 Hz bei 25 dB. Die als Störung empfundenen Geräusche umfassen den Frequenzbereich von mehr als 100 Hz bis 3200 Hz. In diesem Frequenzbereich ist unser Ohr besonders empfindlich.

Schallschutz. Der bauliche Schallschutz hat die Aufgabe, Menschen in Gebäuden vor störendem oder gesundheitschädigendem Lärm zu schützen. In DIN 4109 sind daher Mindestanforderungen und Richtwerte zum Schutz der Menschen vor zu großer Lärmbelästigung in Wohnräumen festgelegt. Unter Schallschutz versteht man Maßnahmen, die den Schall, ausgehend von einer Schallquelle, zum Hörer vermindern.

- **Schalldämmung.** Schallquelle und Hörer sind in verschiedenen Räumen, Dämmung erfolgt über Boden, Decke und Wände.

- **Schallabsorption.** Schallquelle und Hörer sind in einem Raum, die Oberflächenbeschaffenheit und die Einrichtung des Raumes „schlucken“ Schallreflexionen und bestimmen dadurch die Lautstärke

Schalldämmung. Schallschutzmaßnahmen in und an Gebäuden betreffen

- **Luftschall**, der sich in Luft ausbreitet,
- **Körperschall,** der sich in festen Stoffen des Baukörpers ausbreitet.
- **Trittschall**, der beim Gehen als Körperschall entsteht und teilweise als Luftschall an benachbarte Räume geleitet wird.

Bild 1. Schallausbreitung

Schalldämmende Werkstoffe. Trittschall in Wohnungen wird durch konstruktive Maßnahmen, z.B. durch „schwimmenden“ Estrich weitgehend gedämmt. Um die Übertragung von Luft- und Körperschall zu verringern, sind folgende Werkstoffe geeignet.

- **Bodendämmung.** Dämmunterlegematten aus Latexschaum, Teppichboden mit Kompaktschaumrücken, Dämmunterlagen aus Filzpappe oder Verlegevlies.

- **Wand- und Deckendämmung.** Gipskartonplatten, vorgesetzt zur Dämmung von Außenlärm, schallabsorbierende Wandbekleidungen aus Polyurethanschaum, aus Nadelvlies oder aus Schurwollfäden auf Papierträger (Textilwandbekleidungen), Akustikdeckenputz.

Schallabsorption. Bei einer wirkungsvollen Absorption soll der Schall möglichst tief in Oberflächenmaterialien eindringen können. Dazu eignen sich in Wohnungen besonders offenporige Schallschluckstoffe, wie

- Gardinen und Vorhänge,
- Teppiche,
- Polstermöbel.

Gipskartonplatten s. S. 252

Schallarten

Schallarten	Beschreibung	Schwingungsform
Ton	Ein Ton entsteht durch das harmonische, sinusförmige Schwingen eines Stoffes. Die Tonhöhe wird durch die Frequenz, die Lautstärke durch die Amplitude bestimmt.	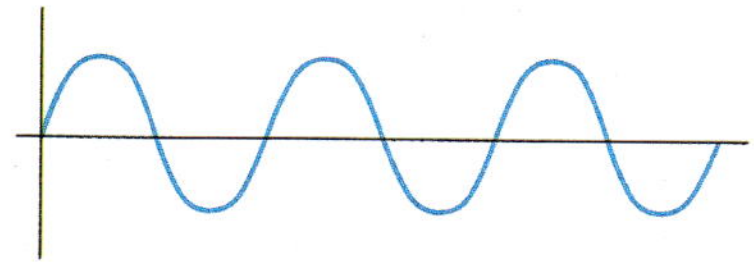
Klang	Der Klang ist durch die Art, Anzahl und Stärke der für die Schallquelle charakteristischen Töne bestimmt.	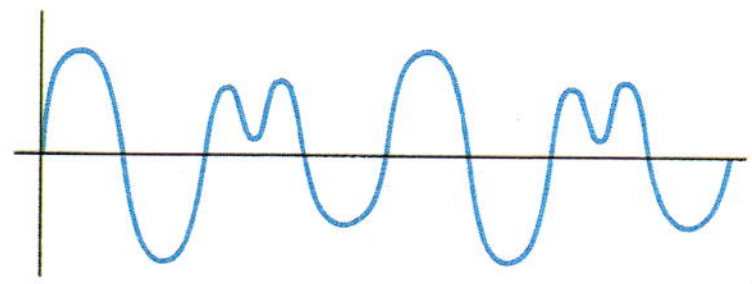
Geräusch	Ein Geräusch ist die Überlagerung von nicht sinusförmigen, also unregelmäßigen Schwingungen.	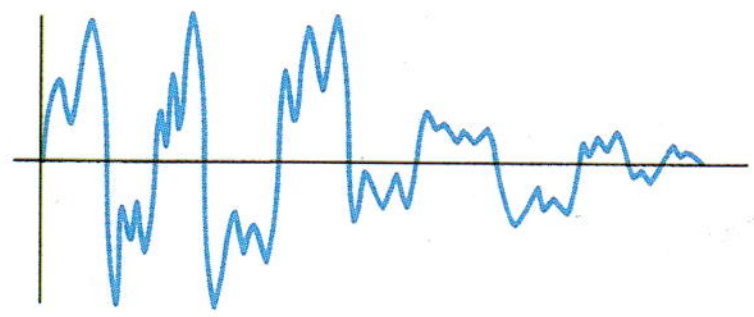

Frequenz
Amplitude

Lautstärken verschiedener Schallquellen

Geräusch (Abstand davon)	Lautstärke dB (A)	Subjektives Empfinden	Gesundheitliche Bereiche
leichtes Blätterrauschen Nieselregen Sprache gerade noch hörbar	bis 30	sehr leise	angenehm für Schlafräume gesundheitlich sicherer Bereich
Kühlschrank, Computer leise Unterhaltung Vogelgezwitscher, halblaute Unterhaltung (2,00 m)	bis 40 bis 50	leise	empfohlen für Arbeiten von geistiger Konzentration für geistig schematische Tätigkeit
Radio und Fernseher auf Zimmerlautstärke Staubsauger (1,00 m), Volksfest	bis 60 bis 70	laut	wird mitunter als störend empfunden, Beeinträchtigung der Sprachverständigung
starker Straßenverkehr Schlagbohrmaschine, Handkreissäge (1,00 m)	80 ab 90	sehr laut	max. für reine Handarbeit gesundheitsgefährdeter Bereich Beginn der Gehörschäden
Diskothek Düsenflugzeug mittlerer Höhe	ab 110 ab 120	unerträglich	gesundheitsschädigender Bereich Schmerzschwelle

2 Chemisch-technologische Zusammenhänge

In der Arbeitswelt des Malers und Lackierers kommen chemische Reaktionen täglich vor. Durch chemische Reaktionen trocknen Beschichtungsstoffe. Beschichtungsstoffe gehen chemische Reaktionen mit Untergründen ein, Untergründe werden durch chemische Reaktionen zerstört.

2.1 Chemische Stoffe durch Reaktionen

Oxidation

Chemische Symbolsprache. Der schwedische Chemiker Jöns Jakob von Berzelius (1770 – 1848) führte die Elementensymbole ein. Jedes Element wird mit einem oder zwei Buchstaben seiner lateinischen Bezeichnung abgekürzt.

Symbole chemischer Elemente

Lateinische Bezeichnung	Deutsche Bezeichnung	Symbol
Ferrum	Eisen	Fe
Oxygenium	Sauerstoff	O
Nitrogenium	Stickstoff	N
Hydrogenium	Wasserstoff	H
Plumbum	Blei	Pb
Argentum	Silber	Ag
Aurum	Gold	Au

Reaktionsgleichung. Reagieren Stoffe miteinander, so kann dieser Vorgang mit einer Reaktionsgleichung symbolhaft dargestellt werden.

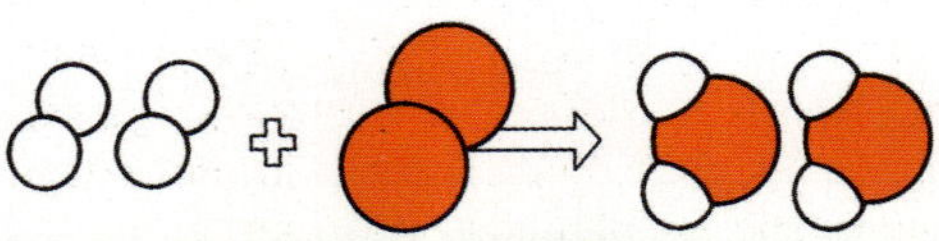

$$2\,H_2 + O_2 \longrightarrow 2\,H_2O$$

Chemische Reaktionen

Beschreibung	Reaktionsgleichung
Kohlenstoff verbrennt unter Zufuhr von Sauerstoff.	$C + O_2 \rightarrow CO_2$
Eisen rostet unter Einwirkung von Sauerstoff und Wasser.	$2\,Fe + O_2 + H_2O \rightarrow Fe_2O_3 + H_2\uparrow$
Auf Kupfer bildet sich in feuchter Luft eine grüne Oxidschicht (Patina = Kupferhydroxidcarbonat).	$2\,Cu + O_2 + CO_2 + H_2O \rightarrow CuCO_3 \cdot Cu(OH)_2$

Summenformel. Aus der Reaktionsgleichung eines chemischen Vorgangs kann man die beteiligten Elemente und die Mindestanzahl der Atome ablesen, um die kleinste Einheit der neuen Verbindung zu erhalten.

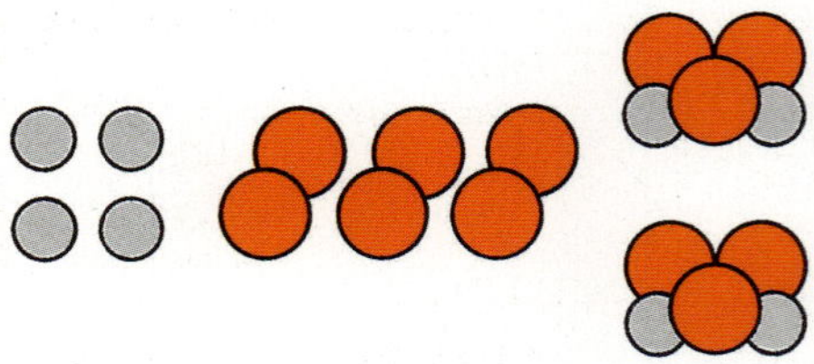

vier Atome Eisen + drei x zwei Atome Sauerstoff = Eisenoxid aus insgesamt zehn Atomen

$$4\,Fe + 3\,O_2 \longrightarrow 2\,Fe_2O_3$$

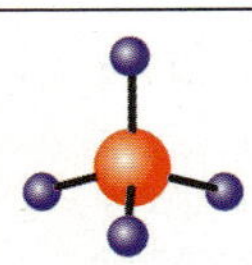

Modell	Strukturformel	Summenformel
(siehe Abbildung)	H–C–H mit je einem H oben und unten	CH_4

Modell *Strukturformel* *Summenformel*

Strukturformel. Die Summenformel sagt nichts darüber aus, *wie* die Atome untereinander angeordnet sind. Den Aufbau eines Moleküls lässt die Strukturformel erkennen. Erst das Wissen über die Struktur der Verbindungen ermöglichte die ungeheure Entwicklung der synthetischen Stoffe.

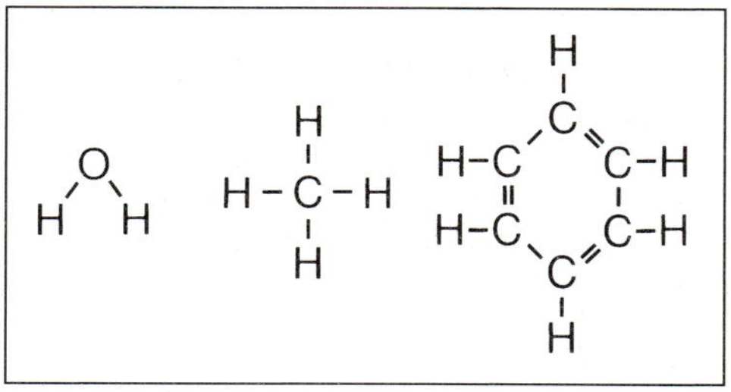

Wasser H_2O Methan CH_4 Benzol C_6H_6

Reaktionen mit Gasen. Untergrundschäden entstehen häufig unter Einwirkung von Gasen. Auch an der Entstehung mancher chemischer Stoffe sind die vier folgenden Gase beteiligt.

Gasreaktionen

Sauerstoff O_2	Wasserstoff H_2	Kohlenstoffdioxid CO_2
Farb-, geruch- und geschmacklos, fördert die Verbrennung, brennt selbst jedoch nicht,	Farb-, geruch- und geschmacklos, ungiftig, brennbar, unterstützt die Verbrennung jedoch nicht,	Schwerer als Luft, setzt sich daher am Boden ab; farblos, schwach säuerlich riechend und schmeckend,
geht bei Verbrennungen eine chemische Verbindung ein (Oxide)	verbindet sich bei langsamer Verbrennung mit Sauerstoff zu Wasser	nicht brennbar, erstickt Verbrennungsprozesse

Diese Gase sind häufig Ausgangspunkt für Schäden auf Untergründen, z.B. Eisen rostet durch Sauerstoff, Kohlenstoffdioxid neutralisiert Beton.

Saurer Regen. Die Luft wird verunreinigt durch Schwefeldioxid (SO_2) und Stickoxide (N_xO_x), die bei der Verbrennung organischer Stoffe gebildet werden. Durch Reaktion mit Luftfeuchtigkeit entsteht in der Atmosphäre der saure Regen.

$S + O_2 \rightarrow SO_2$
Bei der Verbrennung von z.B. Öl, Kohle, Holz entsteht Schwefeldioxid.

$SO_2 + {}^1/_2\, O_2 \rightarrow SO_3$
Schwefeldioxid oxidiert.

$SO_3 + H_2O \rightarrow 2\, H_2SO_4$
Durch Reaktion mit Luftfeuchtigkeit entsteht Schwefelsäure, die als saurer Regen aus der Luft ausgeschieden wird.

Saurer Regen beschleunigt die Zerstörung von Beschichtungen sowie von mineralischen und metallischen Untergründen.

Säuren, Laugen, Salze

Säuren. Chemische Verbindungen, die aus einem Nichtmetalloxid und Wasser entstanden sind, werden Säuren genannt.
Säuren bilden in wässriger Lösung Ionen (H^+).

Si	+	O_2	$\rightarrow$ SiO_2	Ionen
Nichtmetall z.B. Silicium		oxidiert zu	Nichtmetalloxid z.B. Siliciumdioxid	

SiO_2	+	H_2O	$\rightarrow$ H_2SiO_3
Nichtmetalloxid z.B. Siliciumoxid	+	Wasser	$\rightarrow$ Säure z.B. Kieselsäure

Der Maler und Lackierer hat häufig mit Säuren zu tun. Sie neutralisieren mineralische Untergründe; Harz- und Fettsäuren sind Bestandteile von Beschichtungsstoffen, aber auch atmosphärische Säuren, siehe saurer Regen, zerstören Untergründe aus Sandstein oder verwandeln Calciumhydroxid und Calciumcarbonat in Betonoberflächen zu wasserlöslichen Gips.

Säuren sind stark ätzende Stoffe. Sie dienen als Hilfsmittel bei der Untergrundvorbereitung. Beim Umgang mit ihnen immer Schutzhandschuhe und Schutzbrille tragen!

Säuren		
Name	Formel	Verwendung
Salzsäure	HCl	verdünnt zum Abwaschen von Klinkersteinen
Schwefelsäure	H_2SO_4	verdünnt zum Abwaschen von Moos und Algen
Phosphorsäure	H_3PO_4	zum Passivieren von Rost
Kieselfluorwasserstoffsäure	H_2SiF_6	verdünnt zum Fluatieren

Achtung beim Verdünnen: Säure immer in Wasser gießen! Nie Wasser in Säure, da Gefahr von Säurespritzern besteht.

Laugen. Chemische Verbindungen, die aus Metalloxiden und Wasser entstanden sind, werden Hydroxide genannt. Das Hydroxid ist die ungelöste Basis für eine Lauge.

2 Ca	+	O_2	→	2 CaO
Metall z.B. Calcium		oxidiert zu		Metalloxid z.B. Calciumdioxid
2 CaO	+	H_2O	→	$Ca(OH)_2$
Metall z.B. Calciumoxid	+	Wasser	→	Hydroxid z.B. Calciumhydroxid

Wird z.B. das Calciumhydroxid in Wasser gelöst, so entsteht Calciumlauge (Kalklauge). Hydroxide, auch Basen genannt, bilden in wässriger Lösung Ionen (OH^-).

Laugen		
Name (Formel)	Lauge	Verwendung
Ätznatron (NaOH) (Natriumhydroxid)	Natronlauge	Ablaugen von Lack
Ätzkali (KOH) (Kalciumhydroxid)	Kalilauge	Ablaugen von Lack
Ammoniumhydroxid (NH_4OH)	Salmiakgeist	Entfetten von Zinkuntergründen

Fluatieren s. S. 121, Ablaugen s. S. 122

Laugen sind stark ätzende Stoffe. Sie werden zum Entfetten metallischer Untergründe oder zum Ablaugen alter Lackschichten verwendet.

Salze bestehen aus einem Basenrest und einem Säurerest. Sie entstehen durch Neutralisation einer Lauge mit einer Säure, bei der sich saure und alkalische Wirkungsweise gegenseitig aufheben. Es entsteht Salz und Wasser.

$Ca(OH)_2$	+	H_2SO_4	→	$CaSO_4 + 2\,H_2O$
				Ca = Basenrest
				SO_4 = Säurerest
Lauge	+	Säure	→	Salz + Wasser
z.B. Kalklauge	+	Schwefelsäure	→	Gips + Wasser

Salze entstehen auch auf andere Weise:

2 Na	+	Cl_2	→	2 NaCl
Metall	+	Nichtmetall	→	Salz
ZnO	+	2 HCl	→	$ZnCl + H_2O$
Metalloxid	+	Säure	→	Salz + Wasser
Fe	+	H_2SO_4	→	$Fe_2SO_4 + H_2$
Metall	+	Säure	→	Salz + Wasserstoff

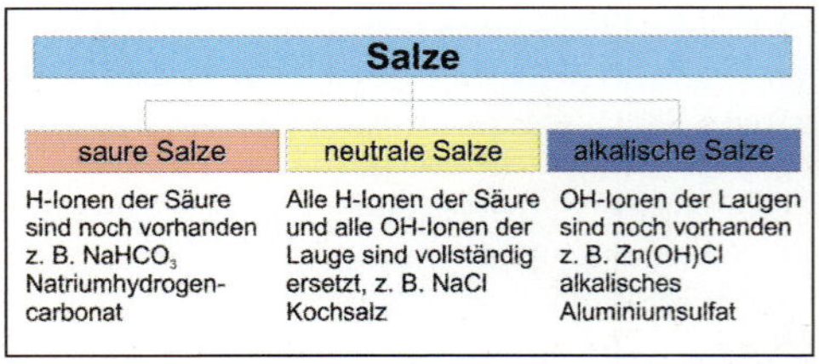

Bild 1. Salzarten

Bei Salzen spielt die Wasserlöslichkeit eine große Rolle.

Wasserlöslichkeit von Salzen	
Wasserlöslichkeit	Beispiel
unlöslich	alle Silicate, z.B. $CaSiO_3$ Calciumsilicat in Zement
schwer löslich	alle Carbonate, z.B. $CaCO_3$ Kalkstein $NaHCO_3$ Nahcolit (Mauersalz)
gut löslich	alle Sulfate, z.B. $CuSO_4$ Kupfersulfat, Na_2SO_4 Thenardit (Mauersalz)
leicht löslich	alle Chloride, z.B. NaCl Steinsalz (Mauersalz)
sehr leicht löslich	alle Nitrate, z.B. $Ca(NO_3)_2$ Mauersalpeter, KNO_3 Nitrokalit (Mauersalz) $NaNO_3$ Nitronatrit (Mauersalz)

Salze in Baustoffen. Durch ihre Wasserlöslichkeit gelangen Salze in Baustoffe, z.B. in Mauerwerk, und führen zu nachstehenden Folgen:

- vergrößern den μ-Wert (Diffusionswiderstand), Wasser verdunstet langsamer aus dem Mauerwerk.
- Durch Wasseraufnahme (Hygroskopizität) der Salze wird der Feuchtegehalt der Baustoffe angereichert, z.B. binden Mauerziegel mit Mauersalpeter 40 mal mehr Wasser als ohne Salz.

Salze haben in der Beschichtungstechnik erwünschte und unerwünschte Eigenschaften. In mineralischen Untergründen wirken sie anstrichzerstörend (Mauersalpeter). In Beschichtungsstoffen finden wir unlösliche Salze als Pigmente, z.B. Lithopone. Bei Holzschutzarbeiten werden Salze als Fungizide und Insektizide angewendet.

pH-Wert. Ursache für die saure Reaktion einer Säure sind die positiv geladenen Wasserstoffionen (H^+) . Für die alkalische Reaktion eine Lauge sind die negativen Hydroxidionen (OH^-) verantwortlich. Aus beiden zusammen entsteht neutrales Wasser (pH-Wert = 7).

μ-Wert s. S. 109, Fungizide und Insektizide s. S. 162, Mauersalpeter s. S. 121

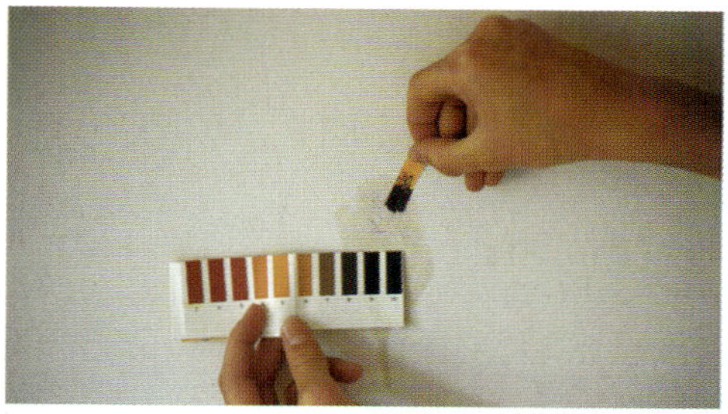

Bild 2. pH-Wert-Messung mit Indikatorpapier

Neutralisation. Aus H^+-Ionen und OH^--Ionen entsteht neutrales Wasser (pH-Wert = 7).

H^+	+	OH^-	→	H_2O
sauer	+	alkalisch	→	neutral
H_2SO_4	+	$Ca(OH)_2$	→	$CaSO_4$

Die Neutralisation durch Säuren und Laugen ist Bestandteil der Untergrundvorbereitung von mineralischen Untergründen, z.B. durch Fluatieren. alkalisch

Die Konzentration einer Lösung an H^+- bzw. an OH^--Ionen wird mit dem pH-Wert angegeben. Mit Hilfe der pH-Wert-Skala wird die Stärke von Säuren und Laugen angegeben (Bild 1). Indikatorpapier gibt durch Färbung den pH-Wert an. Auch Indikatorlösungen können zur Identifikation von Säuren und Laugen herangezogen werden, z.B. Phenolphathalein zur Prüfung der Alkalität von Beton. Säuren färben Lackmuspapier rot, Laugen färben es blau (Bild 2). pH

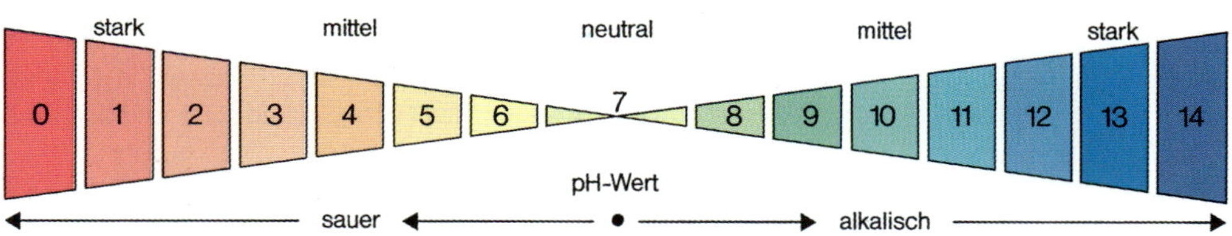

Bild 1. pH-Wert-Skala

pH-Werte verschiedener Werkstoffe und Untergründe			
Beispiel	Werkstoff/Untergrund	pH-Wert	Verwendung
Gips	Bindemittel	7	Spachtelmasse nur für innen, da wasserlöslich
Kalkmilch	Anstrichstoff	≥ 10	gleichzeitig als Bindemittel und Pigment
Kaliwasserglas	Bindemittel	12	Beschichtungsstoff für Kalkputze
Beton	frisch als Untergrund	12,5	innen und außen als Untergrund
Putze, MG P I bis P III	Putzmörtel	12	Putze für außen und innen

2.2 Chemische Reaktionen auf Untergründen

Chemische Reaktionen auf Untergründen werden sowohl von Beschichtungs- und Hilfsstoffen, vom Untergrund selbst als auch von atmosphärischen Belastungen verursacht.

- **Reaktionen auf mineralischen Untergründen:**
  - Ausblühungen zerstören Beschichtungen und Beschichtungsuntergrund.
  - Fluatieren mindert die Alkalität durch Neutralisation.
  - Verseifungen werden durch ölige Bindemittel ausgelöst.
  - Carbonatisierung von Beton führt zur Korrosion der Bewehrungsstähle, s. S. 144 f.,
- **Reaktionen auf metallischen Untergründen:**
  - Patinabildung auf Kupfer, Zink und Aluminium, s. S. 184,
  - Korrosion, entstanden durch chemische oder elektrochemische Prozesse, s. S. 172 ff.,
- **Reaktionen auf Untergründen aus Kunststoff:**
  - Säuren können Kunststoffen Wasserstoffatome entziehen und dadurch ihre Elastizität vermindern. Der Untergrund wird spröde und bricht, s. S. 186 ff.,

Ausblühungen

Mauerwerksbildner

Ausblühungen. Feuchtigkeit z.B. im Mauerwerk oder durch aufsteigende Feuchtigkeit aus dem Erdreich führt zu chemischen Reaktionen mit dem Mauerwerksbildner. Entstandene oder vorhandene Salze werden gelöst. Wasser transportiert die Salzlösung an die Bauteiloberfläche, das Wasser verdunstet und das Salz kristallisiert aus.

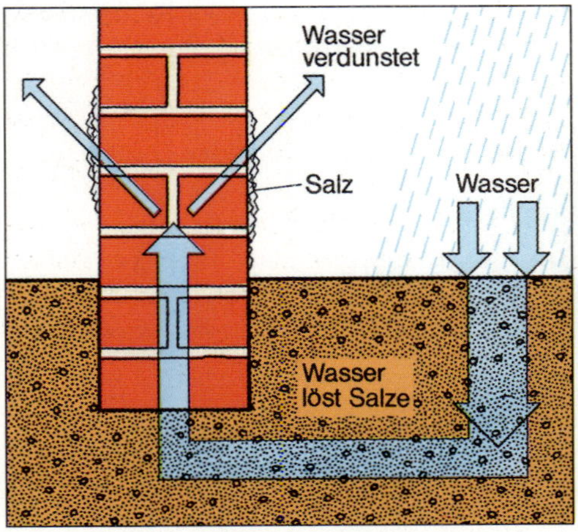

Bild 1. Ausblühungen durch aufsteigende Feuchtigkeit

Ursache von Feuchtigkeit in Bauteilen

Ursache	Beseitigung
überschüssiges Wasser im Mauermörtel	Austrocknen lassen
Schlagregen	Bauteile hydrophobieren
undichte Regenrinnen, Fallrohre, Balkonabdeckungen oder Dachteile	undichte Stellen von entsprechender Fachkraft beseitigen lassen, dann trocknen
aufsteigende Feuchtigkeit aus dem Bodenbereich	Trockenlegen der Grundmauern, evtl. die Horizontal- und Vertikalisolierung erneuern

Bei der Kristallisation vergrößert sich das Volumen von Salzen. Dadurch entsteht ein Kristallisationsdruck, der abhängig ist von:

- **Salzart**, je wasserlöslicher das Salz, desto größer der Kristallisationsdruck (Wasserlöslichkeit s. S. 118 f.),
- **Temperatur**, je höher die Temperatur der Stoffe, umso größer der Kristallisationsdruck,
- **Sättigungsgrad** der Salzlösung, je gesättigter die Lösung, desto höher der Kristallisationsdruck.

Diesem Druck können weder Putz noch Beschichtung standhalten. Sie werden vom Untergrund abgedrückt. Der Kristallisationsdruck pro mm^2 von Kochsalz in Zementputz ist fünfmal höher, als seine Haftscherfestigkeit (in N/mm^2), die durch die Putzmasse entsteht und aufgrund der Schwerkraft wirkt.

Bild 2. Beschichtungs- und Putzschäden durch Salze

Mauersalpeter. In Viehställen, Jauchegruben und Toilettenanlagen bilden Nitratbakterien Stickstoffoxid, das mit Wasser zur Salpetersäure reagiert. Diese Säure neutralisiert das im Mauerwerk vorhandene Calciumhydroxid. Das leicht lösliche Salz Calciumnitrat und Wasser entstehen:

$$2\,HNO_3 + Ca(OH)_2 \rightarrow Ca(NO_3)_2 + 2\,H_2O$$

Salpetersäure + Calciumhydroxid → Mauersalpeter + Wasser

Ausblühungen zerstören Untergrund und Beschichtung. Die wasserlöslichen Salze müssen trocken von der Bauteiloberfläche abgebürstet werden. Durch Fluatieren kann, nachdem die Ursache der Feuchtigkeit beseitigt wurde, ein erneutes Ausblühen vermindert werden.

Fluatieren. Fluate, z.B. Zinkfluorsilicat ($ZnSiF_6$), sind Metallsalze der Kieselfluorwasserstoffsäure (Kieselflusssäure, H_2SiF_6). Ihre Wirkung beruht auf chemischer Reaktion mit dem Untergrund oder auf Zerfall der Kieselfluorwasserstoffsäure in gelförmige Kieselsäure (SiO_2) und Fluorwasserstoffsäure (Flussssäure, HF). Heute sind in Mehrfachfluaten mehrere Metallsalze kombiniert, um eine vielseitige Anwendung zu gewährleisten. Sie sind als Salze und Lösungen im Handel und werden wie folgt verwendet:

- Neutralisieren, Absperren und Festigen von Kalk- und Zementputz,
- Vorbehandeln von Untergründen vor Silicatfarbenbeschichtung,
- Verminderung von Salzausblühungen,
- Holzschutz vor tierischen und pflanzlichen Schädlingen.

Fluatieren:
Fluate immer nur in Kunststoffbehältern nach Anweisung des Herstellers ansetzen. Mit Pinsel oder Bürsten ohne Metallfassung auftragen, da die Fluorsilicate mit Metallen reagieren und dadurch ihre Wirkungsweise verlieren.

Neutralisieren alkalischer Untergründe. Werden Putze oder Beton erstmals mit Kunststoffdispersionsfarben beschichtet, so muss der stark alkalische Untergrund neutralisiert werden, d.h., die Alkalität des Untergrundes wird herabgesetzt. Diese Verminderung der Alkalität mit Fluaten kommt durch die chemische Umsetzung des Calciumcarbonats (Kalkstein, $CaCO_3$) in unlösliches Calciumfluorid zustande, wobei Kohlenstoffdioxid (CO_2) unter leichter Bläschenbildung frei gesetzt wird. Die Neutralisierung ist abgeschlossen, wenn keine Bläschen mehr beobachtet werden.

Festigen und Absperren. Beim Fluatieren bildet Absperren
sich gelförmige Kieselsäure, die in die Kapillaren des Untergrundes dringt und diesen dadurch verfestigt. Dadurch können Wasserflecke abgesperrt werden.

Vorbehandeln von Untergründen vor der Silicatfarbenbeschichtung. Silicatfarben reagieren chemisch mit dem Untergrund, es findet eine Verkieselung statt. Um einen reaktionsfähigen Untergrund für die Silicatfarbenbeschichtung zu erhalten, wird fluatiert. Dadurch werden Sinterschichten beseitigt, Algen-, Moos- und Schimmelpilzbefall vermieden. Alter, mürber Putz wird
verfestigt und bleibt reaktionsfähig. Nach der Fluat
Fluatbehandlung muss gründlich mit Wasser nachgewaschen werden (oder Dampfstrahlen).

Verminderung von Salzausblühungen. Bei Ausblühungen, die besonders im Bereich von Nachputzstellen und an Rändern von Wasserflecken auftreten, und bei Ausblühungsschäden, binden Fluorsilicate die wasserlöslichen Bestandteile. Damit wird das Einwandern dieser Bestandteile in die neue Beschichtung verhindert. Fluate sperren den Untergrund nicht filmbildend ab, wie etwa bei organischen Grundbeschichtungsstoffen. Somit bleibt das Dampfdiffusionsverhalten auch bei den nachgebesserten Putzstellen erhalten, und die Ränder können sich nicht störend abzeichnen.

Imprägnieren von Holz. Da Fluate nur mit mineralischen Stoffen chemisch reagieren können, entsteht aus ihnen ohne chemische Umsetzung Flusssäure. Diese beseitigt und verhindert auf Hölzern und Holzwerkstoffen Pilzbefall und tötet Holz zerstörende Insekten.

Absperrmittel s. S. 122, Verkieselung s. S. 73
Sinterschicht s. S. 134

Verarbeitung von Fluaten:

- Schutzbrille und Schutzhandschuhe tragen, Pflanzen, Glas, Keramik vor Spritzern schützen.
- Untergrund reinigen, alte organische Beschichtungsreste gründlich entfernen, schadhaften Putz entfernen und/oder ausbessern.
- Fluatierung mit steigender Konzentration; Lösung Fluat : Wasser beim
  1. Arbeitsgang im Verhältnis 1 : 4,
  2. Arbeitsgang im Verhältnis 1 : 2.
  Wenn nötig, d.h., so lange immer noch Bläschen an der Oberfläche entstehen, ist ein
  3. Arbeitsgang im Verhältnis 1 : 1 auszuführen.
- Zwischen den einzelnen Arbeitsgängen soll das aufgetragene Fluat ausreagieren können. Deshalb die Aufträge einzeln trocknen lassen.

Fluatieren vermindert die Alkalität, härtet, sperrt Putzoberflächen ab, wirkt insektizid und fungizid und schützt vor Ausblühungen und Feuchtigkeit.

- Überschüssige Fluatreste gründlich mit viel Wasser abwaschen oder dampfstrahlen.

Verseifung. Oxidativ härtende Filmbildner reagieren unter Einwirkung von alkalischen Stoffen und zerfallen in Fettsäure und Alkohol. Dieser Vorgang wird Verseifung genannt. Die Verseifung ölhaltiger Alkydharzlacke auf frischen Putzflächen ist ein solcher Vorgang. Dabei lagern sich die Fettsäuren an Calciumhydroxid und bilden unlösliche Kalkseifen. Aber auch das Ablaugen alter Öllacke mit Natronlauge ist ein absichtlich herbeigeführter Verseifungsprozess, bei dem die Beschichtung in abwaschbare Natronseifen verwandelt wird.

Durch Verseifen werden ölhaltige Beschichtungsstoffe auf alkalischen Untergründen zerstört. Alte ölhaltige Beschichtungen werden mit starken Laugen in lösliche Stoffe umgewandelt und können vom Untergrund entfernt werden.

Härtung s. S. 252, Ablaugmittel s. S. 118

3 Beschichtungssysteme

3.1 Erstbeschichtung

Untergründe jeglicher Art werden erstmalig anstrichtechnisch behandelt, um dauerhaften Schutz durch Beschichtungssysteme zu gewährleisten. Dabei muss auf eine sorgfältige Untergrundvorbereitung geachtet werden.

Absperren des Untergrundes. Spezielle Werkstoffe bilden unlösliche Schichten, die schädliche Einwirkungen des Untergrundes auf nachfolgende Beschichtungen verhindern oder auch schädigende Einflüsse, ausgehend von einer Beschichtung, auf den Untergrund vermeiden. Solche Stoffe sind Absperrmittel.

Absperrmittel

	Werkstoffbeschreibung	Stoffe	Verwendung
wasserverdünnbar	organische, wasserverdünnbare, hochdispergierte Bindemittel	Kunststoffdispersionen	für alle Untergründe für die Weiterverarbeitung von wasserverdünnbaren Kunststoffdispersionen, zur Verhinderung des Durchschlagens von Bitumen, Teer-, Rauch-, Nikotin-, Rost- und Wasserflecken, zur Verringerung der Saugfähigkeit mineralischer Untergründe für nachfolgende Beschichtungen
wasserverdünnbar	anorganische Stoffe in wässriger Lösung	auf der Basis von Kieselfluorwasserstoffsäure und ihrer Salze (Fluate)	zur Verminderung der Alkalität und zur Oberflächenfestigung von Kalk- und Zementoberflächen, zur Verhinderung des Durchschlagens von Wasserflecken
wasserverdünnbar		auf der Basis von Aluminiumsalzen, z.B. Kaliumaluminiumsulfat (Alaun)	für Gips- und Lehmoberflächen zur Verfestigung und Abdichtung von stark oder ungleichmäßig saugenden Flächen, zur Verhinderung des Durchschlagens von Wasserflecken
	organische, lösemittelhaltige, leicht pigmentierte oder farblose Bindemittellösungen	Polymerisatharze, Nitro-Kombilacke, Spirituslacke	auf allen Untergründen für die Weiterverarbeitung mit lösemittelhaltigen Beschichtungsstoffen, zur Verhinderung des Durchschlagens von z.B. Bitumen, Teer, Rauch-, Nikotin-, Rost- und Wasserflecken

Beschichtungssystem. Werden mehrere Schichten mit Beschichtungsstoffen auf Untergründen aufgetragen, so wird die Gesamtheit der Schichten als Beschichtungssystem oder Beschichtungsaufbau bezeichnet. Dieser Aufbau besteht aus aufeinander abgestimmter

- Grundbeschichtung,
- Zwischenbeschichtung,
- Schlussbeschichtung.

Dabei kann das Beschichtungssystem unterschiedlich ausgeführt werden:

- **Deckende Beschichtung.** Eine Beschichtung, die durch Pigmente den Farbton des Untergrundes oder der darunterliegenden Schicht verdeckt.
- **Lasierende Beschichtung.** Eine Beschichtung, die den Untergrund oder den Farbton der darunterliegenden Schicht durchscheinen lässt.
- **Farblose Beschichtung.** Eine Beschichtung ohne Deckvermögen, Untergrund oder Farbton der darunterliegender Schicht ist sichtbar.

Grundbeschichtung. Diese Beschichtung dient je nach Untergrund der Verfestigung und der Haftvermittlung zwischen Untergrund und den folgenden Beschichtungen.

Zwischenbeschichtung. Diese Beschichtung wird in der Regel mit verdünntem Schlussbeschichtungsstoff ausgeführt. Dadurch wird die Schichtdicke erhöht und bei pigmentierter Beschichtung für gleichmäßiges Decken gesorgt. Bei Korrosionsschutzbeschichtungen sind bis zu drei Zwischenbeschichtungen notwendig, um geforderte Schichtdicken zu erzielen. Nach dem Trocknen der Zwischenbeschichtung soll der Untergrund glattgeschliffen werden. So ist ein gleichmäßiger Verlauf der Schlussbeschichtung gewährleistet.

Schlussbeschichtung. Die Schlussbeschichtung ist der letzte Beschichtungsstoffauftrag. Diese Beschichtung muss der vorgesehenen Beanspruchung standhalten und gibt der Oberfläche das gewünschte Aussehen sowie die gewünschte Beschaffenheit. Die Schlussbeschichtung kann auch Grundlage für Schmuck- und Sondertechniken sein. z.B. für die Schleiflacktechnik.

Schleiflacktechnik s. S. 240

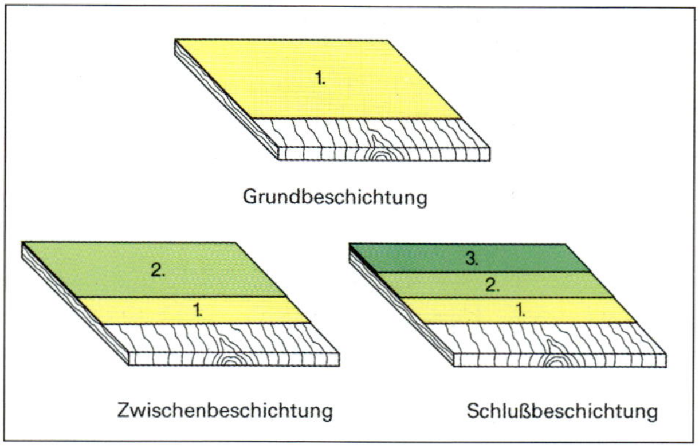

Bild 1. Beschichtungssystem

Grundbeschichtungsstoffe

Untergrund	Stoffe und Verwendung
Mineralische Untergründe	wasserverdünnbare, feindispergierte Kunstharze mit geringem Festkörperanteil, Emulsionen für innen und außen
	hydraulisch abbindende Beschichtungsstoffe mit organischen Bindemittelzusätzen und Füllstoffen als Haftbrücke
	lösemittelverdünnbare Grundbeschichtungsstoffe, z.B. auf Polymerisatharzbasis, für innen und außen
	eindringende Stoffe und andere Bindemittelkombinationen zur Egalisierung der Saugfähigkeit des Untergrundes, für innen und außen
	Grundbeschichtungsstoffe oder Haftbrücken auf Epoxidharzbasis, für innen und außen
Holz und Holzwerkstoffe	Grundbeschichtungsstoffe auf Basis von Alkydharz-Nitrocellulose-Kombination, schnell trocknend, für innen
	Grundbeschichtungsstoff auf Basis von Lacken, für innen und außen
	Bläueschutz-Grundbeschichtungsstoffe, für innen und außen
Stahl	Korrosionsschutz-Grundbeschichtungsstoffe mit Bindemitteln, z.B. aus Alkydharzen, Bitumen, Vinylchlorid-Copolymerisat-Dispersionen, Epoxidharz, Polyurethan, Chlorkautschuk, für innen und außen
Zink, verzinkter Stahl und Aluminium	Grundbeschichtungsstoffe auf Basis von Polymerisatharzen oder Zweikomponentenlackfarbe auf Basis von Epoxidharz, für innen und außen

3.2 Überholungsbeschichtung

Wird auf eine vorhandene Altbeschichtung eine neue aufgetragen, so wird diese Überholungs- oder Renovierungsbeschichtung genannt. Die Altbeschichtung muss folgende Eigenschaften aufweisen:

- Haftfestigkeit,
- Tragfähigkeit.

Die Altbeschichtung ist zu reinigen, anzulaugen oder durch Schleifen aufzurauen.

Haftfestigkeit. Soll eine Altbeschichtung überholt werden, so ist der Untergrund Altbeschichtung auf Haftfähigkeit zu prüfen. Sollten sich Bedenken
VOB dazu einstellen, so ist der Auftraggeber nach VOB Teil B § 4 Nr. 3 darauf aufmerksam zu machen.

Die Haftfestigkeit alter Beschichtungen auf glatten, festen Untergründen, z.B. auf Metall, Zementputz oder Beton, kann durch die Gitterschnittprüfung oder den Klebebandtest geprüft werden. Ist die Adhäsionskraft zwischen Untergrund und Altbeschichtung oder auch zwischen einzelnen Schichten des Beschichtungsaufbaus und die Elastizität der Altbeschichtung ausreichend, so ist eine Neubeschichtung unbedenklich.

Gitterschnittprüfung. Die Prüfung der Haftung in Anlehnung an ISO 2409 erfolgt durch sechs oder mehr sich rechtwinklig kreuzende parallele Schnitte. Die Schnitte werden mit einem einfachen Cuttermesser oder speziellen Gitterschnittgeräten ausgeführt und werden in die Altbeschichtung bis auf den Untergrund durchgehend geritzt. Dadurch entsteht ein Gitter mit Quadraten. Der Schnittabstand ist abhängig von der Schichtdicke, er liegt zwischen 1 mm und 3 mm.

Schnittabstände für Gitterschnitt

Beschichtung	Schichtdickenbereich	Schnittabstand
Grundierung in üblicher Schichtdicke	≤ 60 µm	1 mm
Dreischichtige Lackierung	60 µm – 120 µm	2 mm
Dickschichtsysteme	≥ 120 µm	3 mm

Gitterschnitt-Kennwerte

Gitterschnitt-Kennwert	Gitterschnittbild	Schnittbildbeschreibung	Haftfestigkeit
Gt 0	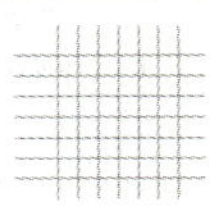	Schnittlinien vollkommen glatt, keine Ausbrüche an den Schnittpunkten.	sehr gut
Gt 1	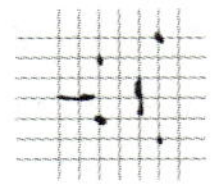	Ausbrüche an den Schnittpunkten, abgeplatzte Fläche beträgt höchstens 5 % der Teilfläche.	gut
Gt 2	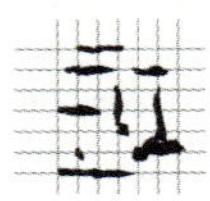	Längs der Schnittlinien und/oder an den Schnittpunkten sind mehr als 5 % Ausbrüche aber höchstens 15 % der Teilfläche.	mäßig
Gt 3	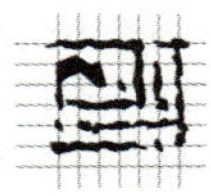	Einzelne Quadrate sind teilweise oder ganz ausgebrochen. Ausbruchfläche liegt zwischen 15 % und 35 % der Teilfläche.	schlecht
Gt 4	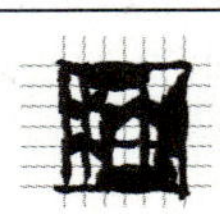	Mehrere Quadrate sind teilweise oder ganz ausgebrochen. Ausbruchfläche liegt über 35 % der Teilfläche.	sehr schlecht

Alterserscheinung und Überholungsintervalle für Außenbeschichtungen

Untergrund/Objekt	Erstbeschichtungssystem	Alterserscheinung	Zeitintervall bis zur notwendigen Überholungsbeschichtung in Jahren	
			kürzestes	längstes
Nadelholz, Fensterrahmen	Holzschutzimprägnierung, 2 x Alkyd-Imprägnierglasur, 1 x Alkyd-Dickschichtglasur	4; 3; 2	2	4
Nadelholz, Verbretterung	Alkydharzbasis. 1 x HS-Imprägnierglasur, 2 x Imprägnierglasur	4;3	2	6
MG P II Putzfassade, nahezu rissfrei	Grundierung, 2 x KD-Farbe weiß, matt	3; (4)	6	15
MG P II Putzfassade, nahezu rissfrei	Grundierung, 2 x Dispersionssilicatfarbe weiß, matt	3;4	6	20
Stahlbalkongeländer, verzinkt	2 x Polymerisatharzlack, dickschichtig	3;1	6	12

Alterserscheinung bei nicht außergewöhnlicher Belastung:
1 = Farbtonveränderung; 2 = Glanzverlust; 3 = Schichtdickenbau; 4 = Rissbildung

Klebebandtest. Die Haftfestigkeit einer Altbeschichtung, besonders von Lacken und Kunststoffdispersionen, lässt sich einfach mit einem aufgeklebten Stück Klebeband überprüfen. Das fest auf die Beschichtung gedrückte Stück Klebestreifen wird ruckartig vom Untergrund abgerissen. Bleiben Beschichtungsstücke am Klebeband hängen, so ist die Klebkraft höher als die Anhaftung (Adhäsionskraft) zum Untergrund. Die Altbeschichtung muss vor einer Neubeschichtung entfernt werden. Der Klebebandtest kann auch für einen verschärften Gitterschnitttest verwendet werden. Dabei wird das Klebeband über den Gitterschnitt geklebt und dann abgezogen. Die Gitterschnittkennwerte bleiben erhalten.

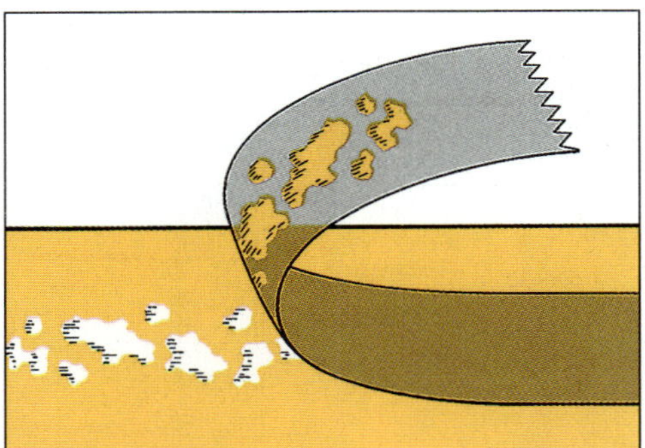

Bild 2. Klebebandtest

Tragfähigkeit. Vor einer Überholungsbeschichtung müssen nicht nur die Haftfestigkeit zum entsprechenden Untergrund geprüft werden, sondern die Voraussetzungen für die Tragfähigkeit der Altbeschichtung. Nach VOB muss der Maler und Lackierer die Tragfähigkeit garantieren.

- **Elastizität.** Diese muss groß genug sein; Spannungen die in der Altbeschichtung entstehen führen zum Abplatzen vom Untergrund.
- **Lösemittelbeständigkeit.** Das Lösemittel der Neubeschichtung darf die Altbeschichtung nicht aufweichen oder anlösen, d.h., sie muss für das neue Lösemittel irreversibel sein. reversibel
- **s_d-Wert.** Die Diffusionsfähigkeit der Alt- und Neubeschichtung soll gleich groß sein. irreversibel

3.3 Erneuerungsbeschichtung

Diese Art der Beschichtung, auch Instandsetzungsbeschichtung genannt, lässt eine Überholung der Altbeschichtung nicht mehr zu. Daher ist die vorhandene Beschichtung vollständig zu entfernen. Bei schadhaften Untergründen ist eine Ausbesserung notwendig. Deckende, lasierende oder farblose Beschichtungen sind wie Erstbeschichtungen systemgerecht auszuführen.

s_d-Wert s. S. 109

4 Mineralische Untergründe

Mineralische Baustoffe

Natürlich		**Künstlich**	
Sedimentgesteine (durch Ablagerung entstanden)	**Eruptivgesteine** (durch Erstarrung entstanden)	**Gebunden**	**Gebrannt**
Kalkstein	Granit	Kalksandstein	Mauerziegel
Sandstein	Basalt	Hohlblockstein	Klinker
Travertin	Bims	Beton	Fliesen
Schiefer	Quarzporophyr	Porenbeton	Steinzeug
Grauwacke	Trachyt	Faserzement	Dachziegel
		Putze	
		Gipskartonplatten	
		Faserzementplatten	
		Holzwolleleichbauplatten	

Mineralische Untergründe sind die für den Maler und Lackierer die am häufigsten vorkommenden Untergründe im Innen- und Außenbereich. Diese anorganischen Untergründe sind durch die verwendeten Baustoffe bestimmt.

4.1 Mineralische Baustoffe – Übersicht und Eigenschaften

Natürliche mineralische Baustoffe. Natursteine sind die ältesten Baustoffe. Sie wurden und werden in Steinbrüchen im Tage- oder Untertagebau abgebaut und unbearbeitet oder bearbeitet im Außen- und Innenbereich vermauert. Einige Natursteine bestehen aus nur einem Mineral, z.B. Quarz oder Gipsstein, andere sind Verbindungen oder Stoffgemische mehrerer Minerale, z.B. Granit.

Künstliche mineralische Baustoffe. Diese heute fast ausschließlich industriell hergestellten Baustoffe werden durch Verarbeitung von natürlichen Produkten geschaffen.

- **Gebrannte Baustoffe** sind Ziegeleierzeugnisse aus Ton und Lehm. Sie gehören zu den ältesten künstlichen Baustoffen, wie babylonische Tempel, die Chinesische Mauer oder römische Bauwerke zeigen.

- **Gebundene Baustoffe** werden aus Bindemitteln, Zuschlagstoffen und Anmachwasser zu einem Mörtel vermischt, dann als Putz aufgetragen oder zu Steinen und Blöcken geformt. Nach dem Erhärten sind Erzeugnisse mit unterschiedlichen Eigenschaften entstanden. Diese Baustoffe finden die unterschiedlichsten Anwendungen im Innen- und Außenbereich.

Bild1. Römisches Mauerwerk; Köln ca. 50 n. Chr.

Eigenschaften. Die sehr unterschiedlichen Eigenschaften dieser Baustoffe bestimmen für den Maler und Lackierer die Untergrundvorbereitung und das Beschichtungssystem.

Härte. Mineralische Baustoffe weisen sehr unterschiedliche Härten auf. Bei Natursteinen liegt sie nicht wesentlich über dem Härtegrad 7. Bei gebrannten Steinen ist sie etwa gleich groß und bei gebundenen hängt die Härte ab von:

- Zuschlagstoff, z.B. Sand, Kies,
- Bindemittel, z.B. Kalk, Zement,
- Trockenrohdichte in kg/dm^3, z.B.:
  - Leichtbeton $\rho = 1{,}010 - 2{,}000$,
  - Porenbeton $\rho = 0{,}410 - 0{,}800$.

Kapillarität. Mineralische Baustoffe verfügen über eine mehr oder weniger hohe Kapillarität. Diese bestimmt die Wasseraufnahme, die zu Schäden am Bauwerk oder zu Beschichtungsschäden führen kann. Putze und Porenbeton sind hoch kapillar, Klinker dagegen fast dicht.

Wetterbeständigkeit. Mineralische Bausteine, besonders einige Natursteine, unterliegen starken Zerfallserscheinungen, die durch chemische Reaktionen mit aggressiven Bestandteilen der Luft verursacht werden. So wird Beton durch atmosphärische Belastungen zerstört.

Alkalität. Je nach Alterungszustand weisen einige mineralische Baustoffe, z.B. Putze, einen pH-Wert von 7 bis 13,5 auf. Bei Tapezierarbeiten sollte dies sorgfältig beachtet werden.

4.2 Untergrundanalyse und Vorbereitung mineralischer Untergründe

Untergrundanalyse. Mineralische Untergründe müssen gemäß VOB Teil C, DIN 18363 12/2002 daraufhin überprüft werden, ob sie für eine vorgesehene Beschichtung geeignet sind.
Grundsätzlich ist zu prüfen:

- **Festigkeit** durch Kratzprobe mit kantigem Gegenstand; der Untergrund muss in trockenem und angenässtem Zustand fest sein.

- **Sauberkeit** durch Augenschein, d.h., frei von Staub, losen und mürben Teilen; es dürfen keine Rückstände vorhanden sein, die die Haftfähigkeit nachfolgender Systeme beeinträchtigen.
- **Trockenheit** durch Augenschein, z.B. müssen frisch aufgetragene Putze mindestens vier Wochen austrocknen; dieser Zeitraum ist von den klimatischen Verhältnissen am Bau, von der Putzart, der Putzdicke und der vorgesehenen Oberflächenbehandlung abhängig.
- **Saugfähigkeit** durch Benetzungsprobe:
  - Wasser perlt ab, d.h., Saugfähigkeit ist nicht vorhanden, Ursache ergründen, z.B. Schalölrückstände, Schalöl
  - schnelle Wasseraufnahme und rasche Dunkelfärbung bedeutet starke Saugfähigkeit,
- **Risse** durch Augenschein und Benetzungsprobe. Risse werden aufgrund der höheren Kapillarität mehr Wasser aufsaugen und dadurch dunkler. Rissiges Ziegelsteinmauerwerk ist für Beschichtungen ungeeignet.
- **Ausblühungen** durch Augenschein.

Ausblühungen immer trocken abbürsten, nicht mit Wasser abwaschen. Die meisten Salze sind wasserlöslich. Durch Abwaschen werden die Salze gelöst und durch die Kapillarität wieder in das Mauerwerk geleitet. Nach der Austrocknung wären die Ausblühungen wieder da.

Untergrundvorbereitung:

- **Mörtelfugen** überprüfen und ggf. ausbessern.
- **Verschmutzungen**, Moos- Algen- oder Pilzbewuchs mechanisch oder durch Dampfstrahlen entfernen.
- **Saugfähigkeit.**
  - gute, gleichmäßige Saugfähigkeit: keine vorbereitenden Maßnahmen notwendig,
  - ungleichmäßige Saugfähigkeit: egalisieren durch geeignete Grundbeschichtungsstoffe, abhängig von der Beschichtung,
  - geringe Saugfähigkeit: Grundbeschichtungsstoff oder Imprägniermittel nach Angaben des Herstellers,
  - keine Saugfähigkeit: nicht für alle Beschichtungsstoffe geeignet, ggf. aufrauen.

Die Untergrundanalyse und die vorbereitenden Maßnahmen sind sehr sorgfältig auszuführen, denn davon hängen Haltbarkeit und Oberflächenbeschaffenheit der Beschichtung ab.

Kapillarität s. S. 106, Härtegrad s. S. 28

4.3 Untergrund Mauerwerk

4.3.1 Natursteinmauerwerk

Natursteine werden anstrichtechnisch nur als Mauerwerk im Außenbereich behandelt.

Natursteinbehandlung. Natursteine verrotten unter geschlossenen, filmbildenden Beschichtungen. Deshalb müssen sie diffusionsfähig beschichtet werden. Die Arbeit des Malers und Lackierers beschränkt sich daher bei der Behandlung der Natursteine auf:

- Reinigung,
- Ausbessern und
- Konservieren.

Natursteinreinigung. Diese kann handwerklich oder maschinell erfolgen.

- **Handreinigung:**
  - Steine durch Bürsten von Schmutz und Ablagerungen porentief reinigen.
  - Fluorkieselsäurehaltiges Spezialreinigungsmittel mit Nylonstreichbürste oder -pinsel auftragen.
  - Mit Wasser gründlich nachwaschen.
- **Dampfstrahlen:**
  - Dem Dampfstrahl- oder Wasserhochdruckgerät ein Spezialreinigungsmittel zusetzen.
  - Oberfläche absprühen.
  - Mit klarem Wasser nachsprühen.
- **Strahlen mit Strahlmittel:**
  - Nur auf gesunden Steinen mit festem Gefüge strahlen, da sonst die Oberfläche zerstört wird.

Da die Reinigungsmittel säurehaltig sind, immer Sicherheitsratschläge, Gefahrenhinweise und Umweltschutz beachten.

> *Natursteine werden mit fluorsäurehaltigen Spezialreinigungsmitteln gereinigt.*

Natursteinausbesserung. Hierbei sollte der Maler und Lackierer sich auf das Notwendigste beschränken, damit der Gesamteindruck des Natursteinmauerwerks nicht leidet.

- Kleinere Schäden mit speziellen Steinkitten auf Silicatbasis ausbessern.
- Größere Schäden, z.B. Austauschen ganzer Steine, durch Steinmetz oder Maurer beseitigen lassen.

Natursteinkonservierung. Der Feuchtigkeitshaushalt der Natursteine darf nicht durch eine Beschichtung beeinflusst werden, sonst platzen die Steine ab oder es bilden sich Salzkristalle an der Oberfläche. Natursteine sollten von innen her gefestigt und wasserabweisend (hydrophob) behandelt werden.

- **Remineralisierung:**
  - Durch Auftragen von Kaliwasserglaslösung wird die Steinoberfläche verkieselt.
  - Sicherheitsratschläge, Gefahrenhinweise und Umweltschutz beachten.

- **Hydrophobierung:**
  - Auftragen von Siliconharzimprägnierung durch Streichen oder besser Fluten von unten nach oben.
  - Siliconharze ätzen Glas und zerstören Pflanzen, daher Sicherheitsratschläge und Umweltschutz beachten.

> *Natursteine dürfen nicht geschlossen filmbildend beschichtet werden.*
> *Die Diffusionsfähigkeit der Steine bleibt nur durch hydrophobe Mittel erhalten.*

4.3.2 Ziegelsteinmauerwerk

Der Rohstoff für Mauerziegel ist Lehm oder Ton, der in Gruben oder Brüchen über oder unter Tage gewonnen wird. Der Rohstoff wird mechanisch fein zerkleinert, mit Wasser zu einer gut formbaren Masse aufbereitet, geformt und luftgetrocknet. Die Rohmasse darf keine Einschlüsse wie Gips, Kalk oder Chloride enthalten. Diese würden später zu Mauerwerksausblühungen führen.

Häufig werden der Rohmasse Porenbildner wie Stroh, Sägespäne oder Styropor zugegeben. Diese verbrennen im Brennofen vollständig und die dadurch entstandene Porosität erhöht die Wärmedämmung solcher Steine.

Die luftgetrockneten Rohlinge werden in Brennöfen bei Temperaturen von 800 °C bis 1200 °C gebrannt. Dabei schmelzen die feinkörnigen Ton- oder Lehmteilchen und backen beim Abkühlen zusammen.

Ziegelsteine werden verwendet als:

- **Hintermauerziegel.** So werden alle Ziegelsteine bezeichnet, für die keine Frostbeständigkeit gefordert wird. Daher müssen sie nach außen verputzt oder mit einer wetterbeständigen Verkleidung, z.B. Holzverbretterung, geschützt werden.

- **Vormauerziegel.** Ziegel, die frostbeständig und frei von ausblühfähigen Salzen sind.

- **Klinker.** Diese sind bis zur Sinterung gebrannte Mauerziegel, die frostbeständig sind, und deren Rohdichte mindestens 1900 kg/dm^3 beträgt. Wegen der dichten Oberfläche und der damit verbundenen wasserabweisenden Wirkung brauchen Klinker in der Regel keine zusätzliche Beschichtung.

- **Verblender.** Ziegelerzeugnisse die sich zum Verkleiden (Verblenden) von Hintermauerziegeln eignen.

Eigenschaften von Sichtmauerwerk aus Ziegelsteinen im Außenbereich:

- Wenn Mauerziegel gesintert sind, sind sie bis zu ca. 1000 °C form- und feuerbeständig.
- Wegen ihrer hohen Porosität sind sie gut diffusionsfähig.
- Die Kapillarstruktur sorgt bei Vormauerziegeln für schnelle Verdunstung von aufgenommenem Wasser.
- Die Porosität verleiht den Mauerziegeln eine geringe Wärmeleitfähigkeit und damit einen hohen Dämmwert.
- Vormauerziegel müssen frostbeständig sein.

Die guten Eigenschaften von Ziegelsteinmauerwerk dürfen nicht durch Beschichtungen beeinträchtigt werden.

Ziegelsteinmauerwerk muss im Außenbereich nicht anstrichtechnisch behandelt werden. Gelegentlich wird es aber aus gestalterischen Gründen beschichtet. Dazu müssen aber bautechnische Voraussetzungen erfüllt sein.

Bautechnische Voraussetzungen für Beschichtungen:

- **Mauer- und Fugenmörtel** sowie Mauerziegel müssen aufeinander abgestimmt sein, da sonst Ziegelkanten und Fugen abplatzen.

- **Horizontalabdichtung** gegen aufsteigende Feuchtigkeit muss vorhanden sein.

- **Zink- oder Aluminiumabdeckungen** müssen freistehendes Mauerwerk vor Eindringen von Regenwasser schützen.

Untergrundmängel. In der Tabelle (s.S. 130) sind Mängel aufgeführt, die bei nicht fachgerechter Behandlung zu Beschichtungsschäden führen.

Sintern

Imprägnierung. Um Ziegelsteine vor Feuchtigkeit zu schützen, wird die Oberfläche mit wasserabweisenden Stoffen satt geflutet:

- Kieselsäure-Imprägniermittel, Mindestauftragmenge 500 cm^3/m^2,
- Siliconharzlösung, Mindestauftragmenge 600 cm^3/m^2,
- Polymerisatharzlösung.

Diese Stoffe ätzen Glas, Keramik und schädigen Pflanzen. Daher sind Schutzabdeckungen nach VOB Teil C, DIN 18363 Abschnitt 4.2.5 erforderlich.

Beschichtungen. Die Auswahl des Beschichtungssystems richtet sich nach der Beanspruchung, der Beschaffenheit des Untergrundes und den gestalterischen Anforderungen.

Da die Mauerwerksfugen alkalisch reagieren, müssen Beschichtungsstoffe für Mauerziegel alkalibeständig sein.

Beschichtungssysteme. Für die nachfolgenden Beschichtungsstoffe müssen von der Grundbeschichtung bis zur Schlussbeschichtung ausschließlich Stoffe eines Werkstoffsystems desselben Herstellers verwendet werden.

Deckende Beschichtungen sind:
- Kalk-Weißzement-Farben,
- Silicatfarben,
- Dispersionssilicatfarben,
- Dispersionsfarben,
- Dispersionslacke,
- lösemittelverdünnbare Polymerisatharzfarben.

Untergrundmängel auf Mauerziegeln

Schadensbild	Ursache	Beseitigung
dunkle Verfärbung auf der Oberfläche 	Feuchtigkeit durch undichte Dachrinnen oder Horizontalabdichtung	Abtrocknen lassen, ggf. sind bautechnische Maßnahmen erforderlich
Ausblühungen, meist weiß, salzig, bitter schmeckend, in Wasser schnell löslich, nur im Fugenbereich vorkommend 	zu hohe Saugfähigkeit der Mörtelfuge, in den noch nicht abgebundenen Mörtel eingedrungene Feuchtigkeit wäscht Salze aus	nur trocken entfernen
Ausblühungen meist weiß, in Wasser schwer löslich, salziger Geschmack, sowohl in Fugen- als auch im Ziegelbereich vorkommend 	Durchfeuchtung des gesamten Mauerwerks, oft wegen defekter Regenfallrohre, ausgewaschene Salze aus Mörtel und Ziegeleinschlüssen	Feuchtigkeitsursache beseitigen lassen, Mauerwerk austrocknen lassen, Ausblühungen trocken entfernen oder durch Dampfstrahlen reinigen
Vanadinausblühungen in hellbrennenden Tonsorten, gelbgrün bis olivfarben, auf Mitte der Sichtfläche heller Vormauersteine beschränkt 	wegen ungenügender Sinterung haben sich Vanadinsalze gebildet, die ausgewaschen werden	mit verdünnter Salzsäure (1 : 19 bis 1 : 20) entfernen, anschließend neutralisieren und nachwaschen
Kalkauslaugungen, vornehmlich unterhalb von Stoßfugen auslaufende Kalkfahnen, weiß, wasserunlöslich, fest am Untergrund haftend 	zu kalkhaltiger Mörtel, wegen Hinterfeuchtung frischer Mörtelfugen wird Kalkstein ausgewaschen	grobe Auswaschungen mechanisch entfernen, Kalkstein mit Präparaten auf Phosphorsäurebasis lösen, mit Wasser gründlich nachwaschen

4.3.3 Kalksandsteinmauerwerk

Kalksandsteine (KS) sind Mauersteine, die aus Kalk und kieselsäurehaltigen Zuschlägen, z.B. Quarzsand, bei hohen Temperaturen (160 °C – 200 °C) unter Dampfdruck hergestellt werden. Bei der Aushärtung entstehen aus dem Kalk und der aus dem Quarzsand herausgelösten Kieselsäure Calcium-Silicat-Hydrat-Verbindungen, die die Sandkörner untereinander verkitten und eine hohe Steinfestigkeit bewirken.
Frostbeständige Kalksandsteine werden als Vormauerstein oder Verblender im Außenbereich, nicht frostbeständige als Sichtmauerwerk oder Putzgrund im Innenbereich verwendet.

Bautechnische Voraussetzungen für Beschichtungen:

- **Mauer- und Fugenmörtel** müssen der Mörtelgruppe MG P II oder P II a entsprechen. Das Mauerwerk muss vollfugig sein.
- **Horizontalabdichtung** gegen aufsteigende Feuchtigkeit muss vorhanden sein.
- **Fassadenteile** müssen wasserabführend konstruiert sein.

Untergrundmängel. In der folgenden Tabelle sind Mängel aufgeführt, die bei nicht fachgerechter Behandlung zu Beschichtungsschäden führen.

Untergrundmängel auf Kalksandsteinmauerwerk

Schadensbild	Ursache	Beseitigung
dunkle Verfärbung auf der Oberfläche, besonders im erdnahen Bereich 	Oberflächenfeuchtigkeit, aufsteigende Feuchtigkeit aus dem Erdreich	abtrocknen lassen, ggf. sind bautechnische Maßnahmen erforderlich
Ausblühungen, weiße, salzartige Ablagerungen an der Oberfläche 	ständige Zufuhr von Feuchtigkeit, Salze werden an die Oberfläche gewaschen	trocken entfernen, Ausblühungsursache beseitigen, ggf. sind bautechnische Maßnahmen erforderlich
Absprengungen an der Streinoberfläche (ausgenommen mechanische Beschädigungen) 	treibende Einschlüsse z.B. ungelöschte Kalkteilchen oder Lehmteilchen	keine Beseitigung möglich, mit weiteren Einschlüssen ist zu rechnen, Beschichten nur gegen Vorbehalt
starke Fugenabrisse, Risse in Stoß- und Lagerfugen, baudynamische Risse 	zu schnelles Abbinden des Fugenmörtels, Setzen des Untergrundes	Untergrund für herkömmliche Beschichtungen ungeeignet, bautechnische Sanierung notwendig, z.B. Einbau von Dehnungsfugen, Erneuerung der schadhaften Verfugung
Moos, Algenbewuchs, Pilzbefall 	bautechnisch bedingte Feuchtigkeit, Spritzwasser	ergründen, ob durch Konstruktionsmängel hohe Feuchtigkeit gegeben ist, Mängel abstellen lassen, bei Moos-, Pilz- und Algenbefall Einsprühen mit algentötenden Mitteln, mechanisches Entfernen der Algen oder anderer Verschmutzungen durch Schleifen, Abkratzen, Dampfstrahlen oder Abflammen, zusätzlich Fluatieren

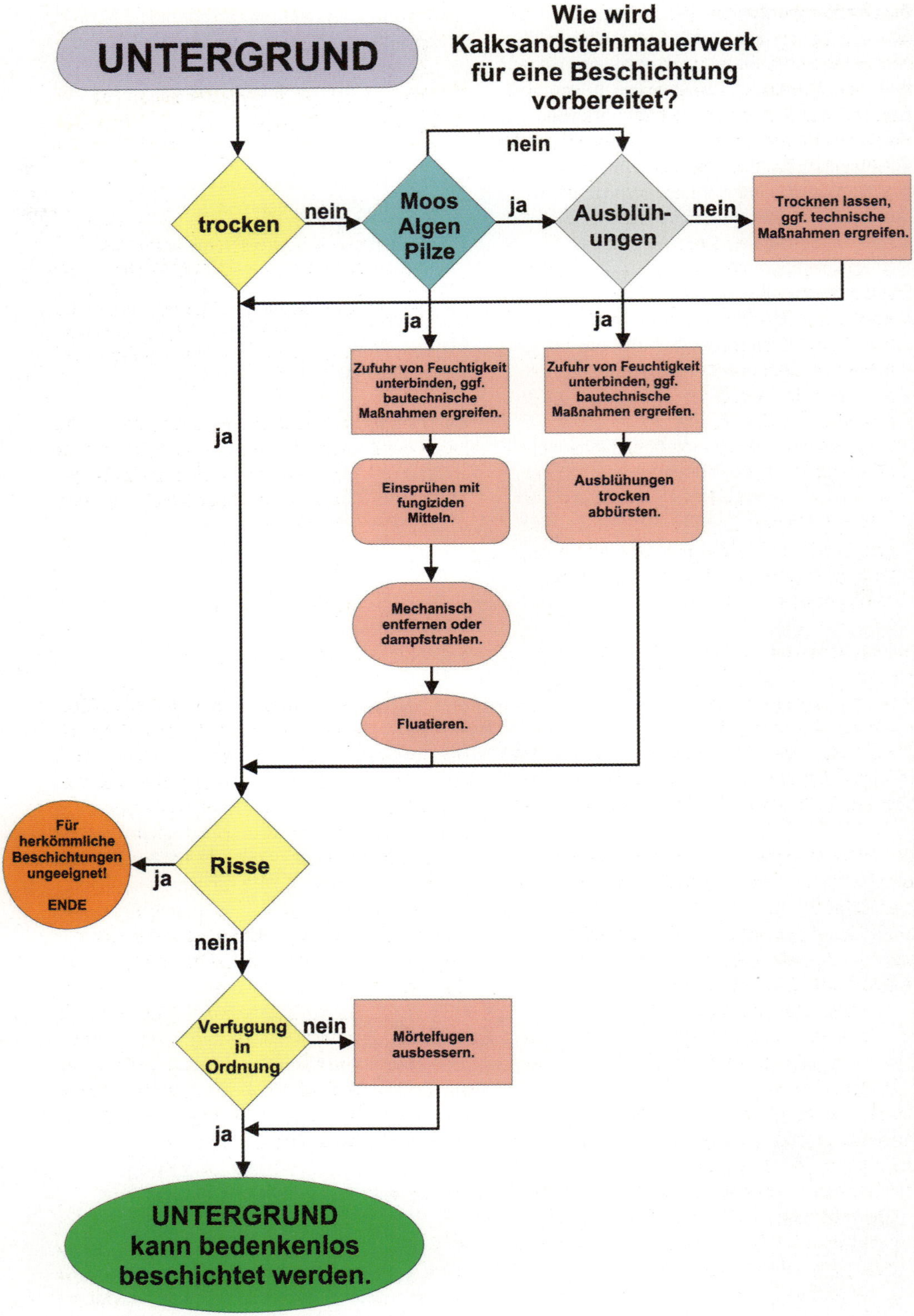

Bild 1. Untergrundvorbereitung von Kalksandsteinmauerwerk

Beschichtungsanforderungen. Beschichtungen und Imprägnierungen im Außenbereich müssen den folgenden Anforderungen genügen. Die Anzahl der Einzelbeschichtungen des Beschichtungsaufbaus richtet sich nach den Angaben des Herstellers für das entsprechende System.

- **Kälteelastizität und Haftfestigkeit.** Beschichtungen und Imprägnierungen dürfen bei niedrigen Temperaturen nicht zu Spannungen auf dem Untergrund führen, deckende Beschichtungen müssen eine hohe Haftfestigkeit aufweisen.
- **Alkalität.** Kalksandsteine (KS) weisen eine hohe Alkalität auf (pH-Wert = 12), alle aufzutragenden Stoffe müssen alkalibeständig sein.
- **s_d-Wert.** Auf witterungsbeanspruchtem Außenmauerwerk dürfen Beschichtungen die Wasserdampfdurchlässigkeit gegenüber dem unbehandelten Stein nur geringfügig verändern, daher sollte für Beschichtungsstoffe der s_d-Wert für Wasserdampf s_d = < 0,40 m betragen. Gasdichte Betonlasuren sind für die Verwendung auf Kalksandsteinmauerwerk nicht geeignet.

Imprägnierungen. Farblose Imprägnierungen auf Kalksandstein sind:

- Silicon-Imprägniermittel,
- Kieselsäure-Imprägniermittel.

Diese Stoffe ätzen Glas, Keramik und schädigen Pflanzen. Daher sind Schutzabdeckungen nach VOB Teil C, DIN 18363 Abschnitt 4.2.5 erforderlich.

Beschichtungssysteme. Für die nachfolgenden Beschichtungsstoffe müssen von der Grundbeschichtung bis zur Schlussbeschichtung nur Stoffe eines Werkstoffsystems desselben Herstellers verwendet werden.

- **Deckende Beschichtungen:**
  - Dispersionssilicatfarben,
  - Siliconharzemulsionsfarben,
  - Kunststoffdispersionsfarben,
  - Siloxanfarben.

Diese Systeme sind für eine wetterbeständige Außenbeschichtung einsetzbar, eignen sich aber auch für den Innenbereich.

- **Plastoelastische Beschichtungen zur Rissüberbrückung.** Bei allen Rissüberbrückungssystemen sind die Angaben des Herstellers zu beachten, besonders zu
  - Werkstoffverbrauch,
  - Schichtdicke,
  - Anzahl der Einzelbeschichtungen.

Beschichtungen auf Kalksandsteinmauerwerk dienen gestalterischen Aspekten, bieten aber auch Schutz vor Feuchtigkeitsaufnahme und Verschmutzungen.

Reinigung des KS-Mauerwerks: Immer mit klarem Wasser und einer Bürste von oben nach unten reinigen, so werden Verunreinigungen sicher entfernt.

Imprägnieren des Mauerwerks: Immer von unten nach oben das Imprägniermittel auftragen, nur so werden Läufer durch unterschiedliche Sättigung vermieden.

Überholungsbeschichtung. Es sollte die gleiche Beschichtungsstoffart aufgetragen werden, die als Erstbeschichtung verwendet wurde. Dabei ist besonders auf Haftung der Altbeschichtung zum Untergrund zu achten.

4.4 Untergrund Putz

4.4.1 Mineralische Putze

Die mineralischen Putze werden nach DIN V 18550 in Mörtelgruppen (MG) von P I bis P V eingeteilt. Der Buchstabe P stellt klar, dass es sich um Putzmörtel und nicht um Mauermörtel handelt. Putzmörtel ist nach dieser Norm ein Gemisch aus einem oder mehreren mineralischen Bindemitteln, Zuschlagstoff – vorwiegend Sand – und Wasser. Bei Putzen aus Baugipsen und Anhydritbindern kann der Zuschlagstoff entfallen. Diesem Gemisch können ggf. Zusätze zugegeben werden, z.B. Dichtungsmittel, oder Erstarrungsbeschleuniger. Der Mörtel wird im Innen- und Außenbereich an Wänden und Decken ein- oder mehrlagig in bestimmten Dicken aufgetragen. Putze erreichen ihre Eigenschaften erst durch Verfestigung am Bauteil. Mineralische Putze sind die bedeutsamsten Untergründe im Innen- und Außenbereich für den Maler und Lackierer.

Untergrundvorbereitung

Aufgrund der Beschaffenheit des Untergrundes können zu den allgemeinen (s. S. 127) noch eine Anzahl von besonderen Vorbereitungsmaßnahmen vor dem Auftrag eines Beschichtungssystems auf Putz ausgeführt werden.

Putzmörtelgruppen nach DIN V 18550

Mörtelgruppe	Bindemittel	Eigenschaften	Verwendung	
P I a b c	 Luftkalke, Wasserkalke, hydraulische Kalke	Erhärtung durch CO_2 aus der Luft, gut dampfdiffusionsfähig, elastisch, sehr stark saugend, alkalisch, geringe Festigkeit	Innenputze, die mechanisch nicht beansprucht werden, Außenputze, von denen kein besonderer Feuchteschutz erwartet wird	auf Wandflächen für außen und innen
P II a b	 Hochhydraulische Kalke, Kalk-Zementmörtel	Erhärtung hydraulisch (durch Aufnahme von Wasser), dampfdiffusionsfähig, weniger saugend als Mörtelgruppe P I	Innenputze, die auch mechanisch beansprucht werden können, Außenputze auch in ungünstigen witterungsbedingten Lagen	
P III a b	 Zementmörtel mit Kalkhydrat, Zementmörtel	hohe Festigkeit, Erhärtung hydraulisch, gering dampfdiffusionsfähig, wenig saugend, hochalkalisch, hohe Dichte, Festigkeit und Härte	für wassersperrende Putze im Innen- und Außenbereich (Sockelbereich)	
P IV a b c d	 Gipsmörtel, Gipssandmörtel, Gipskalkmörtel, Kalkgipsmörtel	Erhärtung hydraulisch, mit Baukalk zusätzlich Erhärtung durch CO_2 aus der Luft, gut damdiffusionsfähig, aber wasserlöslich, stark saugend, sehr glatt, unterschiedliche Festigkeit	nur für feuchtigkeitsgeschützte Außenbereiche, z.B. Außendecken; für Innenbereiche mit 50 % bis 65 % relativer Luftfeuchte	auf Wandflächen nur für innen
P V	Anhydritbinder mit und ohne Anteilen an Baukalk	wie bei Mörtelgruppe P IV, aber größere Festigkeit	für Unterputze und Estriche, daher anstrichtechnisch bedeutungslos	

Sinterschichten. Wenn an der Oberfläche des verarbeiteten Putzes Kalkteilchen gelöscht werden, entsteht eine sehr feste, glasartige, kristalline Schicht aus kohlensaurem Kalkstein. Solche Sinterschichten müssen mechanisch oder ggf. durch Fluatieren entfernt werden, weil sie nicht benetzbar sind, und somit keine Haftung zwischen Untergrund und Beschichtung zulassen.

Bild 1. Sinterschicht

Ausblühungen. Im Mauerwerk vorhandene Feuchtigkeit schwemmt Salze an die Putzoberfläche, wo sie kristallisieren (s. S. 120). Die Feuchtigkeitseinflüsse müssen beseitigt werden. Erst nach vollständiger Austrocknung des Putzes und des Putzträgers können die Salze trocken abgebürstet werden. Treten sie danach wieder auf, sind sie durch Isolieren des Mauerwerkes zu bekämpfen. Beschichtungen auf Ausblühungen oder auf zu Ausblühungen neigenden Putzen werden innerhalb kürzester Zeit zerstört.

Bild 2. Ausblühungen

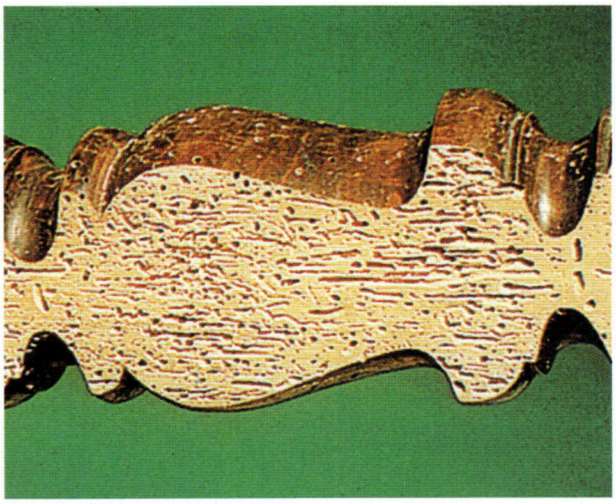

Bild 1. Durch Nagekäfer geschädigtes Holz

- **Splintholz- oder Parkettkäfer** befällt nur stärkereiche Laubhölzer, z.B. Eiche, Ulme, Esche; befällt bei Holzfeuchte unter 10 % Ausstattungshölzer wie Möbel oder Parkettböden; die Larvenentwicklung ist einjährig, die Fraßgänge verlaufen in Holzfaserrichtung und sind mit Bohrpulver verstopft.

Bild 2. Durch Splintholzkäfer geschädigtes Holz

Pflanzliche Schädlinge

Die wichtigtsten Holz schädigenden Pflanzen am Bauholz sind Pilze. Der Pflanzenkörper (Myzel) besteht aus feinen Pilzfäden (Hyphen), die sich unsichtbar im Nährboden verzweigen oder als Schimmel auf seiner Oberfläche erscheinen. Die Vermehrung erfolgt durch Sporen.

Holz zerstörende Pilze bauen die Hauptbestandteile des Holzes – Cellulose und Lignin – ab. Eine Gefahr durch den Befall dieser Pilze liegt vor, wenn die Holzfeuchte langfristig 20 % übersteigt.

- **Der echte Hausschwamm** befällt vorzugsweise Nadelholz, ist aber auch auf Laubholz zu finden; wächst nur bei einer Holzfeuchte von ca. 20 % bis 30 %; durchwächst und überwächst auch holzfreie Strecken, z.B. Mörtelfugen; leitet in seinem Gewebe Wasser in trockenes Holz und befällt es dann; der weiße, watteartige Pilzkörper wächst auf der Oberfläche und im Holzinnern; im Endzustand der Zerstörung zeigt das Holz eine typische Braunfäule mit würfelartig gebrochener Oberflächenstruktur.

Bild 3. Vom echten Hausschwamm zerstörtes Holz

- **Der Kellerschwamm** befällt nur feuchtes verbautes Nadel- und Laubholz mit einer Holzfeuchte von ca. 30 % bis 60 %; kommt daher nur in ungeheizten Kellerräumen oder in bodennahem Holz vor; das Pilzgeflecht ist gelbbraun bis braunschwarz, sein Fruchtkörper warzenförmig.

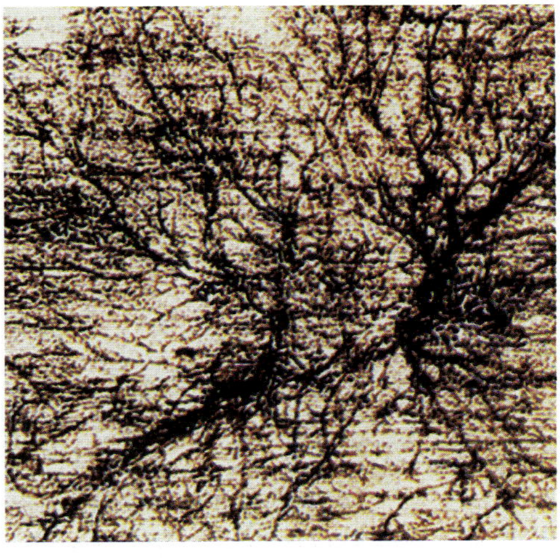

Bild 4. Vom Kellerschwamm befallenes Holz

- **Der Tannenblättling** ist ein Nadelholzzerstörer, der bevorzugt feuchtes Holz im Außenbereich befällt; wächst nur im Holzinneren, wird daher meist zu spät erkannt; sein Fruchtkörper wächst korkartig aus Spalten der Rissen hervor.

Begrenzt maßhaltige Holzbauteile

Bild 1. Holzzerstörung durch den Tannenblättling

Holz verfärbender Pilz. Eine andere Pilzart zerstört Holz nicht, sondern verfärbt es. Diese Pilze ernähren sich von Zellinhaltsstoffen, ohne Cellulose oder Lignin abzubauen.

Ihre Abbauprodukte bewirken eine wertmindernde Holzverfärbung, die auch durch Beschichtungen noch sichtbar ist.

- **Holzbläue** entwickelt sich nur in sehr nassem Nadelholz; zerstört nicht die Holzsubstanz, sondern verfärbt sie; die Pilzfruchtkörper verfärben und zerstören ebenso Beschichtungen.

biotisch

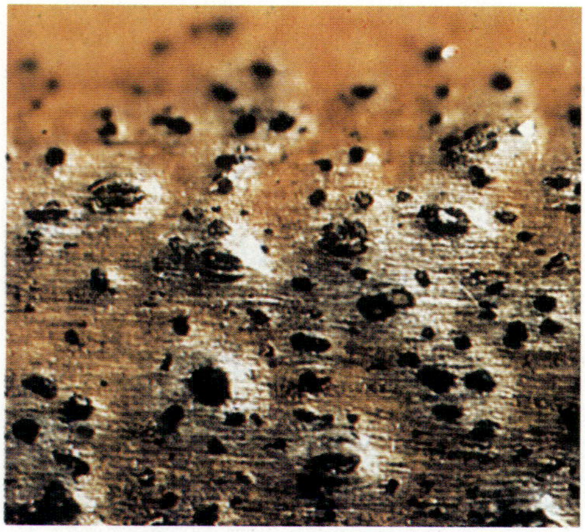

Bild 2. Durch Holzbläue verfärbtes Holz

5.2 Beschichtungen auf nicht maßhaltigen und begrenzt maßhaltigen Außenbauteilen aus Holz

Beschichtungen auf Holz im Außenbereich sind chemischen und physikalischen Wechselwirkungen ausgesetzt. Der Widerstand, den eine Beschichtung diesen Wechselwirkungen entgegensetzen kann, ist für die Lebensdauer der Holzes von großer Bedeutung.

Bild 3. Begrenzt maßhaltige Holzkonstruktion, Jahrhunderte alt

Beschichtungsanforderungen. Beschichtungen auf Holz dienen nicht nur ästhetischen Gesichtspunkten, sondern auch dem Oberflächenschutz. Sie haben nicht die Aufgabe, bautechnische und holztechnische Mängel zu beseitigen. Beschichtungsstoffe müssen für Holz im Außenbereich bestimmten Anforderungen genügen:

- **Feuchtebeständigkeit** verhindert das Eindringen von Wasser in den Holzuntergrund.
- **Diffusionsfähigkeit** lässt einen Feuchteausgleich zu, denn bei begrenzt maßhaltigen Bauteilen im Außenbereich, z.B. bei Fachwerkgebäuden, kann Feuchtigkeit häufig über unvermeidbare Konstruktionsfugen in Holz eindringen.
- **UV-Strahlen-Beständigkeit** verhindert Ligninabbau durch Strahlenanteile des Tageslichtes in der Holzoberfläche.
- **Biotischer Holzschutz** stellt sicher, dass tierische oder pflanzliche Schadorganismen weder das Holz zerstören noch verfärben.

Einflüsse auf Beschichtungen

Die Haltbarkeit einer Beschichtung auf Holz ist nicht nur von der Art des Beschichtungsstoffes abhängig. Besonders Klima- und Umwelteinflüsse sowie der Farbton bestimmen die Schutzwirkung.

Klimabeanspruchung. In Anlehnung an DIN 50010 werden drei klimatische Beanspruchungsgruppen unterschieden. Bei der Auswahl von Beschichtungsstoffen, ist darauf zu achten, dass die Beschichtungsstoffe für die jeweilige Klimagruppe geeignet sind.

Farbtonbeeinflussung. Durch die Auswahl des Farbtons wird die Haltbarkeit einer Beschichtung stark beeinflusst. Außen können z.B. dunkel getönte deckende Beschichtungen zu einer Oberflächentemperatur von ca. 80 °C führen. Dieses Aufheizen hat Folgen für Untergrund und Beschichtung.

Folgen erhöhter Oberflächentemperatur:

- **Harzausscheidung** bei harzreichen Hölzern, wie Kiefer, Lärche oder Oregon Pine, führt zu Haftungsproblemen bei Erstbeschichtungen und Abdrücken von vorhandener Beschichtung.
- **Holzaustrocknung** erhöht die Gefahr der Rissbildung; Eindringen von Wasser ermöglicht Schädlingsbefall.

Holzzerstörung durch UV-Strahlen. Im Spektralbereich des Sonnenlichtes liegt unterhalb der sichtbaren Strahlung von 380 nm der ultraviolette (UV-Bereich) Bereich der elektromagnetischen Wellen. Diese energiereiche Strahlung löst im Holz einen fotochemischen Prozess aus, der den wichtigen Holzbestandteil Lignin abbaut. Dadurch entstehen wasserlösliche Produkte des Lignins, die durch Regen ausgewaschen werden. Die Holzoberfläche zeigt – je nach Besiedlung durch Bläuepilze – eine silbergraue bis braunschwarze Verfärbung. Auf diesem Holzuntergrund ist eine tragfähige Beschichtung ausgeschlossen.
Lasierende, diffusionsfähige Beschichtungen bieten vor UV-Strahlung nur geringen Schutz, unpigmentierte fast gar keinen.

Die UV-Strahlung des Sonnenlichtes zerstört Holz und Beschichtung, besonders gefährdet sind farblose Beschichtungen und helle Dünnschichtlasurbeschichtungen.

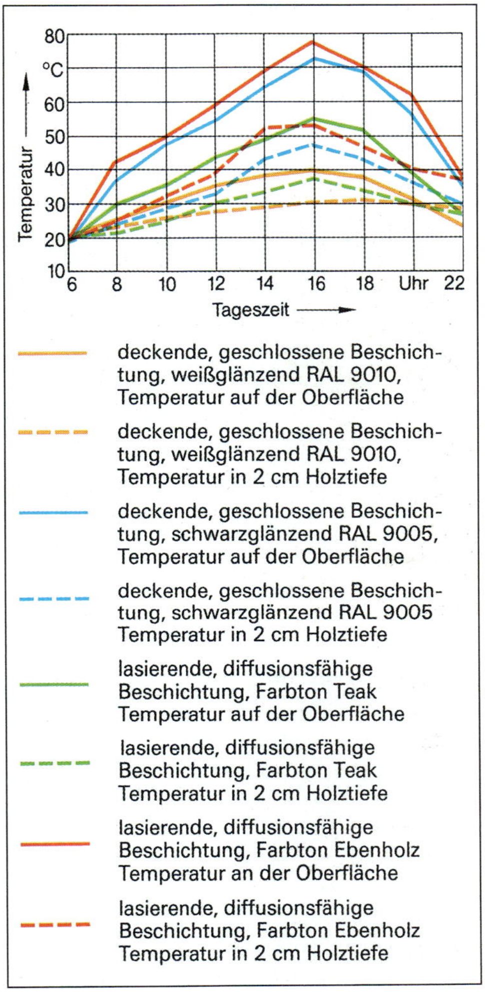

Bild 1. Aufheizung von Fichtenholz in Abhängigkeit deckender und lasierender Farbtöne

Bild 2. Durch UV-Strahlung vergraute und zerstörte Holzoberfläche

Spektralbereich s. S. 85 f., lasierende Beschichtung s. S. 164

Klimatische Beanspruchung von Bauteilen

Klimagruppe	klimatische Beanspruchung	Beispiel
Außenraumklima 	indirekte Bewitterung, Holzbauteile sind vor Niederschlägen und unmittelbarer Sonnenbestrahlung geschützt	geschützte Konstruktionen, z.B. Verbretterungen unter breiten Dachüberständen, zurückliegende Fenster an Loggien
Freiluftklima I 	direkte Bewitterung, alle Klimaeinflüsse können ungehindert auf Holzbauteile einwirken	teilweise geschützte Konstruktionen und Gebäude mit bis zu drei Geschossen in geschützter Lage mit geringem Dachüberstand
Freiluftklima II 	starke direkte Bewitterung, extreme Klimaeinflüsse können ungehindert auf Holzbauteile einwirken	nicht geschützte Konstruktionen und Gebäude mit mehr als drei Geschossen und Gebäude mir extremen klimatischen Beanspruchungen, z.B. Gebäude im Gebirge oder am Meer

Zerstörung von beschichteter Holzoberfläche durch UV-Strahlung					
Beschichtungsart	aufgetragene Schichtdicke	Holzfeuchte beim Auftrag	Holzoberflächenzerstörung in % nach		
			6 Monaten	12 Monaten	24 Monaten
farblose Dünnschicht-lasur	10 µm	12 %	40	90	100
		20 %	60	100	–
Dünnschichtlasur, Farbton Teak	15 µm	12 %	15	30	50
		20 %	25	60	70
Dickschichtlasur, Farbton Teak	40 µm	12 %	0	20	blättert
		20 %	15	20	blättert
Acryllasur, Farbton Teak	30 µm	12 %	40	80	100
		20 %	60	100	–

Konstruktiver Holzschutz

Der konstruktive Holzschutz ist wesentliche Voraussetzung für eine dauerhafte Beschichtung. Durch entsprechende Konstruktionen kann die Beständigkeit eines Holzbauteils beeinflusst werden:

- **Wasserabweisung:**
  - Fernhalten von Wasser durch Dachüberstände, vorspringende Geschosse, zurückspringender Einbau von Fenstern und Türen,
  - Ableiten von Wasser durch senkrechte Holzflächen.
- **Hinterlüftungen:**
  - Außenwandbekleidungen aus Holz so hinterlüften, dass Luft frei zirkulieren kann,
  - Tauwasserbildung durch Wärmedämmmaßnahmen hinter Außenwandbekleidungen vermeiden.
- **Bodenkontakt:**
  - Holz soll keinen Bodenkontakt aufweisen,
  - erdnahe Hölzer von Spritzwasser fernhalten,
  - Unterkanten von Verbretterungen mit Tropfkanten ausbilden.
- **Fugen:**
  - waagerechte Holzfugen sind zu vermeiden,
  - nur Holzkonstruktionen mit vorgeschriebenen Holzverbindungen einbauen.
- **Kantenausbildung:**
  - Kanten sollen abgerundet sein und einen Rundungsradius von > 2 mm aufweisen, scharfe Kanten führen besonders bei Dickschichtlasuren zu Rissen in der Beschichtung, Haftstörungen sind die Folge.

Auf Konstruktionsfehler kann der Maler und Lackierer vor jeder Beschichtung hinweisen. Die Fehler sind aber nur durch qualifizierte Fachkräfte zu beseitigen.

Chemischer Holzschutz

Gemäß DIN 68800-3 muss Holz, das der Gefahr von Bauschäden durch pflanzliche oder tierische Schädlinge ausgesetzt ist, durch chemische Maßnahmen geschützt werden. Mit baustellenüblichen Prüfmethoden kann ein bereits ausgeführter vorbeugender chemischer Holzschutz vor Beschichtungsbeginn nicht festgestellt werden.

Vorbeugender chemischen Holzschutz muss aufgebracht werden auf

- nicht oder begrenzt maßhaltigen, tragenden Holzkonstruktionen,
- nicht oder begrenzt maßhaltigen, nicht tragenden Holzkonstruktionen nur in Absprache mit dem Bauherren.

Holzschutzmittel enthalten biozide (Lebewesen tötende) Stoffe, die Holz vor Pilz- und Insektenbefall schützen. Müssen Holzschutzmittel eingesetzt werden, sind nur solche anzuwenden, deren Wirksamkeit und gesundheitliche Unbedenklichkeit für den Anwender sowie deren Umweltverträglichkeit bei bestimmungsgemäßer Anwendung von Prüfstellen festgestellt wurde. Diese Voraussetzungen erfüllen derzeit nur Holzschutzmittel mit Prüfzeichen des Deutschen Instituts für Bautechnik in Berlin (Ü-Zeichen) und das RAL-Gütezeichen.

Holzschädlinge s. S. 156 ff.

Beim Umgang mit Holzschutzmitteln sind die auf dem Gebinde angebrachten Warnhinweise und Sicherheitsratschläge sowie die einschlägigen Vorschriften der Gefahrstoffverordnung grundsätzlich zu beachten.

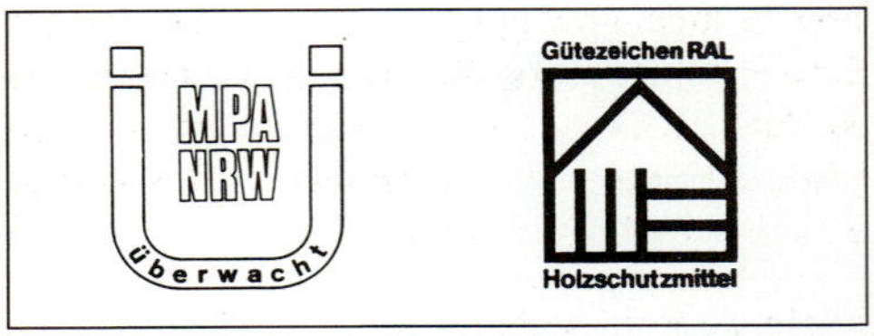

Bild 1. Prüfzeichen für einsetzbare Holzschutzmittel

Anwendung von Holzschutzmitteln

Holzkonstruktion	Holzfeuchte	klimatische Beanspruchung	Anwendungsbereiche	Anforderung an das Holzschutzmittel	Prüfprädikat
innen verbaut	< 10 %	trockenes Innenraumklima	ständig trockene Bauteile	kein Holzschutzmittel erforderlich	
	10 % – 15 %	Wohnklima	Innenbauteile bei einer mittleren Luftfeuchte < 70 %	insektenvorbeugend	Iv
	< 15 %	feuchtes Wohnklima	Innenbauteile bei einer mittleren Luftfeuchte > 70 %,	insektenvorbeugend, pilzwidrig	Iv, P
außen verbaut			Innenbauteile in Nassbereichen, Holzteile wasserabweisend abgedeckt	insektenvorbeugend, pilzwidrig	Iv, P
	15 % – 20 %	Außenraumklima, indirekt bewittert	Außenbauteile ohne unmittelbare Wetterbeanspruchung	insektenvorbeugend, pilzwidrig	Iv, P
	20 % – 30 %	Freiluftklima, direkt bewittert	Außenbauteile mit unmittelbare Wetterbeanspruchung	insektenvorbeugend, pilzwidrig, witterungsbeständig	Iv, P, W
dauernder Erdkontakt	> 40 %	–	–	insektenvorbeugend, pilzwidrig, witterungsbeständig, moderfäulewidrig	

Holzschutzmittel

	Holzschutzmittel	Wirkung	Zubereitung	Wetterbeständigkeit	max. Holzfeuchte zu Beginn der Schutzbehandlung
vorbeugend	ölhaltig, lösemittelverdünnbar	Iv, P, W, E	gebrauchsfertig	sofort nach Trocknung	20 % – 30 %
	salzhaltig, wasserverdünnbar	Iv, P, W, E	Salz : Wasser 1 : 9	keine oder bedingt nach 3 bis 4 Tagen	30 %
bekämpfend	Emulsionen, wasserverdünnbar	Iv, Ib, P, W, E	gebrauchsfertig	–	20 %

Untergrundanalyse. Zu feuchtes Holz ist als Beschichtungsuntergrund nicht geeignet, da dies zu Konstruktions- und Beschichtungsschäden führt. Die Holzfeuchte ist an mehreren Stellen in 5 mm Holztiefe zu messen.

Maximale Holzfeuchte:

- maßhaltiges Holz 11-15 %,
- begrenzt und nicht maßhaltiges Holz max. 18 %; innen <8 %.

Die in der Tabelle angegebenen Untergrundprüfungen erstrecken sich auf die Beurteilung der zu beschichtenden Holzoberfläche.
Sofern Holzteile mit Holzschutzmitteln behandelt wurden und dann beschichtungstechnisch weiter behandelt werden sollen, ist zu beachten:

- Holzschutzmittel und Beschichtungsstoff müssen miteinander verträglich sein,
- das Holzschutzmittel darf durch die Beschichtung seine Wirksamkeit nicht verlieren,
- das Holzschutzmittel darf nachfolgende Beschichtungen nicht beeinträchtigen.

Fachwerkbalken:
Immer dünnschichtig und somit diffusionsfähig beschichten, Anschlussfugen zum Gefache und grobe Risse in den Balken nicht mit Dichtstoff abdichten; eindringendes Wasser kann so schneller entweichen und es entsteht keine Staunässe.

Oberflächenprüfung und -vorbereitung von Holzuntergründen

Prüfmethode	Prüfgegenstand	Erkennungsmerkmal	Vorbereitung und technische Hinweise
Augenschein	abgewittertes, durch UV-Strahlung geschädigtes Holz	vergrautes und genarbtes Holz	geschädigte Schicht abschleifen oder abhobeln
	Holzfasern	raue Oberfläche	Schleifen, nach der Grundierung nochmals schleifen
	Holzrisse	grobe Risse längs der Faserung	Holzrisse lassen sich anstrichtechnisch nicht beseitigen
	ausgedübelte Äste, Kettendübelungen	Dübelbild	bei lasiernd zu behandelnden Holzflächen sind nur einzelne Dübel zulässig, bei deckend zu behandelden Holzbauteilen müssen Ketten von zwei Dübeln mit geeignetem Leim ausgeführt sein
	Harzaustritt, Harzgallen	klebrige Holzausscheidungen	gegebenenfalls holztechnisch entfernen lassen
	Mängel an Konstruktionsbefestigung	nicht versenkte oder rostende Nägel, Schrauben o. ä.	nachbessern oder auswechseln lassen, evtl. Vertiefungen ausfüllen
Kratz- und Stechprobe mit Messer	Fäulnis durch Holz zerstörende Pilze	faules oder befallenes Holz bricht ein, Würfelbruch im Holz oder sichtbare Fruchtkörper	faule und befallene Holzteile evtl. das gesamte Bauteil austauschen lassen, Ursache der Feuchtigkeitsaufnahme beseitigen lassen
Gitterschnitt- oder Klebebandtest	Tragfähigkeit von Altbeschichtungen	Ausbrüche an Schnittpunkten, Beschichtungsreste am Kleberand	nicht tragfähige Beschichtung entfernen

Beschichtungssysteme

Außenbeschichtungen auf Holz können farblos, deckend oder lasierend pigmentiert ausgeführt sein und lösemittelhaltig und wasserverdünnbar sein.

Grundbeschichtung:

- **Holz schützend:** eine Holzschutzbehandlung und eine Grundbeschichtung in einem Arbeitsgang bewirken einen Randschutz vor schädigenden Einwirkungen, z. B. vor Bläue- und Pilzbefall.

- **Imprägnierend:**
  dünnschichtige Lasurgrundbeschichtungsstoffe, pilzwidrig, schützend vor Witterungseinflüssen und UV-Strahlung.

Zwischen- und Schlussbeschichtung:

- **Deckend:**

  - Dispersionsfarben, diffusionsfähig, speziell für die Außenverwendung auf Holz,

  - Dispersionslackfarben, diffusionsfähig, Außenbeschichtungsstoffe für Holz mit lackähnlicher Oberfläche,

  - Lackfarben, nicht diffusionsfähig, lösemittelhaltige Lacke für die Außenverwendung auf Holz, meist auf langöliger Alkydharzbasis.

- **Lasierend, diffusionsfähig:**

  Festkörpergehalt

  - dünnschichtig, mit speziellen Lasurpigmenten, die die Holzoberfläche vor UV-Strahlen schützen und pilzwidrig eingestellt sein können, Festkörpergehalt < 30 %, entweder lösemittelverdünnbar auf Alkydharzbasis oder wasserverdünnbar auf Acryl- und/oder Alkydharzbasis,

  - dickschichtig, mit speziellen UV-Strahlenabsorbern, Festkörpergehalt > 30 % dadurch höher viskos, entweder lösemittelverdünnbar auf Alkydharzbasis oder wasserverdünnbar auf Acryl- und/oder Alkydharzbasis,

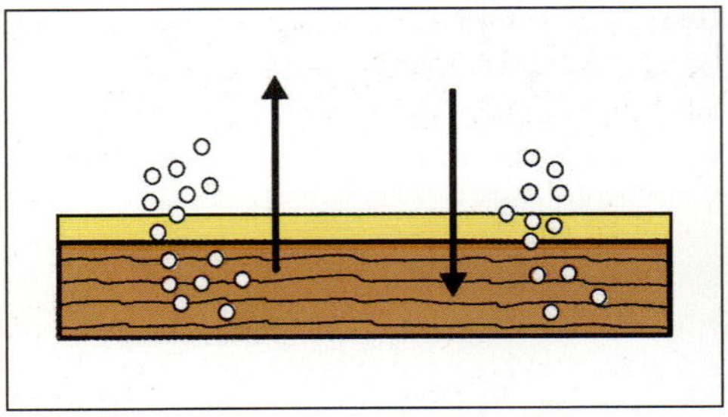

Bild 1. Prinzip einer diffusionsfähigen Beschichtung

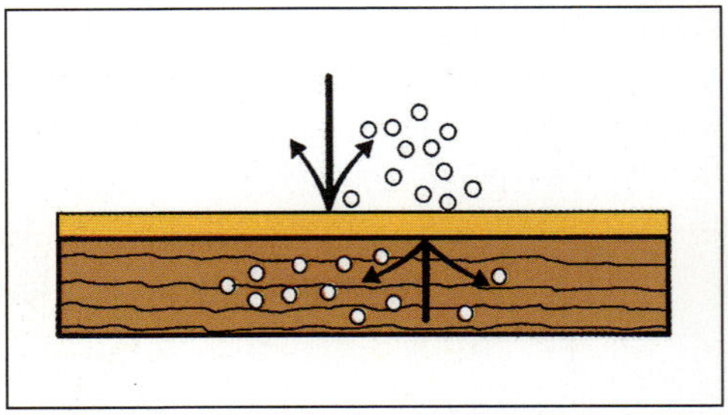

Bild 2. Prinzip einer nicht diffusionsfähigen Beschichtung

Überholungsbeschichtung. Nach Entfernen nichttragfähiger Altbeschichtungsteile und eventuell ausgewitterter Holzoberflächen werden tragfähige Altbeschichtungen aufgeraut durch Schleifen oder Anlaugen. Freigelegte Holzteile erhalten eine Grundbeschichtung, falls notwendig holzschützend. Danach eine ganzflächige Zwischen- und Schlussbeschichtung.

Erneuerungsbeschichtung. Altbeschichtungen werden vollständig entfernt durch Abbeizen mit lösemittelhaltigen Abbeizfluiden. Anschließend Nachwaschen und Schleifen.

Bei anderen Techniken, wie Abbrennen, maschinellem Abschleifen oder Strahlen mit festem Strahlmittel wird die Holzoberfläche beeinträchtigt. Lasierende Beschichtungen aufzutragen ist nicht mehr möglich.

Der Beschichtungsaufbau erfolgt mit Systemen der Erstbeschichtung.

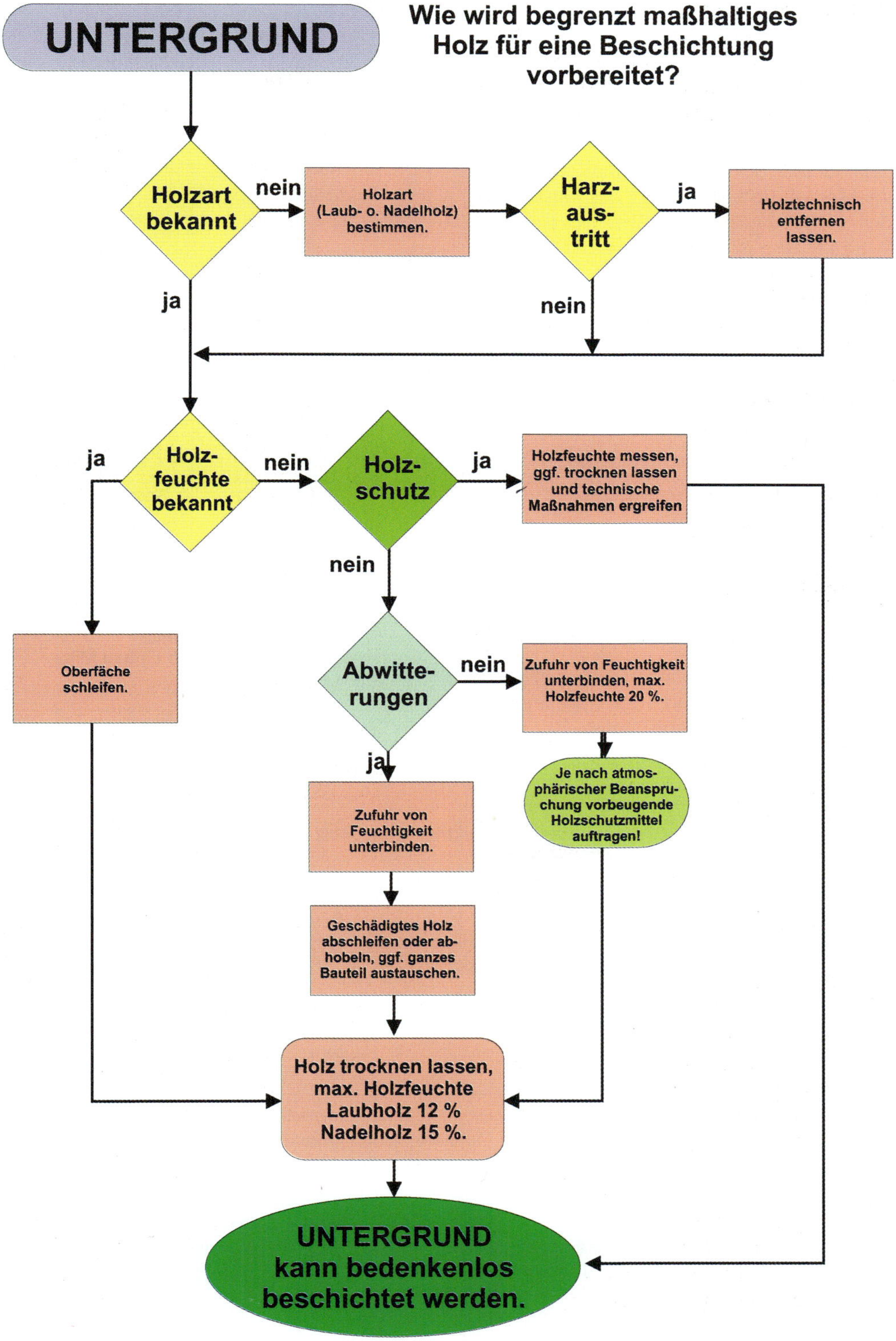

Bild 1. Untergrundvorbereitung für begrenzt maßhaltige Hölzer im Außenbereich

5.3 Beschichtungen auf maßhaltigen Außenbauteilen aus Holz

Auf maßhaltigen Bauteilen, insbesondere auf Fenstern und Außentüren, dienen Beschichtungen hauptsächlich dem Verhindern von Feuchtigkeitswechsel im Holz, um damit das Quellen und Schwinden zu vermindern. Geschieht dies nicht, ist die Funktion dieser Bauteile gestört.

Holz für maßhaltige Außenbauteile:

- **Nadelholz:**
  - Kiefer und Fichte; mit Harzausscheidungen ist zu rechnen, besonders bei dunkler Beschichtung,
  - Lärche, Oregon Pine, Red Cedar,
- **Laubholz:**
  - Sipo-Mahagoni, Red Meranti,
  - Afrormosia und Afzelia; Gefahr von Beschichtungsstörungen durch eindringende und trocknungsverzögernde Inhaltsstoffe.

Kantenflucht

Fase

Konstruktion. Die Funktionsfähigkeit von Fenstern und Türen hängt wesentlich von einer wasserabweisenden Konstruktion ab. Anfallendes Wasser muss unmittelbar abgeleitet werden.

Untergrundanalyse. Zu feuchtes Holz ist als Beschichtungsuntergrund nicht geeignet, da dies zu Konstruktions- und Beschichtungsschäden führt. Die DIN 4074 schreibt zwar für die Verarbeitung von Bauholz einen Feuchtegehalt von höchstens 20 % vor, doch liegen diese Werte wegen der hohen Feuchtigkeit im Neubau oft über dem Fasersättigungspunkt. Der Zeitpunkt der Beschichtung ist danach abzustimmen.

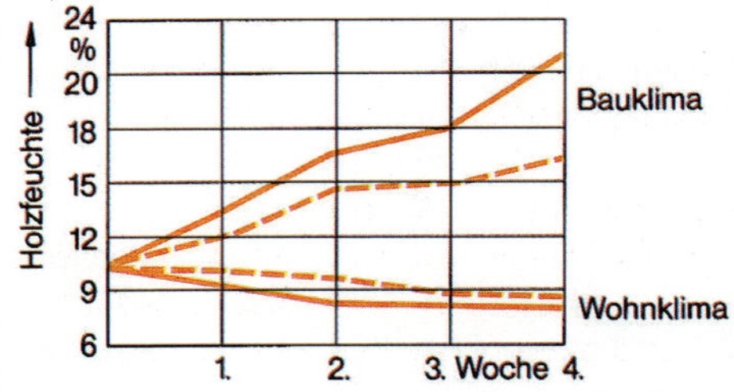

Vergleich des Feuchtegehalts von Fensteroberflächen aus Fichtenholz, imprägniert und mit einem Zwischenanstrich versehen:
——— offen, lasierend.
– – – – geschlossen, deckend.
Gemessene Holzfeuchte nach Einbau Mitte November.

Bild 1. Holzfeuchte von Holzfenstern in Abhängigkeit von der Einbauzeit

Problemzonen und konstruktiver Holzschutz bei Fenstern

Problemzonen	Ursache	Beseitigung
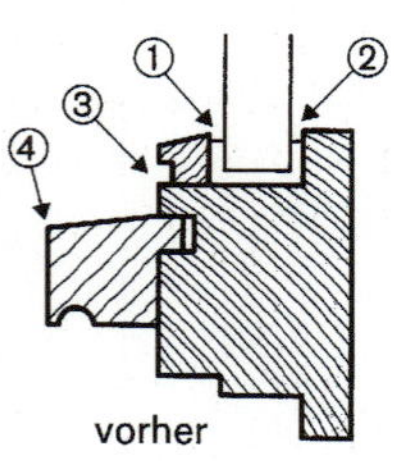 	① defekter, überalterter Dichtstoff lässt zwischen Isolierverglasung und Holzrahmen Wasser eindringen	Dichtstoff v-förmig ausschneiden und neu abdichten
	② fehlende Innenabdichtung	fehlenden Dichtstoff aufbringen bei außenliegenden Glashalteleisten sowohl das Glas als auch die Leiste zum Flügel abdichten
	③ unter losen Glashalteleisten (Außenanbringung nicht zulässig) dringt ablaufendes Wasser oder Schlagregen ein	Holzprofile nachschrägen, geeigneter Neigungswinkel der Ablaufschräge ≥ 15°
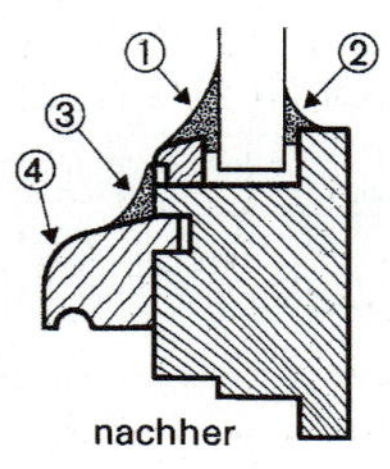 	④ zu niedrige Neigung waagerechter Holzprofile, besonders bei Drehkippfenstern in Lüftungsstellung, Feuchtigkeitsaufnahme möglich Holzprofil zu scharfkantig, Beschichtungsstoff kann nur in ungenügender Schichtdicke aufgetragen werden (Kantenflucht)	an scharfkantige Profile abgerundete Fase anbringen, ein Mindestradius von ≥ 2 mm ist erforderlich

Auch bei Fenster- und Türbeschichtungen sind die Anforderungen, Einflüsse und Untergrundprüfungen für nicht maßhaltige Hölzer zu beachten und auszuführen. Darüber hinaus sind Prüfungen vorzunehmen, da diese Bauteile zwei unterschiedliche klimatische Bedingungen – Außen- und Innenklima – bestehen müssen.

Zusätzliche Untergrundprüfung und Maßnahmen:

- **Verleimung und Verbindungen** vollflächig verleimen und abgedichten, aufgerissene oder offene Eckverbindungen fachgerecht bearbeiten oder abdichten.

- **Beschläge und Schlösser** frühestens nach der ersten Zwischenbeschichtung anbringen; sie müssen korrosionsbeständig ausgelegt sein (Verbindungen, Nägel oder Schrauben, rostfrei oder verzinkt).

- **Abdichtung zum Baukörper.** Anschlussfugen zum Baukörper, besonders zur vorhandenen Fensterbank, elastoplastisch abdichten.

Untergrundvorbereitung:

- **Reinigen:** grobe Verschmutzungen, z. B. Mörtel- oder Montagekleber, Öl- oder Fettflecken entfernen,

- **Schleifen:**
  - raue Oberflächen glätten,
  - ausgewitterte Hölzer bis zum tragfähigen Untergrund schleifen,
  - gefaste Kanten abrunden,
  - Übergänge zur Altbeschichtung bei Fleckspachtelungen schleifen,

- **Holzbauarbeiten:**
  - zerstörte Holzteile, Teile ohne Festigkeit und Tragfähigkeit entfernen und durch neues Holz ersetzen,
  - schadhafte Holzteile mit Holzfüllmasse in begrenztem Umfang bearbeiten,

- **Verkitten und Abdichten:**
  - Fugen an Deck- und Halteleisten abdichten,
  - Nagellöcher verkitten,
  - Gehrungsfugen im geringen Umfang abdichten,

- **Abkleben:** nicht entfernbare Dichtungsprofile oder Metalleinlagen abkleben,

Aus- und Einbauarbeiten:
Dichtprofile und Beschlagteile einsetzen.

Beim Trockenschleifen von Holz ist eine Atemschutzmaske gegen das Einatmen von Beschichtungsstoffresten und Holzstaub zu tragen.

Spachtelarbeiten:
Flächige Spachtelarbeiten sind außen auf Fenstern und Türen aus Holz unzulässig, da sie zu Beschichtungsschäden führen. Fleckspachteln ist nur in geringem Ausmaß zulässig.

Beschichtungssysteme. Für Fenster und Türen aus Vollholz, die teilweise oder ganz dem Freiluftklima ausgesetzt sind, sind gemäß DIN EN 942 zwei Oberflächenbehandlungen möglich:

- deckende Behandlung,
- nicht deckende Behandlung.

Es gelten ansonsten die Ausführungen für nicht maßhaltige Bauteile für Grund- Zwischen- und Schlussbeschichtung und den Einsatz der genannten Systeme.
Bei Überholungs- und Erneuerungsbeschichtungen auf Außenflächen von Fenstern und Türen ist auch der Zustand der Innenbeschichtung mit zu überprüfen. Es dürfen keine undichten Stellen im Bereich der Glasabdichtungen oder Holzverkleidungen vorliegen, die Kondensfeuchte oder Wasser eindringen lassen. Von der Innenseite eindringende Feuchtigkeit kann das Holz durchdringen und zu Haftungsstörungen in der Außenbeschichtung führen.

Fenster- und Türbeschichtung mit Dispersionslacken auf Reinacrylatbasis:
Nur mit Kunststoffborsten-Pinsel streichen; den Beschichtungsstoff satt auftragen; Schichten gut durchtrocknen lassen, sonst sind sie nicht blockfest, d.h. sie verkleben beim Schließen der Fenster oder Türen miteinander; Verklebungen auch mit Gummidichtungen durch Weichmacherwanderung möglich.

Anforderungen, Einflüsse und Untergrundprüfungen für nicht maßhaltige Hölzer s. S. 158 ff.

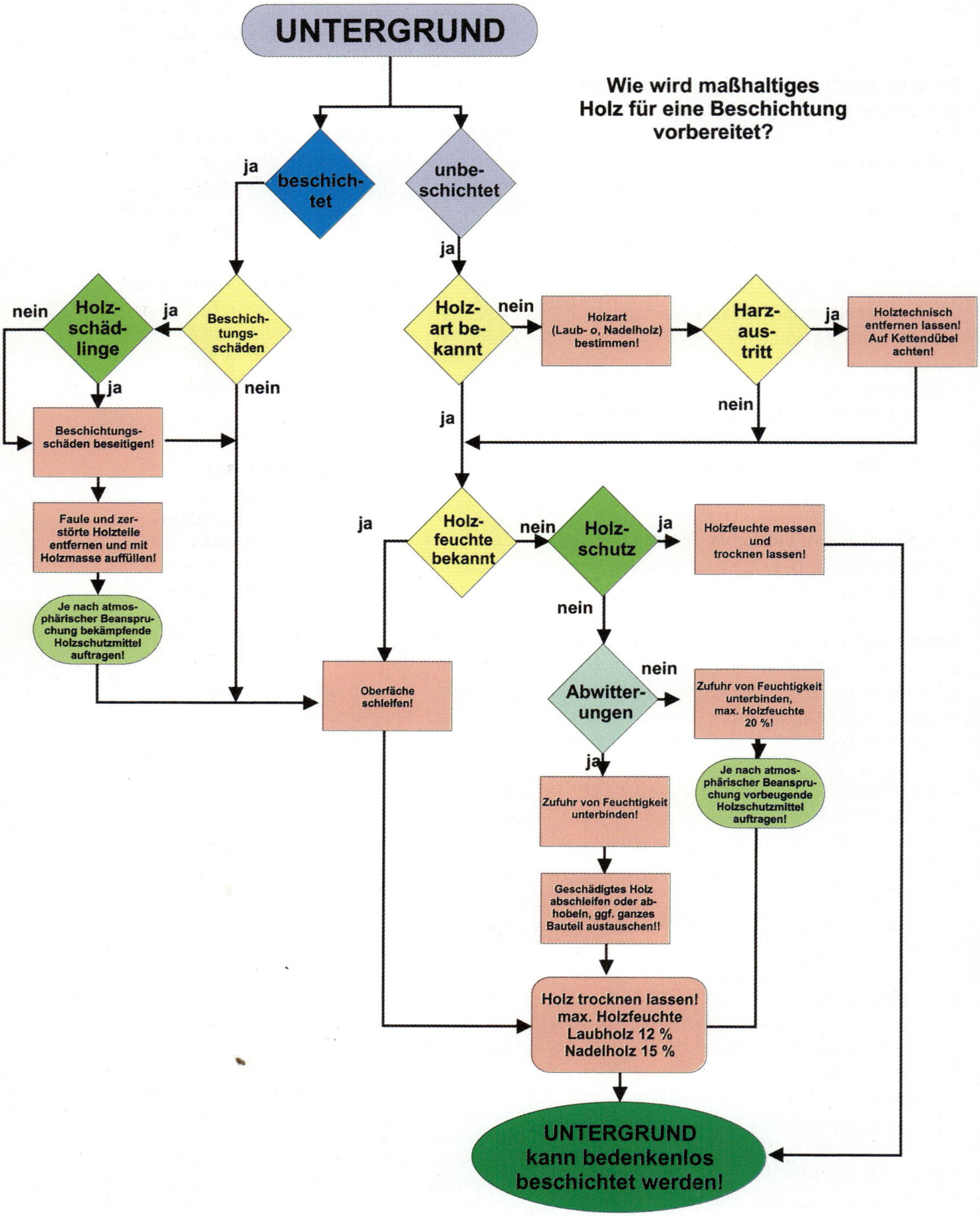

Bild 1. Vorbereitung für maßhaltige Holzbauteile im Außenbereich

5.4 Holzinnenbeschichtung

Holzuntergründe im Innenbereich sind von unterschiedlicher Bedeutung.

- **Konstruktionsholz:**
  - Vollholz als tragende Kostruktion, z.B. Balken, Ständerwerk, Deckenkonstruktionen, Wände, Stützen, Unterzüge u.a.

- **Ausbau- und Einrichtungsholz:**
  wie Türen einschließlich Futter und Bekleidung, Einbauschränke, Trennwände, Fußleisten, Regale, Möbel o.ä. aus:
  - Vollholz oder
  - Holzwerkstoffen, wie Sperrholz, Spanplatten, Holzfaserplatten, Tischlerplatten oder Furnier auf anderen Trägern, z.B. Pappe

Konstruktionsholz. Tragende, offenliegende und damit kontrollierbare Hölzer im Innenbereich, die eine konstante Holzfeuchte von ca. 10 % aufweisen, brauchen keinen chemischen Holzschutz. Unterliegen diese Hölzer aber den brandschutztechnischen Beurteilungsregeln nach DIN 4102, so sind sie brandschützend zu behandeln.

Brandschutz. Spezialbeschichtungsstoffe sollen Holz, aber auch metallische Bauteile vor Zerstörung durch Feuer schützen und damit Schaden an Mensch und Umwelt begrenzen. Nach DIN 4102 werden Baustoffe nach ihrem Brandverhalten eingeteilt.

Bauteile, z.B. Decken, Wände, Stützen oder Unterzüge, die in Brand geraten, erfüllen ihre Funktion über einen gewissen Zeitraum. Die Zeitdauer in Minuten bis zu ihrem Versagen ist die Feuerwiderstandsdauer, die in unterschiedliche Klassen unterteilt wird.
Bauteile aus Stahl können ohne zusätzliche Maßnahmen keine dieser Feuerwiderstandsklassen erfüllen.

Feuerwiderstandsklassen

Klasse	Widerstandsdauer in Minuten	Bezeichnung der Baustoffe
F 30 F 60	≥ 30 ≥ 60	feuerhemmend
F 90 F 120	≥ 90 ≥ 120	feuerbeständig
F 180	≥ 180	hochfeuerbeständig

Brandverhalten von Baustoffen

Baustoffklasse		Brandverhalten	Baustoff
A	A 1	nicht brennbar	100 % anorganisch, Beton, Kalkstein, Ziegel, Metall
	A 2	nicht brennbar	geringe Anteile organischer Bestandteile, Steinwolle, Gipskartonplatten
B	B 1	schwer entflammbare Baustoffe	Mineralfaser-Leichtbauplatten
	B 2	normal entflammbare Baustoffe	Holz und Holzwerkstoffe mit einer Rohdichte > 400 kg/dm³ und einer Dicke von > 2 mm oder einer Rohdichte > 230 dm³ und einer Dicke > 5 mm
	B 3	leicht entflammbare Baustoffe	Holz und Holzwerkstoffe mit einer Rohdichte > 400 kg/dm³ und einer Dicke von < 2 mm oder einer Rohdichte > 230 dm³ und einer Dicke < 5 mm (nicht zulässig)

Brandschutzbeschichtungen. Flammschützende Beschichtungen haben die Aufgabe, aus Holzbaustoffen der Baustoffklasse B 2 Baustoffe der Klasse B 1 zu machen. Beschichtungsstoffe die dazu verwendet werden, bedürfen eines gültigen Prüfbescheides vom Institut für Bautechnik in Berlin. Durch diese Beschichtungsstoffe wird die Entzündungszeit von Holz bei Feuer durch Ausbildung einer mikroporösen, dichten Schaumschicht, die hochwärmeisolierend ist, verzögert. Die Schaumschicht entwickelt sich bei Temperaturen ab ca. 150 °C und erreicht, ausgehend von einer Trockenschichtdicke von ca. 200 µm, das 50- bis 100fache ihres ursprünglichen Volumens.

Dämmschichtbildende Holzbeschichtungen:
- nur auf Hölzern mit einer Dicke > 12 mm auftragen,
- Mindestauftragsmenge beachten, z. B. 300 g/m^2,
- Hölzer allseitig beschichten,
- nicht in Räumen mit mehr als 80 % Luftfeuchtigkeit einsetzen,
- nicht bei Luft - und Untergrundtemperatur < 5 °C auftragen,
- die Angaben des Herstellers sind genau einzuhalten.

Die dämmschichtbildenden Beschichtungen werden in der Regel mit speziell darauf abgestimmten Schutzbeschichtungsstoffen überzogen. Die dürfen die feuerschützende Wirkung nicht beeinträchtigen.

Innenbeschichtungen auf Ausbau- und Einrichtungsholz. Auf diesen Hölzern im Innenbereich ist die Palette der Beschichtungsmöglichkeiten vielfältig:
- **deckend:**
  - wasserverdünnbar,
  - lösemittelverdünnbar,
  - glänzend,
  - matt,
  - diffusionsfähig,
  - nicht diffusionsfähig,
- **lasierend:**
  - wasserverdünnbar,
  - lösemittelverdünnbar,
- **farblos:**
  - glänzend,
  - matt.

Lackierungen:
Große ebene Flächen, z. B. Innentüren werden rationell und professionell liegend beschichtet, da so der Lack besser verläuft. Türen können mit Türlegern nass zum Trocknen gestapelt werden.

Sauberkeitsregeln für Lackierungen:
Lack in sauberes Gefäß umschütten und dabei durchsieben; nur eingearbeitete, saubere Qualitätspinsel oder -roller benutzen; nur in staubfreien Räumen lackieren, Boden eventuell mit Wasser besprengen.

Bei bestimmten grobporigen Hölzern, z. B. Eiche oder Red Meranti, sind keine gleichmäßigen, strukturlosen Beschichtungsoberflächen zu erzielen. Um dies zu erreichen, sind diese Hölzer flächig zu spachteln.

Applikationsverfahren:
- Streichen,
- Rollen,
- Spritzen.

Beschichtungssysteme. Bei deckenden und farblosen Beschichtungen werden in der Regel eine Grund-, Zwischen- und Schlussbeschichtung aufgetragen. Bei deckenden Beschichtungen kann eine Spachtelung vor der Zwischenbeschichtung erfolgen.

Grundsätzlich sind nach der Grundbeschichtung, Spachtelung und Zwischenbeschichtung Schleifgänge für eine anspruchsvolle Oberflächenwirkung der Schlussbeschichtung zu berücksichtigen.

Beschichtungsstoffbasis:
- Alkydharz,
- Acrylharz,
- Polyesterharz,
- Polyurethanharz,
- Nittrokombinationsharze.

Bild 1. Lackierung auf Holz

6 Metallische Untergründe

6.1 Eisen, Stahl und NE-Metalle

Eigenschaften der Metalle. Metall ist der Sammelname für 68 chemische Elemente, die gemeinsame charakteristische Eigenschaften aufweisen:

- **Leitfähigkeit.** Sie beruht auf der leichten Beweglichkeit der Elektronen im Metallgitter (Elektronengas); z.B. ist die elektrische Leitfähigkeit von Silber 62-mal größer als die von Edelstahl und die thermische Leitfähigkeit 12-mal so groß wie die von Blei.
- **Absorptionsvermögen.** Metalle absorbieren alle elektromagnetischen Wellen.
- **Formbarkeit.** Metalle haben große Dehn- und Verformbarkeit weit unter ihrem Schmelzpunkt. **Festigkeit.** Mit Ausnahme von Quecksilber zeigen alle Metalle bei Raumtemperatur einen festen Aggregatzustand.
- **Oberflächenglanz.** Polierte Oberflächen zeigen den charakteristischen Metallglanz.

Einteilung der Metalle:

- **Leichtmetalle:**
  - Aluminium (Al),
  - Natrium (Na),
  - Kalium (K),
  - Calcium (Ca),
  - Titan (Ti),
- **Schwermetalle:**
  - Chrom, Cr),
  - Eisen (Fe),
  - Kupfer (Cu),
  - Zink (Zn),
  - Cadmium (Cd),
  - Blei (Pb),
- **Edelmetalle:**
  - Silber (Ag),
  - Platin (Pt),
  - Gold (Au),
- **Halbmetalle:**
  - Silicium (Si),
  - Germanium (Ge),
  - Selen (Se).

Metalle unterliegen der Gefahr der äußerlichen Veränderung durch Korrosion. Durch Beschichtungen können Metalle wirksam geschützt werden. Daher werden Metalle beschichtungstechnischen eingeteilt.

Metallische Beschichtungsuntergründe:

- **Eisenmetalle:**
  - Eisen,
  - Stahl,
  - Gusseisen,
- **Nichteisenmetalle (NE-Metalle):**
  - Aluminium,
  - Zink,
  - Kupfer.

Bild 1. Stahlkonstruktion durch Beschichtung geschützt

Legierungen sind meist im Schmelzfluss gewonnene Stoffe, die zwei oder mehrere Metallkomponenten aufweisen. Die Eigenschaften der Legierungen weichen von denen ihrer Komponenten ab; so können z.B. Härte und Elastizität gegenüber den reinen Elementen wesentlich verbessert werden.

Legierungen

Name	Metallkomponenten
Messing	Kupfer-Zink
Bronze	Kupfer-Zinn
Lötzinn	Zinn-Blei
Hartblei	Blei-Antimon
Gusseisen	Eisen-Kohlenstoff-Silicium (Eisengraphit)
Edelstahl	Eisen-Chrom-Nickel

Erzeugung von Eisen und Stahl. Eisen kommt in der Natur fast ausschließlich in Eisenverbindungen als Eisenerz vor. Dieses Eisenerz muss zerkleinert, von mineralischen Fremdstoffen befreit und dann im Hochofen durch Reduktion in Eisen umgewandelt werden. Man unterscheidet siliciumarmes weißes Roheisen (Stahlroheisen), in dem der Kohlenstoff an Eisen chemisch gebunden vorliegt (Zementit), und siliciumreiches graues Roheisen mit elementarem Kohlenstoff (Graphit), das meist zu Gusseisen verarbeitet wird. Stahl entsteht durch unterschiedliche Verfahren durch Verbrennen (Oxidation) der Eisenbegleitstoffe, z.B. Kohlenstoff. Dabei erzeugt man Eisenlegierungen mit einem niedrigen Kohlenstoffgehalt.

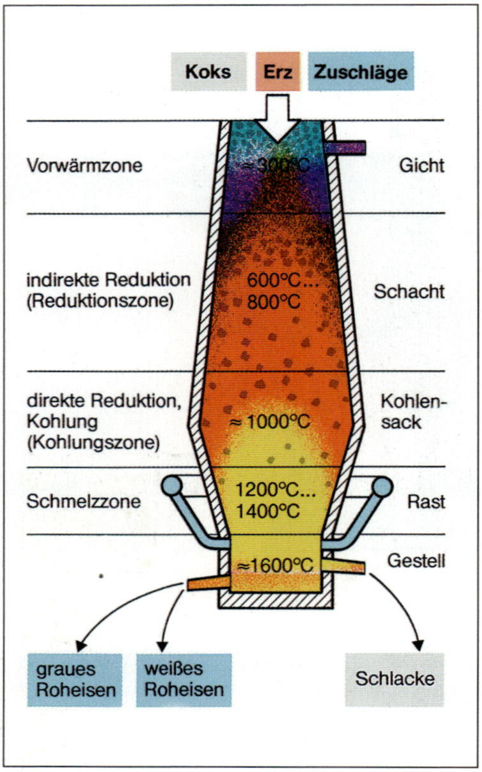

Bild 1. Herstellung von Eisen im Hochofen

Nichteisenmetalle (NE-Metalle). Die NE-Metalle werden entsprechend ihrer Dichte in Schwer- und Leichtmetalle eingeteilt. NE-Metalle sind bei hohem Reinheitsgrad sehr weich und von geringer Festigkeit. Härte und Festigkeit werden durch Legierungen erheblich verbessert. Zink und Aluminium sind die Untergründe, die anstrichtechnisch häufig behandelt werden.

NE-Metalle

Metall		Dichte ρ in kg/dm³
Schwermetall $\rho \geq 5$ kg/dm³	Zink	7,1
	Zinn	7,3
	Kupfer	8,9
	Blei	11,3
Leichtmetall $\rho < 5$ kg/dm³	Natrium	0,9
	Aluminium	2,7
	Titan	4,5

6.2 Korrosion

Korrosion ist nach DIN EN ISO 8044 die von der Oberfläche ausgehende, meist elektrochemische Veränderung, die Metalle schädigt oder zerstört.

Chemische Veränderungen an der metallischen Oberfläche können durch die atmosphärische Belastung, also durch Gase, z.B. Sauerstoff, Schwefeldioxid, Luftfeuchte, aber auch durch Salze, Wasser, Säuren und Laugen hervorgerufen werden.

Elektrochemische Korrosion

Bei der Korrosion spielen sich die gleichen Vorgänge wie bei einem galvanischen Element ab.

Galvanische Elemente. In einen Behälter mit verdünnter Schwefelsäure werden ein Kupfer- und eine Zinkstab getaucht, ohne dass sie sich berühren. Positiv geladene Zinkionen lösen sich vom Stab und gehen in die Lösung über. Die zugehörigen Elektronen verbleiben im Zinkstab, der dadurch einen Elektronenüberschuss erhält.

Verbindet man die Stäbe mit einem Draht und schaltet ein Glühlämpchen dazwischen, so leuchtet dieses auf, denn Elektronen fließen vom Zinkstab durch das Lämpchen (Verbraucher) zum Kupferstab. Der dadurch entstehende Elektronenverlust wird durch weitere Zinkionen, die in Lösung gehen, ausgeglichen. Somit fließt durch den Verbraucher ein kontinuierlicher Elektronenstrom vom Zinkstab zum Kupferstab, bis der Zinkstab sich aufgelöst hat.

Ionen

Das leichter Ionen abgebende Metall bildet den Minuspol, oder die Anode (hier Zink) und Kupfer bildet den Pluspol oder die Kathode; die Schwefellösung ist der Elektrolyt.

Elektrolyt

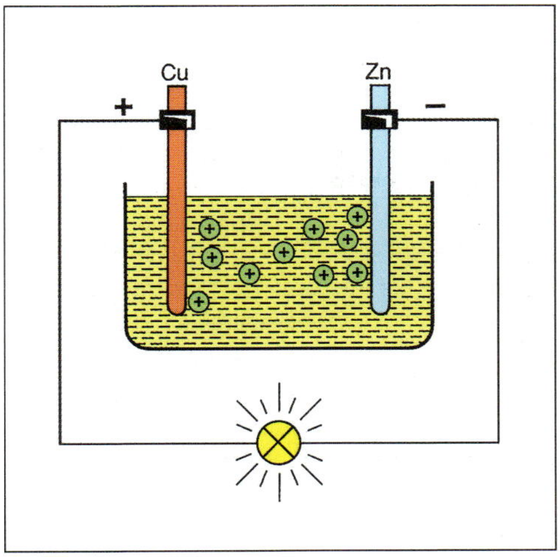

Bild 1. Galvanisches Element

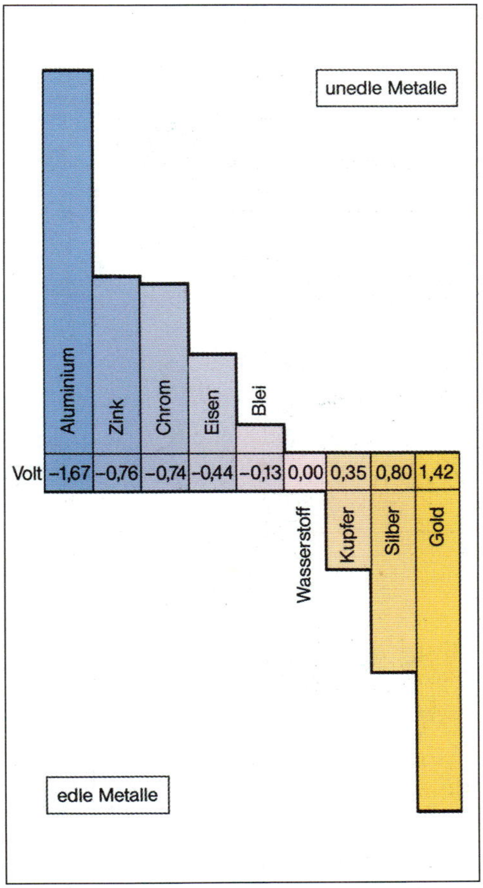

Bild 2. Elektrochemische Spannungsreihe der Metalle

Galvanische Elemente lassen sich aus den verschiedensten Metallpaaren zusammenstellen. Entscheidend ist die Differenz in der elektrochemischen Spannungsreihe der Metalle und die daraus resultierende elektrische Spannung.

Überall dort, wo zwei verschiedene Metalle in Verbindung mit einem Elektrolyten, wie Wasser, Salzlösung (z.B. Handschweiß) oder saurem Regen, zusammentreffen, entsteht ein galvanisches Element. Dort löst sich immer, bezogen auf die elektrochemische Spannungsreihe, das unedlere Metall zugunsten des edleren auf.

Elektrochemische Spannungsreihe. Die Spannungsreihe ordnet die chemischen Elemente bzw. Ionen nach zunehmendem elektrischen Potential an, das sich bei jedem Element ergibt, wenn es in einen Elektrolyten eingetaucht und gegen ein anderes Element gemessen wird.

Je negativer das Potential, bezogen auf Wasserstoff als willkürlichen Nullpunkt, desto unedler ist das Element.

Korrosion

Reduktion

Kontaktkorrosion. Werden zwei unterschiedlich edle Metalle, z.B. Zinkplatten mit Eisenschrauben verbunden, und kommt als Elektrolyt Regenwasser hinzu, so wird sich das unedlere Zink zu Gunsten des edleren Eisens auflösen. Die Verbindung wird zerstört.
Solche Verbindungsstellen mit einem NE-Metall und Eisen bilden unter Zufuhr von Feuchtigkeit starke galvanische Elemente. Eine Beschichtung beider Teile kann hier das Problem lösen.

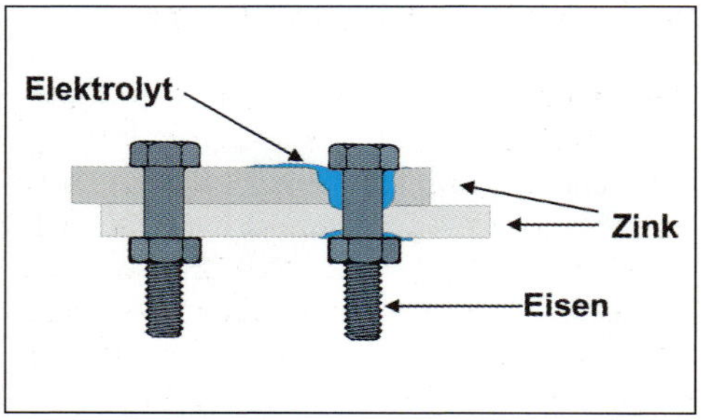

Bild 1. Kontaktkorrosion

Rosten von Eisen und Eisenoxid s. S. 116

Interkristalline Korrosion. Verunreinigung in Stahl kann Eisencarbid sein (Fe_3C). In den Grenzbereichen zwischen Eisen und Eisencarbid kann sich das unedlere Eisen auflösen. Dieser Vorgang ist von außen zunächst nicht zu erkennen.

Rost. Korrodiert Eisen, so wird das Korrosionsprodukt Eisenoxid Rost genannt. Es ist ein rotbrauner pulver- oder blattförmiger Stoff, der ein ca. 60 % größeres Volumen aufweist als Eisen. Dadurch platzen Beschichtungen vom Metalluntergrund oder Betonteile von der Bewehrung ab. Diese Unterrostung kann auch von Oxidschichten auf verarbeiteten Eisenteilen ausgehen.

Korrosivitätskategorien und Korrosionsbelastung nach DIN EN ISO 12 944 – 2

Kategorie	Außenbereich	Innenbereich	Dickenabnahme der Oberfläche nach dem 1. Jahr der Auslagerung	
			Unlegierter Stahl	Zink
C 1 unbedeutend		Beheizte Gebäude mit neutraler Atmosphäre, z. B. Schule, Hotel, Büro	≤ 1,3 µm	≤ 0,1 µm
C 2 gering	Atmosphäre mit geringer Belastung, ländliche Betriebe	Unbeheizte Gebäude, in denen Kondensation auftreten kann; z. B. Lagerhallen	≤ 1,3 – 25 µm	≤ 0,1 – 0,7 µm
C 3 mäßig	Stadt- und Industrieatmosphäre, mäßige Verunreinigung durch Schwefeldioxid, Küstenbereiche mit geringer Salzbelastung	Produktionsräume mit hoher Feuchte und etwas Luftverunreinigung, z. B. Wäschereien, Molkereien, Brauereien	≤ 25 – 50 µm	≤ 0,7 – 2,1 µm
C 4 stark	Industrielle Bereiche und Küstenbereiche mit mäßiger Salzbelastung	Chemieanlagen, Schwimmbäder, Bootshäuser	≤ 50 – 80 µm	≤ 2,1 – 4,2 µm
C 5-I sehr stark (Industrie)	Industrielle Bereiche mit hoher Feuchte und aggressiver Atmosphäre	Gebäude oder Bereiche mit nahezu ständiger Kondensation und mit starker Verschmutzung	≤ 80 – 200 µm	≤ 4,2 – 8,4 µm
C 5-M sehr stark (Meer)	Küsten und Außenbereiche mit hoher Salzbelastung	Gebäude oder Bereiche mit nahezu ständiger Kondensation und mit starker Verschmutzung	≤ 80 – 200 µm	≤ 4,2 – 8,4 µm

Unterrostung. Harte Oxidschichten, die sich beim Abkühlen von gewalztem Eisen oder Stahl bilden, werden Walzhaut oder Zunder genannt. Diese Schichten müssen vor Ausführung einer Beschichtung entfernt werden, da sie sich nach gewisser Zeit von der Metallunterlage lösen. Andernfalls bildet sich unter der beschichteten Schicht Rost und die Beschichtung blättert ab.

Korrosionsbelastung. Alle Einflüsse, die sich auf die Korrosion von Werkteilen aus Eisen und Stahl fördernd auswirken, stellen dauerhaft auch eine Belastung für den Werkstoff dar. Dieser rostet dadurch und wird zerstört. Eine natürliche Belastung stellt die Atmosphäre dar, die ein Gemisch aus Gasen und Schadstoffen ist. Sie bleibt im Allgemeinen bei einer relativen Luftfeuchte < 60 %, z.B. in Innenräumen, unbedeutend. Die Korrosionsgeschwindigkeit von Eisen und Stahl nimmt aber mit mangelhafter Belüftung zu.

Korrosionsbelastung:
- relative Luftfeuchte > 60 %,
- Bildung von Kondenswasser an der Oberfläche (Oberflächentemperatur ≤ Taupunkt),
- zunehmende Verunreinigungen der Atmosphäre durch Schadstoffe, z.B. SO_2.

Korrosivitätskategorien. Durch Korrosion verlieren Eisen- und NE-Metalle Material an der Oberfläche. Diese Verluste können bestimmten Regionen mit atmosphärischen Bedingungen sowie der Verunreinigung der Atmosphäre durch Gase oder gelöste Salze zugeordnet werden. Deshalb hat die Norm die korrosive Wirkung der Atmosphäre anhand des Massenverlustes von unlegiertem Stahl und Zink in sechs Korrosivitätskategorien eingeteilt (s. Tabelle S. 174).

6.3 Korrosionsschutz

Korrosionsschutz kann nach DIN 55928 und DIN EN ISO 12944 durch einen Überzug aus korrosionsbeständigen Metallen oder durch eine Beschichtung erreicht werden.

Grundvoraussetzungen für Korrosionsschutz sind:
- sachgemäße Untergrundvorbereitung,
- der Korrosionsbeanspruchung angepasster Beschichtungsstoff,
- fachgerechte und sorgfältige Beschichtung,
- ausreichende Schichtdicke.

6.3.1 Korrosionsschutzbeschichtungen

Untergrundanalyse. Wirksamer, dauerhafter Schutz vor Korrosion hängt im Wesentlichen von einer sach- und fachgerechten Vorbereitung der zu beschichtenden Untergründe ab (s. S. 32 Kapitel 1.2 Vorbehandlung metallischer Oberflächen). Dieser geht eine Beurteilung des Untergrundes voraus. Dabei ist zu unterscheiden, ob es sich um eine Erstbeschichtung handelt oder ob eine bereits beschichtete Oberfläche neu zu beschichten ist. Beurteilt wird die Fläche gemäß DIN EN 13961-10 nach Vergleichsbildern und/oder dem Anteil der gerosteten Fläche in % und dem Rostgrad.

Untergrundprüfung. Auf beschichteten Metallen ist die Gitterschnittprüfung und/oder der Klebebandtest zur Haftungsprüfung der Altbeschichtung einzusetzen.

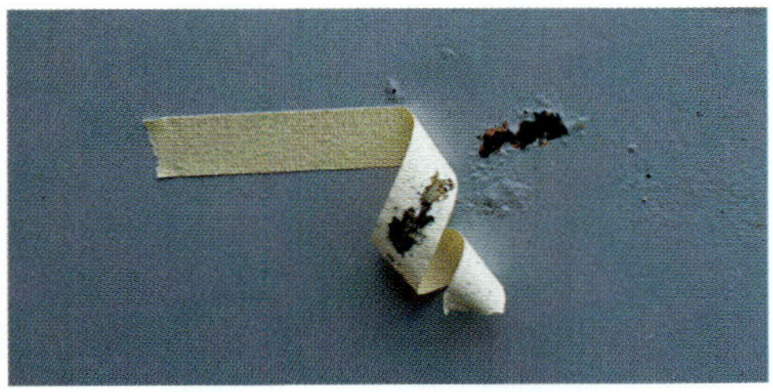

1 µm

Bild 1. Klebebandtest auf unterrosterer Beschichtung

Untergrundvorbereitung. DIN 55928 legt Normreinheitsgrade für unbeschichtete und für beschichtete Stahloberflächen fest, um die Verunreinigungen bis zu dem betreffenden Reinheitsgrad zu entfernen.

Entzundern durch Beizen:
Nicht zugängliche Stellen, die auf keine andere Art und Weise entrostet bzw. entzundert werden können, dürfen durch Beizpasten oder durch Phosphorsäure behandelt werden; wichtig ist, dass die entrosteten Flächen nach jedem Beizvorgang mit Laugen neutralisiert und gründlich mit Heißdampfstrahlern nachgewaschen werden.

Gitterschnittprüfung und Klebebandtest s. S. 124
Normreinheitsgrade s. S. 34 f.

Korrodierte, beschichtete Eisenmetalle

Schadensbild	gerostete Fläche in %	Beschreibung	Rostgrad
	ca. 1 %	Beschichtung ist durchrostet	Ri 3
	ca. 8 %	teilweise zusammenhängende Rostdurchbrüche	Ri 4
	ca. 40 % – 50 %	Beschichtung ist in großen Teilen abgeblättert	Ri 5

Rostgrade s. S. 32

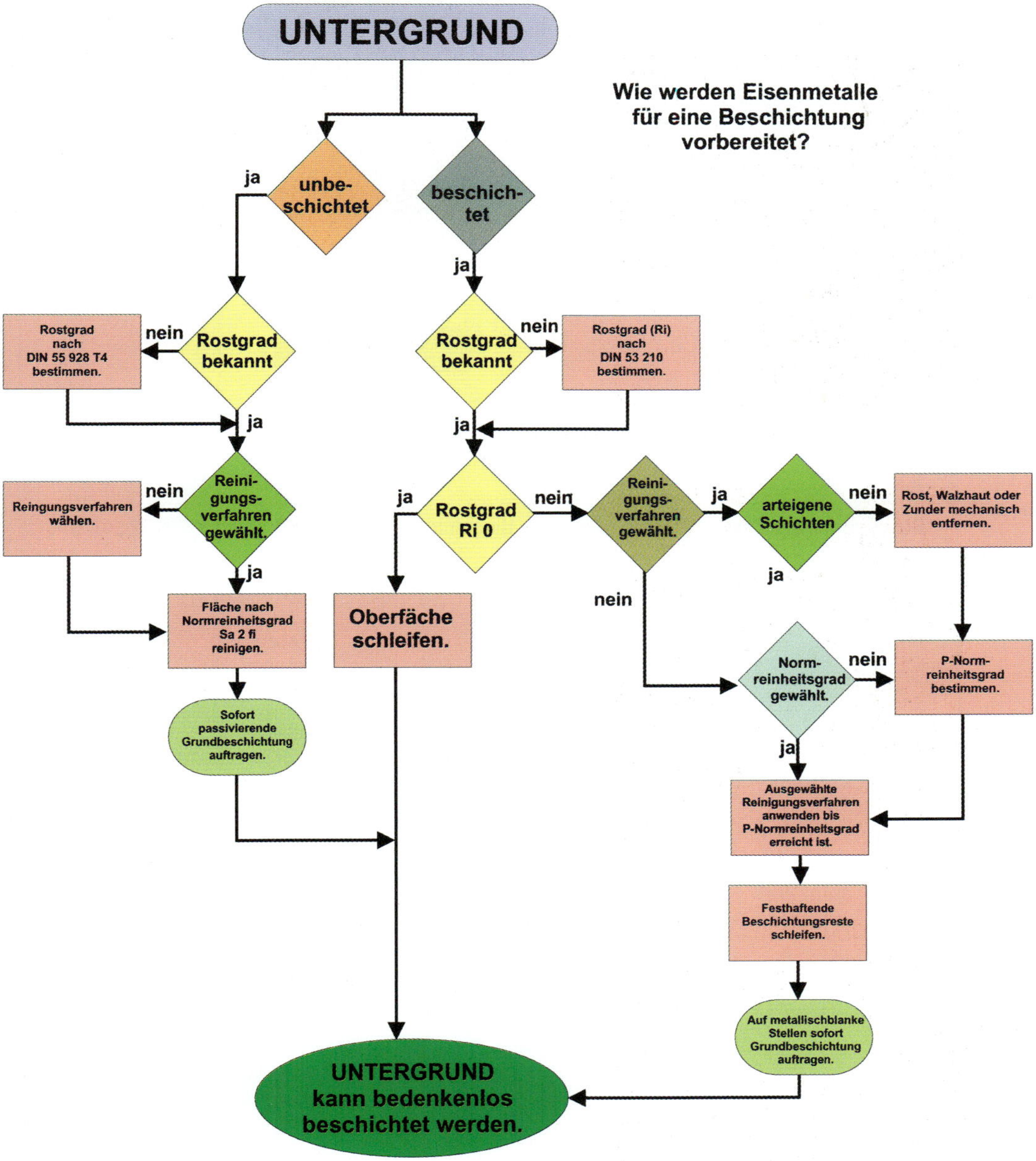

Bild 1. Vorbereitung von unbeschichteten und beschichteten Eisenmetallen

Beschichtungssysteme. Wirkungsvoller Korrosionsschutz durch Beschichtungen erfordert die richtige Zusammensetzung der Beschichtungsstoffe für den Korrosionsschutz. Bindemittel und Pigmente bieten unabhängig voneinander Schutz vor Korrosion. Damit der Schutz der eingesetzten Bindemittel und der korrosionsschützenden Pigmente voll wirksam werden kann, muss auf eine ausreichende Schichtdicke der jeweiligen Beschichtung geachtet werden.

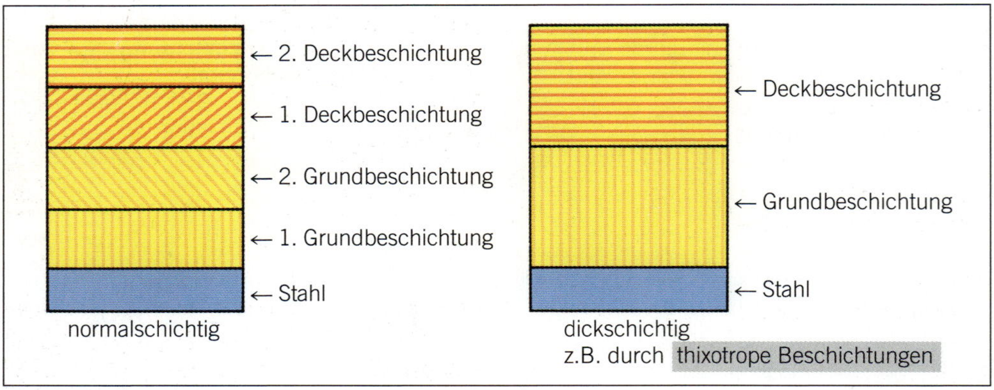

Bild 1. Normalschichtiges Korrosionsschutzsystem (NSS) und dickschichtiges System

Schutzdauer

Beschichtungssysteme für atmosphärische Umgebungsbereiche nach DIN EN ISO 12 944–5

Korrosivitätskategorie/ Korrosionsbelastung	Erwartete Schutzdauer	Gesamtsollschichtdicke in µm	Bindemittelbasis der Beschichtungssysteme
C 2 gering	mittel	120	Alkydharze (AK) Acrylharze (AY) Chlorkautschuk (CR) Vinylchlorid-Copolymerisatharze (PVC) Epoxidharze (EP) Polyurethanharze (PUR)
	lang	160	
C 3 mäßig	mittel	160	Alkydharze (AK) Acrylharze (AY) Chlorkautschuk (CR) Vinylchlorid-Copolymerisatharze (PVC) Epoxidharze (EP) Polyurethanharze (PUR)
	lang	200	
C 4 stark	mittel	200	Chlorkautschuk (CR) Vinylchlorid-Copolymerisatharze (PVC) Epoxidharze (EP) Polyurethanharze (PUR)
	lang	240 - 280	
C 5-I sehr stark	mittel	240	Chlorkautschuk (CR) Vinylchlorid-Copolymerisatharze (PVC) Epoxidharze (EP) Polyurethanharze (PUR)
	lang	320 - 500	
C 5-M sehr stark	mittel	240 - 280	Chlorkautschuk (CR) Vinylchlorid-Copolymerisatharze (PVC) Epoxiharze (EP) Polyurethanharze (PUR)
	lang	320	Epoxiharze (EP) Polyurethanharze (PUR)

thixotrope Beschichtung s. S. 69

Grundsätze für Korrosionsschutzbeschichtungen. Es ist zu beachten:

- Die Grundbeschichtung soll nicht bei feuchter Witterung aufgetragen werden, da Gefahr der Unterrostung besteht.
- Sofort nach der Untergrundvorbereitung mit der Beschichtung beginnen, da auf Stahl und Eisen die Korrosion sofort einsetzt und die Gefahr der Unterrostung entsteht.
- Beim Schleifen der Grundbeschichtung die Kanten nicht durchschleifen.
- Kanten, Nieten, Schrauben, Ecken und Falze mit zusätzlicher Zwischenbeschichtung versehen, da aufgrund von Kantenflucht sonst die Sollschichtdicke nicht erreicht wird.
- Durch Streichen werden immer höhere Schichtdicken erzielt als durch jedes andere Applikationsverfahren.

Messen der Schichtdicke. Um sicherzugehen, dass die Sollschichtdicke der Korrosionsschutzbeschichtung auch aufgetragen wurde, sollte sie gemessen werden. Die Schichtdicke lässt sich mechanisch, optisch oder magnetisch messen.

- **Nassschichtdicke:** Messen der Schichtdicke der noch flüssigen aufgetragenen Beschichtung; die Dicke kann z.B. bei Alkydharzlacken doppelt so hoch sein wie die spätere Trockenschichtdicke.
- **Trockenschichtdicke:** Messen der getrockneten und ausgehärteten Beschichtungsschichtdicke; die Trockenschichtdicke beim Streichen von Alkydharzlacken beträgt ca. 40 µm.

Ein einfaches Gerät für die Messung der Nassschichtdicke ist der Messkamm. Der Kamm hat unterschiedliche Zahnungen. Die Zahnreihe mit der Zahnung, innerhalb deren Messbereich man die Schichtdicke vermutet, wird in die aufgetragene Beschichtung gedrückt und senkrecht wieder herausgehoben. Der Zahn, der gerade noch von der Schichtdicke berührt wird, gibt die Nassschichtdicke an.

Kantenflucht s. S. 253

Bild 1. Ansetzen des Messkamms zu Schichtdickenmessung

Bild 2. Ablesen der Schichtdicke

Unzugängliche Stellen an Bau- und Werkteilen: Befinden sich an Konstruktionen oder Werkteilen Einlassstellen für Wasser, diese unbedingt mit z.B. 2K-Metallpolyesterspachtel schließen; im Innenbereich kann mit Alkydharzspachtelmassen (Lackspachtelmassen) gespachtelt werden.

6.3.2 Korrosionsschutz durch Überzüge

Zinküberzüge. Die Herstellung von Zinküberzügen durch Eintauchen von Eisen- und Stahlwerkteilen in eine Zinkschmelze wurde schon 1742 von dem französischen Chemiker Malouin entdeckt. Heute werden in Deutschland mehr als 250 000 t Zink jährlich für Zinküberzüge verarbeitet und dadurch etwa 3,75 Mio. t Stahl vor Korrosion geschützt. Die ausgezeichnete Schutzwirkung ist auf das elektrochemische Verhalten von Zink gegenüber Eisen zurückzuführen.

Kathodenschutz. Zink ist unedler als Eisen und löst sich unter atmosphärischer Belastung zu dessen Gunsten auf. Wird z.B. der Zinküberzug eines verzinkten Eisenblechs durch den ganzen Überzug beschädigt und bildet die Feuchtigkeit aus der Luft den Elektrolyten, so gehen Zinkionen in Lösung. Das freiliegende Blech kann an dieser Stelle nicht oxidieren, weil eine ständige Zufuhr von Kationen eine Elektronenabgabe zur Sauerstoffaufnahme verhindert.

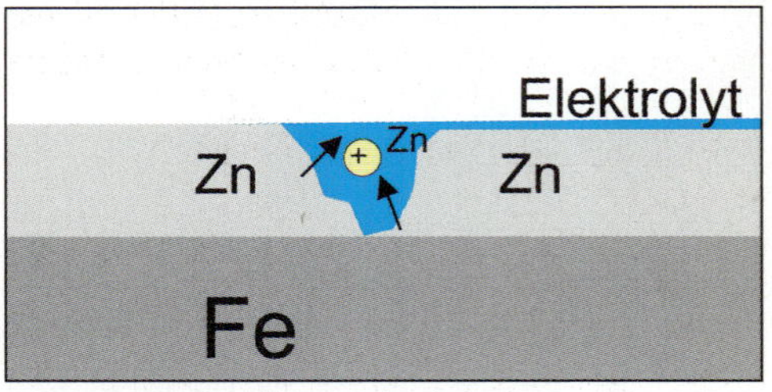

Bild 1. Kathodische Schutzwirkung

Feuerverzinkung. Vorbehandeltes Eisen oder vorbehandelter Stahl wird in eine Zinkschmelze von 450 °C getaucht und dadurch auf diese Temperatur erhitzt. Dabei bildet sich an der Oberfläche des Verzinkungsguts eine Eisen-Zink-Legierung, die beim Herausziehen des Werkteils mit reinem Zink überdeckt wird. Die Bildung dieser Legierung und die Dicke des Überzugs hängen vom Siliciumgehalt des Stahls und der Tauchzeit ab.

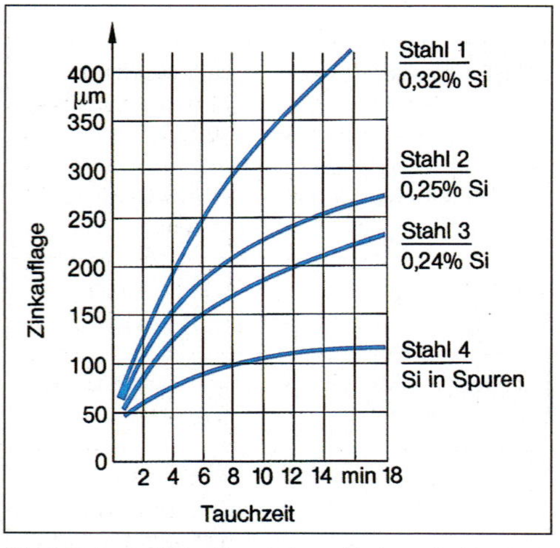

Bild 2. Dicke der Zinkauflage bei verschiedenen Stählen in Abhängigkeit von der Tauchzeit

Saurer Regen s. S. 117, Atmosphärentyp s. S. 174

Eine reine Zinkschicht erkennt man an den Zinkblumen der Oberfläche, Eisen-Zink-Legierungen sind dagegen an der Oberfläche matt und grau.

Bild 3. Zinkblumen auf feuerverzinktem Stahl

Zink und Verzinkungsarten

Verfahren	Dicke	Beschichtungsuntergrund
Zinkblech (Titanzink)	Blechdicke 0,6 mm – 1,0 mm	Dachrinnen, Fallrohre, Zinkabdeckungen, Fensterbänke
Stückverzinken: Tauchen von zusammenhanglosen Einzelteilen	Normwert DIN EN ISO 1461: 50 µm – 100 µm bei Kleinteilen, Praxiswert: 100 µm – 200 µm	Träger, Bauprofile, Geländer, Leitplanken, Rohre, Behälter
galvanische Verzinkung	Normwert DIN 50961: 5 µm– 25 µm	Kleinteile, Schrauben, Beschläge
Bandverzinken: kontinuierliches Tauchen von Bändern ≥ 600 mm	einseitig: > 20 µm	Dacheindeckungen, Fassadenverkleidungen, Garagentore, Tür- und Fensterzargen

Zinkabbau. Der Abbau des Zinküberzugs auf Eisen und Stahl bestimmt die Korrosionsschutzdauer. Säuren (pH-Wert < 6) und Laugen (pH-Wert > 12,5) reagieren mit Zink. Somit ist in aggressiver Atmosphäre der Zinkabbau relativ hoch, der saure Regen beschleunigt den Abbau.

Atmosphärischer Zinkabbau

Atmosphärentyp	Zinkabbau pro Jahr in µm (Durchschnittswerte)
Landluft	1,3 – 2,5
Stadtluft	1,9 – 5,2
Seeluft	2,2 – 7,2
Industrieluft	6,4 – 13,8

Bild 1. Weißrost und Rostfahnen auf einer Zinkoberfläche

Untergrundanalyse. Durch Augenschein wird die Oberfläche des Beschichtungsträgers auf Verschmutzung und Korrosionsprodukte geprüft, z.B. auf Weißrost und Zinksalze bei der Erstbeschichtung. Auch der Zinkabbau bestimmt den Zeitpunkt und die Art der Vorbereitung des Zinkuntergrundes, denn die bei der Feuerverzinkung entstandenen Feststoffe und Salze sind abgewittert und die Oberfläche ist natürlich angeraut.

Untergrundvorbereitung. Die Vorbereitung, bedingt durch Größe, Bauart, Konstruktion und Korrosionsgrad der Zinkoberfläche, kann auch durch andere Reinigungsarten ersetzt werden, z.B.

- ammoniakalische Netzmittelwäsche,
- Dampfstrahlen,
- Hochdruckwasserstrahlen mit Chemikalienzusatz,
- leichtes Strahlen mit festem Strahlmittel.

Diese Vorbereitungsverfahren müssen aber vom Beschichtungsstoffhersteller empfohlen sein.
Die Reinigung der frischen feuerverzinkten Oberfläche mit Universallösemitteln ist abzulehnen, da Öl, Fettstoffe und besonders Zinksalze nicht genügend entfernt werden. Zink darf nicht mit Säure behandelt werden, da dadurch Zink abgebaut wird und anstrichschädigende Salze entstehen.

Auswirkung der Standzeit von Zinkoberflächen auf Vorbereitung und Beschichtung

	Zeitpunkt der Erstbeschichtung			
Merkmale	unmittelbar nach Feuerverzinkung	nach kurzer Standzeit z.B. 5 Jahre	nach langjähriger Standzeit, keine Rostbildung sichtbar	nach langjähriger Standzeit, Rostbildung sichtbar
Zustand des Überzugs	frisch	bewittert	teilweise abgebaut	abgebaut mit Rostnarben
Überzugsdicke bei 100 µm Ausgangsschicht	100 µm	≈ 85 µm	≈ 25 µm	≈ 25 µm – 0 µm
Aussehen	silbrig glänzend, Zinkblumen	grau oder weißlich, matte Oberfläche, Zinkblumen kaum oder nicht mehr erkennbar		grau bis weißlich matt, Roststellen
Eignung als Beschichtungsträger	nicht unproblematisch	problemlos	problemlos	problemlos auf Zinkstellen, Roststellen problematisch
Oberflächenvorbereitung	abbürsten, ammoniakalische Netzmittelwäsche	abbürsten	abbürsten	abbürsten, Roststellen passivieren

Ammoniakalische Netzmittelwäsche. Die Vorbereitung mit ammoniakalischer Netzmittelwäsche dient dem Entfernen der Oberflächenverschmutzung und dem Aufrauen. Diese Maßnahme ist sowohl im Innen- als auch im Außenbereich erforderlich.

10 Liter Wasser mit ca. $\frac{1}{2}$ Liter 25 %iger oder $1\frac{1}{2}$ Liter 10 %iger Ammoniaklösung (Salmiakgeist) und etwas Netz- oder Spülmittel (ca. zwei Kronkorken voll) mischen.
Die Oberfläche wird mit einem Kunststoffvlies und dem Ammoniak-Netzmittel-Wasser-Gemisch nass geschliffen. Der dabei entstehende feine Schaum soll ca. 10 Minuten auf der Oberfläche verbleiben. Danach nochmals nass schleifen, bis der Schaum grau ist. Anschließend mit Wasser gründlich nachwaschen.

Ammoniakalische Netzmittelwäsche ist das Vorbereitungsverfahren für Zink- oder verzinkte Oberflächen. Bei der Reinigung immer Schutzhandschuhe und Schutzbrille tragen.

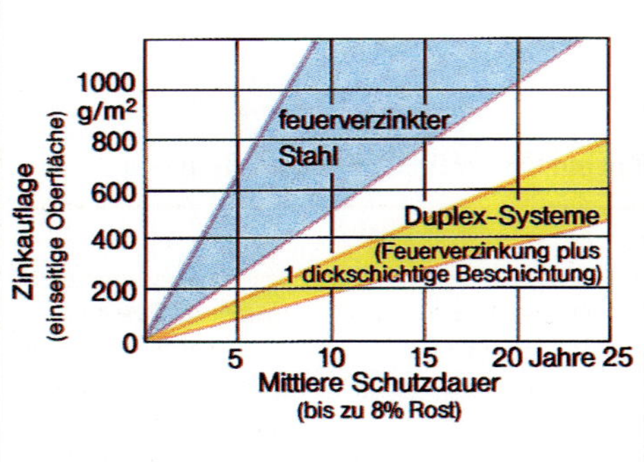

Bild 1, Standzeiten vom Duplex-System im Vergleich zur Verzinkung

Beschichtungssysteme. Die Auswahl der Beschichtungssysteme richtet sich nach der atmosphärischen und mechanischen Belastung der verzinkten Oberfläche. Beschichtungen können normalschichtig und dickschichtig ausgeführt werden.

Erstbeschichtung. Die Beschichtungsstoffe müssen speziell für den Untergrund Zink geeignet, aufeinander abgestimmt und von einem Hersteller sein. Deckbeschichtungen auf Alkydharzbasis

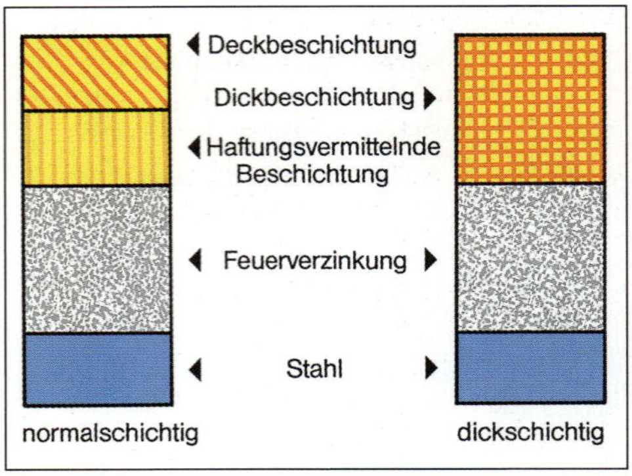

Bild 2. Normalschichtiges und dickschichtiges Beschichtungssystem auf Zinkuntergründen

sind nur dann möglich, wenn die Grundbeschichtungen einen ausreichenden Absperreffekt für trocknende Öle aufweisen und dies ausdrücklich vom Hersteller bestätigt ist. Alkydharzlacke verspröden frühzeitig auf Zink und verlieren ihre Haftung durch Zinkseifenbildung mit dem Untergrund. In der Regel ist die Grundbeschichtung mit Basisstoffen der Zwischen- und Schlussbeschichtung auszuführen, auch bei Überholungsbeschichtungen nicht mit anderen Systemen überstreichen.

Kunstharzkombinationen (Zinkhaftfarben). Kunstharzbeschichtungsstoffe, die eigens für Zinkuntergründe entwickelt wurden, sind sehr elastisch und meist physikalisch trocknende Kunstharze.

- **Acrylharze o.a.:**
  verspödungsfrei, frühestens nach einem Jahr Standzeit mit anderen Beschichtungsstoffen überstreichbar, begrenzte Farbtonauswahl, nur Glanzstufe seidenglänzend.

Zweikomponenten-Systeme. Diese Systeme sind besonders beständig gegen mechanische und chemische Beanspruchungen.

- **Epoxidharzbasis (EP):**
  Beschichtung vergilbt und kreidet auf Außenflächen, Verarbeitung unter + 10 °C nicht möglich,

- **Polyurethanharz (PUR):**
  lichtbeständig, nicht kreidend, die Stammlackkomponente muss frei von Fettsäuren sein, feuchtigkeitsempfindlich während der Verarbeitung, nicht unter + 5 °C verarbeiten.

Dispersions-Systeme. Bei besonderen Ansprüchen an Glanzstufe und Farbton, ist es möglich, die Grundbeschichtung mit Dispersionsfarben und die Schlussbeschichtung mit Dispersionslackfarbe auszuführen. Bei dunklen Farbtönen ist ein Ausblühen von Zinksalzen möglich.

- **Kunststoffdispersionsfarben:**
  nur bis + 5 °C verarbeitbar, sehr gute Haftung, schlecht zu reinigen,

- **Dispersionslackfarben:**
  gut vergilbungs- und fettbeständig, sehr gute, dauerhafte Haftung, gut zu reinigen, alle Farbtöne lieferbar.

Duplex-System. Da verzinkte Stahl- und Eisenuntergründe nur zeitlich begrenzt vor Korrosion geschützt sind, wird die Lebensdauer von Zinküberzügen durch eine anstrichtechnische Beschichtung erhöht. Zinküberzug plus eine dickschichtige Beschichtung wird Duplex-System genannt.

Überholungs- und Erneuerungsbeschichtung. Schäden an einer auf Zink aufgetragenen Beschichtung sind häufig die Folge von mangelnder Untergrundvorbereitung. Sie werden in der Regel von Verunreinigungen und Korrosionsprodukten der Zinkoberfläche verursacht.

Überholungsbeschichtungen auf werksseitig beschichteten Bauteilen, z.B. Fassadenverkleidungen, dürfen nur dann durchgeführt werden, wenn die Zusammensetzung der Beschichtung bekannt ist und vom Hersteller die Unbedenklichkeit des Ausbesserungsmaterials für die vorhandene Beschichtung zugesichert wird.

Überholungsanstrich auf Zink:
Vorhandene Beschichtungen genau auf Festigkeit prüfen, schon bei Gitterschnittkennwert Gt2 ist die Altbeschichtung schon ganz zu entfernen, da bei einer höheren Gesamtschichtdicke, die durch den Überholungsanstrich entsteht, mit großen Spannungen zu rechnen ist; die Beschichtungen lösen sich vom Untergrund.

Beschichtungssysteme für Zink und verzinkte Bleche

Bauteil	Beschichtungssystem				
	Zinkhaft-system	Zweikomponenten-System		Dispersions-System	
		EP-Lacke	PUR-Lacke	Disperions-farben	Dispersions-lack
Türen und Tore	+	+	+	–	+
Tür- und Fensterzargen	+	+	+	+	+
Fenster	+	+	+	–	+
Verkleidungen/Fassadenbleche	+	+	+	+	+
Treppenstufen	–	+	+	–	–
Geländer/Zäune	+	+			
Dachrinnen/Fallrohre	+	+	+	+	+
Träger/Stützen	+	+	+	+	+

Beschichtungsschäden

Schadensbild	Beschreibung	Ursache	Maßnahme
	Blätternde Altbeschichtung	Fettrückstände auf der Zinkoberfläche, Alkydharzbeschichtung ohne spezielle Grundbeschichtung	Altbeschichtung ganz entfernen, ammoniakalische Netzmittelwäsche, Erneuerungsbeschichtung
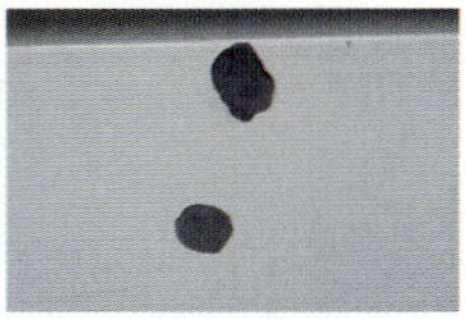	Blasen und runde Abblätterungen	Osmoseblasen aufgrund von Salzrückständen und Zinkkorrosionsprodukten	
	Beschichtung spittert bei Gitterschnitt- oder Kratzprobe ab, Reste bleiben nach Klebebandtest am Klebstreifen	Haftungsstörung durch Öl- und Fettrückstände, falsche Grundierung, Haftprimer- oder falsche Beschichtung	

6.4 Untergrund Aluminium

Primer

Shop Primer

Aluminium, ein Leichtmetall, wird unter hohem Einsatz von elektrischer Energie aus dem Gesteingemisch Bauxit gewonnen. Aluminium wird wegen seiner geringen Dichte sowie seiner allgemeinen Beständigkeit und Festigkeit im Bauwesen vielfältig verwendet und muss nicht zwingend anstrichtechnisch behandelt werden. Auf dem Metall bildet sich eine schützende, dünne, feste Oxidschicht, die sich selbst bei mechanischer Zerstörung immer wieder neu bildet.

- **Eigenschaften:** Aluminium hat aufgrund seiner Eigenschaften folgende Bedeutung: silberglänzend, verformbar, unmagnetisch, gute Licht-, Wärmereflexion u. elektrische Leitfähigkeit, korrosionsbeständig, Schmelzpunkt 660 °C, oxidiert, Oxidschicht sehr fest und witterungsbeständig, künstliche Erzeugung der Oxidschicht im Eloxalverfahren (**el**ektrolytisch **ox**idiertes **Al**uminium).
- **Handelsformen:** Barren, Bleche, Bänder, Folien, Rohre, Profile, Draht, Pulver.
- **Verwendung:** rein oder in Form von widerstandsfähigen Legierungen (z.B. mit Silicium, Magnesium, Kupfer, Zink) für Tür- und Fensterprofile, Rolläden, Fassadenbekleidungen, Konstruktionselemente, Baubeschläge, metallblank, anodisch oxidiert, einbrennlackiert oder mit Folie kaschiert.

Untergrundanalyse. Der Untergrund ist durch Augenschein zu prüfen. Aluminium wird im metallisch blanken und anodisch oxidierten Zustand von Laugen und einigen Säuren angegriffen. Diese Mittel dürfen nicht zur Untergrundvorbereitung eingesetzt werden. Geprüft wird auf:

- mechanische Beschädigungen,
- Verunreinigungen, wie Fette, Öle, Signierfarben,
- Mörtel- und Farbspritzer,
- mangelhaft geputzte Schweißnähte,
- Korrosionsschäden, wie Ausblühungen, Korrosionsmulden, Anätzungen,
- ungeeignete Altbeschichtungen,
- Haftungsprüfung bei Altbeschichtungen durch Gitterschnitt- oder Kratzprobe,
- Überstreichbarkeit durch Lösemittelprobe.

Osmose s. S. 254, Primer s. S. 109

Risse. Die häufigsten Schäden an Putzen im Innen- und Außenbereich sind Risse. Eine rissige Fassade hinterlässt beim Betrachter einen hässlichen und verwahrlosten Eindruck. Da Wasser und Schadstoffe durch Risse in den Baukörper eindringen können, wird die Bausubstanz zerstört, des Gebäude erleidet Wertverluste. Zu hohe Feuchtigkeit führt zu Schimmelpilzbefall der Innenwände und zu schlechtem Wohnklima (s. S. 220 f.). Feuchtigkeit im Mauerwerk verringert den Wärmedämmwert um 50 %, dadurch entstehen Heizenergieverluste.

Rissbewegungen. Einmal entstandene Risse sind dauernd in Bewegung: Ständige Temperaturschwankungen bewirken ein Erweitern und Zusammenziehen. Die Verbreiterung eines Risses ist von mehreren Faktoren abhängig:

- **Abstand zum nächsten Riss.** Nicht die Größe oder Länge ist entscheidend.
- **Baustoff.** Unterschiedliche thermische Ausdehnungen von Baustoffen führen zu Spannungen.
- **Feuchtigkeitsaufnahme.** Feuchtigkeit führt im Winter zu Spannungen durch Ausdehnung des Wassers, feuchtigkeitsspeichernde Salze erzeugen Kristallisationsdruck.
- **Lage am Gebäudeteil.** Unterschiedliche Mauerstärken, z.B. im Brüstungsbereich, oder die direkte Bewitterung sind besonders gefährdet.

Jeder Riss lässt durch Kapillarwirkung Feuchtigkeit schnell in tiefere Schichten gelangen und führt zu größeren Schäden am Untergrund.

Rissarten. Ausfüllen oder Überbrücken von Rissen können nicht die Ursache der Rissbildung beseitigen. In vielen Fällen kann jedoch der Putz oder das Mauerwerk vor fortschreitender Zerstörung durch Witterungseinflüsse bewahrt werden. Um Risse fachkompetent zu bearbeiten, müssen die Enstehungsursachen bekannt sein.

Risse im Außenputz können putztechnisch bedingt sein, vom Putzgrund ausgehen oder ihre Ursache im Baugrund (baudynamisch) haben.

Thermische Längenänderung s. S. 113
Kristallisationsdruck s. S. 120, Kapillarität s. S. 106

Bild 1. Schwundrisse

Bild 2. Stoß- und Lagerfugenrisse

Bild 3. Mischmauerwerkrisse

Bild 4. Zug-, Druckspannungs- und Anschlussrisse

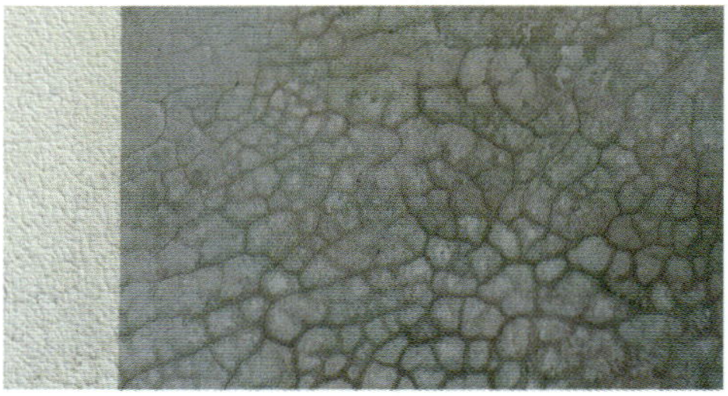

Bild 5. Haarrisse

Putzrisse

Einteilung	Art und Aussehen	Ursache	Untergrundprüfung und -vorbereitung
putztechnisch bedingte Risse	**Schwindrisse** großflächige, schollenartige Risse Rissbreite > 0,2 mm und Knotenabstand > 30 cm	falsches Festigkeitsgefälle, harter Putz auf weichem Putzgrund	Haftfestigkeit durch Klopfprobe prüfen, Festigkeit durch Kratzprobe feststellen, schadhaften Putz oder Hohlstellen entfernen und neu verputzen
	Haarrisse netzartige, haarfeine Risse an der Putzoberfläche, nach Benetzen mit Wasser deutlich dunkel auftretend (Benetzungsprobe), Rissbreite < 0,2 mm und Knotenabstand < 15 cm	zu feiner, gleichkörniger Sand in der letzten Putzlage, zu viele aufschlämmbare, tonige Bestandteile im Putz, zu hoher Bindemittelanteil in der letzten Putzlage, zu starke Oberflächenbearbeitung durch Glätten und Reiben, zu schneller Entzug des Anmachwasseres, z.B. durch stark saugendes Mauerwerk	Putzoberfläche reinigen und auf Haftfähigkeit zum Mauerwerk prüfen (Klopfprobe), Grundierung bei sandelnden Putzen mit lösemittelhaltigem, sonst mit wasserverdünnbarem Tiefgrund
Risse vom Putzgrund ausgehend	**Mischmauerwerkrisse** Risse durch die ganze Putzschale, entlang unterschiedlicher Wandbildner, z.B. Holzwolleleichtbauplatten, Mehrschichtplatten, Dämmplatten aus Polystyrol	Volumenänderung durch Temperaturänderung und Feuchtigkeitseinwirkung bei unterschiedlich aufeinander stoßenden Wandbildnern	Gipsmarke 100 mm x 25 mm x 5 mm rechtwinklig zum Riss anbringen und 3 bis 6 Monate stehen lassen, bei gerissener Gipsmarke ist der Riss putztechnisch nicht zu beseitigen, Haftfestigkeit durch Klopfprobe prüfen, Festigkeit durch Kratzprobe feststellen, schadhaften Putz oder Hohlstellen entfernen und neu verputzen
	Zug-, Druckspannungs- und Anschlußrisse Risse im Brüstungsbereich, Risse durch die putztragenden Schichten, gerade, regelmäßig oder unregelmäßig, horizontal oder vertikal verlaufend, Risse im Fugenverlauf des Mauerwerks, Rissbreite > 0,2 mm	unterschiedliche Wandstärken von Wand und Brüstung, fehlende Armierung, Verformung durch Lastaufnahme, Fehler in Statik und Konstruktion, Deckenaufbiegungen, nicht DIN-gerechtes Mauerwerk	Haftfestigkeit durch Klopfprobe prüfen, Festigkeit des Putzes bis zum Putzgrund durch Kratzprobe feststellen, Putz beidseitig des Risses ca. 20 cm entfernen, Rissüberbrückung gleitend ausführen und verputzen, kleinere Risse v-förmig aufkratzen, ausmörteln, armieren und verputzen, Arbeitsfugen ausbilden, elastisch mit Dichtstoff abdichten
Risse vom Baugrund ausgehend	**Baudynamische Risse** Risse durch Putz und den gesamten Wandbildner hindurchgehend, gerade, regelmäßig oder unregelmäßig, horizontal oder vertikal und diagonal verlaufend, Rissbreite > 1 mm	Setzung durch Bewegung des Baugrundes, Grundwasserabsenkungen, Setzungen durch mangelnde Verdichtung des Baugrundes oder infolge von Bepflanzungen oder benachbarte Bebauung, Erschütterungen durch Straßen- oder Luftverkehr	Haftfestigkeit durch Klopfprobe prüfen, Festigkeit durch Kratzprobe feststellen, schadhaften Putz oder Hohlstellen entfernen und neu verputzen, Risse v-förmig aufkratzen, ausmörteln, armieren und verputzen, Arbeitsfugen ausbilden, elastisch mit Dichtstoff abdichten

Rissüberbrückung

Eine wirtschaftlich vertretbare Beseitigung der Risse kann durch entsprechende Rissüberbrückung erfolgen. Bei nicht entsprechender Wärmedämmung der Außenwände empfiehlt es sich auf Überbrückungssysteme zu verzichten, statt dessen sollte ein Wärmedämmverbundsystem angebracht werden.
Überbrückungssysteme für Risse im Außenputz sind abhängig von ihrer Schichtdicke und ihrem Dehnungsvermögen. Da unterschiedliche Rissarten auf demselben Untergrund auftreten können, sind Kombinationen der folgenden Rissüberbrückungsarten möglich:

- plastoelastisches Beschichtungssystem mit oder ohne dehnbarer Zwischenbeschichtung auf Dispersionsbasis,
- plastoelastisches Beschichtungssystem mit dehnbarer Spachtelmasse als erste Zwischenbeschichtung auf Dispersionsbasis,
- dehnbarer Kunstharzputz,
- Verbundsystem mit plastoelastischer Einbettungsmasse und elastischem Gewebe (gleitende Armierung),
- Verbundsystem zwischen gefüllter Dispersionsfarbe und darin eingebettetem Glasfaserflies.

Plastoelastische Beschichtungssysteme. Zu allen Beschichtungssystemen gehört eine Grundbeschichtung, die haftvermittelnd wirkt und die Saugfähigkeit des Putzuntergrundes mindert oder egalisiert.
Die Beschichtungsstoffe müssen unter Berücksichtigung der Putzrauigkeit in der vom Hersteller angegebenen Menge und der Anzahl der empfohlenen Einzelbeschichtungen aufgetragen werden. Plastoelastische Beschichtungssysteme müssen aufeinander abgestimmt sein und dürfen daher nur von einem Hersteller bezogen werden. Neben der Grundbeschichtung können folgende Schichten das rissüberbrückende Beschichtungssystem bilden.

Schichten plastoelastischer Beschichtungssysteme:

- **dehnbare Zwischenbeschichtung,** pigmentiert oder farblos mit Kunststofffasern oder elastifizierenden Zusätzen,
- **dehnbare Spachtelmasse,** Spachtelmasse mit elastifizierenden Zusätzen zur Erhöhung der Schichtdicke; die Spachtelmasse kann auch durch eine zweite dehnbare Zwischenbeschichtung ersetzt werden.

Dehnbarer Kunstharzputz. Auf dem gerissenen Außenputz, der grundiert werden muss, übernimmt dieser Putz bei einmaligem Auftrag die Rissüberbrückung. Diese Putze können wasser- oder lösemittelverdünnbar geliefert werden und werden mit einem darauf abgestimmten System von Zwischen- und Schlussbeschichtung versehen.

Gleitende Armierung. Nach einer Grundbeschichtung wird ein plastoelastischer Armierungskleber oder eine plastoelastische Einbettungsmasse in einer vom Hersteller empfohlenen Schichtdicke aufgetragen. In diese Masse wird ein elastisches Kunststoffgewebe mit abgestuften flächenverteilenden Dehnungseigenschaften eingebettet. Zwischen- und Schlussbeschichtung müssen mit einem darauf abgestimmten Beschichtungsstoff ausgeführt werden. Es kann auch ein entsprechender Kunstharzputz aufgetragen werden.

Verbundsystem mit Glasfaserflies. Nach der Grundbeschichtung wird in die noch nasse plastoelastische Beschichtungsstoffmasse das Glasfaserflies eingebettet. Danach erfolgt nass in nass eine zweite Zwischenbeschichtung mit gefüllter Dispersionsfarbe. Die Schlussbeschichtung erfolgt mit darauf abgestimmtem plastoelastischem Beschichtungsstoff.

Teilarmierung von Einzelrissen. Risse, z.B. solche, die vom Putzgrund ausgehen, können in ihrem Verlauf auch einzeln armiert werden. Der Riss wird v-förmig aufgeweitet, die Rissflanken werden grundiert und mit einem geeigneten Dichtstoff ausgefüllt. Darauf wird eine Zwischenbeschichtung mit plastoelastischer Einbettungsmasse aufgetragen, worin eine Rissbrücke (Kunststoffgewebe mit verstärktem Mittelteil) eingebettet wird. Dann erfolgt die Beschichtung wie bei der gleitenden Armierung.

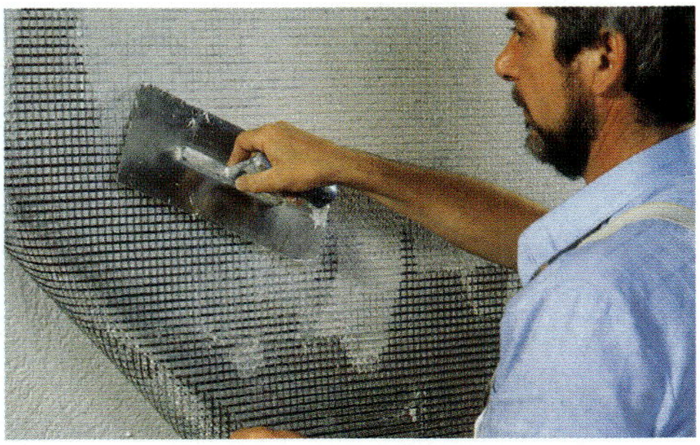

Bild 1. Einbetten mit Überlappung des Armierungsgewebes

Wärmedämmverbundsystem s. S. 201 ff.

Plastoelastische Rissüberbrückungen sind nicht für Putze der MG P I geeignet, da sie die Diffusionsfähigkeit für CO_2 einschränken.

Beschichtungssysteme. Für den Beschichtungsaufbau sind die Angaben des Herstellers zu beachten. Folgender Aufbau ist möglich:

- **Grundbeschichtung:**
  - lösemittelverdünnbar, wenn die Oberfläche abgewittert ist, sandet oder stark saugend ist, und auf Putzen der MG P IV,
  - wasserverdünnbar, wenn die Oberfläche fest, schwach saugend oder unterschiedlich saugend ist.

Überholungsbeschichtung auf Kunstharzputzen s. S. 140

- **Zwischenbeschichtung:**
  - ein- oder mehrmalig,
  - für Rissüberbrückung gefülltes Material verwenden.
- **Schlussbeschichtung:**
  - siehe Tabelle Beschichtungsstoffe für Putze.

Überholungsbeschichtung. Bei ausreichender Haftung können Beschichtungsstoffarten der Erstbeschichtung problemlos nochmals aufgetragen werden. Bei Kunstharzputzen soll der Untergrund durch Hochdruckheißwasserstrahlen mit einer maximalen Wassertemperatur von 60 °C gereinigt werden.

Umgang mit silicathaltigen Beschichtungsstoffen: Silicatfarben sind ätzend. Vorsicht bei der Verarbeitung. Immer Schutzhandschuhe und Schutzbrille tragen. Fensterscheiben immer mit Kunststofffolie abdecken. Farbspritzer auf Gläsern können nicht mehr entfernt werden.

Beschichtungsstoffe für Putze

	Mörtelgruppen nach DIN V 18550					
	P I		P II	P III	P IV Nur für feuchtigkeitsgeschützte Außenflächen	
Beschichtungsstoffe	a/b	c	a/b		a/c	d
Silicatfarbe	+	+	+	+	–	+
Dispersionssilicatfarben	+	+	+	+	+	+
Silicon-Emulsionsfarben	+	+	+	+	+	+
Strukturbeschichtungsstoff auf Silicat-, Siliconemulsionsbasis	+	+	+	+	+	+
Strukturbeschichtungsstoff auf Weißzementbasis	–	+	+	+	–	–
wetterbeständige Dispersionsfarben	–	–	+	+	+	–
wetterbeständige gefüllte Dispersionsfarben	–	–	+	+	+	–
Kunstharzputze nach DIN 18558	–	–	+	+	+	–
Dispersionslackfarben	–	–	+	+	+	–
Polymerisatharzlackfarben	–	–	+	+	+	–
Kunstharzlackfarben und Reaktionslackfarben	–	–	+	+	+	–

+ = geeignet; – = ungeeignet

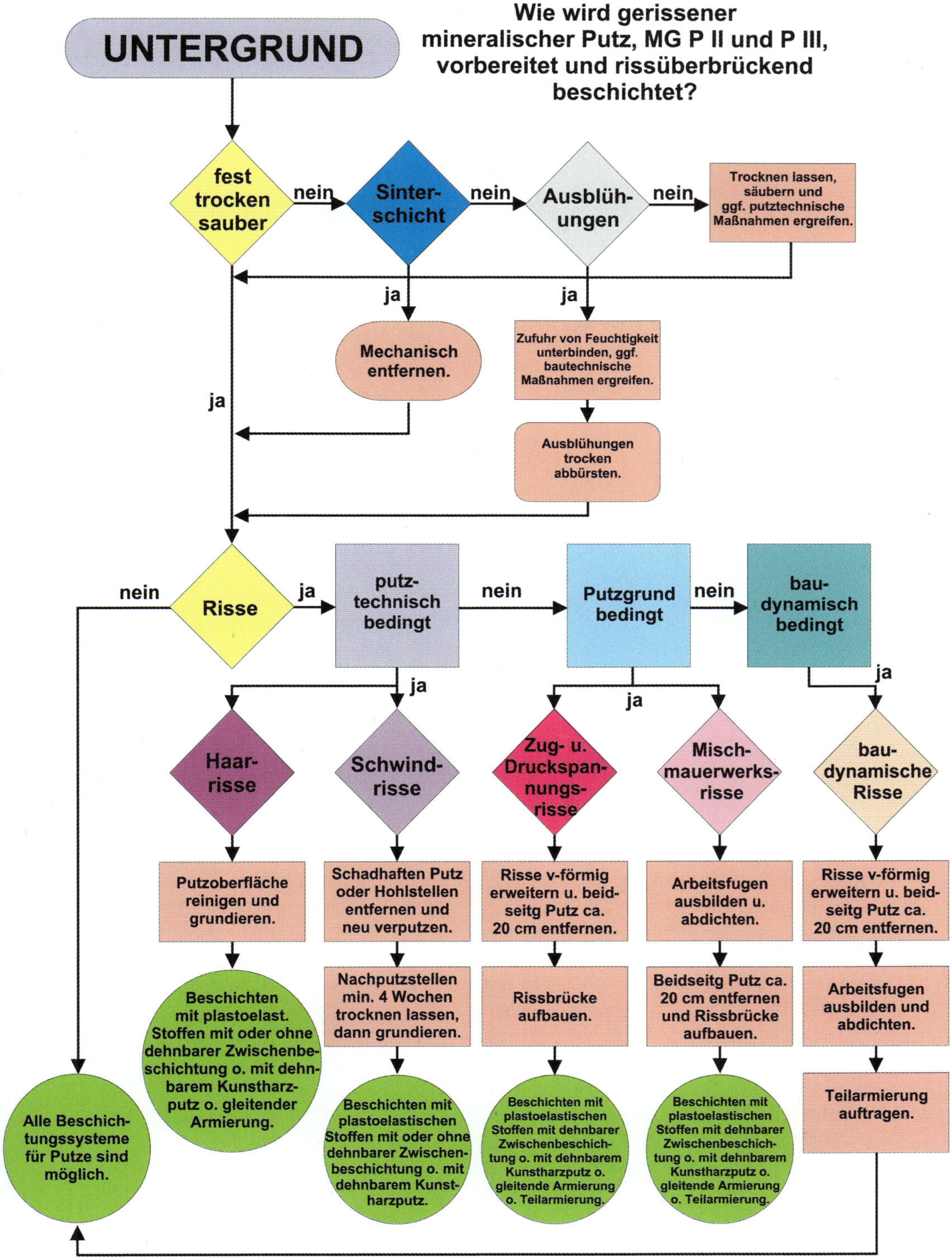

Bild 1. Rissüberbrückung auf mineralischen Untergründen der MG P II und P III

4.4.2 Kunstharzputze

Nach DIN 18558 dürfen Kunstharzputze mit organischen Bindemitteln nicht zu den Putzen gerechnet werden. Kunstharzputze sind Beschichtungen mit putzartigem Ausehen. Sie enthalten organische Bindemittel (Polymerisatharze) in Form von Dispersionen oder Lösungen und Zuschlägen mit überwiegendem Kornanteil < 0,25 mm Durchmesser. Sie werden entsprechend ihrem Anwendungsbereich in zwei Gruppen eingeteilt:

- P Org 1 Außen- und Innenputze,
- P Org 2 Innenputze.

Außenputz. An Kunstharzputze werden die gleichen Anforderungen wie an eine Schlussbeschichtung, die auf einer Grundbeschichtung aufgetragen wird, gestellt.

Besondere Anforderungen:

- **Witterungsbeständigkeit.** Der Putz muss Einwirkungen von Feuchtigkeit und wechselnden Temperaturen widerstehen. Gegenüber Regen muss er wasserabweisend sein.

- **Frostbeständigkeit.** Der Putz darf sich nach Frosteinwirkung nicht vom Untergrund lösen oder Blasen werfen

- **s_d-Wert.** Der Putz muss eine Diffusionsfähigkeit von $s_d \leq 2{,}00$ m aufweisen

Innenputz. Alle Kunstharzputze für den Außenbereich können für die Innenbeschichtung verwendet werden. Ansonsten gelten für Innenputze die gleichen Anforderungen wie für Innenbeschichtungen. In Feuchträumen dürfen allerdings nur Putze des Typs P Org 1 aufgetragen werden. Durch fungizide Zusätze kann Schimmelpilzbefall verhindert werden.

Verarbeitung. Vor dem Auftragen der Beschichtung muss der Untergrund geprüft werden, ob er fest und tragfähig, sauber und frei von haftmindernden Trennmitteln, z.B. Schalölen, sowie trocken und saugfähig ist.

Grundbeschichtung. Vor dem Auftragen des Kunstharzputzes muss nach Anweisung des Herstellers eine Grundbeschichtung in der jeweiligen Art und Menge aufgetragen werden.

Kunstharzputze dürfen erst nach einer Wartezeit von mindestens 14 Tagen, bei ungünstigen Witterungsverhältnissen auch länger, auf frischen mineralischen Putzträgern, z.B. Beton, aufgetragen werden. Diese Putze sollten auch nur bei entsprechenden Witterungsverhältnissen aufgetragen werden.

Witterungseinflüsse beim Auftrag:

- **Sonneneinstrahlung.** Starke Sonneneinstrahlung auf die Auftragsfläche führt zu schnellem Verdunsten der Lösemittel, die Beschichtung haftet nicht richtig oder kann reißen.

- **Windeinwirkung.** Gleiche Gefährdung wie bei Sonneneinwirkung.

- **Temperatur.** Die Temperatur des Untergrundes und der umgebenden Luft muss mindestens 5 °C betragen, da sonst in wasserbasierten Beschichtungsstoffen Eiskristalle entstehen, die zu Trocknungsstörungen führen.

- **Relative Luftfeuchte.** Bei zu hoher Luftfeuchte wird die Verdunstung des Wassers und/der Lösemittel und damit die Trocknung des Putzes stark verzögert.

Oberflächenstruktur. Je nach Art der des Beschichtungsstoffes, des Auftragsverfahrens oder der Strukturierung zeigt die geputzte Oberfläche Struktureffekte.

Überholungsbeschichtung. Problemlos kann auf jedem Kunstharzputz eine Überholungsbeschichtung aufgetragen werden, wenn der Untergrund durch Hochdruckheißwasserstrahlen (max. 60 °C Wassertemperatur) gereinigt wurde und er die folgenden Voraussetzungen erfüllt.

Voraussetzungen:

- Haftfestigkeit und Tragfähigkeit des Kunstharzputzes muss gegeben sein.

- Beschichtungsstoffe müssen die gleiche Bindemittelbasis wie der Kunstharzputzuntergrund aufweisen.

Bild 1. Streichputz

Bild 2. Spritzputz

Bild 3. Modellierputz

Bild 4. Rollputz

Oberflächenstrukturen von Kunstharzputzen

Struktureffekt	Beschreibung
Kratzputz	Strukturierung durch Korngrößenverteilung, Strukturkorn ragt aus dem Kunstharzputz heraus und ergibt eine Oberfläche wie beim mineralischen Kratzputz.
Reibeputz	Rundkorn hinterlässt durch Verreiben in der sonst glatten Beschichtung rillenartige Vertiefungen.
Rillenputz	Ähnlicher Effekt wie durch Rundkorn, hier erzeugt mit Splitterkorn, die Oberfläche ist nicht so glatt und ausgeprägt wie beim Reibeputz.
Spritzputz	Unterschiedliche Zuschlagstoffe erzeugen durch das Spritzverfahren die Oberflächenstruktur.
Rollputz	Durch Modellieren des Beschichtungsstoffes in einer aufgetragenen Schichtdicke von 0,5 mm bis 3,0 mm mit Rolle, Traufel, Kelle, Schwamm oder Bürste werden unterschiedliche Anmutungen der Oberflächenstruktur erreicht.
Buntsteinputz	Naturfarbene oder gefärbte Steine, die verschiedene Farben oder Korngrößen aufweisen können, werden durch klares Bindemittel an den Untergrund gebunden.
Modellierputz	Modellierputz wird nach Auftragen des Beschichtungsstoffes in einer Dicke von 0,5 mm bis 6,0 mm mit Rolle, Traufel, Kelle, Schwamm oder Bürste modelliert.
Streichputz	Nach Putzauftrag in einer Schichtdicke von 0,5 mm bis 3,0 wird die Oberfläche ausschließlich mit einer Bürste bearbeitet.

Anmutung

4.5 Untergrund Porenbeton

Dampfgehärteter Porenbeton ist ein feinkörniger, poriger Beton mit niedriger Rohdichte (ρ = 0,4 kg/dm³ bis 0,8 kg/dm³), sein Gewicht beträgt 1/5 dessen von Normalbeton. Porenbeton wird aus Zement und/oder Kalk, silicatischen Zuschlägen und gasbildenden und damit porenentwickelnden Zusätzen (z.B. Aluminiumpulver) hergestellt. Diese Zusätze reagieren mit Wasser, bilden Gase und lockern das Gefüge auf. Unter Dampfdruck erfolgt die Härtung der Steine oder Platten.
Porenbeton ist ein idealer Baustoff. Er ist leicht und daher gut zu verarbeiten. Seine eingeschlossenen Poren sorgen für einen guten Wärmedämmwert. Er lässt sich in Trockenbauweise verarbeiten.

Bautechnische Voraussetzungen. Porenbetonflächen sollen vor übermäßiger Feuchtigkeitszufuhr (auch bei längerer Rohbaustandzeit) geschützt werden, durch:

- rückseitiger Feuchtigkeitsschutz, auch vor aufsteigender Feuchtigkeit,
- Dichtigkeit von Fugen und Anschlussstellen,
- Überdeckung der Bewehrungsstähle nach DIN 4223, mindestens 10 cm,
- werkseitiger Schutz der Bewehrungsstähle an Schnittkanten,
- Abdeckung horizontaler Flächen mit ausreichender Wasserabführung.

Fugen in Porenbetonflächen müssen dauerhaft abgedichtet sein.
Fugen die ≥ 20 mm sind, müssen dauerelastisch abgedichtet sein, der Dichtstoff darf nicht überstrichen werden.

Untergrundvorbereitung

Die Untergrundvorbereitung von Porenbetonflächen richtet sich neben den allgemeinen vorbereitenden Maßnahmen (s. S. 127) nach der festgestellten Oberflächenbeschaffenheit.

Ausbesserungsstellen. Müssen Stellen ausgebessert werden, so sind Mörtel nach Empfehlung des Porenbetonherstellers zu verwenden. Die Ausbesserungsstoffe müssen gut am Untergrund haften und ausreichende Festigkeit besitzen.

Dampfsperrende Maßnahmen. Bei Innenbeschichtungen müssen in Räumen mit betriebsbedingter hoher Feuchtigkeit, z.B. Produktionsräume der Textil-, Tabak- oder Papierindustrie sowie Großküchen, zusätzliche dampfsperrende Beschichtungen aufgetragen werden, das ist nicht in Küchen/Bädern im Wohnungsbau notwendig.

Spachtelungen. In der Regel lassen sich Spachtelmassen direkt auf den Porenbeton auftragen, sofern der Hersteller nicht ausdrücklich eine Grundierung vor der Spachtelarbeit empfiehlt.

Porenbeton

Bauteilflächenbildner	Eigenschaften	Verwendung und anstrichtechnische Bedeutung
Porenbetonplansteine im Dünnbett verlegt	geringe Wärmeleitfähigkeit, hohe Diffusionsfähigkeit, gute Feuerbeständigkeit, gute Maßgenauigkeit, hohe Feutigkeitsaufnahme, reagiert mit Feuchtigkeit alkalisch, eine Neutralisation der Oberfläche mit Fluaten ist nicht möglich	Außen- und Innenwände, die Rohbauflächen müssen innen und außen verputzt werden,
Porenbetonblocksteine im Mörtel vermauert		das rohe Mauerwerk **darf nicht** beschichtet werden
Porenbetonwandplatten liegend oder stehend montiert	s.o.	Außen- und Innenwände, Flächen **müssen** beschichtet werden
Porenbetonwandplatten und -tafeln montiert	entstehende Lagerfugen sind starr, d.h., mit Mörtel verfugt, Bewegungs- und Dehnungsfugen können mit Profilen abgedeckt sein	

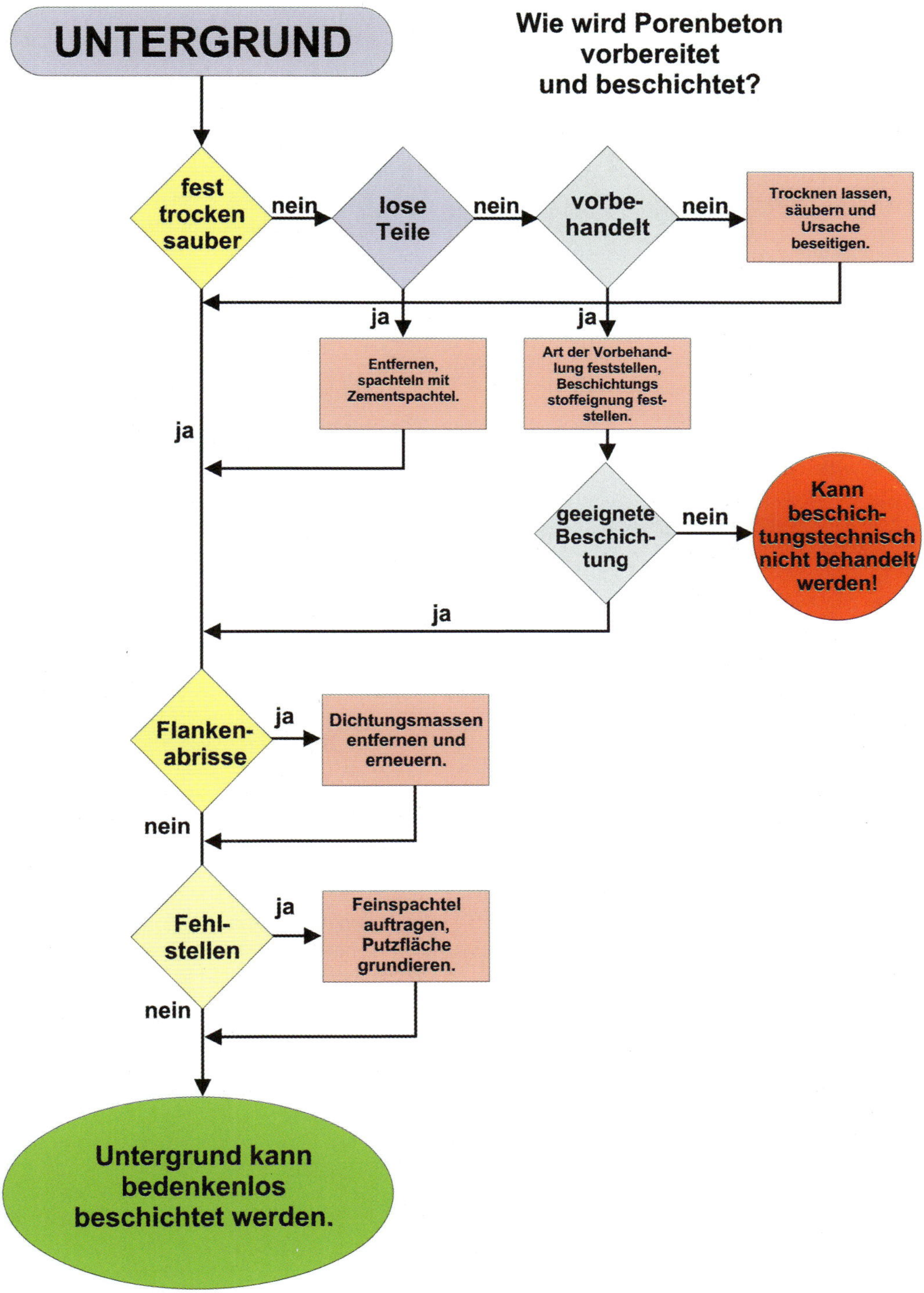

Bild 1. Vorbereitung von Porenbeton vor einer Beschichtung

Hydraulisch abbindende Spachtelmassen, auf Gips- oder Zementbasis eignen sich zum Fugenfüllen und zum dünn- und dickschichtigen Abglätten von Porenbetonflächen. Auf diesen Spachtelungen ist vor einer Beschichtung eine Grundierung aufzutragen. Lufttrocknende Glätt- und Spritzspachtelmassen auf Dispersionsbasis sind auch auf Porenbeton möglich.

Beschichtungssysteme. Die Hersteller von Porenbeton empfehlen nur Beschichtungssysteme deren Eignung durch Langzeiterfahrungen nachgewiesen ist. Grund- und Zwischenbeschichtungen müssen zu einem System gehören und vom Hersteller für Porenbeton als geeignet empfohlen werden.

Festbeton

- **Außenbeschichtungssysteme:**
  - Dispersionssilicatfarben,
  - wetterbeständige Dispersionsfarben,
  - Kunstharzputze P Org 1.
- **Innenbeschichtungssysteme:**
  - Dispersionssilicatfarben,
  - Dispersionsfarben nach DIN 53778,
  - Polymerisatharzfarben,
  - gefüllte Dispersionsfarben,
  - Kunstharzputz P Org 1 , P Org 2,
  - Dispersionsfarben mit Raufasereffekt,
  - Dispersionsplastikmassen.

4.6 Untergrund Beton

4.6.1 Baustoff Beton

Beton ist ein gebundener Baustoff aus einem Gemisch von Zement, Zuschlägen, Wasser und Zusatzmitteln. Da Beton „flüssig" verarbeitet wird und erst nach der Verarbeitung erhärtet (abbindet), lässt er sich in jede gewünschte Form bringen.

Wasserzementwert. Das Verhältnis von Wasser : Zement, der Wasserzementwert (*W/Z*), ist bei der Herstellung von Beton sehr wichtig. Beim Abbinden des Betons werden etwa 40 % des Anmachwassers chemisch an Zement gebunden. Alles Wasser, das zusätzlich in den Frischbeton gebracht wird, ist Überschusswasser. Es wird verdunsten, wodurch Hohlräume und Kapillaren entstehen.

Frischbeton

Betoneigenschaften:

- Betonfestigkeit nimmt mit Erhöhung des Wasserzementwertes (*W/Z*) ab, höchste Festigkeit bei *W/Z* = 0,4.
- Wasseraufnahmefähigkeit nimmt mit höherem *W/Z*-Wert zu, d.h. durch die höhere Kapillarität enthält der unbehandelte Beton mehr Wasser und wird dadurch witterungsempfindlicher.
- Risse entstehen durch einen zu hohen *W/Z*-Wert, denn der Beton schwindet beim Abbinden.
- Alkalität (pH = 12,5) entsteht beim Abbindeprozess, sie schützt Bewehrungsstahl vor Korrosion.

Spachtelmassen s. S. 98

Druckfestigkeitsklassen. Die Druckfestigkeit ist für den Einsatz von Beton die wichtigste Eigenschaft, dementsprechend wird Beton nach DIN EN 206-1 eingeteilt.

Druckfestigkeitsklassen von Standardbeton nach DIN EN 206-1

Druckfestigkeitsklasse	Bauteil-Verwendung	
C 8/10, C 12/15 und C 16/20	ohne Bewehrung	Fundamente
	mit Bewehrung	Einzelfundamente, bewehrte Streifenfundamente
	Innenräume	Stahlbetonbalken Decken Treppen

Die Betondruckfestigkeitsklassen bestimmen den Einsatz und die Verwendung von Beton.

Stahlbeton. Wird Beton im Verbund mit Stahl verarbeitet, nennt man diesen Baustoff Stahlbeton. Die Bewehrung (Rundstähle oder Stahlmatten) gibt dem Beton zu seiner hohen Druckfestigkeit noch hohe Zugfestigkeit. Daher ist Stahlbeton geeignet für alle biege- und knickbeanspruchten Bauteile, z.B. für Balken, Decken, Stützen, Kragplatten und Wände.

Carbonatisierung. Hohe Alkalität im Festbeton schützt den Bewehrungsstahl, denn Eisen rostet nicht in alkalischer Umgebung. Die Alkalität nimmt aber im Laufe der Zeit von der Betonoberfläche ausgehend nach innen hin ab. Es erfolgt eine natürliche Neutralisierung. Das Reaktionsprodukt von Wasser und Zement ist Calciumhydroxid (gelöschter Kalk). Dieses wird durch Kohlenstoffdioxid aus der Luft weitgehend neutralisiert. Es entsteht Kalkstein mit einem pH-Wert < 9,5.

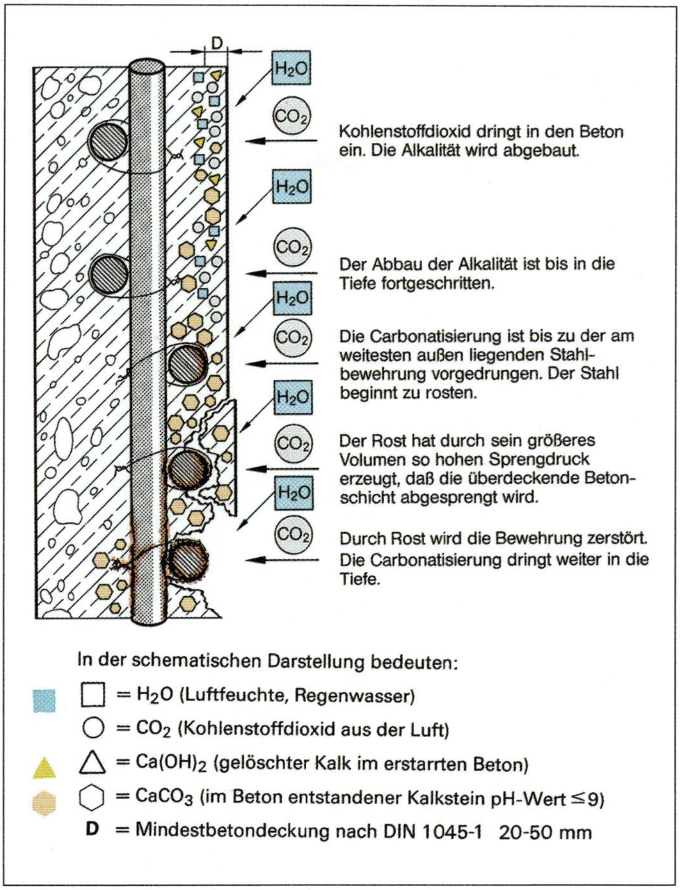

Bild 1. Betonzerstörung durch Carbonatisierung

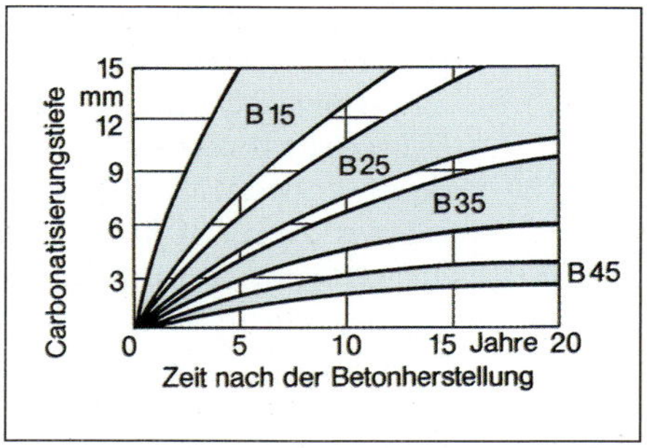

Bild 2. Alkalitätsverlust unterschiedlicher Betonfestigkeitsklassen nach Prof. Klopfer

Bild 3. Die Carbonatisierungstiefe (ungefärbte Zone) beträgt 11 mm, die violette Färbung durch Phenolphthalein zeigt ausreichende Alkalität an

Die Carbonatisierungstiefe und -geschwindigkeit ist abhängig von der Betonfestigkeitsklasse. Wegen der unterschiedlichen Porosität der Festigkeitsklassen können Wasser und atmosphärische Gase leicht in die Betonoberfläche diffundieren.

Beeinflussung der Carbonatisierung. Folgende natürliche und umweltbedingte Faktoren nehmen Einfluss auf die Carbonatisierung.

- **Beschleunigung der Carbonatisierung:**
  - mäßige Betonfeuchte,
  - hohe Temperaturen,
  - erhöhte CO_2-Konzentration durch gute Luftzirkulation.
- **Verzögerung der Carbonatisierung:**
  - Nässe,
  - geringe CO_2-Konzentration,
  - niedrige Temperaturen.

Carbonatisierung ist die natürliche Neutralisierung der Betonalkalität.

Betonzerstörung. Die Carbonatisierung der Betonoberfläche wird unterstützt von Säureeinwirkungen aus der Luft (saurer Regen s. S. 117). Dadurch wird der gelöschte Kalk im Festbeton neutralisiert.

$$Ca(OH)_2 + H_2SO_4 \rightarrow \underbrace{CaSO_4 + 2\,H_2O}_{\textbf{Gips}}$$

Die Säure greift aber auch den im Festbeton durch Carbonatisierung entstandenen Kalkstein an.

$$CaCO_3 + H_2SO_4 + H_2O \rightarrow \underbrace{CaSO_4 + 2\,H^2O}_{\textbf{Gips} + CO_2}$$

In beiden Fällen entsteht Gips. Dieser ist doppelt so voluminös wie Beton und wasserlöslich. Sprengwirkungen und Auswaschungen sind die Folge. Gelangt die neutralisierte Zone bis an den Bewehrungsstahl, beginnt dieser zu rosten. Rost hat das zweieinhalbfache Volumen von Stahl. Auch hier wird Sprengdruck erzeugt. Zudem wird durch den vorhandenen Gips, eine Schwefelverbindung, die Korrosion von Stahl beschleunigt. Schreitet die Korrosion der Bewehrungsstähle fort, treten statische Probleme am Bauteil oder Baukörper auf.

Abhängigkeit der Korrosion von Bewehrungsstählen:

- Betonfestigkeitsklasse,
- Abstand der Oberfläche zum Bewehrungsstahl (Betonüberdeckung min. 20 mm bis 50 mm nach DIN 1045-1),
- Risse,
- schädigende Umwelteinflüsse,
- Standzeit des Bauteils oder -körpers.

4.6.2 Betonschutz

Da die natürlichen und umweltbedingten Faktoren der Betonzerstörung nicht zu beeinflussen sind, kann der Beton nur durch eine sachgemäße Beschichtung geschützt werden.

Bild 1. Betonflächen mit Algenbewuchs

Untergrundanforderungen:

- fest, frei von losen und lockeren Teilen,
- schwach saugfähig,
- benetzbar, frei von Trennmitteln, (Trennmittel)
- frei von Sinterschichten und Ausblühungen,
- kein Auftrag von Zementschlämme,
- festhaftende Ausbesserungsstellen.

Untergrundprüfung und -diagnose. Eine sorgfältige Untergrundprüfung ist bei Betonuntergründen nicht nur wegen der Haltbarkeit der Beschichtung notwendig, sondern auch, weil Durchrostungen von Bewehrungsstählen die Standsicherheit beeinträchtigen. Daher müssen nach der Diagnose bestimmte Maßnahmen ergriffen werden.

Untergrundvorbereitung. Die sorgfältige Diagnose ergibt die Maßnahmen der Untergrundvorbereitungen. Alle Fehlstellen müssen mit Feinspachtelmassen geschlossen werden.

Beschichtungssysteme

Alle Stoffe des Betonschutzsystems müssen aufeinander abgestimmt sein, es dürfen nur Stoffe eines Systems verwendet werden. Da Beton immer in Verbindung mit Feuchtigkeit reagiert, müssen alle Stoffe alkalibeständig sein.

Mindestanforderungen. An Betonschutzbeschichtungen werden Mindestanforderungen gestellt.

- s_d-Wert (CO_2) > 50 m,
- s_d-Wert (H_2O) < 4 m,
- Eignung zur Rissüberbrückung für vorhandene Risse bis 0,15 mm.

Grundbeschichtung. Je nach Hersteller werden Grundbeschichtungsstoffe unverdünnt aufgetragen oder müssen an die Saugfähigkeit des Untergrundes angepasst werden. Die Grundbeschichtung kann verfestigend oder hydrophobiered wirken, sie ist pigmentiert oder farblos.

Zwischenbeschichtung. Damit die Mindestanforderungen der Schutzbeschichtung erfüllt werden, müssen je nach Systemhersteller eine oder mehrere Zwischenbeschichtungen aufgetragen werden: Diese müssen die vorgeschriebene Auftragsmenge pro m² aufweisen und auf Bindemitteln der Schlussbeschichtung basieren.

Schlussbeschichtung. Die gebräuchlichsten Schutzbeschichtungssysteme basieren auf den folgenden Bindemittelarten:

- Kunststoffdispersionen,
- Reaktionsharze, z.B. Epoxidharz, Polyurethanharz, Acrylharz,
- gelöste Polymerisatharze.

s_d-Wert s. S. 109

Betonoberflächenprüfung vor Schutzbeschichtungen

Prüfmethode	Prüfgegenstand	Diagnose	Maßnahmen und technische Hinweise
Kratzprobe mit kantigem Gegenstand, z.B. Meißel, Klopfprobe mit Hammer	Oberflächenfestigkeit, Hohlstellen	Oberfläche lässt sich bei mäßigem Druck beschädigen oder platzt ab, hohler Klang	Oberfläche mit Hammer abschlagen und lose, lockere und mürbe Teile entfernen, z.B. mit Höchstdruckwasserstrahlen, Strahlen mit festen Strahlmittel
Augenschein	Rostflecken	Rostverfärbung einzelner Stellen der Oberfläche	Rödeldrähte oder Nägel entfernen, Ausbruchstellen ausfüllen, bei nicht ausreichender Betonüberdeckung der Bewehrung sind Instandsetzungsmaßnahmen erforderlich
	bautechnische und konstruktionsabhängige Risse	tief in den Beton hineingehende, lange Risse, Trennrisse oder oberflächennahe Risse	Ursache feststellen, in der Regel keine Instandsetzungsmaßnahmen erforderlich
	Kalkablagerungen	weisse bis braune feste Stellen	Feuchtigkeit unterbinden, Ablagerungen entfernen, z.B. durch Strahlen mit festem Strahlmittel
	Poren, Lunker und Kiesnester	offene Vertiefungen, freiliegende Kiesansammlungen	Stellen mit Feinspachtelmassen ausfüllen
	Schäden an Abdichtungen von Fugen	Flankenabrisse	Fugenabdichtungen erneuern
	Moos, Algen- und Schimmelbefall	farbiger Bewuchs	mechanisch entfernen und nur im Außenbereich mit bioziden Mitteln behandeln, mit Heißwasserstrahlen nachreinigen
Benetzungsprobe mit Wasser	Schwindrisse, feine Oberflächenrisse	netzartige Risse < 0,2 mm	mit entsprechendem Beschichtungsmaterial überbrücken
	Sinterschichten	im trockenem Zustand Oberfläche glänzend, Wassers perlt ab	mechanisch entfernen, z.B. durch Strahlen mit festem Strahlmittel
	Saugfähigkeit	keine oder unterschiedliche Saugfähigkeit, Wasser perlt ab	Trennmittelrückstände entfernen, z.B. durch Heißwasserstrahlen
Gitterschnitt und Klebebandabreißtest	Tragfähigkeit vorhandener Altbeschichtung	Beschichtung splittert gemäß den Gitterschnittkennwerten ab, Beschichtungsteile kleben am Klebefilm	Altbeschichtung entfernen

Lunker

Diagnose

4.6.3 Betoninstandsetzung

Für die Beurteilung des Betons vor Instandsetzungsmaßnahmen reichen die Prüfungen des Betonschutzes nicht aus. Da die Diagnose Voraussetzung ist für die Beurteilung der Standsicherheit, sind Laboruntersuchungen und ggf. die Inanspruchnahme von Statikern und Brandschutzfachleuten erforderlich.

Untergrundanalyse. Die Untergrundanforderungen und -prüfungen sowie die Diagnose für den Betonschutz sind Voraussetzung für darüber hinausgehende Verfahren.

Bild 1. Betonabsprengungen über den Bewehrungsstählen

Betonoberflächenprüfung vor Instandsetzungsmaßnahmen

Prüfmethode	Prüfgegenstand	Diagnose	Maßnahmen und technische Hinweise
zerstörungsfreie Prüfung mit magnetischer Maßgrundlage	Betonüberdeckung	Messergebnis in mm, Mindestüberdeckung nach DIN 1045-1 je nach Expositionsklasse	Wiederherstellen, bzw. Erhöhen der Betonüberdeckung
Rückprallhammer nach Schmidt	Druckfestigkeit	aus den Rückprallwerten nach DIN Druckfestigkeitsklassen ermitteln, Druckfestigkeit in N/mm²	Alkalitätsverlust nach Standzeit und Diagramm s. S. 145 Bild 2 ermitteln, nachträgliche Erhöhung der Druckfestigkeit ist nicht möglich
frische Betonausbruchstellen herstellen, entstauben, mit 0,1 %iger Phenolphathalein- bzw. Thymolphtaleinlösung einsprühen, Schieblehre	Carbonatisierung, Alkalität	nicht verfärbter Beton = Carbonatisierungstiefe, Beton verfärbt sich violett, bzw. blau bzw. pH-Wert > 9, Alkalität reicht aus	Carbonatisierungstiefe und Betonüberdeckung vergleichen, beurteilen des Betons nach Standzeit und Diagramm s. S. 145 Bild 2, evtl. Beton abklopfen
Augenschein	Korrosionsaufbrüche	Rissverlauf entsprechend der Bewehrung, Rostfahnen an der Oberfläche	korrodierten Stahl freilegen
Augenschein	Korrosion der Bewehrung	voluminöser, lockerer Rost am Bewehrungsstahl	Entrostung und Korrosionsschutzmaßnahmen, bei Querschnittsverlust der Bewehrungsstähle statische Belange beachten
Laboruntersuchung	schädigende Salze	Ausblühungen an der Oberfläche, zersetzte Betonoberfläche, Lochfraß am Bewehrungsstahl durch Chloride (Streusalz)	verseuchte Zonen beseitigen

Untergrundvorbereitung

Freilegen des Bewehrungsstahls. Der Untergrund ist entsprechend der Diagnose vorzubereiten. Korrodierter Stahl, z.B. blätternder Rost, ist mindestens 20 mm bis in den nicht korrodierten Bereich freizulegen und muss soweit abgetragen werden, wie er infolge von Korrosion gerissen bzw. gelockert ist. Die Ausbruchstellen sollen abgeschrägt sein (ca. 45°).

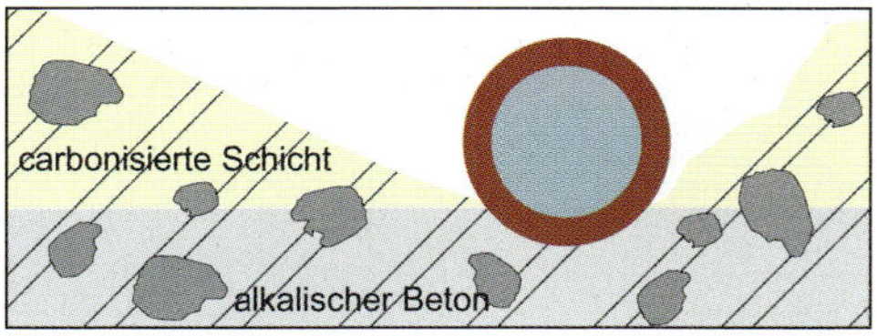

Bild 1. Freigelegter Bewehrungsstahl

Entrostung der Bewehrung. Der freigelegte Bewehrungsstahl ist gemäß Normreinheitsgrad Sa $2^1/_2$ durch Strahlen mit festem Strahlmittel zu entrosten.

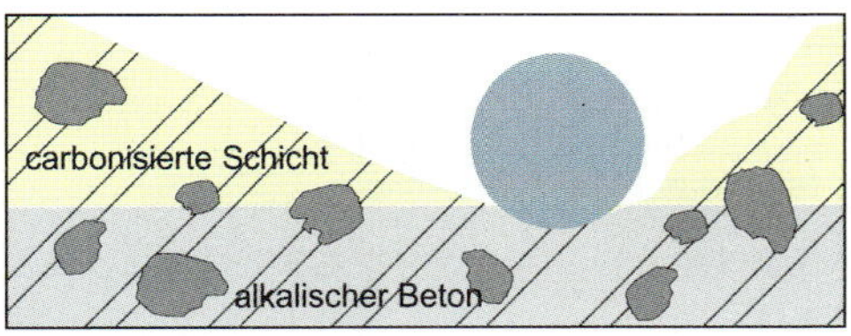

Bild 2. Gestrahlter Bewehrungsstahl

Korrosionsschutz der Bewehrung. Der entrostete Stahl ist mit geeignetem Material, z.B. mit Beschichtungsstoffen auf Epoxidharzbasis oder mit kunststoffmodifizierter Zementschlämme vor Korrosion zu schützen.

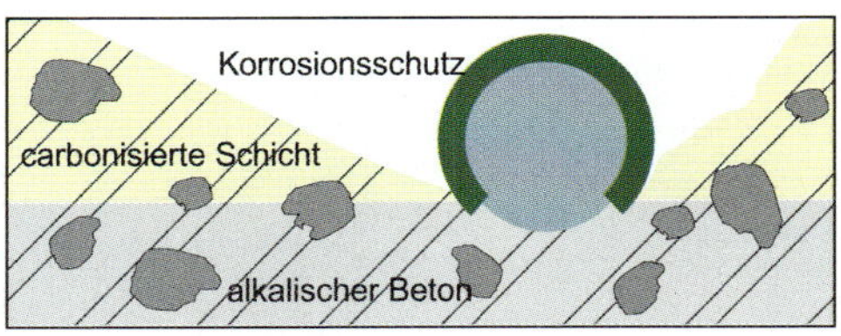

Bild 3. Geschützter Bewehrungsstahl

Haftbrücke. Je nach System werden zur Verbesserung der Haftung Haftbrücken eingesetzt, die intensiv in die Ausbruchstelle eingebürstet werden müssen.

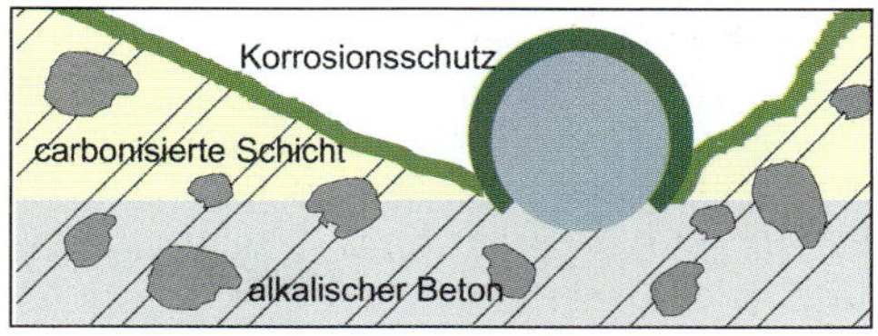

Bild 4. Aufgetragene Haftbrücke

Füllmasse. Die Füllmasse ist auf die nasse Haftbrücke aufzutragen. Mögliche Füllmassen sind:

- Zementmörtel,
- Beton,
- Zementmörtel oder Beton mit Kunststoffzusatz,
- Reaktionsharzmörtel,
- Spritzmörtel,
- Spritzbeton.

Ausgebesserte Stellen sind nach Herstellervorschrift mit Kunststofffolie abzudecken und feucht zu halten, um ein schnelles Abbinden und damit eine Beeinträchtigung der Festigkeit zu verhindern.

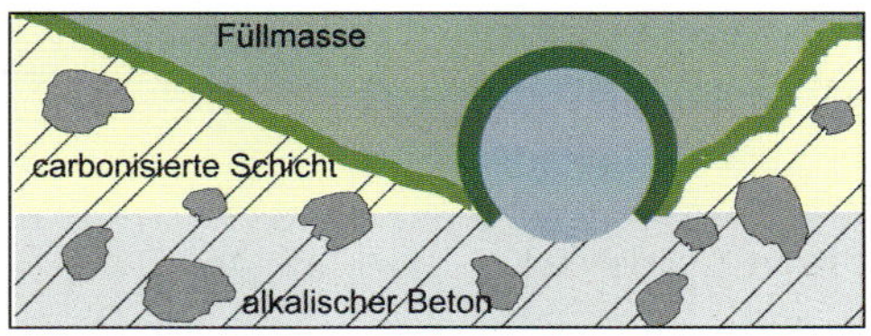

Bild 5. Verfüllte Ausbruchstelle

Ausgleichsspachtelung. Ist ein vollflächiges Spachteln zum Egalisieren der Betonfläche vorgesehen, so sind Feinspachtelmassen auf Zementmörtelbasis mit Kunststoffzusatz zu verwenden. Mit diesen Feinspachtelmassen sind Unebenheiten < 2 mm ausgleichbar, grobgestrahlte Oberflächen müssen gegebenenfalls durch eine zweite Spachtelung geglättet werden.

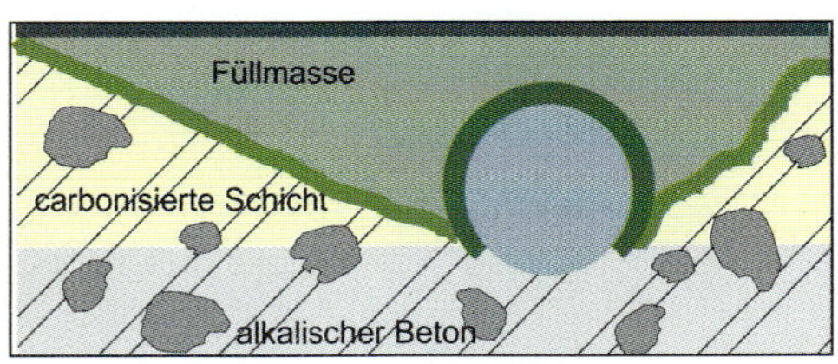

Bild 6. Oberfläche durch Feinspachtelmasse egalisiert

Schutzbeschichtung. Die anschließende Schutzbeschichtung ist nach den Vorgaben, die unter Betonschutz gemacht wurden, mit geeigneten Beschichtungssystemen auf die trockene Feinspachtelung aufzutragen.

Normreinheitsgrad s. S. 34 f.

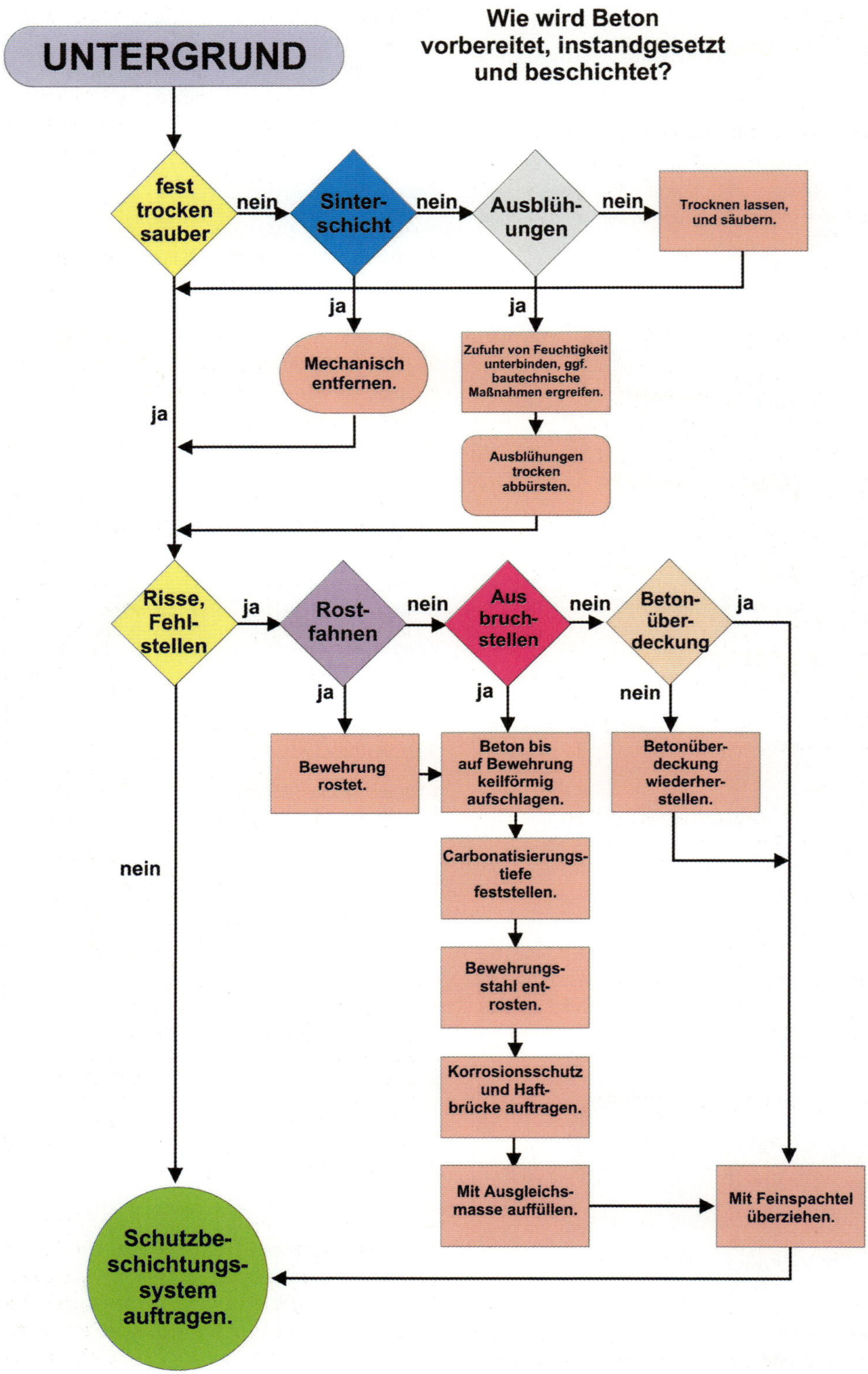

Bild 1. Vorbereitung für das Auftragen eines Betonschutzsystem

5 Untergründe aus Holz und Holzwerkstoffen

5.1 Holz – ein nachwachsender Werk- und Baustoff

Holz ist ein wichtiger Werk- und Baustoff, der älteste neben Stein und Erde. Ausgrabungen in Norditalien und Süddeutschland brachten Siedlungen aus der Jungsteinzeit (um 3000 v. Chr.) zutage, die ausschließlich aus Holz in Pfahlbauweise errichtet waren.

Wegen seiner vielfältigen Vorzüge wird Holz auch heute noch in bestimmten Bereichen am Bauwerk, z.B. im Fensterbau, bevorzugt.

Bild 1. Rekonstruktion der Pfahlbausiedlung in Unteruhldingen am Bodensee

Vorzüge von Holz:

- leicht bearbeitbar,
- sehr fest bei geringer Rohdichte,
- elastisch,
- gut isolierend,
- vielfältig in Farbe und Zeichnung,
- ständig nachwachsend,
- umweltverträglich.

Wachstum und Aufbau des Holzes

Holz ist ein organischer Stoff, dessen Eigenschaften wesentlich vom Aufbau, Wachstum und Alter bestimmt werden. Auch die anstrichtechnischen Eigenschaften, z.B. die Eindringtiefe von Holzschutzmitteln, sind dadurch festgelegt.

Wachstum. Holz wird durch Zellteilung in der Zuwachsschicht, dem Kambium, gebildet. Nach innen werden Holzzellen und nach außen Bastzellen gebildet. Diese Zellteilung bewirkt sowohl das Dickenwachstum als auch das Höhenwachstum eines Baumes. Der Wechsel der Jahreszeiten beeinflusst dieses Wachstum; im Frühjahr bilden sich großvolumige (helle), im Sommer kleinvolumige (dunklere) Zellen.
Einige tropische Hölzer wachsen über das Jahr gleichmäßig und haben daher keine Jahresringe.

Durch unterschiedliche Verfärbungen innerhalb einer Jahreswachstumszone entstehen die Jahresringe.

Aufbau. Den Aufbau eines Baumes zeigt der Querschnitt (senkrecht zur Wachtumsachse) sehr deutlich.

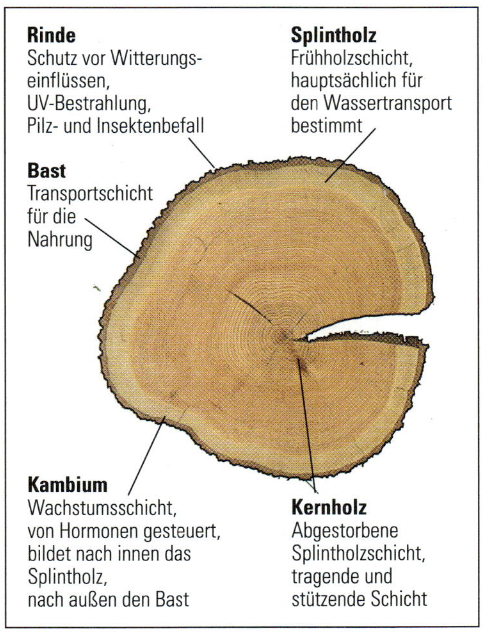

Bild 2. Schichtenfolge im Querschnitt einer Eiche

Chemische Zusammensetzung. Holz ist ein kompliziertes System aus vielen kleinen, mit Wasser gefüllten Zellen. Die Zellwände werden aus Cellulosemolekülen gebildet, die die Zugfestigkeit des Holzes beeinflussen. Die Moleküle werden durch das Lignin zusammengehalten. Durch diesen „chemischen Leim" erhält das Holz seine äußerst hohe Druckfestigkeit.

Holzinhaltsstoffe. Neben den beiden Hauptbaustoffen beinhalten die Zellen noch weitere Stoffe:

- Fette,
- Öle,
- Wachse,
- Harze,
- Stärke,
- Zucker,
- Gerbstoffe,
- Farbstoffe.

Holzinhaltstoffe sind häufig wasserlöslich und beeinflussen die Verwendungsmöglichkeiten und besonders die anstrichtechnischen Eigenschaften von bestimmten Hölzern.

Resistenz

Holzarten

Hölzer lassen sich nach verschiedenen Gesichtspunkten unterscheiden, z.B. nach der Art der Färbung und Zeichnung, nach Herkunft und Härte, nach den Inhaltsstoffen und nach der Art des Bewuchses (Laub- und Nadelhölzer). Letztere Unterscheidung ist anstrichtechnisch von Bedeutung, denn bei allen Holzarten kann es durch Holzinhaltsstoffe – insbesondere bei wasserverdünnbaren Beschichtungsstoffen – zu Verfärbungen kommen. Diese Inhaltsstoffe können auch bei bereits vorhandener Grund- und Zwischenbeschichtung noch zu Verfärbungen in der Schlussbeschichtung führen.

Nadelhölzer. Bei harzreichen Nadelhölzern, z.B. bei Kiefernholz, kann es bei verbautem Holz oder bei Holzbauteilen zu Ausscheidungen von Harz an der Oberfläche kommen, die dann zu Störungen beim Beschichten führen.

Laubhölzer. Vor allem bei tropischen Laubhölzern, z.B. Afrormosia, Afzelia oder Teak, kann die Haltbarkeit von Beschichtungen durch in ihr eindringende (inhibierende) Holzinhaltsstoffe beeinträchtigt werden. Auch kann dadurch die Trocknung von Beschichtungen verzögert werden. Andere Laubhölzer enthalten Gerbsäure, z.B. Eiche oder Framire, die im Kontakt mit Metallen oder mit einigen fungiziden Hozschutzmitteln das Holz fleckig verfärben.

Resistenzklassen. Die Holzarten werden eingeteilt nach dem Grad der Resistenz des ungeschützten Kernholzes, gegen den Befall durch Holz zerstörende Pflanzen, bei anhaltender Holzfeuchte (> 20 %) und bei Erdkontakt.

Holzfeuchte

Der wachsende Baum benötigt Wasser zum Transport von Nährstoffen. Er beinhaltet in seinen Fasern und Zellen sehr viel Wasser. Das geerntete Holz verliert diese gespeicherte Feuchtigkeit und wird dadurch auch leichter.

Wasseranteil bezogen auf das Holzgewicht:

- lebender Baum ca. 50 % bis 150 %,
- bautrockenes Holz ca. 20 % bis 30 %,
- trockenes Holz ca. 10 % bis 20 %,
- darrtrockenes Holz 0 % ≙ 100 % Holzmasse.

Holz zerstörende Pflanzen s. S. 157 f.

Resistenzklassen von Holz nach DIN EN 350-2

Resistenzklasse	1	1 – 2	2	2 – 3	3	3 – 4	4	5
Resistenz des ungeschützten Kernholzes bei langanhaltender Holzfeuchte und bei Erdkontakt	sehr resistent	sehr resistent bis resistent	resistent	resistent bis mäßig resistent	mäßig resistent	mäßig resistent bis wenig resistent	wenig resistent	nicht resistent

Holzarten und Holzeigenschaften maßhaltiger und nicht maßhaltiger Außenbauteile

Art	Holzbezeichnung	grobe Poren	mögliche Harzausscheidung	Trocknung/ Härtung störende Inhaltsstoffe	mögliche Verfärbung bei lösemittelhaltigen Beschichtungsstoffen	möglicher Bläuepilzbefall	Resistenzklasse
Nadelholz	**Fichte**	•	•			•	4
	Hemlock	•				•	4
	Kiefer						
	Kernholz		•		•		3 – 4
	Splintholz		•		•	•	5
	Lärche						
	Kernholz		•		•		3 – 4
	Splintholz		•		•	•	5
	Oregon Pine (Douglasie)		•		•		3 – 4
	Sitka-Spruce					•	4
	Tanne					•	4
	Red Cedar		•		•		2 – 3
Laubholz	**Afzelia** (Doussie)	•		•			1
	Agba (Tola branca)	•	•				2 – 3
	Amerik. Mahagoni	•					2
	Bitangor	•			•		3 – 4
	Cedro	•	•				2
	Durian	•					2 – 3
	Eiche (Europa)	•			•		2
	Framire	•			•		2 – 3
	Kambala (Iroko)	•			•		1 – 2
	Khaya-Mahagoni	•					3
	Kosipo						2 – 3
	Mengkulang	•			•		3
	Red Meranti	•	•				2 – 4
	Robine	•			•		1 – 2
	Sipo-Mahagoni	•		•	•		2 – 3
	Teak	•		•			1 – 3
	White Seraya	•	•				4

Maßhaltige Holzbauteile

Nicht maßhaltige Holzbauteile

Hygroskopie. Trockenes Holz ist hygroskopisch (wasseranziehend). Es nimmt aus der umgebenden Luft, in Abhängigkeit der relativen Luftfeuchte, Feuchtigkeit in sich auf.

Holzfeuchte in Abhängigkeit der umgebenden Luftfeuchte

relative Luftfeuchte	Holzfeuchte	Beispiel
ca. 0% – 25%	ca. 0% – 6%	extrem trockene Räume, extrem trockenes Holz
ca. 25% – 50%	ca. 6% – 10%	Wohnräume, möbeltrockenes Holz
ca. 50% – 75%	ca. 10% – 18%	Außenklima, lagertrockenes Holz, indirekt bewittertes Holz
ca. 80% – 90%	ca. 20% – 30%	Außenklima, direkt bewittertes Holz

Faser- und Wassersättigung. In den Zellwänden und Zellhohlräumen des Holzes ist Feuchtigkeit, d.h. Wasser enthalten. Diese Holzfeuchte wird nach DIN 52183 in Prozent angegeben. Bei trockenem Holz nehmen die Zellwände Wasser aus der Luft auf, binden es und quellen auf. Sind alle Zellwände voll mit Wasser, ist Fasersättigung erreicht, die Holzfeuchte beträgt ca. 30 %. Nimmt das Holz noch mehr Feuchtigkeit auf, füllen sich die Zellhohlräume so lange, bis auch sie gefüllt sind. Die Wassersättigung des Holzes ist erreicht. Hierbei ändert sich sein Volumen nicht.

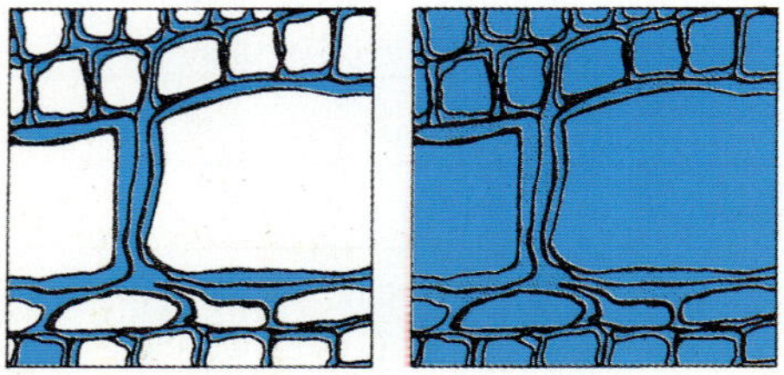

Holzzellen bei Fasersättigung — Holzzellen bei Wassersättigung

Bild 1. Fasersättigung und Wassersättigung der Holzzellen

Wenn das Holz trocknet, verdunstet die Feuchtigkeit. Zuerst nimmt das Wasser in den Zellhohlräumen ab, dann erst trocknen die Zellwände. Wenn also der Fasersättigungspunkt unterschritten wird, verringert sich auch das Volumen der Holzes, es schwindet.

Volumenveränderung des Holzes:

- **Quellen.** Holz nimmt Feuchtigkeit in den Zellwänden auf → Volumenvergrößerung.
- **Schwinden.** Holz gibt Feuchtigkeit aus den Zellwänden an die Luft ab → Volumenverkleinerung.

Das Quellen und Schwinden des Holzes (Arbeiten des Holzes) setzt unterhalb des Fasersättigungspunktes ein.

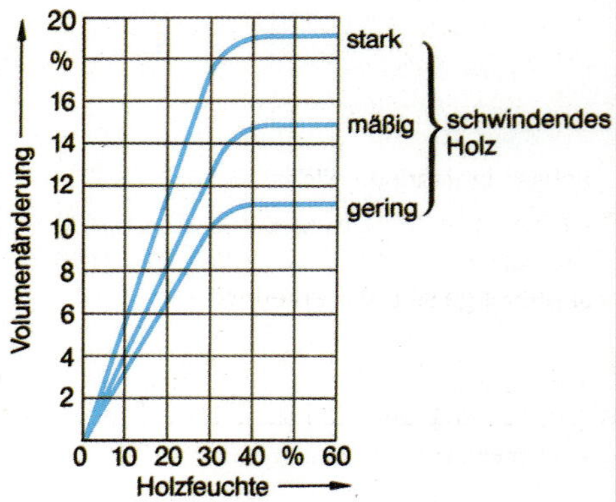

Bild 2. Volumenveränderung von Holz in Abhängigkeit der Holzfeuchte

relative Luftfeuchte s. S. 110

Volumenänderung bei der Holztrocknung in Abhängigkeit von der Schnittrichtung

Schnitt	Verwendung	Volumenänderung
tangential 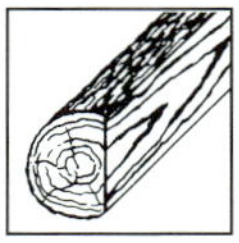	Halbfertigerzeugnisse für nicht maßhaltige Bauteile, oberflächenbearbeitetes und profiliertes Holz, z.B. Profilbretter	ca. 10 % 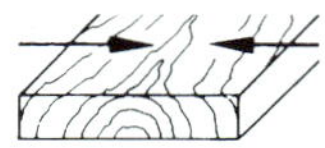
radial 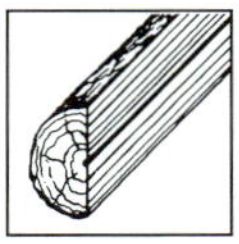	Bauschnittholz, z.B. Kanthölzer, Dachlatten, Balken	ca. 5 % 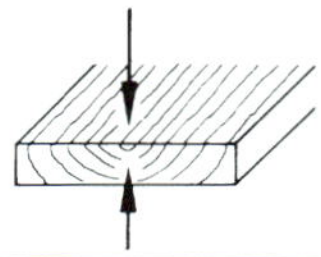
axial 	Stirnfläche bei allen Bauschnitthölzern, Brettern und Bohlen	ca. 0,4 % 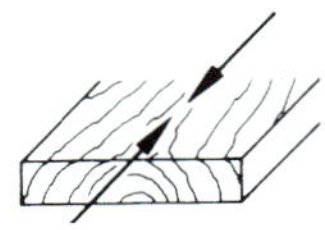

Schnittrichtungen. Bei der Verarbeitung des Holzes gibt es drei Schnittebenen, die auf Änderung der Feuchtigkeit unterschiedlich reagieren:

- **Tangentialschnitt** (Fladerschnitt) → Aufschneiden des Stammes parallel zur Wuchsachse, Jahresringe bilden langelliptische Linien,
- **Radialschnitt** (Siegelschnitt) → Aufschneiden des Stammes durch die Wuchsachse, Jahresringe bilden parallele Linien,
- **Axialschnitt** (Querschnitt), → Aufschneiden des Stammes senkrecht zur Wachstumsachse, Jahresringe sind voll erkennbar.

Die Quell- und Schwindwirkung ist in tangentialer Wuchsrichtung am stärksten, in radialer gering und in axialer vernachlässigbar.

Messverfahren. Bevor Holz, besonders im Außenbereich und an Holzfenstern und -türen, anstrichtechnisch behandelt wird, soll die Holzfeuchte in mindestens 5 mm Tiefe an mehreren Stellen gemessen werden. Mit batteriebetriebenen Feuchtigkeitsmessern, sogenannten Hydromaten, lässt sich die Holzfeuchte präzise messen. Für Tiefenmessungen werden Einschlagelektroden verwendet. Handelsübliche Hydromaten können zur Messung der Feuchtigkeit in Putzen oder zur Taupunktmessung umgeschaltet werden. Zu feuchtes Holz ist als Beschichtungsuntergrund ungeeignet, da dies zu Schäden am Bauteil und zu Beschichtungsschäden führt. Gemäß VOB Teil C DIN 18363 Abschnitt 3.1.1 dürfen bestimmte Holzfeuchtewerte vor der Beschichtung nicht überschritten werden.

Holzfeuchtewerte vor Beschichtung (Messung in mindestens 5 mm Tiefe)

Holzbehandlung	max. Holzfeuchte
Imprägnierung, Holzschutzmittel	28 %
diffusionsfähige Beschichtungen, z.B. Lasuren	25 %
geschlossenen, filmbildende Beschichtungen	
maßhaltiges Holz	11-15 %
begrenzt und nicht maßhaltiges Holz	18 %
innen	<8 %

Der Maler und Lackierer ist verpflichtet, vor Beginn der Beschichtungsarbeit die Holzfeuchte zu bestimmen und ggf. erst nach Trocknung des Holzes mit seiner Arbeit zu beginnen.

Taupunkt s. S. 110

Bild 1. Holzfeuchtemessgerät

Holzschädlinge

Wachsendes Holz ist vielen Schädigungen durch Feuer, Pflanzen und Tieren ausgesetzt. Verbautes Holz kann durch zu hohe Feuchtigkeit oder durch Feuer geschädigt werden. Feuchtes Holz am Bau ist aber auch Lebens- und Nahrungsgrundlage von Tieren und Pflanzen, die diesen organischen Stoff zerstören.

Tierische Schädlinge. An Bauholz sind Insekten die schädigenden Tiere. Das Insekt in der Entwicklungsstufe Larve ist der eigentliche Holzzerstörer.

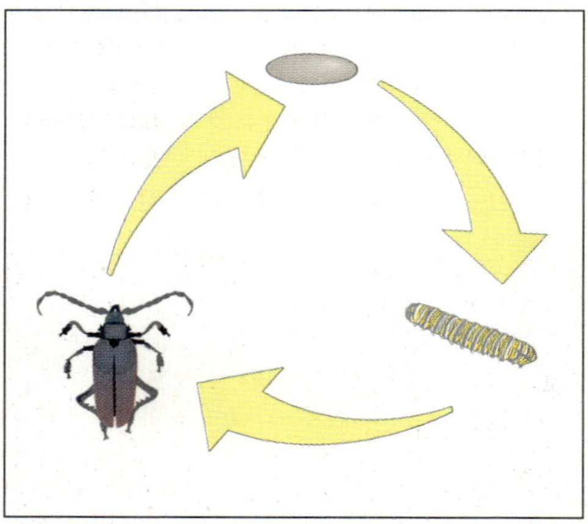

Metamorphose

Bild 2. Metamorphose der Insekten

Bauteilgefährdung durch Insekten:
- **innen verbautes Holz:**
  - Splinthölzer oder Farbkernhölzer mit Splintholzanteil > 10 %,
  - keine allseitige Bekleidung von Holz in Wohnbereichen mit üblichem Wohnklima,
  - offene, aber nicht kontrollierbare Bauteile,
- **indirekt bewittertes Holz:**
  - splintfreie Farbkernhölzer der Resistenzklassen 3 – 4 , 4
  - alle Splinthölzer oder Holz der Resistenzklasse 5,
- **direkt bewittertes Holz:**
  - splintfreie Farbkernhölzer der Resistenzklassen 3, 3 – 4 , 4,
  - alle Splinthölzer oder Holz der Resistenzklasse 5,
- **Holz in dauerndem Erdkontakt:**
  - splintfreie Farbkernhölzer der Resistenzklassen 2, 2 – 3, 3, 3 – 4 , 4,
  - alle Splinthölzer oder Holz der Resistenzklasse 5.

Holz zerstörende Insekten:
- **Hausbockkäfer,** gefährlichstes Schadinsekt am Bauholz, legt seine Eier in Risse von trockenem Nadelholz, z.B. in Dachstühlen; die Larven fressen sich bis zu zehn Jahre durch das Holz; Fraßgänge liegen dicht unter der Oberfläche und sind mit hellem Fraßmehl gefüllt.

Bild 3. Durch Hausbock geschädigtes Bauholz

- **Nagekäfer,** weit verbreiteter Holzzerstörer, befällt Laub- und Nadelhölzer, besonders in feuchten Räumen; gefährdet sind Konstruktions- und Ausstattungshölzer mit hoher Holzfeuchte, Larvenentwicklung bis zu drei Jahre; unregelmäßig verlaufende Fraßgänge, mit Bohrmehl verstopft; die Larve zerstört Holz vollständig.

direkte und indirekte Bewitterung s. S. 160

Untergrundvorbereitung. Die Untergrundvorbereitung richtet sich nach der Oberflächenbeschaffenheit und den Prüfergebnissen. Nicht jedes Reinigungsverfahren ist für jede Oberfläche geeignet.

Beschichtungssysteme

Auf Aluminium sind haftvermittelnde Grundbeschichtungen notwendig. Die Grundbeschichtung ist mit Basisstoffen der Zwischen- und Schlussbeschichtung auszuführen, auch bei Überholungsbeschichtungen darf nicht mit anderen Systemen überstrichen werden.

Grundbeschichtung. Für metallblanke und anodisch eloxierte Oberflächen, von denen die Altbeschichtung ganz oder stellenweise entfernt worden ist, eignen sich Zweikomponenten-Wash-Primer oder Einkomponenten-Wash-Primer.

- **Wash Primer:** dünnschichtiger (4 µm – 8 µm), metallreaktiver, passivierender und haftungsvermittelnder Grundbeschichtungsstoff für Metalle, ergibt in der Regel eine lasierende Schicht, die nicht die schichtbildende Grundbeschichtung ersetzt.

Schichtbildende Grundbeschichtungsstoffe auf:

- Acrylat- und Mischpolymerisatharzbasis,
- Alkydharzbasis,
- Epoxidharzbasis.

Deckende Beschichtungsstoffe auf der Basis von:

- Alkydharz,
- einkomponentigem Polymerisatharz,
- Polyurethanharz,
- Epoxidharz.

- **Farblose Beschichtungsstoffe auf:**
  - Acryl-Polymerisatharzbasis,
  - Acrylharzbasis.

Reinigung von Aluminiumuntergründen

	Oberflächenbeschaffenheit			
Reingungsverfahren	metallisch blank	bewittert oder alt	anodisch oxidiert	lackiert
Handreinigung mit Nitroverdünnung, Nachreiben mit sauberem Lappen, Schleifen mit Schleifvlies, Abwischen mit lösemittelgetränktem Lappen bis er sich nicht mehr dunkel verfärbt	+	+	+	nur mit neutralem Reinigungsmittel
Handreinigung mit ammoniakalischer Netzmittelwäsche, Schleifen mit Schleifvlies	+	–	+	–
Reinigung von Hand mit Kaltreiniger, Nachwaschen mit heißem Wasser, Schleifen mit Schleifvlies, Abwischen mit lösemittelgetränktem Lappen bis er sich nicht mehr dunkel verfärbt	+	–	+	–
Dampfstrahlreinigung mit schwach saurem Phosphatreiniger, Nachreinigen mit heißem Wasserdampf, Schleifen mit Schleifvlies, Abwischen mit lösemittelgetränktem Lappen bis er sich nicht mehr dunkel verfärbt	+	–	+	–

+ geeignet; – ungeeignet

7 Untergrund Kunststoff

Kunststoffe

- **Polykondensate**
  - **Duromere**
  - **Plastomere**: Polyamid (PA), Polycarbonat (PC)
- **Polymerisate**
  - **Plastomere**: Polyethylen (PE), Polypropylen (PP), Polyvinylchlorid (PVC), Polystryrol (PS), Acrylnitril-Butadein-Styrol (ABS), Polymethylmethacrylat (PMMA)
- **Polyaddukte**
  - **Duromere**: Polyurethan (PUR), Epoxid (EP)
  - **Elastomere**: Silastomer (SI)
- **abgewandelte Naturstoffe**
  - **Plastomere**: Celluloseacetat (CA), Cellulosepropionat (CP)
  - **Elastomere**: Siliconkautschuk (SI), Polysulfidkautschuk (SR)

7.1 Einteilung, Aufbau und Eigenschaften

Kunststoffe sind organische, polymere, (= hochmolekulare) Stoffe. Sie werden künstlich durch chemische Verfahren im Wesentlichen aus Erdöl- oder Erdgasprodukten hergestellt. Kunststoffe sind Werkstoffe, die relativ leicht und kostengünstig zu verarbeiten sind und eine hohe Gebrauchstüchtigkeit aufweisen.

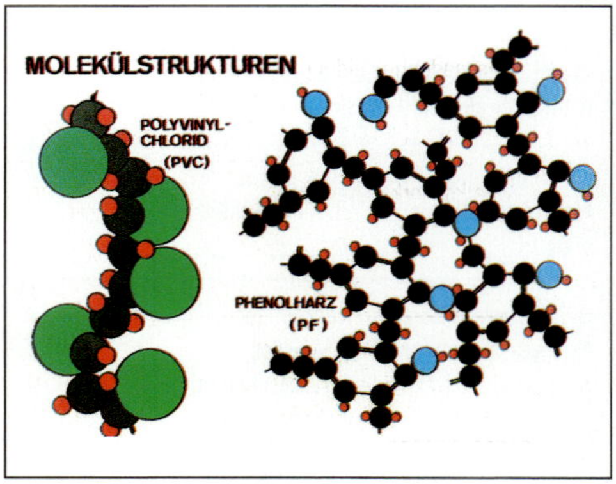

Bild 1. Molekülstruturen

organische Stoffe s. S. 254

Kunststoffarten. Nach ihren physikalischen Eigenschaften werden die Kunststoffarten unterschieden:

- **Plastomere** schmelzen bei höheren Temperaturen (60 °C bis 180 °C) und sind dann formbar,
- **Duromere** härten nach Abkühlung völlig aus und sind danach nicht mehr schmelz- oder formbar, sie sind lösemittelbeständig,
- **Elastomere** besitzen auch bei Raumtemperatur hohe Elastizität, sind lösemittelbeständig, quellbar, aber nicht schmelzbar.

Herstellung. Die Bildung organischer Makromoleküle (= Polymere) ist auf die chemischen Eigenschaften des Kohlenstoffes zurückzuführen. Der Kohlenstoff kann sich durch fortlaufende Atombindungen mit sich selbst und anderen Stoffen verketten.

Herstellungsverfahren. In der Kunststoffherstellung werden drei Verfahren angewendet:

- **Polymerisation.** Gleichartige, monomolekulare Stoffe (Monomere) werden unter Zugabe von Reaktionsmittlern (Katalysatoren) zu Makromolekülen, den Polymerisaten, verkettet.
- **Polyaddition.** Verschiedenartige Monomere verketten, wobei Molekülteile neu angeordnet werden; der Stoff, der entsteht, ist ein Polyaddukt.
- **Polykondensation.** Reaktionsfähige Molekülgruppen der Monomere verketten miteinander; dabei werden Substanzen freigesetzt, meist Wasser, aber auch Ammoniak, Salzsäure oder Alkohole; die so entstandenen Stoffe sind Polykondensate.

Einteilung. Heute sind ca. 6000 unterschiedliche Kunststoffe auf dem Markt. Nicht alle können im Hochbau eingesetzt werden. Das Merkblatt Nr. 22 des Berufsausschusses Farbe und Sachwertschutz (BFS) hat die wichtigsten Kunststoffe, die als Beschichtungsuntergründe auftreten, aufgelistet.

polymer

makros

7.2 Kunststoffbeschichtungen

Makromoleküle

Kunststoff ist ein problematischer Untergrund. Die Möglichkeiten, den Kunststoff selbst zu identifizieren, sind beschränkt.

monos

Katalysator

Untergrundanalyse. Der Maler und Lackierer kann den Kunststoff auf sichtbare und erkennbare Mängel überprüfen. Aber je nach Art des Kunststoffs kann eine Beschichtung den Untergrund anlösen, oder der Untergrund kann durch einwandernde Weichmacher geschädigt werden, z.B. bei PVC.

Bauteile aus Kunststoff

Bauteil		überstreichbarer Kunststoff	nicht überstreichbarer Kunststoff
Außenflächen	Zäune, Gitter	Hart-PVC	ABS, PP
	Masten	UP	
	Spielgeräte	UP, Hart-PVC	PA
	Fassadenbekleidungen	UP, Hart-PVC, PMMA	ABS
	Deckschichten von Verbundelementen	UP, PUR, Hart-PVC	PVF
	Fugenabdeckprofile	Hart-PVC	Weich-PVC
	Balkonverkleidungen	PF-Pressholz, UP, PMMA, Hart-PVC	ABS
	Regenrinnen, Fallrohre	UP, PUR, UP, Hart-PVC, Weich-PVC	PE
	Fensterrahmen	Hart-PVC, PUR	PPO
	Fensterbänke	PF-Pressholz, Hart-PVC	
	Rolläden, Klappläden	Hart-PVC	
Innenflächen	Fußleisten, Sockelleisten	Hart-PVC	Weich-PVC
	Heizkörperverkleidungen	PS	PP
	Möbel	MF, PF, PUR, UP, PMMA, PS	ABS, PA, PP, PE
	Treppenstufen, Handläufe	Arcyl-UP,	Weich-PVC
	Geländerbohlen	PUR, PMMA, PF-Pressholz	
	Türzargen	Hart-PVC	Weich-PVC
	Türblätter	MF, PF, UP	
	Tütblattbespannungen		
	Falttüren		

Kunststofferkennung. Für die Auswahl des Beschichtungssystems muss die Art des Kunststoffs bekannt sein, da sich die unterschiedlichsten Arten anstrichtechnisch verschieden verhalten. Gegenüber früheren Hinweisen über das Erkennen von Kunststoffen durch Brenn- und Geruchsproben geht man heute bei der Vielzahl von unterschiedlichen Kunststoffen davon aus, dass der Hersteller aufgrund der Kunststoffbezeichnung festzustellen ist. Somit können von diesem die Vorbereitungs- und Beschichtungsstoffe erfragt werden. Ist der Kunststoff bekannt, kann von der Verwendung einiger am Bau eingesetzter Kunststoffe der Tabelle (s. S. 191) auf Überstreichbarkeit geschlossen werden.

Nur durch eine Laborprüfung oder durch Nachfrage beim Hersteller wird die Kunststoffart sicher identifiziert und das entsprechende Beschichtungssystem bestimmt.

Untergrundvorbereitung. Untergründe müssen von anhaftenden Stoffen gereinigt werden. Duroplastische Pressmassen müssen aufgeraut und daher geschliffen werden.

Reinigung. Die Kunststoffhersteller setzen in der Regel Formtrennmittel wie Silicone oder Wachse ein. Hierauf haften Beschichtungsstoffe nicht oder schlecht und müssen daher abgewaschen werden.

- **Ammoniakalische Netzmittelwäsche:**
  10 Liter Wasser mit ca. $^1/_2$ Liter 25 %iger oder 1 $^1/_2$ Liter 10 %iger Ammoniaklösung (Salmiakgeist) und etwas Netz- oder Spülmittel (ca. zwei Kronkorken voll) mischen, Fläche mit Schleifvlies nass abwaschen, danach gründlich mit Wasser nachwaschen.
- **Spirituswäsche:**
  Ist für viele Kunststoffarten als Reinigungsmittel geeignet.

Schleifen von Kunststoffen:
Werden Kunststoffe oder kunststoffhaltige Oberflächen geschliffen, laden sie sich dadurch statisch auf; der Schleifstaub haftet fest am Untergrund und kann sich nachteilig auf die Beschichtung auswirken; Abwischen mit einem mit Spiritus angefeuchteten Lappen entfernt den Schleifstaub.

Reinigen mit Lösemitteln ist problematisch. Falls die ammoniakalische Netzmittelwäsche, wegen spezieller Kunststoffart oder Oberfläche, nicht einsetzbar ist und Lösemittelreingung zu erfolgen hat, sollte das geeignete Lösemittel beim Hersteller erfragt werden. Mit Universalnitroverdünnung können einige Kunststoffe gereinigt werden, doch auf vielen Kunststoffen führt dieses Lösemittel zu Schäden.

Schäden durch Lösemittel:
- Anquellen der Oberfläche,
- Runzelbildung,
  z.B. bei Bespannungen,
- Aufweichen der Oberfläche.

Beschichtungssysteme. Die Beschichtung richtet sich nach Art und Beanspruchung des Untergrundes. Es sollen nur die vom Beschichtungsstoffhersteller für die entsprechende Kunststoffart empfohlenen Systeme eingesetzt werden. Weiße Kunststoffteile dürfen nicht dunkelpigmentiert beschichtet werden, weil durch den Aufheizeffekt Bauteile verformt werden.

Lösemittel können Kunststoffoberflächen anlösen, aufquellen oder zerstören.

Grund-, Zwischen- und Schlussbeschichtung müssen aufeinander abgestimmt sein. Die Beschichtungsstoffe, die in der Tabelle aufgeführt werden, gelten als Orientierungshilfe.

Überholungsbeschichtungen sind wie Erstbeschichtungen auszuführen.

Bild 1. Beschichtung auf Kunststoff

Beschichtungsstoffe für Kunststoffuntergründe

Kunststoff	Bindemittelbasis					
	Alkydharz	Polymerisatharz	Polyurethanharz	2K-Epoxidharz	Dispersionsfarben	Dispersionslacke
Hart-PVC	+	+ ◊	+ Δ	+ o	+ •	+ •
PS	–	–	–	–	+ •	+ •
PS-Hartschaum	–	–	–	–	+ •	–
PF, UF, MF	+ •	+ ◊	+ Δ	+ o	+ •	+ •
UP	+ •	+ ◊	+ Δ	+ o	+ •	+ •
PUR	+ •	+ ◊	– Δ	+ o	+ •	+ •

+ = geeignet; – = ungeeignet; • = normal wetterbeständig; ◊ = bedingt chemikalienbeständig;
Δ = hoch wetter-, wasser- und chemikalienbeständig; o = höchst wetter-, wasser- und chemikalienbeständig

Aufgaben zur Wiederholung (W), Aufgaben zur Vertiefung (V)

W 1. Wie kann die Adhäsionskraft zwischen zwei unterschiedlichen Stoffen erhöht werden?

W 2. Erklären Sie den Unterschied zwischen Adhäsion und Kohäsion.

W 3. Welche beschichtungstechnischen Folgen hat ein zu feuchter Beschichtungsuntergrund?

W 4. Warum steigt in Kapillaren Wasser entgegen der Schwerkraft?

W 5. Wie können sich Poren in Beton oder Putz bilden?

W 6. Welche Stoffe sind ganz ohne Poren?

W 7. Welche Vor- und Nachteile bewirken Poren in Baustoffen?

W 8. Wodurch unterscheidet sich Imprägnieren von Grundieren?

W 9. Warum werden Parkettfußböden versiegelt?

W 10. Wie kann die Saugfähigkeit eines Untergrundes egalisiert werden?

W 11. Wie kann eine fettige Oberfläche benetzbar gemacht werden?

W 12. Warum schützt Politur oder Wachs die Lackoberfläche eines Automobils?

W 13. Erklären Sie das Diffusionsverhalten einer Hauswand.

W 14. Wie können sich unter Dispersionslackschichten auf Zinkuntergründen Osmoseblasen bilden?

W 15. Wovon ist der Diffusionswiderstand eines Baustoffes abhängig?

W 16. Welchen Diffusionswiderstand hat ein 4 cm dicker Kalkzementputz?

W 17. Ist die Verdunstungsmenge von Wasser je m^3 bei einer relativen Luftfeuchte von 50 % immer gleich viel?

W 18. Wie wird die Temperatur genannt, bei der Luftfeuchte kondensiert?

W 19. Wann schlägt sich Kondenswasser an Bauteiloberflächen ab?

W 20. Wie kann die Luftfeuchte in Wohnräumen geregelt werden?

W 21. Warum wird ein Raum vollständig erwärmt, obwohl der Heizkörper unterhalb der Fensteröffnung angebracht ist?

W 22. Welche Art der Wärmeübertragung erfolgt auch ohne jede Art von Stoffen?

W 23. Womit wird der Wärmezustand eines Stoffes angegeben?

W 24. Wovon ist die Wärmeleitfähigkeit eines Stoffes abhängig?

W 25. Die Dichte eines Vollziegels ist zehn malhöher als die Dichte von Steinwolle-Dämmplatten. Wie verhält sich die Leitfähigkeit dieser beiden Stoffe?

W 26. Was besagt der Wärmedurchgangskoeffizient (*U*-Wert)?

W 27. Was sind Wärmebrücken?

W 28. Warum schlägt sich in schlecht gedämmten Außenecken Feuchtigkeit nieder?

W 29. Welche Bauteile können als Wärmebrücken auftreten?

W 30. Wie wirken sich Wärmeunterschiede zwischen Sommer und Winter auf Bauteile aus?

W 31. Welche Schallschutzmaßnahmen kann der Maler und Lackierer durchführen?

W 32. Welche Stoffe absorbieren Schall?

W 33. Was kann aus der Summenformel einer chemischen Reaktion abgelesen werden?

W 34. Erklären Sie den Unterschied einer chemischen Summen- und einer Strukturformel.

W 35. Welche Vorsichtsmaßnahmen sind beim Umgang mit Säuren und Lagen zu berücksichtigen?

W 36. Wie werden Säuren mit Wasser verdünnt?

W 37. Nennen Sie Verwendungsmöglichkeiten von Säuren aus Ihrer Arbeitswelt.

W 38. Wie entstehen Säuren und wie Laugen?

W 39. Welche Arten von Salzen gibt es?

W 40. Warum ist die Löslichkeit von Salzen für den Maler und Lackierer von Bedeutung?

W 41. Was gibt der pH-Wert an?

W 42. Wie kann der Maler und Lackierer den pH-Wert messen?

W 43. Wie hoch ist in etwa der pH-Wert einer mittelstarken Säure und wie hoch einer schwachen Säure?

W 44. Wie kann der Maler und Lackierer feststellen, ob eine Lösung alkalisch oder sauer ist?

W 45. Was bedeutet Neutralisation von Säuren und Laugen?

W 46. Welche chemischen Reaktionen können von metallischen und mineralischen Untergründen ausgehen?

W 47. Was bewirkt der Kristallisationsdruck von Salzen auf Bauteilen?

W 48. Wann wendet der Maler und Lackierer Fluate an?

W 49. Wie wirken Fluate auf mineralischen Untergründen?

W 50. Wie werden Fluate angewendet?

W 51. Warum dürfen zum Fluatieren keine Werkzeuge mit Metallteilen verwendet werden?

W 52. Warum verseifen ölige Bindemittel auf Putz der MG P III?

W 53. Was ist ein Beschichtungssystem?

W 54. Welche unterschiedlichen Beschichtungssysteme führt der Maler und Lackierer aus?

W 55. Warum sind im Korrosionsschutz Zwischenbeschichtungen besonders angebracht?

W 56. Welche Eigenschaften muss eine Altbeschichtung aufweisen, die als Untergrund für eine Überholungsbeschichtung dienen soll?

W 57. Wie kann die Haftfestigkeit einer Altbeschichtung geprüft werden?

W 58. Was sagt der Gitterschnittkennwert Gt 3 über den Zustand einer Altbeschichtung aus?

W 59. Wovon hängt die Tragfähigkeit einer Altbeschichtung noch ab?

W 60. Wodurch unterscheidet sich eine Erneuerungsbeschichtung von einer Erstbeschichtung?

W 61. Wie unterscheiden sich künstliche und natürliche Baustoffe voneinander?

W 62. Wovon ist die Härte bei gebundenen Baustoffen abhängig?

W 63. Welche Eigenschaft der gebundenen Baustoffe ist anstrichtechnisch bedeutsam?

W 64. Welche Arbeiten führt der Maler und Lackierer auf Natursteinen aus?

W 65. Welche Eigenschaften hat Ziegelsteinmauerwerk?

W 66. Welche bautechnischen Voraussetzungen müssen Mauerziegel aufweisen, die beschichtet werden sollen?

W 67. Welche Beschichtungsschäden können bei einem Mauerziegeluntergrund auftreten?

W 68. Wodurch unterscheiden sich Klinker von Mauerziegeln?

W 69. Sind Kalksandsteine gebundene oder gebrannte Baustoffe?

W 70. Welche Untergrundvorbereitungen können auf Kalksandsteinmauerwerk ausgeführt werden?

W 71. Warum ist die Einhaltung der Wasserdampfdurchlässigkeit von Beschichtungen auf Kalksandsteinmauerwerk besonders wichtig?

W 72. Nennen Sie Beschichtungsstoffe für Kalksandsteinmauerwerk.

W 73. Warum zählen Kunstharzputze nicht zu den Putzuntergründen nach DIN 18 550?

W 74. Welche besonderen Anforderungen werden an Kunstharzputze für den Außenbereich gestellt?

W 75. Wovon ist die Oberflächenstruktur der Kunstharzputze anhängig?

W 76. Welche Untergrundvorbereitungen müssen getroffen werden, wenn auf Kunstharzputz eine Überholungsbeschichtung aufgetragen werden soll?

W 77. Wie unterscheiden sich mineralische Putze von Kunstharzputzen?

W 78. Welche Mörtelgruppen eignen sich für Außenputze?

W 79. Welche Bindemittel der Mörtelgruppen binden hydraulisch ab?

W 80. Woraus wird Putzmörtel gemischt?

W 81. Welche grundsätzliche Untergrundanalyse müssen Sie als Entscheidung für Untergrundvorbereitungsmaßnahmen vornehmen?

W 82. Wie werden Sinterschichten von Putzuntergründen entfernt?

W 83. Warum dürfen Ausblühungen von Putzoberflächen nicht mit Wasser abgewaschen werden?

W 84. Warum sind gerissene Putze für einen Baukörper schädlich?

W 85. Wovon hängt die Verbreiterung eines Risses an der Fassade ab?

W 86. Welche Rissarten werden unterschieden?

W 87. Welche Ursache lässt Mischmauerwerksrisse entstehen?

W 88. Welche Arten der Rissüberbrückung stehen dem Maler und Lackierer zur Verfügung?

W 89. Wie ist ein plastoelastisches Beschichtungssystem aufgebaut?

W 90. Welche Risse können teilarmiert werden und wie baut sich dieses System auf?

W 91. Beschreiben Sie die Untergrundvorbereitungsmaßnahmen für putzgrundbedingte Risse.

W 92. Welche Beschichtungssysteme können auf Putzen der Mörtelgruppe MG P I bedenkenlos eingesetzt werden?

W 93. Sind Kunstharzputze auf Luftkalkputzen einsetzbar? Begründen sie Ihre Antwort.

W 94. Wie entsteht Porenbeton?

W 95. Welche Porenbetonuntergründe sind für eine Beschichtung ungeeignet?

W 96. Welche bautechnischen Voraussetzungen müssen erfüllt sein, bevor der Maler und Lackierer den Porenbetonuntergrund beschichten kann?

W 97. Beschreiben sie die Untergrundvorbereitungsmaßnahmen für eine Porenbetonbeschichtung.

W 98. Welche Beschichtungssysteme eignen sich auf Porenbeton?

W 99. Erklären Sie den Unterschied zwischen Poren- und Stahlbeton.

W 100. Welche Betoneigenschaften sind vom Wasserzementwert abhängig?

W 101. Wie entsteht Carbonatisierung und was bedeutet sie für den Stahlbeton?

W 102. Warum zerstören Säureeinwirkungen aus der Luft die Betonoberfläche?

W 103. Wovon hängt die Korrosion der Bewehrungsstähle im Beton ab?

W 104. Welche Untergrundprüfungen müssen Sie vor einer Betonschutzbeschichtung vornehmen?

W 105. Was sagt die Untergrunddiagnose für die Beschichtung einer Betonfläche aus?

W 106. Welche Beschichtungssysteme sind für den Betonschutz geeignet?

W 107. Was unterscheidet Betonschutz von Betoninstandsetzung?

W 108. Welche Vorbereitungsmaßnahmen müssen Sie treffen, wenn Rostfahnen von Bewehrungsstählen an der Betonoberfläche verlaufen?

W 109. Wie wird Beton instandgesetzt und beschichtet?

W 110. Nenne Sie Vorzüge von Holz gegenüber anderen Baustoffen.

W 111. Wodurch entstehen bei Bäumen Jahresringe?

W 112. Welche Bedeutung haben Holzinhaltstoffe für nachfolgende Beschichtungen?

W 113. Wie unterscheidet der Maler und Lackierer Hölzer?

W 114. Was besagt die Holzfeuchte?

W 115. Was bedeutet Hygroskopie?

W 116. Erklären Sie den Faser- und Wassersättigungspunkt von Holz.

W 117. Wann tritt immer eine Volumenänderung von Holz auf?

W 118. Was versteht man unter „Arbeiten" des Holzes?

W 119. Was bedeutet Darrtrockenheit bei Holz?

W 120. Wie wirkt sich die Schnittrichtung des Holzes bei Volumenveränderungen aus?

W 121. Wie wird die Holzfeuchte gemessen?

W 122. Wie hoch darf maximal die Holzfeuchte von Nadelholz vor der Beschichtung mit Alkydharzlack sein?

W 123. Welches Holz wird von tierischen Schädlingen befallen?

W 124. Nennen Sie indirekt bewitterte Hölzer, die von Insekten befallen werden können?

W 125. Welcher pflanzliche Schädling zerstört das Holz nicht, sondern verfärbt es?

W 126. Wann befällt Kellerschwamm Holz?

W 127. Nennen Sie nicht oder begrenzt maßhaltige Bauteile.

W 128. Nennen Sie Klimagruppen und ihre klimatischen Bedingungen.

W 129. Warum ist UV-Strahlung schädlich für Holz und seine Beschichtungen?

W 130. Wie werden Harzausscheidungen vor einer Beschichtung beseitigt?

W 131. Was bedeutet biotischer Holzschutz?

W 132. Kann der Farbton einer Holzbeschichtung zu Schäden am Untergrund führen?

W 133. Welche Art des Holzschutzes kann der Maler und Lackierer ausführen?

W 134. Warum ist im Innenbereich kein chemischer Holzschutz notwendig?

W 135. Wie wird begrenzt maßhaltiges Holz für eine Beschichtung vorbereitet?

W 136. Welche Beschichtungssysteme sind auf begrenzt maßhaltigem Holz sinnvoll? Begründen Sie Ihre Antwort.

W 137. Wodurch unterscheidet sich eine Lasurbeschichtung von einer deckenden Beschichtung?

W 138. Welche Untergrundvorbereitung darf der Maler und Lackierer nicht ausführen, wenn Holz lasierend beschichtet werden soll?

W 139. Welche Bauteile werden als maßhaltig bezeichnet?

W 140. An welchen Holzkonstruktionen hat der Maler und Lackierer mit Kantenflucht des Beschichtungsstoffes zu rechnen?

W 141. Wie ist das kantenflüchtige Verhalten von Beschichtungsstoffen zu erklären?

W 142. Welche Untergrundprüfung führt der Maler und Lackierer auf maßhaltigen Bauteilen gegenüber nicht maßhaltigen aus?

W 143. Welche Untergrundvorbereitungen werden auf maßhaltigen Hölzern im Außenbereich ausgeführt?

W 144. Welcher Schutz kann im Innenbereich auf Konstruktionsholz, neben Holzschutz gegen tierische und pflanzliche Schädlinge, noch möglich werden?

W 145. Welche Spezialbeschichtungsstoffe werden auf Konstruktionsholz eingesetzt?

W 146. Beschreiben Sie die Problemzonen eines Fensters.

W 147. Warum werden Baustoffe in Baustoff- und Feuerwiderstandsklassen aufgeteilt?

W 148. Welche Aufgabe sollen flammschützende Beschichtungen erfüllen?

W 149. Was bedeutet auf einem dämmschichtbildenden Spezialbeschichtungsstoff die Angabe F 60?

W 150. Welcher Arbeitsgang ist zwischen den einzelnen Beschichtungsphasen einer geschlossenen filmbildenden Beschichtung auszuführen?

W 151. Wie wird maßhaltiges Holz für eine Erstbeschichtung vorbereitet?

W 152. Nennen Sie die charakteristischen Eigenschaften der Metalle.

W 153. Warum teilt der Maler und Lackierer die Metalle nur in zwei Gruppen ein?

W 154. Wie wird Eisen und Stahl erzeugt?

W 155. Was versteht der Maler und Lackierer unter der Bezeichnung NE-Metalle?

W 156. Welche NE-Metalle beschichtet der Maler und Lackierer?

W 157. Was bedeutet Korrosion?

W 158. Erklären Sie die Wirkungsweise eines galvanischen Elements.

W 159. Wodurch wird Korrosion an metallischen Oberflächen hervorgerufen?

W 160. Erklären Sie die Begriffe elektrochemische Korrosion, Kontaktkorrosion und interkristalline Korrosion.

W 161. Wodurch wird die Korrosionsbelastung erhöht?

W 162. Wonach werden die Korrosivitätskategorien eingeteilt?

W 163. Auf welche zwei Arten kann Korrosionsschutz vorgenommen werden?

W 164. Welche Grundvoraussetzungen müssen im Korrosionsschutz gegeben sein?

W 165. Wie wird unbeschichtetes und beschichtetes Eisenmetall für eine Beschichtung vorbereitet?

W 166. Welche Normreinheitsgrade müssen bei teilweise festhaftender Beschichtung als Vorbereitung für eine Beschichtung eingehalten werden?

W 167. Nennen Sie je ein dünn- und ein dickschichtiges Korrosionsschutzsystem einschließlich der dazugehörigen Schichtdicke?

W 168. Wie kann die Schichtdicke im Korrosionsschutz vom Maler und Lackierer problemlos gemessen werden?

W 169. Warum ist die Trockenschichtdicke geringer als die Nassschichtdicke?

W 170. Erklären Sie die Schutzwirkung von Zink auf Eisen.

W 171. Was wird als Kathodenschutz bezeichnet?

W 172. Was bedeutet Feuerverzinken, und woran erkennt man eine Feuerverzinkung?

W 173. Wodurch wird Zink abgebaut?

W 174. Warum ist das Beschichten von Zink nach einer gewissen Standzeit problemlos?

W 175. Wie werden frisch verzinkte Eisenteile vor einer Beschichtung vorbereitet?

W 176. Was versteht man unter einem Duplex-System?

W 177. Welche Beschichtungssysteme können auf Zinkuntergründen eingesetzt werden?

W 178. Nennen Sie ein Beschichtungssystem für Dachrinnen und Fallrohre.

W 179. Warum treten bei Beschichtungen auf Dispersionslackbasis auf Zink häufig Beschichtungsschäden durch Osmose auf?

W 180. Muss Aluminium grundsätzlich vor Korrosion geschützt werden?

W 181. Nennen Sie Reingungsverfahren für Aluminium.

W 182. Welche Reingungsverfahren dürfen nicht auf bewittertem, metallisch blankem Aluminium eingesetzt werden?

W 183. Wodurch unterscheidet sich ein Wash Primer von einem Shop Primer?

W 184. Nennen Sie Beschichtungssysteme für Aluminium.

W 185. Erklären Sie den Unterschied zwischen Plastomeren, Duromeren und Elastomeren.

W 186. Nenne Sie die drei Herstellungsverfahren für Kunststoffe.

W 187. Warum sollen Kunststoffe nicht mit Löse- und Verdünnungsmitteln gereinigt werden?

W 188. Welcher Kunststoff darf nicht mit lösemittelhaltigen Beschichtungsstoffen beschichtet werden?

W 189. Welches Beschichtungssystem auf Kunststoff ist besonders wetter- und chemikalienbeständig?

W 190. Wie wird Kunststoff nach dem Schleifen entstaubt?

V 1. Welche von den Vorgängen, die wir täglich wahrnehmen, beruhen auf Diffusion?

V 2. Wie kommt die Oberflächenspannung bei Wasser zustande?

V 3. Wie kann Wasser analysiert werden?

V 4. Wie verhalten sich die auftretenden Längenveränderungen zu den Kräften bei Erwärmung einer Fassade?

V 5. Ist das Lösen von Säuren in Wasser eine chemische Reaktion? Gibt es Hinweise dafür?

V 6. Erklären Sie, warum alkalische Stoffe Eisen vor dem Verrosten schützen.

V 7. Enthält eine Kochsalzlösung Hydroxidionen?

V 8. Warum reagiert Wasser auf Ionen neutral, obwohl es doch ein Nichtmetallhydrid ist?

V 9. Warum brechen bei der Gitterschnittprüfung bei engen Schnitten Beschichtungsstoffe vom Untergrund ab?

V 10. Welche Natursteine können remineralisiert werden?

V 11. Kannten die Römer nur gebrannte Baustoffe?

V 12. Wie alt ist die Anstrichtechnik auf mineralischen Putzen?

V 13. Was versteht man unter Fresko- und was unter Sekkotechnik?

V 14. Warum sind Risse dauernd in Bewegung?

V 15. Bewegen sich Risse unter einem Wärmedämmverbundsystem ungehindert weiter?

V 16. Korrodiert Beton auch unter Wasser? Erklären Sie Ihre Aussage.

V 17. Warum beschränkt sich die Betoninstandsetzung für den Maler und Lackierer nur auf die Betonoberfläche?

V 18. Welche Holzart nimmt den größten Anteil am Gesamtwaldbestand in Deutschland ein?

V 19. Was bedeutet Assimilation des Baumes und welche Bedeutung hat sie für uns Menschen?

V 20. Was sind Tracheiden und was sind Tüpfel?

V 21. Warum muss beim Tränken als Einbringverfahren von Holzschutzmitteln auf den Tüpfelverschluss geachtet werden?

V 22. Erklären Sie den Unterschied zwischen einem Kernholzbaum und einem Splintholzbaum.

V 23. Bei 20 °C wurde eine Luftfeuchte von 100 % gemessen.
Wie wirkt sich eine Temperaturerhöhung um 40 °C aus?

V 24. Wie ändern sich die Holzmaße durch Quellen, wenn die Holzfeuchte von 35 % auf 60 % steigt?

V 25. Wie wirken schaumbildende Feuerschutzmittel?

V 26. Warum besteht Sperrholz immer aus einer ungeraden Anzahl von Furnierschichten?

V 27. Welche maximale Oberflächentemperatur entsteht auf einer tiefschwarzen (RAL 9005) Fensterbeschichtung?

V 28. Warum ist das Abkleben von größeren Isolierglasflächen zum Schutz von Verunreinigungen zu vermeiden, wenn die Beschichtungen bei starker Sonneneinwirkung erfolgen?

V 29. Warum leiten Metalle den elektrischen Strom?

V 30. Erklären Sie die Reduktionsstufen im Hochofenprozess.

V 31. Wodurch unterscheidet sich graues Roheisen von weißem?

V 32. Warum ist Roheisen in der Technik kaum verwendbar?

V 33. Nennen und erklären Sie Stahlgewinnungs- und -härtungsverfahren.

V 34. Welche Spannung tritt in einem galvanischen Element zwischen Kupfer und Zinn auf?
Welches der Elemente bildet die Kathode und welches die Anode?

V 35. Warum ist Aluminium korrosionsbeständiger als Eisen, obwohl es doch wesentlich unedler ist als dieses?

V 36. Warum korrodieren Bleche unter Unterlegscheiben oder Überlappungen stärker als an freiliegenden Stellen?

V 37. Warum korrodieren „rostfreie" Chromnickelstähle an Schweißnähten?

V 38. Erklären Sie den Begriff Monomer an der Strukturformel von PVC.

V 39. Nennen Sie Kunststoffe, die heute im Kfz-Bau verwendet werden.

V 40. Welche Zusatzmittel müssen Decklacken hinzugefügt werden, die auf Kfz-Kunststoffteilen aufgetragen werden? Begründen sie Ihre Antwort.

Am 1. Februar 2002 ist die Energieeinsparverordnung (EnEV) in Kraft getreten und hat damit die Wärmeschutzverordnung abgelöst.
Die Wärmeschutzverordnung war bisher auf den Heizwärmebedarf eines Gebäudes abgestellt. Mit der neuen EnEV wird zusammenfassend der jährliche Primärenergiebedarf eines Gebäudes und seiner Heizungstechnik ermittelt und begrenzt. Durch diese neue Vorschrift wird bei Neubauten der Niedrigenergiehaus-Standard zur Regel. Auch der Energiebedarf von Altbauten wird nachhaltig gesenkt.

Primärenergie

Häuser, die nach der EnEV neu gebaut oder umgebaut werden, verbrauchen rechnerisch deutlich weniger Heizenergie als bisher. Dabei muss aber ein baulicher Mindestwärmeschutz durch Dämmung eingehalten werden, der in seinem Niveau mit den Anforderungen der bisherigen Wärmeschutzverordnung vergleichbar ist.

1 Außen-, Innendämmung und Raumklima

Wärmespeicherung. Die Wärmespeicherfähigkeit einer Gebäudeaussenwand ist für ein gleichmäßiges Wohnklima von großer Bedeutung. Die Speicherfähigkeit hängt von der Rohdichte ρ der verwendeten Baustoffe ab. Wände aus dichten und somit schweren Baustoffen besitzen ein hohes Wärmespeichervermögen, leichte Wandbildner dagegen ein geringes. Im Winter bewirkt ein dichter Baustoff, dass die Wände bei der Nachtabsenkung der Heizung ihre gespeicherte Wärme an den Raum abgeben. Im Sommer wird durch die Wärmeträgheit der Wand die Aufheizung der Wand von außen nicht an den Innenraum abgegeben und dieser bleibt einigermaßen kühl. Mit einer außenseitigen Wärmedämmung wird das Wärmespeichervermögen der Außenwände verstärkt.

Außendämmung. Eine außen angebrachte Wärmedämmung ist bauphysikalisch immer die richtige Lösung und bietet folgende Vorteile:

- **Günstiger Temperaturverlauf;** da Temperatureinflüsse auf das Mauerwerk sehr gering sind, kommt es zu keinen temperaturbedingten Rissen im Mauerwerk, auch dann nicht, wenn es sich um Mischmauerwerk handelt, z. B. Beton und Ziegelmauerwerk.
- **Keine Wärmebrücken**, da durchlaufende Betondecken oder Betonstürze ebenfalls gedämmt werden.
- **Das Wärmespeichervermögen** der Wand bleibt erhalten.
- **Der Wärmeschutz** im Sommer ist sehr gut.
- **Das Diffusionsverhalten** bleibt bei richtiger Bemessung der Dämmschichtdicke erhalten.
- **Das Wohnklima** bleibt gesund und behaglich.
- **Die Wärmedämmung** spart Energie und damit Heizkosten ein.

Wärmeverluste s. S. 201

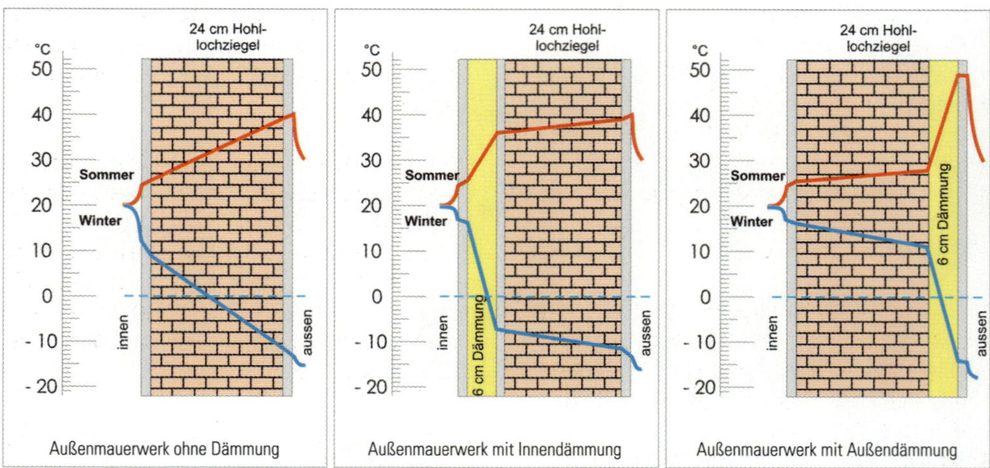

Bild 1. Temperaturverlauf bei ungedämmtem, innen – und außen gedämmtem Mauerwerk

Innendämmung. Sie ist nur dann sinnvoll, wenn Räume im Winter selten benutzt werden und schnell aufgeheizt werden müssen. In solchen Fällen ist immer zu prüfen, ob eine Dampfsperre oder zumindest eine Dampfbremse erforderlich wird. Die Innendämmung ist bauphysikalisch oft falsch und bringt folgende Nachteile mit sich:

- **Ungünstiger Temperaturverlauf**, da das Mauerwerk extremen Temperaturschwankungen unterworfen ist, die zu Rissbildungen führen. Ins Mauerwerk dringendes Wasser kann zu Frostschäden führen.
- **Wärmebrücken**, z. B. durchlaufende Decken, Betonstürze oder eingezogene Eisenträger müssen getrennt gedämmt werden.
- **Das Wärmespeichervermögen** der Wände geht verloren, die Räume kühlen schneller aus.
- **Der Taupunkt** wandert zwischen Dämmung und Mauerwerk (abhängig von der Dämmschichtdicke). Dadurch kann es zu Feuchtigkeitsaufnahme im Mauerwerk kommen und die Gefahr von Frostschäden entstehen.
- **Wasserführende Leitungen** in den Außenwänden müssen zusätzlich gedämmt werden.

Raumklima. Es gibt kein Raumklima, das von allen Menschen als optimal empfunden wird. Es wird vielmehr subjektiv wahrgenommen. Das Empfinden hängt außer von der Kleidung und der körperlichen Betätigung auch von Konstitution, Körpertyp, Körpermasse, Geschlecht und Alter ab. Daher lassen sich für ein vom Menschen behaglich empfundenes Raumklima nur Bereiche angeben:

- empfundene Temperatur 18 °C bis 21 °C,
- Raumlufttemperatur 20 °C bis 22 °C,
- Wandoberflächentemperatur 17 °C bis 19 °C,
- Fußbodentemperatur 18 °C bis 21 °C,
- Deckentemperatur 18 °C bis 20 °C,
- Luftbewegung max. 0,2 m/s,
- Temperaturunterschiede in senkrechter Richtung nicht mehr als 3 °C,
- relative Luftfeuchte ca. 50 %.

Ein normal gekleideter Mensch hat bei einer Raumlufttemperatur von 20 °C eine durchschnittliche Hauttemperatur von 33 °C. Der Körper verliert aber ständig Wärme durch Atem, Schweiß, Zugluft und Wärmeabstrahlung an die Umgebungsluft. Aufgrund dieser Wärmeverluste empfindet der Mensch eine Temperatur, die nicht mit der Raumtemperatur identisch ist, sondern eine, die sich aus dem Mittelwert von Raumluft- und Wandoberflächentemperatur zusammensetzt.

Dampfsperren

Beispiel:
Raumlufttemperatur = 20 °C,
Wandoberflächentemperatur = 16 °C,

Dampfbremsen

$$\text{empfundene Temperatur} = \frac{20\,°C + 16\,°C}{2} = 18\,°C$$

Luftbewegung. In geschlossenen Räumen steigt warme Luft, weil sie leichter ist, nach oben, schwerere, kältere Luft fällt nach unten. Dadurch entsteht an kalten Wänden und an Heizkörpern immer eine Luftbewegung (Konvektion). Ist die Sink- oder Steiggeschwindigkeit der Luft ≤ 0,2 m/s, ist sie nicht bemerkbar. Erst bei höherer Geschwindigkeit wird die Luftbewegung störend empfunden.
Wenn die Wandoberflächentemperatur 3 °C niedriger als die Raumlufttemperatur ist, kühlt die Luft so stark ab, dass die Geschwindigkeit der Luft > 0,2 m/s beträgt: es „zieht“.

2 Wärmedämmverbundsysteme (WDVS)

Wärmeverluste können durch Dämmsysteme verringert werden. Für Wärmedämmmaßnahmen auf Fassadenaußenseiten haben sich Wärmedämmverbundsysteme (WDVS) durchgesetzt. Weil alle zur Dämmung einer Gebäudehaut notwendigen Materialien aufeinander abgestimmt sein müssen, bezieht der Maler und Lackierer sie von einem Hersteller.

Wärmeverlust. Das Maß für Wärmeverluste bei Außenbauteilen ist der Wärmedurchgangskoeffizient. Mit diesem *U*-Wert ist eine praxisgerechte Aussage möglich, wie viel Energie verloren geht. Der Energie- oder Wärmeverlust ist allein abhängig von der Differenz zwischen Außen- und Innentemperatur, dem *U*-Wert der Wand, der Außenfläche und der Zeit.

Konvektion s. S. 111
U-Wert s. S. 112

In der Wärmeschutzverordnung sind mittlere *U*-Werte als Grenzwerte festgelegt, die nicht überschritten werden dürfen. Durch Aufbringen einer Wärmedämmschicht z. B. aus Polystyrol-Hartschaum kann der Wärmeschutz verbessert und dadurch der Energieverlust reduziert werden. Dabei ist die Dicke *s* der Dämmschicht für die Herabsetzung des *U*-Wertes entscheidend.

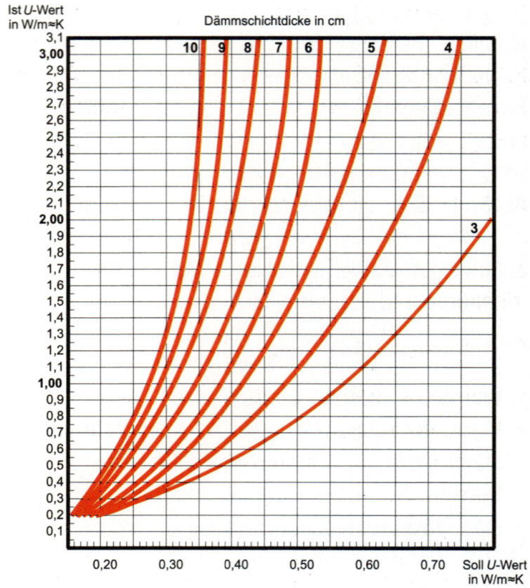

Bild 1. Grafische Ermittlung der Dämmschichtdicke bei vorhandenem Ist-U-Wert zur Feststellung des notwendigen Soll-U-Werts

Je größer der Ist-U-Wert einer Außenwand ist, um so dicker muss die Dämmschicht sein, damit der vorgeschrieben Soll-U-Wert erreicht wird.

Wandaufbauten
Innentemperatur + 20 °C, Außentemperatur -10 °C

Wandaufbau	Dicke *s* in mm	Wärmeleitfähigkeit λ in W/(mK)	Wandaufbau beidseitig verputzt			Wandaufbau beidseitig verputzt und WDVS mit 6 cm Dämmung		
			Wärmedurchgangswiderstand in m² K/W	Wärmedurchgangskoeffizient *U* in W/(m²K)	Wandoberflächentemperatur in °C	Wärmedurchgangswiderstand in m²K/W	Wärmedurchgangskoeffizient *U* in W/(m²K)	Wandoberflächentemperatur in °C
Beton C 20/25	0,30	2,10	0,365	2,74	+9,3	1,871	0,53	+17,3
Hochlochziegel ρ = 1,4 kg/dm³	0,30	0,58	0,739	1,35	+14,7	2,245	0,45	+18,3
Kalksandstein KSL ρ = 1,4 kg/dm³	0,30	0,70	0,651	1,54	+14,0	2,157	0,46	+18,2
0,46 Leichtziegel ρ = 0,8 kg/dm³	0,30	0,33	1,131	0,88	+16,6	2,627	0,38	+18,5

2.1 Systembeschreibung

In DIN V 18 559 sind der Aufbau und die Anwendung von Wärmedämmverbundsystemen festgelegt.

Aufbau. Ein Wärmedämmverbundsystem dient der Wärmedämmung. Es kann auch zur Überbrückung von Rissen in Außenwänden und -decken eingesetzt werden.

Es hat folgenden Aufbau:

- **Wärmedämmschicht:** Die Dämmstoffe in Plattenform bestehen aus Polystyrol-Hartschaum, Polyurethan-Hartschaum oder Mineralfaser.
- **Armierungsbeschichtung:** Die Armierungsmasse auf Basis einer Kunststoffdispersion kann mit oder ohne Zement- und Quarzsandanteil sein; in diese Masse wird ein Armierungsgewebe, ein Glasfaser-Gittergewebe mit Appretur, eingebettet.
- **Schlussbeschichtung:** Dieser Stoff kann organisch und/oder anorganisch sein und dient der Oberflächengestaltung und dem Wetterschutz; gebräuchlich sind Kunstharzputze mit Zwischenbeschichtung, Silicatputze, dünnschichtige Putzmörtel auf mineralischer Bindemittelbasis aber auch Flachverblender als Sonderausführungen.

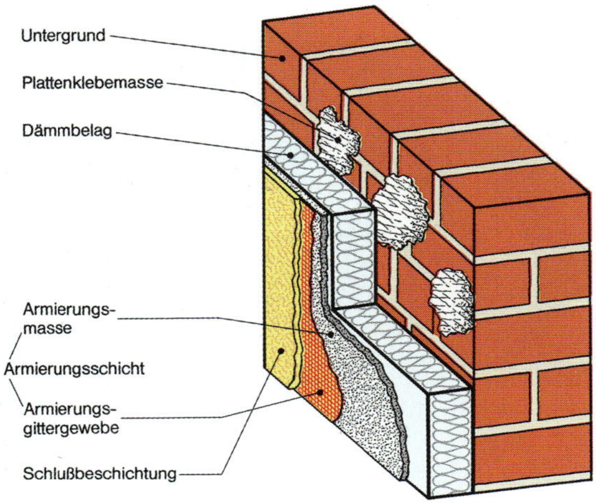

Bild 1. Wärmedämmverbundsystem

Brandschutzanforderungen. Für das Dämmmaterial eines Wärmedämmverbundsystems müssen folgende Brandschutzanforderungen erfüllt sein:

- **Polystyrol- und Polyurethan-Hartschaum:** Baustoffklasse B1 (schwer entflammbar nach DIN 4102),
- **Mineralfaser:** Baustoffklasse A (nicht brennbar nach DIN 4102).

Bei Gebäuden mit mehr als zwei Geschossen müssen Wärmedämmverbundsysteme mindestens der Baustoffklasse B1 entsprechen. Für Hochhäuser, Gebäude mit Wohnräumen, die höher als 22 m über Erdniveau liegen, werden die Brandschutzanforderungen nach jeweiligem Landesgesetz festgelegt und sind zu überprüfen.

Befestigungssysteme. Das Dämmmaterial kann auf unterschiedliche Art und Weise auf der Wandaussenseite eines Gebäudes angebracht werden. Folgende Befestigungsarten sind möglich:

- **Kleben mit Klebemasse:** Die Klebemasse kann mit der Armierungsmasse identisch, soll aber immer systemspezifisch sein. Appretur
- **Kleben und zusätzlich Dübeln:** Je nach Untergrundbeschaffenheit und bauseitigen Voraussetzungen werden die Dämmplatten zusätzlich mit Kunststoff-Spreizdübeln mit einem entsprechendem Halteteller befestigt.
- **Schienenbefestigung:** Profilschienen aus Kunststoff oder korrosionsbeständigem Metall werden auf den Untergrund gedübelt. Die Dämmplatten sind mit einer Nut versehen und passen damit in die Halteschienen.

2.2 Montage und Beschichtung von WDVS

Bauseitige Voraussetzungen. An Neubauten ist jeder tragfähige Untergrund, der frei von Fett, Staub und Ausblühungen ist und eine ausreichende Oberflächenfestigkeit und Haftung besitzt, zur Verklebung mit Dämmplatten geeignet. Bei Altbauten sind die Untergrundgegebenheiten auf Eignung zu prüfen. Erforderlichenfalls sind geeignete, vom Systemhersteller empfohlene Grundbeschichtungsstoffe oder Haftbrücken aufzutragen.

Risse s. S. 135

Toleranzen im Hochbau nach DIN 18 202

Bauteile	Grenzwerte in mm Messpunktabstände in m				
	0,1	1	4	10	15
nicht flächenfertige Decken, Unterbeton, Unterboden	10	15	20	25	30
nicht flächenfertige Bauteiloberflächen zur Aufnahme von Fliesen, Plattenbelägen, Verbundestrich und flächenfertige Oberflächen von Kellern, Lagerräumen	5	9	12	15	20
flächenfertige Böden zur Aufnahme von Bodenbelägen, Fliesenbelägen	2	4	10	12	15
flächenfertige Böden mit selbst verlaufenden Spachtelmassen	1	3	9	12	15
nicht flächenfertige Wände und Unterseiten von Rohdecken	5	10	15	25	30
flächenfertige Wände und Decken, z. B. geputzte Wände zur Aufnahme von Wandbekleidungen	3	5	10	20	25
flächenfertige Wände und Decken mit erhöhten Anforderungen, z. B. für Spachteltechniken	2	3	8	15	20

Die Untergrundebenheit muss mindestens den Grenzwerten für Ebenheitstoleranzen nach DIN 18202 bei nicht flächenfertigen und flächenfertigen Bauteilen entsprechen.
Die Temperatur der Außenluft, der Untergründe und Materialien darf bis zur vollständigen Durchhärtung nicht ≤ + 5 °C betragen.

Sockelabschluss. Zur Aufnahme der Eigenlast und um die Dämmplatten von unten fest abzuschließen, muss ein Sockelabschluss gesetzt werden. Dadurch wird zusätzlich verhindert, dass Ungeziefer in die Dämmschicht eindringt und diese zerstört. Dies geschieht entweder mit einem Sockelabschlussprofil oder durch das Umschließen der Plattenunterkante mit der Armierungsschicht.

Bild 1. Eine auf Gehrung geschnittene Sockelabschlussleiste wird um die Ecke gelegt

Sockelleisten aus Aluminium immer waagerecht montieren; dies zahlt sich aus, denn nach oben hin entsteht dadurch weniger Plattenzuschnitt. Leistenenden im letzten noch möglichen Befestigungsloch befestigen, um zu große Längenausdehnungen zu vermeiden.

Dämmplattenverklebung. Hartschaum- und Mineralfaserplatten können auf zwei Arten auf den Untergrund geklebt werden:

- **Vollflächige Verklebung:** Die Klebemasse wird ganzflächig aufgetragen und mit einer Zahntraufel abgezogen.

Bild 2. Vollflächige Verklebung einer Hartschaumfaserplatte

- **Punkt-Rand-Verklebung:** Klebemasse rundherum entlang der Plattenfläche wulstförmig auftragen und 6 Portionen Klebemasse auf die Plattenfläche auftragen. Der Rundumwulst und die Klebstoffportionen müssen so dick sein, dass auch auf unebenen Untergründen überall Haftung gegeben ist.

Bild 1. Punkt-Rand-Verklebung einer Hartschaumplatte

Alle Platten unbedingt pressgestoßen verkleben! Offene Fugen oder Fehlstellen mit Dämmstoffstreifen schließen.

Verdübelung. Falls die Eigenlast bei Systemen mit Polystyrol-Hartschaumplatten über 0,30 kN/m² liegt oder mit Mineralfaser-Putzträgerplatten gedämmt wird, muss auch auf klebegeeigneten Untergründen zusätzlich zur Verklebung gedübelt werden. Der Plattenkeber muss vor der Verdübelung vollständig abgebunden sein. Je nach Saugfähigkeit des Untergrundes kann das bis zu drei Tage dauern.

Bild 2. Nur bei versenkten Dübeln lässt sich die gedämmte Fläche mühelos schleifen

Da es praktisch nicht möglich ist, Dämmplatten so planeben zu verkleben, dass ein Nachschleifen entfallen kann, müssen die Dübelteller in die Dämmplattenoberfläche eingelassen sein. Das Schleifen wird wesentlich erleichtert, wenn spezielle Dübel mit Hartschaum-Tellerköpfen benutzt werden.

Bauaufsichtlich zugelassene Tellerdübel müssen bündig mit der Dämmstoffoberfläche eingeschlagen werden. Bei einem erhöhten Systemgewicht oder bei Gebäudehöhen von über 8 m müssen spezielle Schraubdübel eingesetzt werden. In der Regel werden 8 Dübel/m² eingesetzt.

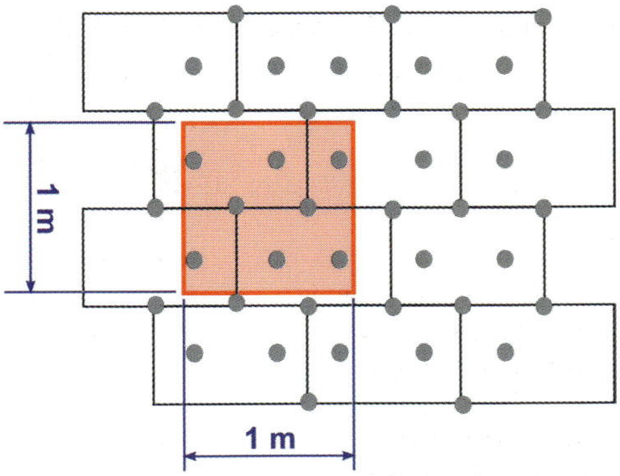

Bild 3. Dübelbild bei 8 Dübel/m² und Dämmplattenverklebung im Verbund, Dämmplattengröße 100 cm x 50 cm

Die verlegte Fläche ist zwischendurch mit einer Richtlatte auf Ebenheit zu überprüfen. Versprünge zwischen den Dämmplatten sind unbedingt plan zu schleifen, da sonst Schichtdickenunterschiede in der Armierungsmasse entstehen, die Risse verursachen können.

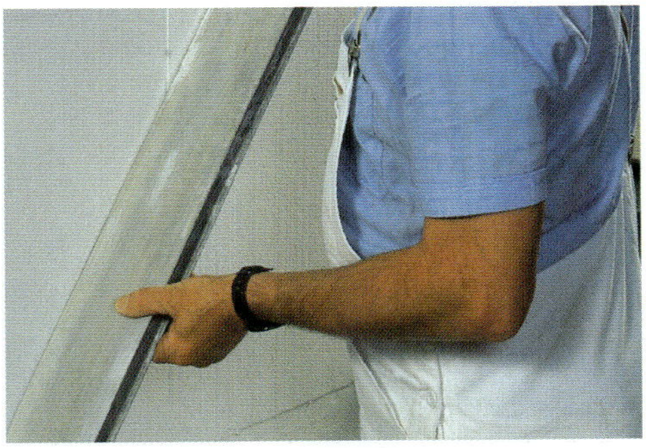

Bild 3. Überprüfen der Ebenheit mit einer Richtlatte

Armierungsbeschichtung. Die Armierungsmasse ist gemäß den Hinweisen des Herstellers in einem Arbeitsgang gebrauchsfertig und klumpenfrei anzumischen. Sie wird in Breiten von ca. 1,10 m bis 1,20 m voll deckend auf die Dämmplatten aufgetragen. Die Schichtdicke liegt zwischen 1,5 mm und 4,0 mm. In die noch nasse Armierungsmasse wird das Glasfasergewebe eingedrückt und die durch das Gitter quellende Masse wird sofort plan gespachtelt. Das Gewebe muss allseitig von der Armierungsmasse ummantelt sein und möglichst aussen liegen. Das Gewebe darf keinesfalls direkt auf dem Dämmstoff liegen. Die Farbe des Gewebes sollte nicht mehr sichtbar sein. Die nachfolgende Gewebebahn soll die vorhergehende ca. 5 cm bis 10 cm seitlich überlappen.

Bild 1. Einbetten der Gewebebahn mit seitlicher Überlappung

An Ecken von Fassadenöffnungen, z. B. Fenstern, sind zusätzliche Gewebestreifen diagonal als Verstärkung in die Masse einzuarbeiten. Dadurch werden Spannungsrisse vermieden.

Immer nur so viel Armierungsmasse auftragen, dass das Gewebe in die noch nasse Masse eingebettet werden kann. Im Überlappungsbereich die Armierungsmasse etwas dünner aufziehen, damit keine „Wellen" entstehen.

Bild 2. Eckenüberlappung

Gebäudeecken sind besonders stoßempfindlich und müssen daher zusätzlich geschützt werden. Entweder wird eine doppelte Armierung vorgenommen, oder besser sind Eckschutzschienen, die vor dem Aufbringen der Armierungsbeschichtung befestigt werden. Das nachfolgende Gewebe muss um die Ecke herum über die Eckschutzschiene verlegt werden.

Remissionswert

Schlussbeschichtung. Nach Auftragen eines Voranstrichs, der die Armierungsbeschichtung zusätzlich schützt und das Durchscheinen der

Bild 3. Anbringen der Eckenschutzschiene

grauen Untergrundes verhindert, erfolgt in der Regel die Schlussbeschichtung mit Kunstharzputzen der Mörtelgruppe P Org. 1. Auch mineralische Putze sind möglich. Die Putze sind meistens durchgefärbt. Durch helle Farbtöne, die einen Remissionswert von 20 % nicht unterschreiten, wird ein übermäßiges Aufheizen des Wärmedämmverbundsystems verhindert.

Bild 4. Kunstharzputz wird in Kornstärke aufgezogen

2.3 Überholungsarbeiten auf WDVS

Bei Schäden auf Wärmedämmverbundsystemen müssen die Ursachen, die sehr vielseitig sein können, objektbezogen ermittelt werden. Häufige Schadensursachen sind:

- **Spannungsrisse**, die aufgrund zu starker Längenausdehnungen oder falscher Armierungsbeschichtung entstehen.
- **Risse**, die durch Ausfüllen von Fugen zwischen den Dämmplatten mit Armierungsmasse entstanden sind.
- **Oberflächenfehler**, die durch Regen, zu hoher Luftfeuchte oder durch Frost bei der Verarbeitung der Schlussbeschichtung entstehen.

Bei der Rissbeseitigung empfiehlt es sich, einen Fachberater hinzuzuziehen.

Überholungsbeschichtung. Da sich Schlussbeschichtungen auf Wärmedämmverbundsystemen genau so verhalten wie Beschichtungen auf anderen Putzarten, kann eine Überholungsbeschichtung auch hier notwendig sein. Die Untergrundvorbereitung erfolgt nach den Regeln der Überholung von Kunstharzputzen (s. S.).

Es ist darauf zu achten, dass beim Hochdruck-Heißwasserstrahlen die Wassertemperatur 60 °C nicht übersteigt. Grundbeschichtungsstoffe dürfen nicht lösemittelhaltig sein, da sonst das ganze System zerstört wird. An die Beschichtungsstoffe werden folgende Bedingungen gestellt:

- WDVS-Verträglichkeit,
- Dämmstoffe dürfen nicht angelöst werden,
- Kunstharzputze dürfen nicht quellen,
- s_d-Wert ≤ 0,7 m,
- Remissionswert ≥ 20 %.

Beschichtungsstoffe auf WDVS für Überholungsbeschichtungen (Empfehlung)

	vorhandener Schlussbeschichtungsstoff			
Überholungsbeschichtungsstoff	Kunstharzputz P Org. 1	Dispersions-Silicatputz	Siliconharzputz	mineralisch-hydraulischer Putz
Dispersionsfarbe, gefüllt	•			
Dispersionsfarbe, fungizid	•			
Silicatfarbe				•
Dispersions-Silicatfarbe		•		•
Siliconharzfarbe	•	•	•	•

Aufgaben zur Wiederholung (W), Aufgaben zur Vertiefung (V)

W 1. Welche Wärmeverluste entstehen an einzelnen Bauteilen eines Einfamilienhauses?

W 2. Wie können Wärmeverluste verringert werden? Zählen Sie Beispiele für einzelne Bauteile auf.

W 3. Erklären Sie das Wärmespeichervermögen einer Hauswand.
Warum ist es von der Dichte des Baustoffes abhängig?

W 4. Wo liegt der Gefrierpunkt bei einer ungedämmten, einer innen- und einer außen gedämmten Wand.

W 5. Warum ist eine Innendämmung ungünstig?

W 6. Wann ist eine Innendämmung sinnvoll?

W 7. Welche Vorteile bietet eine Außendämmung?

W 8. Welche Voraussetzungen müssen erfüllt sein, damit sich der Mensch in einem Raum behaglich fühlt?

W 9. Ist ein Raum für einen Menschen behaglich geheizt, wenn die Raumtemperatur 22 °C und die Wandoberflächentemperatur 14,5 °C beträgt?
Welche Temperatur empfindet der Raumbewohner?

W 10. Wie kommt es in einem Raum zu Luftbewegungen, obwohl alle Türen und Fenster verschlossen sind?

W 11. Der Ist-*U*-Wert einer Außenwand eines Wohngebäudes mit einem Vollgeschoss beträgt 2,3 W/(m²K) . Wie dick muss mindestens eine Dämmschicht sein, wenn die EnEV eingehalten werden soll?

W 12. Wenn der *U*-Wert nach EnEV $\leq$ 0,35 W/(m²K) sein soll und eine Dämmschicht von 8 cm Dicke aufgetragen wird, ist dann eine Außenwand mit einem *U*-Wert von 1,7 W/(m²K) richtig gedämmt?

W 13. Welche Dämmstoffe werden in einem WDVS eingesetzt?

W 14. Woraus besteht eine Armierungsbeschichtung?

W 15. Welche Schlussbeschichtungen sind auf WDVS möglich?

W 16. Welcher Baustoffklassse muss ein WDVS angehören, wenn es auf ein zweigeschossiges Wohnhaus angebracht werden soll?

W 17. Erklären Sie die Befestigungsmöglichkeiten von Dämmmaterialien.

W 18. Wie viel cm Toleranz dürfen Außenwände eines Altbaus aufweisen, wenn in Abständen von einem Meter mit der Richtlatte gemessen wird?

W 19. Warum muss bei der Verarbeitung der Stoffe für ein WDVS eine Temperatur von + 5 °C eingehalten werden?

W 20. Warum soll ein Sockelabschluss an ein WDVS angebracht sein?

W 21. Wie können Dämmstoffplatten verklebt werden?

W 22. Warum müssen die Dämmplatten zusätzlich gedübelt werden?

W 23. Wie müssen Dämmplatten von 100 cm x 50 cm gedübelt werden?

W 24. Wie muss das Armierungsgewebe in die Armierungsmasse eingebettet sein?

W 25. Warum darf das Armierungsgewebe nicht auf der Dämmung liegen und dann in die Armierungsmasse eingeputzt werden?

W 26. Warum darf der Remissionswert von Schlussbeschichtungen 20 % nicht unterschreiten?

W 27. Wodurch können Schäden in der Schlussbeschichtung auftreten?

W 28. Nennen Sie die Anforderungen, die an eine Überholungsbeschichtung auf WDVS gestellt werden.

W 29. Wie wird ein WDVS für eine Überholungsbeschichtung vorbereitet?

W 30. Welcher Beschichtungsstoff kann auf alle WDVS aufgetragen werden?

V 1. Erklären Sie die Wärmespeicherfähigkeit von Baustoffen in Abhängigkeit der Rohdichte aufgrund der spezifischen Wärmekapazität c der Stoffe.

V 2. Begründen sie die Wärmespeicherfähigkeit bei Innen- und Außendämmung an Hand der abgebildeten Hauswand auf Seite bei minus 5 °C, also einer Temperatur, die jährlich über einige Zeit auftreten kann.

V 3. Wie groß ist der s_d-Wert einer Aluminiumfolie der Dicke 0,1 mm.

V 4. Bei 25 °C beträgt die maximale Luftfeuchte 23,1 g/m³ Berechnen sie die relative Luftfeuchte bei dieser Temperatur, bei 20 °C und bei 15 °C Raumtemperatur.

V 5. Wie viel Kondenswasser in Gramm entstehen bei einer Raumtemperatur von 20 °C und einer relativen Luftfeuchte von 74 % auf einer Wandoberfläche von 15 °C?

V 6. Kann bei einer Strahlungsheizung, z. B. Fußbodenheizung im Raum auch Konvektion entstehen?

V 7. Berechnen Sie den U-Wert für folgenden Wandaufbau (von innen nach außen) 1,5 cm Kalkzementmörtel-Putz; 24 cm Vollziegel $\rho = 1{,}4$ kg/dm³; 2 cm Kalkmörtel-Putz.

V 8. Welchen U-Wert erreichen Sie, wenn der in Aufgabe V 7 genannte Wandaufbau mit 7 cm Polystyrol-Hartschaum gedämmt wird?

V 9. Wie groß muss der Unterschied zwischen den Längenausdehnungskoeffizienten von Polystyrol-Hartschaum und der Armierungsbeschichtung sein, damit es auf WDVS nicht zu Rissen kommt?

V 10. Warum muss das Glasfasergewebe in der Armierungsbeschichtung mit einer Appretur versehen sein?

Wandbekleidungen in Rollen – Tapeten und Beläge

1 Kleine Tapetengeschichte

Von jeher hat der Mensch seinen Wohnbereich dekorativ ausgestaltet. Die Höhlenmalereien und die aufwendigen Malereien der Ägypter, Griechen und Römer zeugen noch heute von diesem Bestreben. Aus dieser Zeit stammt der Begriff Tapete: Die Griechen nannten eine Wandbekleidung *Tapes* und die Römer *Tapetum*.

Tapetenhistorie

Gobelin

Zeit	Beschreibung
um 1500	Ledertapeten, geprägt, bemalt, versilbert oder vergoldet, schmücken die Wände der Adeligen und reichen Kaufleute. Auch kostbare Wandbeläge oder Wandbespannungen (Gobelins) aus Seide, Brokat oder Samt sind in Mode.
um 1600	Flocktapeten – modellierte Leimdrucke auf Leinenbahnen, die mit Wollstaub bestreut werden – sind preiswerte Ersatzgobelins. Handbemalter Papierwandschmuck kommt über Handelswege von China nach Europa.
1634 	In Frankreich wird Papier zu 8,50 m langen Bahnen zusammengeklebt und mit hölzernen Modeln bedruckt.
1750 	In England wird das Stoffdruckverfahren mit Holzmodeln auf Papierbögen übertragen, die dann auf die Wand geklebt werden. Diese ersten Tapeten zeigen Stadt- und Landschaftsbilder sowie historische Motive.
1799	Dem Franzosen Louis Robert gelingt es, durch eine mechanische Vorrichtung größeres, beliebig langes und gleichmäßiges Papier in Handarbeit herzustellen, eine Grundvoraussetzung für die Tapetenherstellung.
1823	Der englische Tapetenfabrikant Wiliam Palmer lässt eine Modeldruckmaschine für Papierbahnen patentieren.
1830 	Die Handfertigung von Papierbahnen wird von Maschinen ersetzt.
1848	In Manchester/England werden die ersten Rollendruckmaschinen für Tapetenrollen eingesetzt. Diese können mehrere Farben drucken. Es werden ca. 1200 Tapetenrollen täglich bedruckt. Die Tapetenherstellung wird dadurch stark verbilligt und der Bedarf steigt.
1869 	Durch die Entwicklung des Hochdruckverfahrens können in England auf Hochdruckwalzen Tapeten mit bis zu zwanzig Farbaufträgen hergestellt werden, gedruckt wird mit Leimdruckfarben.

2 Wandbekleidungen in Rollen (Tapeten) – Übersicht

Nach DIN EN 235 ist eine Wandbekleidung ein flexibles Flächengebilde, welches in Bahnen auf Rollen geliefert wird. Die Wandbekleidung wird mittels eines vollflächig aufgebrachten Klebstoffs an Wände oder Decken tapeziert. Man unterscheidet fertige Wandbekleidungen, das sind solche, die nach dem Tapezieren nicht mehr weiter behandelt werden, und Wandbekleidungen für nachträgliche Behandlung, also solche, die nach dem Tapezieren z. B. durch eine Beschichtung weiter behandelt werden.

Bild 1. Wandbekleidung für nachträgliche Behandlung

WANDBEKLEIDUNGEN nach DIN EN 235

Fertige Wandbekleidungen	Wandbekleidungen für nachträgliche Behandlungen
Papierwandbekleidungen, Vorderseite bedruckt oder vorbehandelt	mit Papierträger; Raufaser, unbedruckte Prägetapeten
Vinylwandbekleidungen, Oberfläche aus PVC	mit Kunststoffträger, glatte oder geprägte Vlieswaren,
Kunststoffwandbekleidungen, vollständig aus Kunststoff, Vorderseite bedruckt oder behandelt	mit Textilträger, Rupfen
Textilwandbekleidungen, mit textiler Oberfläche	mit mineralischen oder Glasträgern, Glasfaser-Gewebe

3 Qualitätsanforderungen, Maße und Kennzeichnung

Damit eine tapezierte Wandbekleidung die in sie gesetzten Anforderungen erfüllen kann, werden bestimmte Qualitätsstandarts festgelegt. Dabei wird davon ausgegangen, dass normal beanspruchte Räume, z. B. Wohnräume, und Räume mit intensiver Nutzung, z. B. Geschäftsräume, tapeziert werden.

Papier als Trägermaterial. Papier ist immer noch der wichtigste Werkstoff zur Herstellung von Wandbekleidungen. Die Qualität einer Tapete wird u. a. durch die Art des Papiers, seine Zusammensetzung und seine Stärke beeinflusst. Die Papierstärke wird nach dem Gewicht pro Quadratmeter bestimmt. Es werden folgende Papierwandbekleidungen unterschieden:

- leichte Papiertapeten, ca. 90 g/m^2 bis 110 g/m^2,
- mittlere Papiertapeten, ca. 120 g/m^2 bis 140 g/m^2,
- schwere Papiertapeten, ca. 150 g/m^2 bis 180 g/m^2.

Papiere für Wandbekleidungen müssen restlos austrocknen können; sie dürfen nicht reißen oder platzen und sie müssen gut verleimbar sein.

Wasserbeständigkeit. Von Tapeten muss noch feuchter, an der Oberfläche haftender Klebstoff mit einem feuchten Tuch oder Schwamm abgewischt werden können, ohne dass dabei sichtbare Beschädigungen verursacht werden.

Waschbarkeit. Diese Anforderung ist untergliedert in:

- **waschbeständig:** Von der Oberfläche können Schmutz und einige wasserlösliche Flecke aus dem Haushaltsbereich mit einem feuchten Tuch und Seifenwasser vorsichtig entfernt werden; Öle, Fette und lösemittelhaltige Flecke können nicht entfernt werden.
- **hoch waschbeständig:** Von der Oberfläche können Schmutz und die meisten wasserlöslichen und fetthaltigen Flecke mit einem feuchten Tuch und Seifenlauge entfernt werden, wenn diese sofort nach der Verunreinigung beseitigt werden; Fette, Öle und lösemittelhaltige Flecke lassen sich nicht entfernen.
- **scheuerbeständig:** Von der Oberfläche lassen sich Schmutz, wasserlösliche und die meisten lösemittelhaltigen Flecke sowie Fette und Öle mit einem Schwamm oder einer weichen Bürste entfernen, wenn diese sofort nach der Verunreinigung beseitigt werden.
- **hoch scheuerbeständig:** Von der Oberfläche lassen sich Schmutz, wasserlösliche oder bestimmte lösemittelhaltige Flecke, Öle oder Fette mit einem Schwamm oder einer weichen Bürste unter Verwendung eines milden Reinigungs- oder Scheuermittels entfernen, wenn diese sofort nach der Verunreinigung beseitigt werden.

Stoßfestigkeit. Eine hoch beanspruchbare Wandbekleidung muss stoßfest sein. Die Oberfläche darf durch Stöße, die mit einer Energie bis zu 1 Joule (J) auftreten können, nicht beschädigt werden.

Joule

Farbbeständigkeit gegenüber Licht. Diese Qualitätsanforderung bezieht sich auf die Lichteinwirkung, besonders auf den UV-Anteil des Tageslichtes, der eine Farbtonänderung der Oberfläche verursacht. Nach DIN 16534 wird die Lichtechtheit der Wandbekleidungen nach der Wollskala bestimmt.

Lichtechtheit nach der Wollskala

Lichtechtheit	Farbbeständigkeit
8	hervorragend
7	vorzüglich
6	sehr gut
5	gut
4	ziemlich gut
3	mäßig
2	gering
1	sehr gering

Maße. Fertigen Wandbekleidungen und Wandbekleidungen für nachträgliche Behandlung in Rollenform sind entsprechende Größen zugeordnet:

- **Flächeninhalt** einer Rolle 5,326 $m^2 \pm 3$ %; z. B. Europarolle 0,53 m x 10,05 m = 5,326 m^2,
- **Nennbreite** einer Rolle nicht weniger als 50 cm, nicht mehr als 53 cm,
- **Geradheit**, auf einer Länge von 1 m dürfen die Kanten höchstens 1 mm von der Geraden abweichen.

Kennzeichnung. Wandbekleidungen müssen so auf der Rolle, der äußeren Verpackung oder auf einem Beipackzettel gekennzeichnet sein, dass die Kennzeichnung für den Käufer ohne Öffnen der Verpackung sichtbar ist. Informationen, die in Werbeschriften, in Musterbüchern, auf Musterstreifen und auf Verpackungen angegeben werden, müssen mit den Informationen und Kennzeichnungen übereinstimmen, die auf bzw. mit der Rolle abgegeben werden.

Sichtbare Kennzeichnung:

- DIN EN 233 oder eine andere zuständige Norm, Festlegung für fertige Papier-, Vinyl- oder Kunststoffwandbekleidung,
- Name oder Erkennungszeichen des Herstellers, Lieferanten oder der Vertriebsfirma,
- Produktbeschreibung,
- Kennzeichnung des Produktes mit Artikel- und Anfertigungsnummer,
- Breite, Länge und Flächeninhalt der Rolle,
- Symbole für Qualitätsanforderungen und Verarbeitungshinweise.

Zusätzliche Kennzeichnung:

- Symbol der Wasserbeständigkeit zum Zeitpunkt der Verarbeitung,
- Symbol zum Tapezierverfahren,
- Art des zu verwendenden Klebstoffs,
- Symbol für Rapport und Ansatz,
- Symbol für die Art des Entfernens,
- Symbol für duplierte Prägewandbekleidungen.

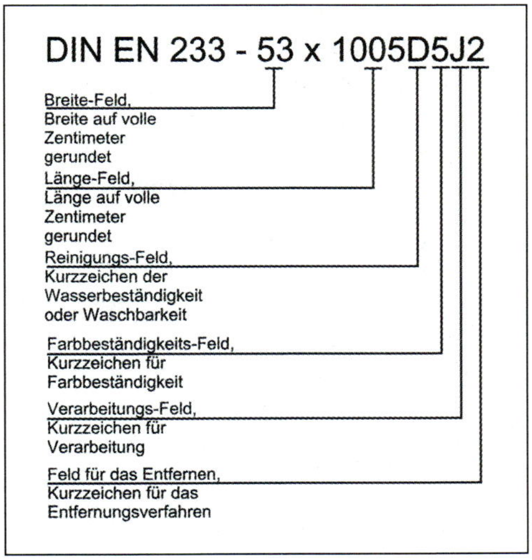

Bild 1. Kennzeichnung von Tapetenrollen nach DIN EN 233: Breite 53 cm, Länge 10,05 m, scheuerbeständig, gut lichtbeständig, Klebstoff auf Tapete und zu tapezierenden Untergrund auftragen, spaltbar

Kennzeichnungssymbole für Wandbekleidungen nach DIN EN 235

Qualitätsanforderung/ Verarbeitungshinweise	Benennung	Symbol	Kurzzeichen
Wasserbeständigkeit	wasserbeständig zum Zeitpunkt der Verarbeitung		A
Waschbeständigkeit	waschbeständig		B
	hoch waschbeständig		C
	scheuerbeständig		D
	hoch scheuerbeständig		E
Farbbeständigkeit gegen Licht	ausreichend		3
	befriedigend		4
	gut		5
	sehr gut		6

Kennzeichnungssymbole für Wandbekleidungen nach DIN EN 235

Qualitätsanforderung/ Verarbeitungshinweise	Benennung	Symbol	Kurzzeichen
Farbbeständigkeit gegen Licht	ausgezeichnet		7
Ansatz des Musters	ansatzfrei	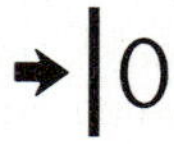	–
	gerader Ansatz (Rapport in cm einfügen, z. B. 50)		–
	versetzter Ansatz (Rapport und Versatz in cm einfügen, z. B. 50/25)		–
	gestürztes Kleben		–
Verarbeitung (Wenn Symbole dieser Gruppe kombiniert werden, sind sie mit einem + zu verbinden, das in der Größe den anderen Symbolen angepasst ist.)	der Klebstoff ist auf die Wandbekleidung aufzutragen		G ┐ J
	der Klebstoff ist auf den zu tapezierenden Untergrund aufzutragen		H ┘
	vorgekleisterte Wandbekleidung		K
Verfahren für das Entfernen	restlos abziehbar		1
	spaltbar		2
	nass zu entfernen		3
Verschiedenes	Überlappung und Doppelschnitt		–
	duplierte Prägewandbekleidung		–
	Stoßfestigkeit		–

4 Tapezierarbeiten

4.1 Verarbeitungshinweise

Ansatz des Musters. Um Teile eines Musters auf benachbarten Bahnen einer Tapete zuordnen zu können, ist Folgendes zu beachten:

- **Rapport** ist der Abstand in der Längsrichtung zwischen den sich wiederholenden Teilen eines Musters. Der Rapport ist identisch mit dem Umfang einer Druckwalze bei der Herstellung.
- **Ansatzfrei** bedeutet, dass benachbarte Bahnen in Längsrichtung in keinem bestimmten Verhältnis zueinander angeordnet werden müssen. Es kann ohne Rücksicht auf ein Muster tapeziert werden.
- **Gerader Ansatz.** Hierbei ist das Muster so beschaffen, dass benachbarte Bahnen ohne jegliche Verschiebung in Längsrichtung tapeziert werden müssen, damit der richtige Seitenansatz erzielt wird. Der Rapport ist auf der Rolle in cm angegeben.
- **Versetzter Ansatz.** Das Muster ist hier so beschaffen, dass benachbarte Bahnen mit Verschiebung in Längsrichtung tapeziert werden müssen, damit der richtige Seitenansatz erzielt wird. Rapport und Versatz sind auf der Rolle in cm angegeben.
- **Gestürztes Kleben.** Der richtige Seitenansatz wird erreicht, wenn die benachbarte Bahn in umgekehrter Richtung geklebt wird. Damit stoßen jeweils rechte und linke Kanten aufeinander.

Doppelschnitt. Sind Bahnen am Ende einer Fläche schmaler als die Normalbreite, kann eine gerader Ansatz durch einen Doppelschnitt durch die Überlappung erreicht werden. Im Bereich der Überlappung wird mit einem scharfen Messer (Cuttermesser) ein durchgehender Schnitt geführt. Darauf wird die Überlappung gelöst, überschüssiges Tapetenmaterial entfernt und die Ränder werden auf Stoß zusammengeführt.

Da beim Doppelschnitt durch zwei Tapetenlagen geschnitten werden muss, wird dabei oft der Untergrund beschädigt. Besonders bei sehr feinen Tapeten, z. B. Seidentapeten, bleibt die Beschädigung sichtbar. Dies wird vermieden, wenn unter die wandaufliegende Bahn eine Tapetenschiene eintapeziert, dann der Doppelschnitt ausgeführt wird und danach Tapetenreste und Schiene entfernt werden.

4.2 Untergrundbeurteilung und Untergrundvorbereitung

Für die Beurteilung des Untergrundes gelten die gleichen Voraussetzungen wie für Beschichtungen. Neben Hartfaser, Gipskarton- oder Spanplatten eignen sich besonders die mineralischen Putze als Tapeziergrund.

Gipskartonplatten

Untergrundprüfung. Der Untergrund für Tapezierarbeiten ist auf Eignung zu prüfen. Der Untergrund ist für Wandbekleidungen geeignet, wenn dieser trocken, neutral, fest, sauber, tragfähig und frei von Unebenheiten ist. Die Prüfung beschränkt sich auf die Beurteilung der Oberfläche sowie auf sichtbare Mängel.

mineralische Putze s. S. 133 ff.

Wandbekleidungen auf geeigneten Putzuntergründen

Tapetenart		Mörtelgruppen P I a/b	P I c	P II	P III	P IV a/b/c	P IV d	P V
fertige Wandbekleidungen	leichte Tapeten (Papiergewicht ca. 90 g/m² bis 110 g/m²)	–	+	+	+	+	–	+
	schwereTapeten (Papiergewicht ca. 160 g/m² bis 180 g/m²)	–	–	+	+	+	–	+
	Spezialtapeten, z. B. Velours- oder Metallfolienwandbekleidungen	nur nach Angaben des Herstellers						
Wandbekleidungen für nachträgliche Behandlung	Raufaser nach DIN 6742 und Beschichtung	–	+	+	+	+	–	+
	Glasfasergewebe und Beschichtung	–	–	+	+	+	–	+
	Vlieswaren	–	–	+	+	+	–	+

Prüfung von Putzoberflächen			
Prüfmethode	Prüfgegenstand	Erkennungsmerkmal	Maßnahmen und technische Hinweise
Augenschein	Feuchtigkeit	dunkle Flecken, Wasserränder, Verfärbungen	Ursache beseitigen, trocknen lassen, evtl. zusätzlich heizen und lüften
	Risse, Fugen		Risse müssen gegebenenfalls überbrückt werden (s. S. 136), Anschlussfugen mit geeigneten Dichtstoffen ausfüllen (s. S. 100)
	Pilzbefall	dunkler Bewuchs	Ursache feststellen und beseitigen, chemisch entfernen und nachbehandeln, evtl. Wärmedämmung erforderlich
	Ausblühungen	meistens weiße Salzkristalle	Ursache beseitigen, Untergrund trocknen lassen, Salze trocken abbürsten
Kratzprobe mit einem festen, kantigen Gegenstand	Oberflächenfestigkeit	Oberfläche lässt sich bei mäßigem Druck beschädigen oder platzt ab	lose und nicht tragfähige Flächen manuell entfernen und ausbessern
Abreiben mit der Hand		verfärbte Handflächen durch wesentlichen Abrieb	absandenden Putz abkehren, Oberfläche festigen
Kratzprobe, danach Benetzungsprobe	Sinterschichten	in trockenem Zustand glänzende Oberfläche, Kratzspuren nach der Benetzung dunkel	manuell oder maschinell entfernen, ggf. fluatieren, aber nicht bei gipshaltigen Untergründen
Anfeuchten mit destilliertem Wasser, Indikatorpapier in die feuchte Stelle drücken	Alkalität	Farbveränderung des Indikatorpapieres mit der pH-Wert-Skala vergleichen	Alkalität kann durch Fluatieren nicht beseitigt werden, Untergrund trocknen lassen, dieser ist nicht für alle Tapeten geeignet

Untergrundvorbereitung. Tapezieruntergründe müssen sorgfältig und gründlich vorbereitet werden, da sonst die Haftfestigkeit und der Farbton der fertigen Wandbekleidungen beeinträchtigt werden können.

- **Alttapeten und Beläge** sind restlos zu entfernen; bei spaltbaren Wandbekleidungen, die mit Wechselgrund ausgestattet sind, verbleibt dieser bei einwandfreier Haftung auf dem Untergrund.
- **Unterlagsstoffe**, die nicht fest haften oder beschädigt sind, müssen restlos entfernt werden.
- **Altbeschichtungen** werden auf Tragfähigkeit überprüft, Dispersionsfarben sind bei guter Haftung aufzurauen, bei schlechter mit Abbeizfluid zu entfernen, Lacke können angelaugt werden; Leimfarben und nicht waschbeständige Dispersionsfarben sind in jedem Fall vor dem Tapezieren zu entfernen.
- **Risse und Löcher** in Putzen sind mit Füllstoff zu verschließen, ggf. mit Glasfaservlies zu armieren, Übergänge sind zu schleifen.
- **Spachtelungen** sind auf ungleichmäßigen Untergründen, Betonflächen und allen Untergründen mit rauer Oberfläche als Flächenspachtelung mit hydraulisch abbindenden (gipshaltigen) Stoffen auszuführen und zu glätten.

Flüssige und feste Stoffe (Unterlagsstoffe) zur Untergrundvorbereitung vor dem Tapezieren

Stoffe	Eigenschaften	Verwendung
Grundbeschichtungsstoff	wasserverdünnbar, auf Kunststoffdispersionsbasis, muss in den Untergrund eindringen, darf diesen aber nicht absperren	zur Minderung starker Saugfähigkeit auf mineralischen Putzen, Beton, Gipskartonplatten, Wandbauplatten aus Gips und Holzwerkstoffen; nicht geeignet für sandelnde Putze
	lösemittelverdünnbar, auf Basis gelöster Kunstharze	zur Grundierung saugender Untergründe auf sandelnden Putzen; Beton, Wandbauplatten aus Gips (besonders mit Haarrissen), alte Kalk- und Mineralfarbenbeschichtungen, Gipskartonplatten ohne teerstoffhaltige Kartonummantelung und Holzwerkstoffe; nur verarbeiten, wenn wasserverdünnbare Stoffe nicht eingesetzt werden können
Absperrmittel	fluatfreie Stoffe und Lacke auf Öl-, Spiritus- oder Polymerisatharzbasis, wasser- oder lösemittelverdünnbar, verhindern das Durchschlagen von löslichen Bestandteilen des Untergrundes durch die Tapezierung	Absperren von Nikotin-, Rost-, Bitumen oder Wasserflecken
Dispersionskleber	gefüllter, streichfähiger Kleber auf PVP-, PVAC- oder Acrylat-Styrol-Copolymerisatharzbasis	Halftbrücke auf nicht saugenden Untergründen wie Polystyrol oder Lacken
Streichmakulatur	Gemisch aus Leim, Cellulose, Kaolin und anderen Stoffen, streich- und spritzfähig, egalisiert die Saugfähigkeit des Untergrundes	für leichte bis mittelschwere Tapeten
Rollenmakulatur	Tapetenunterlage aus Rohpapier, ca. 70 g/m^2, gleichmäßig saugfähig, hellgelb eingefärbt, spaltbare Ware erlaubt ein späteres, trockenes Abziehen der Tapete	für schwere Tapeten oder für solche, bei denen beim Auftrocknen durch Spannung die Nähte aufgehen würden, für alle durchscheinenden Wandbekleidungen, z. B. dünne Gras- oder Seidentapeten; Rollenmakulatur wird immer mit dem Kleber aufgetragen, mit dem auch die nachfolgende Tapete geklebt wird
Stripmakulatur	Tapetenunterlage mit Kunststoffbeschichtung, mehrmaliges Abziehen alter Tapeten möglich	für durchscheinende Tapeten, die einen hellen und gleichmäßigen Untergrund erfordern, wenn auf Dämmstoffen tapeziert wird und die Tapete später trocken und ohne Beschädigung der Unterlage abgezogen werden soll
Tapetenwechselgrund	dünnflüssige Emulsion, die u. a. Farbstoffe, Leim und Trennmittel enthält, streich- oder spritzfähig eingestellt, Verarbeitung nach den Richtlinien des Herstellers	Tapeten lassen sich auf dem getrocknetem Film beim Kleben mühelos verschieben, mehrfach trockenes Abziehen der Alttapeten möglich

Unterlagsstoff

Flüssige und feste Stoffe (Unterlagsstoffe) zur Untergrundvorbereitung vor dem Tapezieren

Stoffe	Eigenschaften	Verwendung
Metallfolie	Unterlagsstoff, dünne Folie aus Aluminium, Blei oder Zinn, sperrt örtlich Feuchtigkeit, Kaminsud, Alkalität oder Salze ab, dampfsperrend, wärmereflektierend, Haarrisse überbrückend	großflächig als Dampfsperre, hinter Heizkörpern als Wärmereflektor, verzinnte Bleifolien als Strahlenschutz in Röntgenräumen, Folien immer nach Angaben des Herstellers verkleben
Faservlies (Abschirmtapete)	bedruckt mit elektromagnetisch abschirmender Beschichtung, schirmt gegen elektromagnetische Felder ab, frei von Metallen, PVC- und weichmacherfrei, verschleissfest	überall da, wo es auf einen wirksamen Schutz gegen elektromagnetische Störungen ankommt, z. B. in Krankenhäusern, Labors, Rechenzentren und zum Schutz sensibler Personen vor elektromagnetischen Einflüssen, zur wirksamen Abschirmung ist eine zuverlässige Erdung von einer autorisierten Fachkraft an geerdeten Installationen erforderlich
Hartschaum	aus extrudiertem Polystyrol, wärme- und schalldämmend, rissüberbrückend	auf Wärmebrücken an Innenseiten von Außenwänden oder auf leicht gerissenen Innenwänden, stark saugende Untergründe vorher mit wasserverdünnbarem Grundbeschichtungsstoff streichen, in Dispersionskleberbett einlegen, überlappend kleben und mit Doppelschnitt auf Stoß bringen, Abbinden des Klebers kann bis zu 48 Std. dauern, Haftbrücke vor weiterer Tapezierung auftragen
	aus Polystyrol mit Kartonoberfläche, druckempfindlich, Rollenware weist starken Drall auf, daher Kleber mit hoher Anfangshaftung (Tack) verwenden	

4.3 Tapezierwerkzeuge und Geräte

Das Tapeziererergebnis ist auch von der Verwendung der richtigen Werkzeuge und Geräte abhängig. Dabei werden für folgende Arbeiten Werkzeuge und Geräte unterschieden:

- Tapeten lösen und den Untergrund säubern,
- Tapeten kleistern,
- Tapezieren,
- Tapeten andrücken und beschneiden.

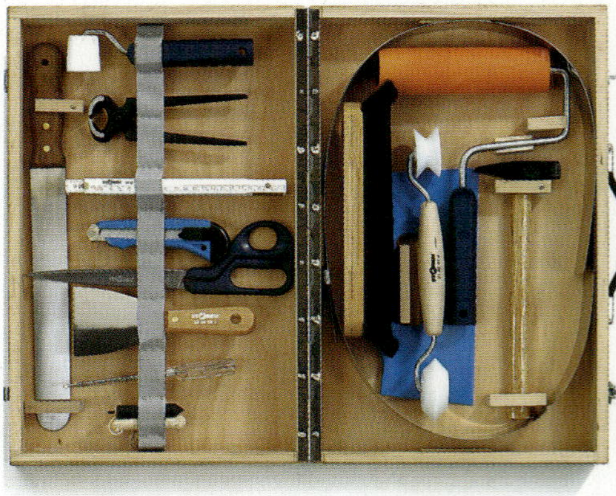

Bild 1. Tapezierkoffer mit den wichtigsten Werkzeugen

Werkzeuge und Geräte zur Verarbeitung von Wandbelägen

	Werkzeug/Gerät	Beschaffenheit	Verwendung
Ablösewerkzeuge/-geräte	Dampftapetenlöser 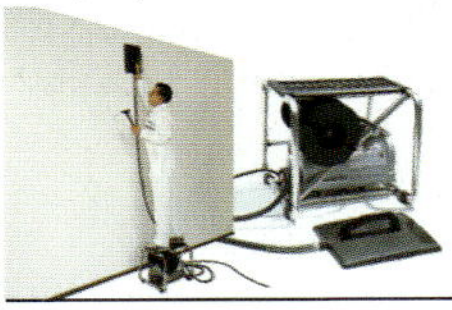	elektrisch beheizt, 5 m Kabel- und Dampfschlauch, dadurch großer Aktionsradius, Auftrittfläche	zum Ablösen festhaftender alter Wandbekleidungen, Kleister wird durch den heißen Wasserdampf schnell gelöst
	Igelwalze 	v-förmig angeordnete Messingwalzen mit eingelassenen, gehärteten Stahldornen, mit abschraubbarem Stiel	alte Wandbekleidungen, besonders gestrichene Raufaser oder andere oberflächendichte Tapeten werden vor dem Einweichen perforiert
	Flächenhobel 	auswechselbare, gehärtete Stahlklingen in lackiertem Holzgriff	zum Beseitigen von Rückständen und Glätten des Untergrundes
	Schaber 	100 mm breite Stahlklinge in Kunststoffgriff, robuste Ausführung	zum Abstoßen eingeweichter Wandbeläge
Kleisterwerkzeuge/-geräte	Tapeziertisch 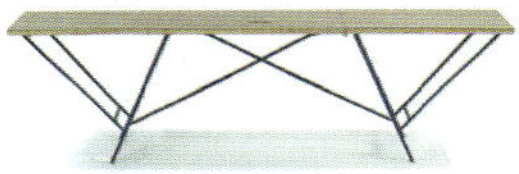	klappbarer Holztisch auf Stahlrohrgestell, höhenverstellbar, in verschiedenen Breiten und Längen	Arbeitstisch für Zuschneidearbeiten und Handkleisterung von Wandbelägen
	Kleistermaschine 	über Gummiwalzen wird der Kleister aus der Edelstahlwanne gleichmäßig auf die Wandbekleidung übertragen, der Kleisterauftrag ist stufenlos und fein regulierbar	für alle gebräuchlichen Tapetenmaße
	Tapetenabreisser 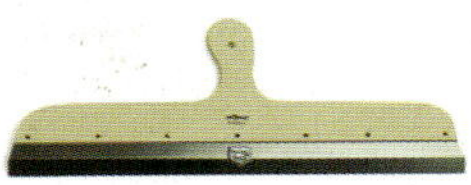	rostfreie, fein gezahnte Stahlschiene im Holzgriff	zur Längenbegrenzung der trockenen oder gekleisterten Wandbekleidung
Tapezierwerkzeuge	Beschneidlineal 	rostfreie Edelstahlschiene im Holzgriff	für Präzisionsschnitte an der geklebten Wandbekleidung

Werkzeuge und Geräte zur Verarbeitung von Wandbelägen

Tapezierwerkzeuge

Werkzeug/Gerät	Beschaffenheit	Verwendung
Senklot 	ca. 200 g schweres Stahllot mit 5 m Schnur	zum senkrechten Ausloten der Tapetenbahnen
Andrückblatt 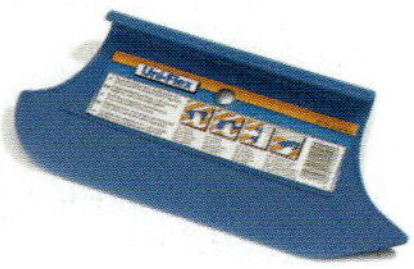	Kunststoffblatt mit gerundetem Rücken und flexibler Andrückkante	zum Andrücken von glatten Tapeten auch in Eckbereichen
Andrückroller 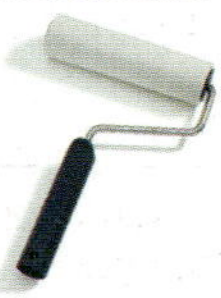	einschenkeliger Bügel mit robuster Kunststoffschaumrolle	zum Andrücken von Wandbekleidungen, außer Reliefwandbekleidungen
Nahtroller 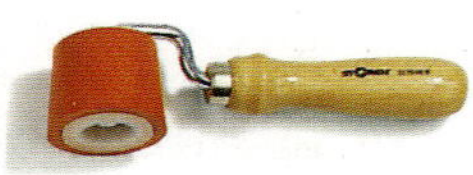	Walze aus weichem oder hartem Kunststoff, in konischer Form oder in Walzen- und Tonnenform, mit Holz- oder Kunststoffgriff	zum Andrücken der Tapetennaht, nicht bei Reliefwandbekleidungen einsetzen
Wischer (Amerikaner) 	schmale Bürste aus Chinaborste mit oder ohne Griffloch im Holzgriff	zum Andrücken aller Wandbekleidungen geeignet
Abbrechmesser (Cuttermesser) 	Schneidmesser in unterschiedlichen Ausführungen, Klingen in Breiten von 9 mm bis 18 mm, mit Abbrechhilfe zum Abbrechen des stumpfen Stahlklingenteils	zum exakten Schneiden von Wandbelägen

Tapezierkleister. Das Ergebnis der Tapezierarbeit wird im Wesentlichen durch den Kleister, durch die Art des Kleisterauftrags und durch sein Ansatzverhältnis mit Wasser bestimmt. Der Ansatz und die Kleisterart richten sich nach Art, Stärke und Saugfähigkeit der Wandbekleidung und des Untergrundes.

Tapezierkleister und Ansatzverhältnisse

Kleisterart	Eigenschaften	Ansatzverhältnis Kleister : Wasser	Verwendung
Methylcellulose (MC)	geruchlos, neutral und kalkbeständig, hohe Klebkraft, maschinengängig, abwaschbar auf bestimmten Wandbekleidungen, trocknet transparent auf	1 : 80	Vorkleistern, Egalisieren der Untergrundsaugfähigkeit
		1 : 70	leichte Papiertapeten
		1 : 60	normale Papiertapeten
		1 : 50	schwere Papiertapeten
Methylcellulose mit Kunstharzdispersionspulver (Spezialkleister)	wasserarmer Kleister mit fungiziden Zusätzen, hohe Anfangshaftung, im frischen Zustand abwaschbar, beständig gegen Temperaturschwankungen, Kalk und Zement	1 : 40	Vorkleistern
		1 : 20	schwere Tapeten, Prägetapeten, Raufaser, Strukturtapeten, Vinyltapeten, Vliestapeten mit glattem Rücken, Tapeten aus Naturwerkstoffen, z. B. Kork, Gras, Holz, Seide oder Leinen
Tapeziergeräte-Kleister	Spezialkleister für optimale Kleisterverteilung durch Kleistermaschinen, besondere Viskosität sorgt für gute Randhaftung, hohe Anfangshaftung bei guter Korrigierbarkeit	1 : 70	Vorkleistern
		1 : 35	Raufaser, trocken abziehbare Wandbekleidungen
Dispersionskleber	Spezialkleber für dauerhafte, nicht durch Wasser lösliche Verklebungen auf PVC-, PVAC- oder Acrylat-Styrol-Copolymerisatharzbasis, durch Zugabe von 10 % Spezialkleister 1 : 20 kann die Erhärtung verzögert werden	gebrauchsfertig	Unterlagstoffe, Polystyrolhartschaumplatten, Kunststoffwandbekleidungen, Glas- und Vliesgewebe

4.4 Tapezieren

Prüfen der Wandbekleidung. Das Tapezieren umfasst nach VOB Teil C DIN 18366 das Vorbereiten des normalen Untergrundes, d. h., geringfügige Untergrundschäden sind auszubessern, einmaliges Streichen mit flüssiger Feinmakulatur und das Kleben bzw. Spannen von Wandbekleidungen und Belägen. Nach BFS-Merkblatt Nr. 7 „Prüfrichtlinien für Wandbekleidungen vor der Verarbeitung" sind Tapeten vom Maler und Lackierer vor und während der Verarbeitung zu überprüfen.

- **Mengenkontrolle.** Vor dem Öffnen der Rollen ist festzustellen, ob die entsprechende Anzahl der Rollen geliefert worden ist.
- **Anfertigungsnummer.** Die einzelnen Tapetenrollen eines Druckganges erhalten dieselbe Anfertigungsnummer, wodurch gleiche Struktur und Farbigkeit gewährleistet wird. Die Anfertigungsnummern müssen deshalb verglichen werden.

BFS-Merkblätter

Bild 1. Gleiche Anfertigungsnummern auf den Rollen gewährleisten gleiche Qualität

Räume oder einzelne Wände nur mit Rollen gleicher Anfertigungsnummer tapezieren.

- **Abschattieren.** Nach Öffnen der Klarsichtverpackung erfolgt eine optische Überprüfung durch Abschattieren. Bei dieser Prüfung, auch Fächerprobe genannt, werden die Rollen ca. 1,50 m auf dem Tapeziertisch ausgerollt und fächerartig im Muster über die Tischkante gelegt. So werden Abweichungen vom Erscheinungsbild von einzelnen Rollen schnell erkannt.

Bild 1. Abschattieren oder Fächerprobe

- **Fehlerkontrolle.** Während des Zuschneidens der Bahnen wird auf Fehlerfreiheit des Druckbildes, der Ränder und der Papierbahnen geachtet.

Das Zuschneiden der Bahnen erfolgt nach der jeweiligen Raumhöhe, plus 5 cm bis 10 cm Verschnittzugabe an Ober- und Unterkante. Dabei ist der Rapport zu berücksichtigen.

Kleisterauftrag. Die zugeschnittenen Tapetenbahnen können unterschiedlich mit Kleister versehen werden:

- **Einkleistern mit der Bürste.** Zugeschnittene Tapetenbahnen mit der bedruckten Seite nach unten so auf den Tisch legen, dass sie mit der Hinterkante des Tisches abschließen; erst hintere Kante bis zur Tapetenmitte der Bahn mit der Kleisterbürste einkleistern, dann die Bahn bis zur Vorderkante des Tisches vorziehen und die Bahn vollständig einkleistern; so wird das teilweise Einkleistern darunter liegender Bahnen vermieden.
- **Kleisterauftrag mit dem Tapeziergerät.** Nach Auffüllen des Kleisters wird die Kleisterauftragstärke entsprechend der Saugfähigkeit des Untergrundes und der Tapete eingestellt und die Tapetenbahn gleichmäßig in entsprechender Länge durch das Gerät gezogen. Mit einem Kreis- oder Cuttermesser die Tapete in dem vorgesehenem Schneideschlitz abschneiden.
- **Wandklebetechnik.** Bei der Verarbeitung von dimensionsstabilen Tapeten, z. B. Vliestapeten, wird der Kleister auf den Untergrund in Bahnbreite aufgetragen und die Bahn in das noch feuchte Kleisterbett eingelegt und dann angedrückt.

Fleckenloses Bahnenziehen: Wenn mehrere Bahnen nacheinander durch die Tapieziermaschine gezogen werden, beide Ecken der bereits mit Kleister versehen ersten Bahn nach dem Abschneiden umgeschlagen und an diesen „Eselsohren" die folgende Bahn durch die Maschine ziehen. Dabei bleiben die Finger sauber und Kleisterflecken auf der Tapete werden vermieden. Die Tapete darf an den Ecken nicht geknickt werden.

Zusammenlegen und Weichen. Damit die Tapeten besser vom Tisch zur Wand transportiert und dabei gleichzeitig gleichmäßig durchweichen können, werden sie so zusammengelegt, dass das oben anzusetzende Bahnstück etwa zu 2/3 und das untere zu 1/3 umgeschlagen wird. Dabei darf die Tapete nicht geknickt werden. Durch das Weichen wird die Tapete geschmeidiger und lässt sich somit auf der Wand besser korrigieren. Beim Weichen dehnt sich die Bahn besonders in der Breite aus, dadurch kann sich das Muster verschieben. Daher sind die Weichzeiten des Herstellers zu berücksichtigen, meist reicht eine Zeit von 5 Minuten bis 10 Minuten zum Weichen aus. Die Weichzeit ist von der Stärke des Papiers, und der Druckart abhängig. Dimensionsstabile Tapeten werden ohne Weichzeit verklebt.

Trocknen. Alle Wandbekleidungen sollten nach dem Verkleben möglichst ohne Durchzug und ohne zu starkes Heizen trocknen. Zu schnelles Trocknen führt zu Spannungen, und die Nähte gehen auf. Zu langsames Trocknen, also zu niedrige Raumtemperatur, führt ebenfalls zu Fehlern: Blasen oder Verfärbungen treten auf.

Verarbeiten von Tapeten

Verarbeitungshinweise	Darstellung	Erklärung
loten	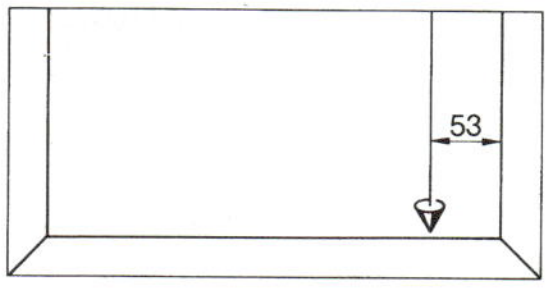	Grundsätzlich wird jede erste Bahn auf einer Wand gelotet.
vom Lichteinfall weg kleben	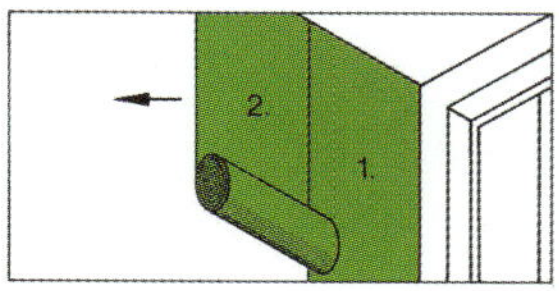	Tapeziert wird von der natürlichen Lichtquelle, dem Fenster, weg in den Raum. Damit wird eine Schattenbildung der Nähte vermieden.
auf Symmetrie kleben	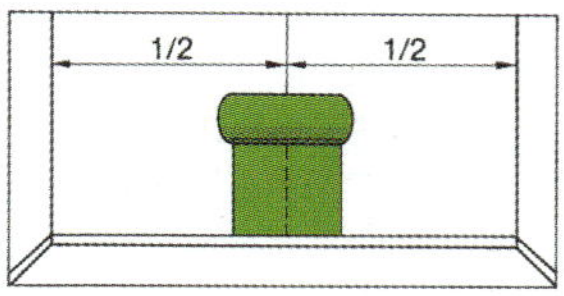	Bei geometrischen Mustern oder Wandbekleidungen aus Naturwerkstoff kann es notwendig sein, die erste Bahn auf die Mittelsenkrechte der Wand zu setzen. Dadurch wird das gleichmäßige Auslaufen des Musters zu den Ecken hin gewährleistet.
kleben auf schmale Naht	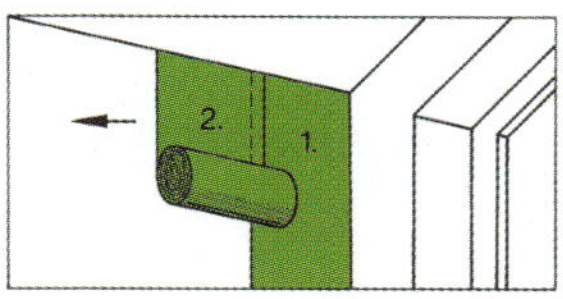	Leichte Tapeten können auf schmale Naht geklebt werden. Dabei wird die nachfolgende Bahn geringfügig über der vorher geklebten Bahn angesetzt. Es wird immer vom Lichteinfall weg geklebt.
kleben auf Stoß	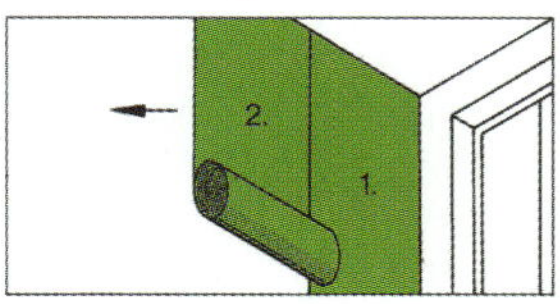	Vom Lichteinfall weg wird eine Bahn an die andere ohne Überlappung – Tapetenkante an Tapetenkante – geklebt.
gestürzt kleben	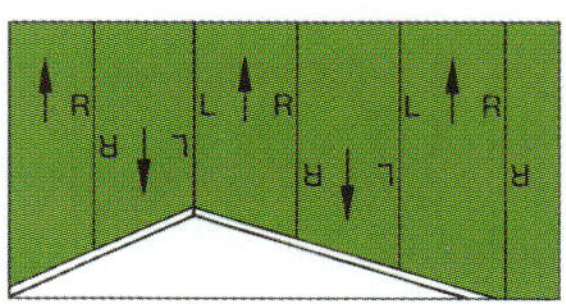	Jede zweite Bahn wird in umgekehrter Richtung geklebt, so dass jeweils dieselben Kanten aneinander stoßen.
um die Innenecke kleben	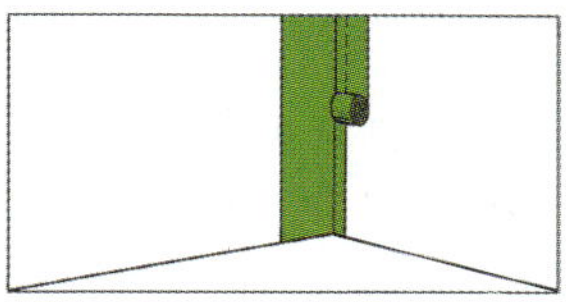	Eine Bahn wird niemals ganz oder größtenteils um eine Ecke geklebt, sonst entstehen Falten. Daher immer nur ca. 2 cm um eine Innenecke kleben, mehrmals quer einschneiden, und den Rest der Bahn genau in der Ecke ausgelotet ankleben.
Decken kleben	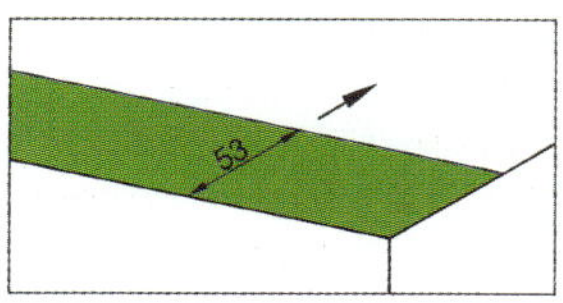	Für Deckentapezierungen muss der Kleister eine größere Klebkraft aufweisen, deshalb den Kleister nicht so stark verdünnen. Damit die Bahnen gerade laufen, die erste Bahn mit Schnurschlag in Bahnbreite von der Wand ansetzen.

5 Beläge

5.1 Wand- und Deckenbeläge

Beläge sind Stoffe, die auf Wänden und Decken verklebt werden und kein Trägermaterial, z. B. Papier aufweisen. Die Bahnen können geklebt oder auf Rahmen gespannt werden.

Beläge werden unterteilt in Beläge in Bahnen, Beläge in Platten und Spannstoffe.

Platten, meist quadratisch, werden ohne Trägermaterial auf Wände, Decken oder Böden geklebt. Das Material der Platten bestimmt ihren Einsatz, z. B. werden Keramikfliesen oft aus hygienischen Gründen verwendet, Deckenplatten aus Polystyrol-Hartschaum werden zur Schalldämmung angebracht.

Kontaktkleber

Beläge

Belagmaterial	Beschreibung
Glasseidengewebe	Rollenware von 1 m Breite bis 50 m Länge; ist aus unbrennbaren mineralischen Fasern gefertigt und fein bis grob rustikal strukturiert. Das geklebte Gewebe muss beschichtet werden.
Jutegewebe	Pflanzliches Jutegarn wird zu Gewebe verarbeitet. Es ist nur für den Innenbereich geeignet und wird mit Dispersionsfarben beschichtet.
Rupfen	Das grobe Leinengewebe (Rupfenleinwand) lässt den Untergrund durchscheinen. Daher sind vor der Verarbeitung Unterlagsstoffe oder Grundbeschichtungsstoffe auf den Untergrund aufzubringen.
Kuststofffolien	Vlies- oder Schaumstofffolien sind lieferbar mit und ohne Trägermaterial; sie sind stark strapazierbar, scheuer- und chemikalienbeständig.
Kunststoffschaumbeläge	Schwammähnliche Kunststoffschäume, mit oder ohne Trägermaterial, 2 mm bis 2,5 mm dick, schallschluckend und sehr dehnbar. Die meistens aus PVC hergestellten Beläge sind scheuer- und chemikalienbeständig, aber unbeständig gegen Lösemittel.
Textile Wandbeläge	Beläge aus gewebten, gewirkten oder gelegten Natur- oder Kunststofffasern; es gibt sie mit oder ohne Kunststoffträgermaterial.
Fotoleinen	Ein Baumwollgewebe wird mit einer fotografischen Schicht versehen, mit einem Motiv belichtet, dann entwickelt, fixiert und getrocknet. Der Belag darf nicht mit säurehaltigem Kleber verarbeitet werden, dieser würde die fotografische Schicht zerstören.
Polystyrol-Hartschaum	Meist Deckensichtplatten aus Polystyrol oder Polyurethan, die glatt, gelocht, geschlitzt oder profiliert, beschichtet oder unbeschichtet sein können. Sie sind mit Dispersionsfarben überstreichbar.
Holzfaser	Glatte, gelochte oder profilierte Deckensichtplatten. Sie sind naturfarben und überstreichbar mit Lacken und Dispersionsfarben.
Naturkork	Gepresste Platten aus Kork, Korkbruch oder Korkrinde. Geliefert werden sie quadratisch oder in Streifen, zum Aufkleben wird ein spezieller Korkkleber verwendet.
PVC	Bodenplatten, meist quadratisch, werden mit einem Kontaktkleber auf dem fein gespachtelten Boden verklebt, entstandene Nähte werden mit PVC-Streifen verschweißt.
Keramik	Wand- oder Bodenplatten werden mit mineralischem Kleber auf Abstand geklebt und anschließend verfugt.

5.2 Bodenbeläge

Bodenbeläge gibt es in Bahnen oder als Platten in sehr unterschiedlichen Arten und Qualitäten. Bodenbeläge erfüllen die unterschiedlichsten Anforderungen wie Pflege- und Reinigungsmöglichkeiten, Trittschalldämmung oder Schaffung bestimmter Raumanmutungen.

Bodenbelagsarten. Unterschieden werden zwei Arten von Bodenbelägen:

- **elastische Bodenbeläge:**
  - Linoleum besteht aus einem Textilgewebe, auf das eine dünne Schicht aus oxidiertem Leinöl und Korkmehl aufgetragen ist.
  - Kunststoffbeläge bestehen vorwiegend aus PVC oder PA, aufgebaut aus mehreren Schichten oder auf Trägermaterialien, wie Jute, PVC-Schaumstoff, Propylen- oder Polyestervlies, Styrol-Butadein-Latex oder Naturlatex.
  - Gummibeläge sind rutschfeste Beläge aus synthetischem Kautschuk.
- **textile Bodenbeläge,** bestehen aus tierischen, pflanzlichen oder synthetischen Faserstoffen wie:
  - Wolle, Seide,
  - Baumwolle, Kokos, Sisal,
  - Polyamid, Polypropylen, Polyacrylnitril oder Polyester mit Trägermaterialien/Rückbeschichtungen z. B. aus Styrol-Butadien-Schaumstoff, Polyurethan-Schaumstoff, Naturlatex-Schaumstoff, PVC, Bitumen und Jute.

Verlegetechnik. Je nach Art der Bodenbeläge werden diese in drei verschiedenen Verlegetechniken aufgebraucht:

- **Vollfächiges Verkleben:**
  - PVC-Bahnen oder -Platten, im Kontaktklebeverfahren,
  - textile Beläge mit Dispersionsklebern,
- **Verkleben mit doppelseitigen Klebebändern oder lose Verlegung:**
  - textile Wandbeläge in Bahnen oder Platten,
- **Verlegung mit Nadelleisten:**
  - lose Verlegung von gewirkten oder gewebten Belägen.

Bild 1. Werkzeugkoffer für Bodenleger

Aufgaben zur Wiederholung (W), Aufgaben zur Vertiefung (V)

W 1. Welche zwei Gruppen von Wandbekleidungen gibt es?

W 2. Welche Wandbekleidungen werden nach dem Tapezieren gestrichen?

W 3. Welche Qualitätsanforderungen werden an eine fertige Wandbekleidung gestellt?

W 4. Erklären sie die Unterschiede zwischen einer waschbeständigen, einer hochwaschbeständigen und einer scheuerbeständigen Tapete.

W 5. Welches Mindestmaß hat eine Europarolle Tapeten?

W 6. Wenn eine Tapetenrolle eine Breite von 50 cm hat, wie lang darf dann die Tapetenrolle nach DIN EN 235 sein?

W 7. Warum werden an Wandbekleidungen für nachträgliche Behandlungen keine Qualitätsanforderungen gestellt?

W 8. Welche Wandbekleidung verbirgt sich hinter folgender Bezeichnung: DIN EN 233 – 53x1005E6G3?

W 9. Was bedeutet der Begriff Rapport?

W 10. Warum ist der Versatz einer Tapete nicht gleich mit dem Rapport?

W 11. Warum wird der Rapport auf einer Tapetenrolle mit geradem Ansatz angegeben?

W 12. Wie führen sie bei empfindlichen Tapeten einen Doppelschnitt aus?

W 13. Warum darf auf Putz der Mörtelgruppe P I a/b nicht tapeziert werden?

W 14. Welche Überprüfungen des Tapeziergrundes werden vor Arbeitsbeginn vorgenommen?

W 15. Darf ein alkalischer Untergrund vor dem Tapezieren fluatiert werden?

W 16. Eine Decke wird erstmalig tapeziert. Welche Deckenbeschichtung muss unbedingt vorher gänzlich entfernt werden? Begründen sie Ihre Antwort.

W 17. Wie beseitigen sie Risse oder Fugen vor dem Tapezieren?

W 18. Wie sperren sie Rostflecken vor dem Tapezieren ab?

W 19. Wie behandeln sie nikotinverseuchte Oberflächen?

W 20. Kann flüssige Feinmakulatur eine Vorbehandlung mit Grundbeschichtungsstoff auf Gipskartonplatten ersetzen? Begründen sie Ihre Antwort.

W 21. Was ist ein Unterlagsstoff und wann wird ein solcher sinnvoll eingesetzt? Nennen Sie drei Beispiele.

W 22. Für welche Vorarbeiten verwenden Sie die Igel- oder Stachelwalze?

W 23. Wie kann Tapetenkleister mühelos und gleichmäßig auf Wandbekleidungen aufgetragen werden?

W 24. Wann sollte ein Nahtroller nicht eingesetzt werden?

W 25. Warum kann ein Andrückblatt nicht bei jeder Wandbekleidung eingesetzt werden?

W 26. Warum ist es sinnvoll, die Erhärtung von Dispersionskleber zu verzögern?

W 27. Wie viel Liter Wasser benötigen sie zum Kleisteransatz bei einem 500-g-Paket Tapeziergeräte-Kleister, wenn Sie Raufaser tapezieren sollen?

W 28. Worauf müssen Sie besonders achten, wenn Tapeten geliefert werden?

W 29. Warum sollten Sie vor dem Verkleben die Tapetenrollen abschattieren?

W 30. Wo setzen Sie in Wohnräumen in der Regel die erste Tapetenbahn an?

W 31. Wie setzen Sie grundsätzlich die erste Bahn auf die Wand?

W 32. Wie kleben sie eine Tapete auf Stoß und wie auf schmale Naht?

W 33. Wie wird eine Tapete in Ecken verklebt?

W 34. Wie werden Decken tapeziert?

W 35. Ein großfächiges Muster einer Tapete soll gleichmäßig links und rechts auf einer Wand auslaufen. Wie tapezieren Sie?

W 36. Darf ein frisch tapezierter Raum gelüftet werden?

W 37. Wodurch unterscheiden sich Beläge von Tapeten?

W 38. Welche Kleisterart verwenden Sie zum Verkleben von Polystyrol-Hartschaum-Deckenplatten?

W 39. Welche Vorsichtsmaßnahme ergreifen Sie, wenn eine große Innenraumfläche mit PVC-Platten verklebt wird?

W 40. Worauf müssen bei der Kleisterauswahl achten, wenn ein Fotoleinenbelag verklebt werden soll?

V 1. Erklären sie die Schutzwirkung von Bleifolien auf alkalischen Untergründen.

V 2. Warum sollen Vinyl-, Struktur oder Textiltapeten nach dem Einkleistern zusammengelegt und dann aufgerollt werden, um zu weichen?

V 3. Das Andrücken der Tapeten soll von der Mitte aus nach oben und unten, anschließend zu den Seiten hin erfolgen. Warum ist so zu verfahren?

V 4. Welche Tapeten sollen nicht mit einer Tapezierbürste oder einem Andrückblatt angedrückt werden, sondern mit einer Lammfellrolle oder mit einem weichen Tuch?

V 5. Für Porzellantapeten wird feinstes japanisches Porzellan auf Papier kaschiert. Wie wird das Pozellanherstellungsverfahren genannt?

V 6. Was sind gaufrierte Papiertapeten ?

V 7. Warum ist bei Duplex-Prägetapeten die Prägung standfester als bei normalen Prägetapeten?

V 8. Warum müssen Untergründe, die mit wasserdampfundurchlässigen Tapeten, z. B. Metalltapeten, tapeziert werden sollen, nur mit gipshaltigen und nicht mit wasserquellbaren Spachtelmassen vorbereitet werden?

V 9. Warum dürfen Untergründe für Tapezierungen nicht mit Dispersionsspachtelmassen flächig gespachtelt werden?

V 10. Was können auslösende Faktoren für Verfärbungen von Tapeten sein?

Sondertechniken

1 Verglasungstechnik

1.1 Herstellung und Eigenschaften von Glas

Für die Herstellung von Glas wird ein Stoffgemisch verwendet, dessen Hauptbestandteile sind:

- Quarzsand,
- Soda,
- Kalkstein.

Dieses Stoffgemisch schmilzt bei Temperaturen von 1200 °C bis 1600 °C. Bei Fertigerzeugnissen ist langsames Abkühlen notwendig, damit keine Gefügespannungen auftreten. Das so hergestellte Glas ist ein anorganischer, amorpher Stoff, d. h. im festen Zustand sind die Teilchen nicht regelmäßig wie in einem Kristallgitter geordnet.

amorph

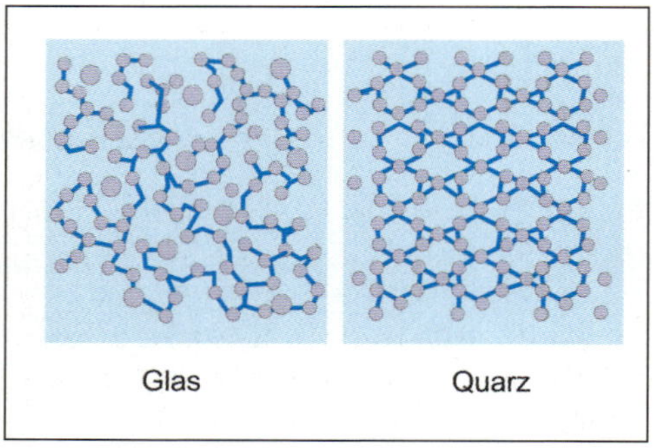

Bild 1. Glas ein amorpher Stoff

Brechungsindex s. S. 86, Mohs-Skala s. S. 28
Aggregatzustandsänderung s. S. 68

Glasarten unterscheiden sich sowohl aufgrund des Herstellungsverfahrens, als auch durch ihre Verwendung:

- **Flachglas.** Die Schmelze wird gezogen oder gegossen, z. B. für Fensterglas, Bauglas, Spiegelglas.
- **Hohlglas.** Die Schmelze wird geblasen, geschleudert oder in Formen gegossen, z. B. für Konserven-, Haushalts-, Verpackungs-, Wirtschafts-, Beleuchtungs- oder Medizinglas.
- **Glasfaser.** Die Schmelze fließt durch Spinndüsen, z. B. für Glasfasergewebe, Isoliermatten.
- **Email.** Die Schmelze wird in Wasser abgeschreckt und dann gemahlen, z. B. für Überzüge auf Metall- und Tonwaren (Glasur).

Flachglasherstellung. Fenster- oder Baugläser werden heute ausschließlich durch Floaten hergestellt:

- **Floatverfahren.** Die Glasschmelze breitet sich auf einem Metallbad aus geschmolzenem Zinn aus. Die Unterseite des noch formbaren Glasbandes passt sich der vollkommen planen Metalloberfläche an. Die Glasoberfläche wird dadurch sehr glatt und eben, so dass die Qualität von geschliffenem und poliertem Glas erreicht wird.

Physikalische Eigenschaften. Glas hat eine Härte von 5 bis 7 nach der Mohs-Skala. Seine Druckfestigkeit ist sehr hoch, die Zugfestigkeit dagegen gering. Bei Zimmertemperatur ist Glas spröde. Glas ist für den sichtbaren und infraroten Spektralbereich des Sonnenlichtes durchlässig, der Brechungsindex liegt zwischen 1,48 und 2,5. Glas hat eine sehr geringe Wärmeleitfähigkeit. Die Änderung vom festen in den flüssigen Aggregatzustand vollzieht sich allmählich.

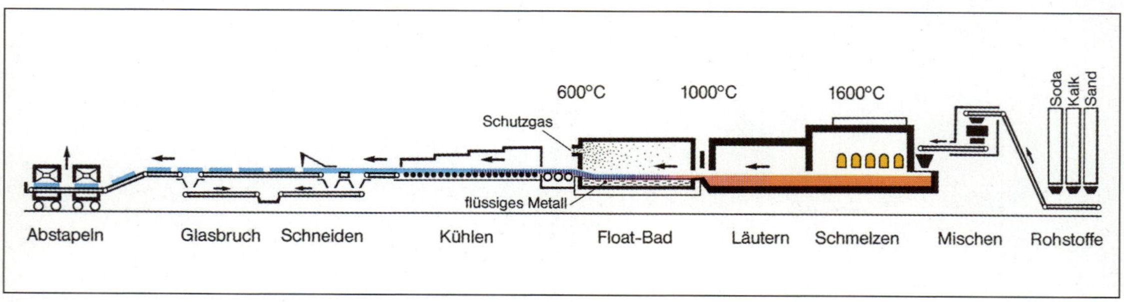

Bild 1. Glasherstellung durch das Floatverfahren

Chemische Eigenschaften. Glas ist widerstandsfähig gegenüber schwachen Säuren, Laugen und Salzlösungen. Fluate, Wasserglas und Kalk ätzen Glas leicht, Fluorwasserstoffsäure wirkt auf Glas stark ätzend.

Glasflächen müssen bei Arbeiten mit Kalk- oder Silicatfarben mit Kunststofffolien abgedeckt werden. Flecke, die durch diese Stoffe auf Glas entstanden sind, lassen sich nicht wieder entfernen.

1.2 Flachglasarten

DIN 1259-1 und -2 unterteilt Glas in verschiedene Arten, Gruppen und Erzeugnisse. Flachglas ist der Oberbegriff für alle ebenen oder gebrochenen Scheiben, die farblos oder farbig sein können. Wichtige Flachglasarten sind:

- Fensterglas,
- Gussglas,
- Spiegelglas.

Gussglas. Bei Gussglas wird die Oberfläche bei der Herstellung durch Walzen gerippt, gehämmert, gewellt oder mit anderen Prägungen versehen. Gussglas gibt es mit und ohne Drahteinlage; es kann farbig sein. Es muss lichtdurchlässig, aber nur beschränkt durchsichtig sein. Bei Gussglas unterscheidet man nach Sorten:

- Drahtglas,
- Drahtornamentglas,
- Rohglas,
- Ornamentglas
- Profilbauglas.

Bild 1. Ornamentglas

Fluate s. S. 121

Mehrscheiben-Isolierglas besteht aus zwei oder mehr Glasscheiben mit einem Abstand von 6 mm bis 16 mm und dazwischen liegenden Lufträumen. Die Luftschicht ist nach aussen völlig abgeschlossen. Die Scheibenflächen im Zwischenraum dürfen weder beschlagen noch verschmutzen, daher ist der Abstandshalter mit einer Feuchtigkeit absorbierenden Füllung angereichert.

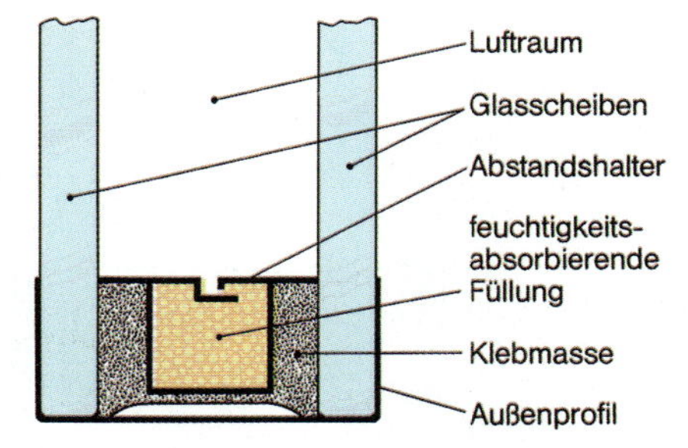

Bild 2. Mehrscheiben-Isolierglas

Wärmedurchgangskoeffizienten bei Mehrscheiben-Isolierglas. Mehrscheiben-Isolierverglasungen mit eingefärbten Außengläsern vermindern die Wärmeeinstrahlung. Bessere Wärmedämmeigenschaften erreicht man durch ein Edelgaspolster zwischen den Glasscheiben oder mit einer hauchdünnen Wärmereflexionsschicht im Scheibenzwischenraum.

U-Werte von Verglasungen

Verglasung	U-Wert in W/(m²K)
Einfachverglasung	5,8
Isolierglas mit Luftzwischenraum von 6 mm bis 8 mm	3,4
Isolierglas mit Luftzwischenraum von 8 mm bis 10 mm	3,2
Isolierglas mit Luftzwischenraum von 10 mm bis 16 mm	3,0
Isolierglas mit zweimaligem Luftzwischenraum von 10 mm bis 16 mm	2,1
Doppelverglasung aus zwei Isolierglaseinheiten (10 mm – 16 mm) mit 20 mm bis 100 mm Scheibenabstand	1,4

1.3 Verglasungen

Heute sind bei der Altbausanierung und in Neubauten nur noch Mehrscheiben-Isolierverglasungen zulässig. Einfachverglasungen kommen bei Türen im Innenbereich vor. Die Verglasungsarbeiten regelt die VOB Teil C DIN 18361 und das Abdichten von Verglasungen mit Dichtstoffen DIN 18545 Teil 2.

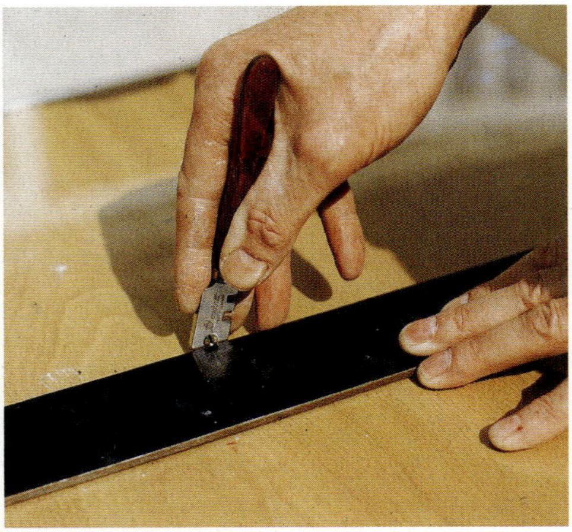

Bild 1. Glasschneiden mit einem Diamantradschneider

Glasschneiden. Für Einfachverglasungen kann die entsprechende Glasgröße zugeschnitten werden. Glas immer mit einem Diamant- oder Stahlradschneider vorritzen und dann über einer Kante brechen.

Die Scheibengröße ist immer so zu wählen, dass der Spielraum zwischen Scheibe und Glasfalzgrund etwa ein Drittel der Glasfalzhöhe beträgt.

Glas immer auf das richtige Maß zuschneiden; ein Nachschneiden ist kaum möglich und führt oft zu Glasbruch.

Verklotzen. Scheiben müssen verklotzt werden, um eine Gewichtsverteilung im Rahmen zu erreichen. Dadurch wird eine Verspannung der Verglasung verhindert, die dazu führen kann, dass Fenster und Türen nicht richtig schließen. Die Scheibenkanten dürfen an keiner Stelle den Rahmen berühren.

Verglasungen werden so verklotzt, dass die Glasunterlegscheiben (Holzklötze) höchstens in einem Sechstel der Breite und Höhe angebracht werden. Es sind imprägnierte, ölgetränkte Hartholzklötze zu verwenden.

Glasabdichtung. Die Abdichtungen im Bereich der Verglasung sind vielfältig, im System sehr unterschiedlich und den jeweiligen Anforderungen entsprechend mit einer großen Anzahl von Dichtstoffen durchführbar.
Das jeweilige geeignete Verglasungssystem wird durch die Beanspruchungen aus der Bedienung der Fenster, der Umgebungseinwirkung und der Scheibengröße bestimmt.

Beispiele für Klotzen von Verglasungen

Fensterart	Symbol	Verklotzung
Drehflügel mit seitlicher, senkrechter Drehachse	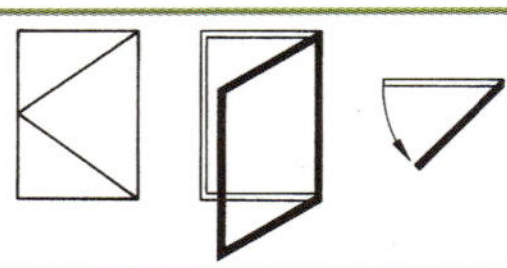	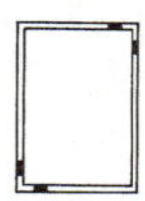
Kippflügel mit unterer, waagerechter Drehachse	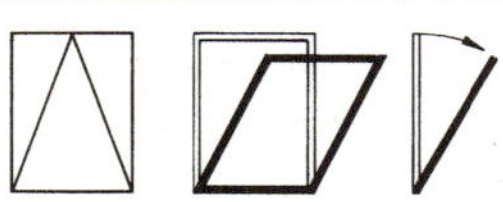	
Drehkippflügel mir seitlicher, senkrechter und unterer waagerechter Drehachse		

Verglasungssysteme

Verglasungssysteme/ Beschreibung und Kurzzeichen	schematische Darstellung	Dichtstoffgruppe nach DIN 18545-2
Verglasungssysteme mit freier Dichtstofffase Va 1	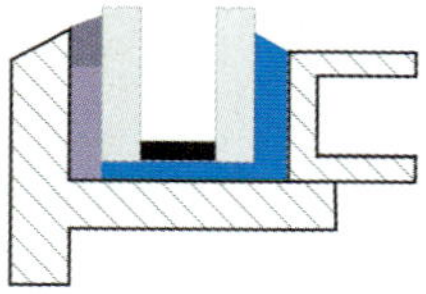	A es dürfen auch Dichtstoffe der Gruppe B eingesetzt werden, wenn vom Hersteller empfohlen
Verglasungssysteme mit Glashalteleisten und ausgefülltem Falzraum Va 2 – Va 5	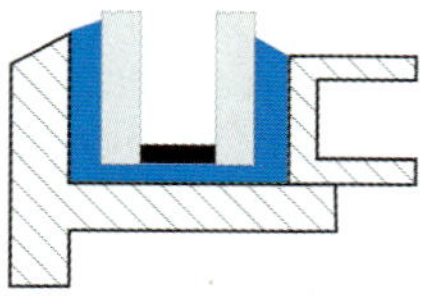	B für Falzraum C für Versiegelung
Verglasungssysteme mit Glashalteleisten und dichtstofffreiem Falzraum Va 2 – Va 5	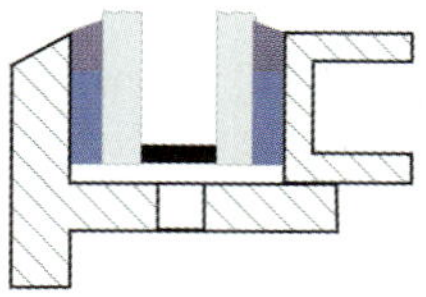	C für Vf 3 D für Vf 4 E für Vf 5 für die Beanspruchungsgruppen 1 und 2 sind Verglasungen mit dichtstofffreiem Falzraum nicht möglich

Legende

Dichtstoff der Versiegelung — Vorlegeband — Dichtstoff des Falzraumes

V = Verglasungssystem; a = ausgefüllter Falzraum; f = dichtstofffreier Falzraum; 1 – 5 Beanspruchungsgruppen

Beanspruchungsgruppen zur Verglasung von Fenstern nach dem Institut für Fenstertechnik:

- Gruppe 1: normale Beanspruchung, Scheibenfläche bis 2,31 m^2,
- Gruppe 2: mit Bewegungen im Dichtstoff ist zu rechnen,
- Gruppe 4: mit Bewegungen im Dichtstoff und atmosphärischen Einflüssen ist zu rechnen,
- Gruppe 4: Scheibenfläche von mehr als 2,31 m^2 mit zusätzlicher Stabilisierung (Abstandhalter),
- Gruppe 5: große Scheibenflächen, bei denen mit starken atmosphärischen Einflüssen zu rechnen ist.

Abdichten. Um das Eindringen von Feuchtigkeit und/oder Luft zwischen Bauelementen oder Bauteilen und Bauwerksteilen aus gleichen oder unterschiedlichen Baustoffen zu verhindern, muss ein geeigneter Stoff in entstandene Fugen eingebracht werden. Dazu eignen sich Dichtstoffe, die spritzbar eingestellt sind, Fugen abdichten und an den Fugenflanken haften. Ist aus irgend einem Grund die Adhäsion zum Untergrund gestört, müssen die Fugenflanken mit einem Primer vorbearbeitet werden, um die Haftung sicherzustellen.

Dichtstoffgruppen. Nach DIN EN 26927 werden Dichtstoffe mit folgenden Eigenschaften eingesetzt:

- **Elastische Dichtstoffe** nehmen durch Fugenbewegungen verursachte Spannungen im Dichtstoff annähernd proportional zur Beanspruchung auf.
- **Plastische Dichtstoffe** bauen sehr schnell durch Fugenbewegungen verursachte Spannungen im Dichtstoff ab.
- **Einkomponentendichtstoffe** sind verarbeitungsfertig.
- **Mehrkomponentendichtstoffe** liegen in verschiedenen Komponenten vor und sind nach den Angaben des Herstellers zu vermischen.

Dichtstoffe s. S. 100

Dichtstoffgruppen nach DIN 18 545-2					
Eigenschaft	Gruppe und Anforderungen				
	A	B	C	D	E
Rückstellvermögen in %	–	–	≥ 5	≥ 30	≥ 60
Haft- und Dehnverhalten nach Lichtalterung, kein Adhäsions- oder Kohäsionsriss bei Dehnung in %	–	≥ 5	≥ 50	≥ 75	≥ 100
Haft- und Dehnverhalten nach Wechsellagerung, kein Adhäsions- oder Kohäsionsriss bei Dehnung in %	–	≥ 5	≥ 50	≥ 75	≥ 100
Köhäsionsverhalten, Zugspannung bei Dehnung in N/mm² bei + 23 °C	–	–	≤ 0,6	≤ 0,5	≤ 0,4
bei – 20 °C	–	–	≤ 0,9	≤ 0,8	≤ 0,6
Volumenänderung in %	≤ 5	≤ 5	≤ 15	≤ 10	≤ 10
Standvermögen, Ausbuchtungen in mm	≤ 2	≤ 2	≤ 2	≤ 2	≤ 2

Dichtstoffe und Beschichtungssysteme. Bei der Abdichtung von Verglasungen ist immer mit einer Kombination von zwei Systemen zu rechnen: Entweder wird erst abgedichtet und dann beschichtet, oder bei einer vorhandenen Beschichtung muss abgedichtet werden.
Bei diesen Kombinationen sind zwei Dichtstoffarten zu unterscheiden:

- **Beschichtungsverträgliche Dichtstoffe** können zur Abdichtung von beschichteten Bauteilen verwendet werden, wenn durch den dauernden Kontakt zwischen Dichtstoff und Beschichtungsstoff keine unerwünschten chemischen und physikalischen Reaktionen ausgelöst werden. Alternativ kann der Beschichtungsstoff auf den Dichtstoff im Randbereich mit 1 mm Überdeckung aufgetragen werden.
  Bei allen Dispersionssystemen und wasserverdünnbaren Alkydharzsystemen können negative Schädigungen auftreten, wie
  - Verfärbungen im Bereich der Haftflächen,
  - Erweichungen im Bereich der Haftflächen,
  - Trennung innerhalb eines Beschichtungssystems, wodurch die Haftung und damit die Funktion geschädigt wird.

- **Überstreichbare Dichtstoffe** verursachen keine schädigenden Wechselwirkungen mit Beschichtungsstoffen. Nach dem heutigen Stand der Technik dürfen elastische Dichtstoffe nicht ganzflächig überstrichen werden.

Verträglichkeit von Dichtstoffen mit vorhandenen und nachfolgenden Beschichtungsstoffen							
	Dichtstoff						
	Silicon			Polysulfid	PUR	Acryl-Lösemittel	Acryl-Dispersion
Beschichtungssystem	neutral	alkalisch	sauer				
Alkydharzlasur	+ / *	+ / –	+ / –	+ / *	+ / *	+ / *	+ / *
Dispersionslasur	+ / E	+ / –	+ / –	– / *	+ / *	+ / *	+ / *
Alkydharzlackfarbe	+ / *	– / –	+ / –	+ / –	– / –	+ / *	+ / *
Dispersionslackfarbe	+ / E	+ / –	+ / –	– / *	+ / *	+ / *	+ / *

+ = Einsatz bei vorhandenem Beschichtungsstoff möglich; * = Einsatz bei nachfolgendem Beschichtungsstoff möglich;
– = Einsatz nicht ratsam; E = Eignung vom Hersteller bestätigen lassen

Einen Überblick, welche Dichtstoffe möglichst gefahrlos in Verbindung mit einzelnen Beschichtungssystemen einzusetzen sind, gibt die vorangestellte Tabelle, die damit die Vorauswahl eines Dichtstoffes erleichtert. Eine absolute Empfehlung kann aber daraus nicht abgeleitet werden. Dazu dienen die technischen Merkblätter und Anweisungen der Dichtstoffhersteller.

1.4 Beschichtungen auf Glas

Deckende Beschichtungen werden auf oder hinter Glas ausgeführt. In beiden Fällen soll die Beschichtung so dickschichtig sein, dass die Durchsicht nicht mehr möglich ist. In der Werbung gibt es auch transparente, lichtdurchscheinende Beschichtungen auf oder hinter Glas. Hierbei muss die Beschichtung dünn und gleichmäßig aufgetragen werden.

Untergrundvorbereitung. Für eine Beschichtung muss Glas völlig fettfrei und trocken sein. Bewährt hat sich das Entfetten mit Spiritus und Nachreinigen mit Kreidepulver. Wird eine Beschichtung auf Glas entfernt, darf das Abbeizmittel den Untergrund nicht angreifen.

Beschichtungssysteme. Für Auf- und Hinterglasbeschichungen eignen sich besonders Dispersionsfarben- und -lacke. Milchglasimitationen werden mit verdünnten Klarlacken auf Alkydharzbasis ausgeführt. Schaufensterinnenflächen werden häufig mit einem UV-Schutzlack beschichtet. Dabei sind die Anweisungen des Herstellers zu berücksichtigen.

Hinterglasbeschichtungen nach Fertigstellung immer als letzte Schicht in schwarzem Farbton ausführen, dadurch wird ein Durchscheinen vermieden.

Beschichtungen in der Hinterglastechnik müssen spiegelverkehrt angebracht werden.

2 Werbung

2.1 Wirtschaftswerbung

Alle Maßnahmen, die planmäßig eingesetzt werden, um eine bestimmte Personengruppe (Zielgruppe) zu beeinflussen, werden Werbung genannt. Wirtschaftsunternehmen verfolgen mit Werbung bestimmte Ziele:

- **Einführungswerbung.** Neue Produkte und Konsumgüter werden bekannt gemacht.
- **Expansionswerbung.** Eingeführte Produkte sollen den Marktanteil erhöhen, die Marktstellung gegenüber Konkurrenten soll gesichert und vergrößert werden.
- **Erinnerungswerbung.** Eingeführte, aber auch neue Produkte werden durch wiederholte Werbung, z. B. einprägsame Werbesprüche (Slogans) in Erinnerung gebracht.

2.2 Werbemittel und Werbeträger

Die Werbung versucht ihre Ziele mit bestimmten Mitteln durchzusetzen. Dabei bedient sie sich der verschiedensten Werbemittel und Werbeträger. Diese sind:

- **Schrift** → Tragetaschen, Verpackungen, Fahrzeuge, Hauswände, Briefköpfe, Visitenkarten, Rundschreiben, Annoncen (Anzeigen), Prospekte, Kataloge,
- **Sprache** → Rundfunk, Fernsehen, Vorführungen, Verkaufsgespräche,
- **Bild** → Fernsehen, Film, Dias, Lichtbilder, Plakate, Schaufenster, auf Messen, bei Vorführungen.

Werbewirksame Vergünstigungen sind möglich, z. B. Sonderangebote, Räumungsverkäufe, Preisausschreiben, besondere Liefer- und Zahlungsbedingungen, Garantie, Kundendienst oder Werbegeschenke. Werbemittel können kombiniert eingesetzt werden, dadurch erhöht sich ihre Werbewirksamkeit.

Bild 1. Ausführen eines Werbeschriftzuges

Bild 1. Werbemittel: Bild und Schrift werden vom Maler und Lackierer ausgeführt

3 Historische Techniken und Stilepochen

3.1 Historische Techniken

Bestimmte Arbeitstechniken des Malers und Lackierers haben sich über die Jahrhunderte fast unverändert gehalten.

Bild 2. Marmorieren

Imitationen – Maserieren und Marmorieren. Seit der Barockzeit imitiert der Maler mit Pinsel und Farbe Steine und Hölzer. Die Imitationstechniken Marmorieren und Maserieren wurden bis zur Mitte unseres Jahrhunderts ausgeführt. Möbel aus einheimischen Hölzern bekamen naturgertreue Imitationen von Naturhölzern.

An Fassaden oder Innenräumen wurden Säulen, Friese oder Türeinfassungen in Marmorimitation ausgeführt. Diese Technik wird heute noch im süddeutschem Raum mit Silicat- und Dispersionstechnik angewendet.

Schablonieren ist ein in sehr altes Verfahren, sich wiederholende Schriften oder Motive auf einen Untergrund zu bringen. Motiv oder Schrift werden aus einem starken Karton oder einer Kunststofffolie geschnitten, auf den Untergrund gehalten, und die nicht zu dünn eingestellte Farbe wird mit einem Schablonierpinsel vom Rand her auf das ausgeschnittene Muster getupft.

Bild 3. Schablonieren

Entwicklung der Gestaltungstechniken

Zeit und Stilepoche	Bauweise und Baustoffe	Materialien und Gestaltungstechniken
1000 – 1250 Romanik ca. 1150 – 1500 Gotik	Naturstein-Mauerwerk, Holzkonstruktionen, Lehmbau	Kalkmörtel und Kalkmörtelputze mit hydraulischen Zusätzen, Natursteinmosaike, Kalk-, Casein- und Temperafarbmalereien und Anstriche, Glasmalerei, Glasmosaiken, Poliment- und Ölvergoldungen
ca. 1400 – 1600 Renaissance	Fachwerkbau, Naturstein , Lehm- und Ziegelmauerwerk	Kalk- und Kalkgips-Glattputze, Sgraffiti, kalk-, casein- und emulsionsgebunde Anstriche und Malereien
ca. 1600 – 1770 Barock, Rokoko	prächtige Natursteinarchitektur, Gipsstuck	Marmorbauteile und -verblendungen, Kalkgips- und Gipsputze sowie -stuck, Stuccolustro und Stuckmarmor, Leder-, Textil- und Papierwandbekleidungen, Emulsions-, Leim-, Öl- und Lackfarbenanstriche und -malereien,
ca. 1770 – 1830 Klassizismus	Natursteinarchitektur und ziegelverblendungen	
ca. 1820 – 1920 Historismus/Gründerzeit	Ziegelmauerwerk mit Putz und Stuckarchitektur	Aussen kalkzementgebundener und innen gipsgebundener Stuck und Putz, illisionistische Wandmalereien und Anstriche, leim-, emulsions-, wasserglas- und lackgebunden
ca. 1890 – 1910 Jugendstil	floralornamentale Stuck- und Putzarchitektur, Ziegelmauerwerk	Glattputze und Stuck in Gips- und Kalkgipsbindung, leim-, emulsions-, wasserglas- und lackgebundene Wandmalereien und Anstriche, Glasmalereien
ca. 1919 – heute Neue Sachlichkeit, Bauhaus	zweckbezogene Baukonstruktionen aus Beton, Ziegel, Naturstein, Glas, Stahl u. a.	baustoffsichtige Oberflächen aus Holz, Beton, Ziegelstein, Metall, Naturstein, Glas, Kunststoff, neben mineralischen Putzen und Anstrichen, kunststoffgebunde Beschichtungen

Kammzug. Um Flächen zu beleben oder zu gestalten, wurden schon im vorchristlichen Ägypten nasse Farben auf einem trockenen Untergrund „durchkämmt". So verfährt man heute noch mit Lasuren, Dispersions- oder Lackfarben, die auf eine trockene Fläche aufgetragen und dann mit kammartigen Kratzwerkzeugen durchzogen werden.

Glätten. Auf- und nebeneinander gelegte Spachtelschichten aus eingefärbten Dispersionsspachtelmassen oder unverdünnten Dispersionsfarben ergeben eine porzellanglatte Oberflächenwirkung. Die Oberflächenglätte wird nach der Erhärtung der Farben durch Einarbeiten eines verseiffreien Wachses und anschließendes Polieren erhöht.

Bild 1. Kammzugtechnik

Bild 2. Glätten

al fresco

Schleiflack ist eine aufwendige Technik, mit der seit der Barockzeit Flächeneffekte besonders auf hochwertigen Möbeln erzielt wurden. Den Aufwand der Arbeit erkennt man am Beschichtungsaufbau:

- zwei Grundbeschichtungen,
- zwei bis vier jeweils gründlich geschliffene Spachtelungen,
- Kontrollbeschichtung mit 2K-Acryllack, wodurch sich eventuelle Vertiefungen und Unebenheiten in der Spachtelschicht erkennen lassen, wenn die Kontrollbeschichtung vollständig weggeschliffen wird,
- Zwischenbeschichtung mit Vorlack,
- nach Durchtrocknung mit 400er Schleifpapier Nassschleifen,
- Schlusslackierung mit entsprechend farbigem Hochglanzlack,
- nach Durchtrocknung Nassschleifen mit 600er Schleifpapier, eingesumpftem Bimsmehl und Schleifmodler, bis gleichmäßiger Seidenglanz entsteht,
- Schleifschlamm mit weichem, feuchtem Tuch entfernen,
- Polieren der Oberfläche mit Polierpaste und weichem Tuch.

Bild 1. Schleiflack

Durch Abkleben der Hochglanzfläche sind reizvolle Abwechslungen zwischen Hoch- und Seidenglanz möglich.

secco **Fresko** ist eine Technik der Wandmalerei, die seit der Antike bis ins 16. Jahrhundert ausschließlich angewendet wurde. Wie der Name sagt, wird auf nassen Kalkputz pigmentierte Kalkfarbe aufgetragen. Die Farbe wandert in den frischen Kalkputz und erhärtet gemeinsam mit dem Putz und wird dadurch wetterbeständig.

Bild 2. Freskomalerei

Secco. Diese Maltechnik löste die Freskotechnik im 16. Jahrhundert ab, bis man in der Hochrenaissance wieder zum Fresko zurückkehrte. Die Seccotechnik unfasst alle Malereien auf trockenen Putzen, besonders Kalkfarbe auf Kalkputz. Heute wird diese Technik mit Silicatfarben ausgeführt.

Fassen. Die Fassmalerei gehört mit der Polimentvergoldung zur Polychromie. Sie umfasst das farbige Ausmalen und das Vergolden oder Versilbern von geschnitzten oder in Stein gehauenen Figuren. Die Fassmalerei entwickelte im Barock ihren höchsten Stand. Auch heute werden Hautpartien, Haare, Gewandteile und Beigaben von Skulpturen gefasst. Zur Fassmalerei gehören der richtige Halbgrund, Untermalung, Art und Körnung der Pigmente, entsprechende Bindemittel, Maltechnik und Oberflächenbearbeitung.

Bild 3. Seccomalerei

Bild 1. Fassen

Bild 2. Vergoldung

Vergolden

Das Vergolden von Figuren, Möbeln, Sakral- und Gebrauchsgegenständen war den Völkern des alten Orients schon bekannt. Babylonier, Hethiter, Assyrer und Ägypter führten die Technik des Vergoldens Jahrtausende vor Christi Geburt aus.

Die Ölvergoldung ist das bevorzugte Verfahren für Aussenvergoldungen. Das Blattgold wird dabei mittels öligem Spezialbindemittel, Mixtion genannt, auf den vorbereiteten und getrockneten Alkydharzlack aufgetragen. Bei diesem Verfahren kann das Gold nicht poliert werden.

Die Polimentvergoldung oder Innenvergoldung kommt im Effekt echtem Goldblech am nächsten. Der auf den Untergrund aufgetragene Halbgrund ist Poliment, ein Gemisch aus Tonerde mit Leim und Eiweiß. Nach entsprechender Vorbereitung des Poliments wird dieses mit der Netze, einem Wasser-Spiritus-Gemisch, angefeuchtet, das Blattgold wird aufgelegt und nach dem Trocknen mit einem Achatstein poliert.

Die Mordentvergoldung leitet sich vom warmen und plastischen Klebemittel Mordent ab, das in der Regel aus geschmolzenem Bienenwachs, Leinöl und Terpentin besteht. Das Mordent wird heiß aufgetragen und auf die noch warme Schicht wird das Blattgold gelegt (geschossen). Nach ca. 24 Stunden wird überschüssiges Material abgekehrt.

Hinterglasvergoldung. In frühchristlicher Zeit kam die Hinterglasvergoldung auf, die in der Schildermalerei des hohen Mittelalters zu großer Fertigkeit gelangte. Heute werden zwei Arten unterschieden:

- **Mattvergoldung** ist die Technik, bei der das Blattgold mit Hilfe von Mixtion auf die gereinigte Glasscheibe gelegt wird. Nach Durchtrocknung muss die Vergoldung mit goldfarbenem Lack vor mechanischer Beschädigung und Feuchtigkeit geschützt werden.
- **Glanzvergoldung.** Das Gold wird nicht mit einer Mixtion auf den Glasuntergund aufgetragen, sondern mit einer farblosen Gelatine. Nach dem Vergolden wird poliert.

Bild 3. Hinterglasvergoldung

3.2 Stilepochen

In Europa entwickelten sich in den zurückliegenden tausend Jahren Kulturstile, die ihren Ausdruck unter anderem in Dichtung, Musik, Malerei und Architektur fanden. Die Entstehung solcher Epochen kann nicht losgelöst von den geistigen, politischen und technischen Entwicklungen der jeweiligen Zeit gesehen werden.

Stilepochen in Europa

Zeit / Stilepoche	Bedeutung und Stilmerkmale in Architektur, Schrift und Malerei	
ca. 1000 – 1250 Romanik	Um 1820 geprägter Begriff für den Kunststil, der den spätantiken Stilen folgt. Die Baukunst dieser Zeit knüpft an die Vielfältigkeit der altrömischen Architektur an. Die wesentlichen Merkmale sind Rundbögen, ein rechtwinkliger Grundriss, die Gestaltung von Säulen und Kapitellen. Die Malerei entfaltet sich in der Wand-, Glas- und vor allem in der Buchmalerei. Die Figurendarstellung vor perspektivlosem Hintergrund findet Ausdruck in einer strengen Stilisierung der Bewegungen, Blicke und Gesten. Der Primärkontrast – die Farben Blau, Gelb, Rot und ihre Abstufungen – ist in der Fassaden- und Bodenbemalung vorherrschend.	 Kapitellformen  Kreuzgewölbe und Rundbögen
ca. 1150 – 1500 Gotik	Der erste, selbständige europäische Stil ohne Anlehnung an die Antike. Daher auch die Namensgebung dieser Stilepoche in der Spätrenaissance: Gotisch wird verächtlich dem Barbarischen gleichgesetzt. Die wesentlichen architektonischen Merkmale sind Entmassung des Baukörpers durch Strebebögen und Strebepfeiler sowie Spitzbögen mit Maßwerk (Fischblase, Dreipass). Die Buchmalerei, Bildteppichherstellung, Glas- und Tafelmalereien sowie Wandbilder in Freskotechnik sind die künstlerischen Darstellungsformen. Die Geschichten des Alten und Neuen Testaments oder das Leben der Heiligen spielen sich vor natürlichen Landschaften und in Innenräumen zeitgenössischer Wohnkultur oder Architektur ab.	 Fenster mit Vierpaß  Maßwerksformen 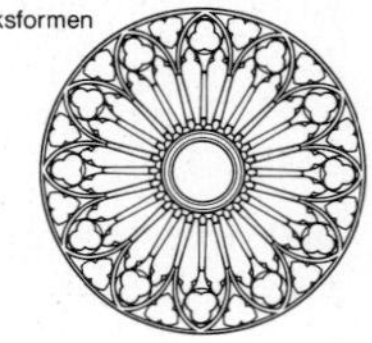 Fensterrose
ca. 1400 – 1600 Renaissance	Renaissance (franz.) bedeutet Wiedergeburt; gemeint ist die Überwindung des Mittelalters und die Wiederentdeckung der Werte und der Formensprache des klassischen Altertums. Dies wird deutlich in den Merkmalen der Architektur. Gebaut werden Tonnengewölbe, Dreiecksgiebel, Segmentbogengiebel und Kranzgesimse in „goldenen Proportionen" nach den Konstruktionsregeln des goldenen Schnitts. Die anatomisch genaue Wiedergabe des menschlichen Körpers und die Darstellung des Raumes mir Hilfe der Zentralperspektive sowie eine besondere Sensibilität für die Farbe charakterisieren die Malerei dieser Epoche.	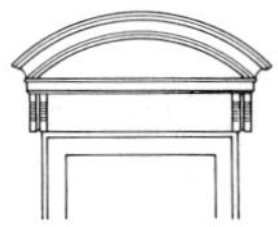 Segmentgiebel  Dreiecksgiebel 
ca. 1600 – 1770 Barock und Rokoko	Barocco (portug.) bedeutet unregelmäßige Perle; das Wort beschreibt die Eigentümlichkeit dieses Stils, der im Rokoko, von Rocaille (franz.) = Muschelwerk, seine übertriebene, schwülstige Schlussphase hat. Die Repräsentationssucht des Absolutismus strebt nach dem Gesamtwerk in Architektur, Freiraum, Plastik und Malerei. Haupterlebnis ist der Raum, der mit der Malerei und dem Stuckwerk eine vollkommene Synthese eingeht. Die perfekt entwickelte Perspektiv- und Illusionsmalerei (Trompe-L' Œil-Malerei) öffnet angrenzende Scheinräume.	 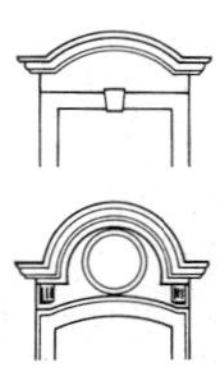 Fenstergiebelformen  Rocaille-Ornament

FELICIANO
ABCDE
FGHIJKLM

N°. LXXXI. 79

TRIPLE-CANON.

Dieu
peut
tout.

Stilepochen in Europa

Zeit / Stilepoche	Bedeutung und Stilmerkmale in Architektur, Schrift und Malerei
ca. 1770 – 1830 Klassizismus	Klassizismus ist die Reaktion auf das Rokoko. Der Klassizismus geht von klassischen, griechisch-römischen Stilrichtungen des 5. und 4. Jahrhunderts v. Chr. aus. Diese Stilepoche entwickelt ihre eigenen Formen aus den übernommenen Prinzipien der Antike und leitet aus ihrer Plastik die Ruhe und die Stille als Wesen des Schönen ab. Die wesentlichen Merkmale der Architektur sind klar gegliederte Baukörper, Ornamentbänder, Blattkränze, Girlandenfriese, Säulen und Kapitelle.  Girlandenfries 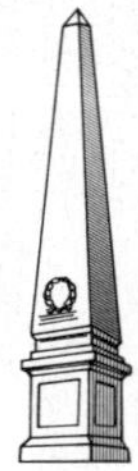 Obelisk 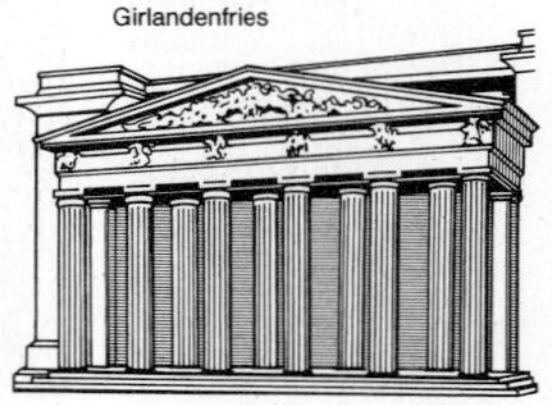 Klassische Tempelform
ca. 1820 – 1920 Historismus	Hob sich der Klassizismus durch die eigene Formgebung von den Stilrichtungen der Antike ab, so kopierte der Historismus in einer Überbewertung des Geschichtlichen alle bisher dagewesenen Stilarten. In dieser Zeit entstanden hauptsächlich Bauwerke in Neuromanik, Neugotik, Neurenaissance und Neubarock. Die Merkmale entsprechen den kopierten Stilrichtungen. 
ca. 1890 – 1910 Jugendstil	Gegen Ende des 19. Jahrhunderts setzte eine Gegenbewegung gegen die Nachahmung historischer Stile ein. Der Name der Stilrichtung, die sich neu entwickelte, leitet sich von der in München erschienenen Zeitschrift „Jugend" her. Das Hauptmerkmal des Jugendstils ist die Ornamentik von stark bewegtem, linearem, flächenhaftem Schwung.    Ornamente
ca. 1919 – 1933 Neue Sachlichkeit, Bauhaus-Stil	Der deutsche Werkbund und das Bauhaus lehren die Prinzipien der einfachen Form in Architektur und bildender Kunst: Sachlichkeit und Zweckmäßigkeit. Der deutsche Werkbund, ein Verband von Handwerkern, Künstlern und Industriellen, wurde 1907 mit dem Ziel gegründet, die Qualität gewerblicher Arbeit zu verbessern. Das Bauhaus, die Kunstschule des neuen Bauens, wurde 1919 in Weimar von W. Gropius gegründet, war von 1925 – 1932 in Dessau ansässig und wurde1933 aufgelöst. Die Merkmale der Architektur sind würfelförmige (kubische) und rechtwinklige (orthogonale) Baukörper und funktionelle, gerasterte Fassaden aus Stahl, Glas und Beton. Auch in der Innenarchitektur, der bildenden Kunst und der Gebrauchskunst werden neue, klare Formen bevorzugt. 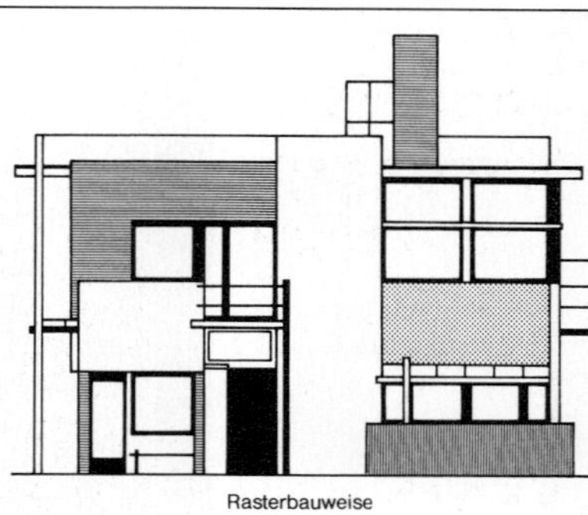 Rasterbauweise

VINGT.

Ego multos
lenti animo ac
sine doctrina,
bitu prope di
et moderatos
fateor : etiam
pius ad laude

A B

AB

CD

Ich soll zu
möchte
welche si
vielen B
vermißte. Es wir
der früheren Büc
dung der Buchdru
ahmte der Stem
haben aber jetzt v
Sache nachzuden

abcdefghi
jklmnopqr
stuvwxyz

A B C
D E F G
klmn
opqrs

Stilepochen in Europa

Zeit / Stilepoche	Bedeutung und Stilmerkmale in Architektur, Schrift und Malerei
1933 – 1945 Monumentalismus	Monumentalismus als Ausdruck überbetonter Repräsentationssucht in Anlehnung an antike Bauvorstellungen ist der Baustil der Nationalsozialisten. Eine „Neue Welt" sollte errichtet werden, in der nur die ihrer Ideologie entsprechenden Formen aufgehen sollten; alles andere wurde als entartet erklärt. 
ab 1945 bis heute Moderne	Die gegenwärtige Stilrichtung basiert auf dem Bauhaus-Stil. Zwar nicht so konsequent, aber doch in sehr vielen Einzelheiten erinnern Bauten der heutigen Zeit an Ideen der Neuen Sachlichkeit. Aus Beton, Stahl, Glas, Kunststoff und Holz erscheint heute alles machbar und möglich. Neueste Entwicklungen in Architektur, Innenausbau und Design variieren spielerisch den Umgang mit historischen Stilen. 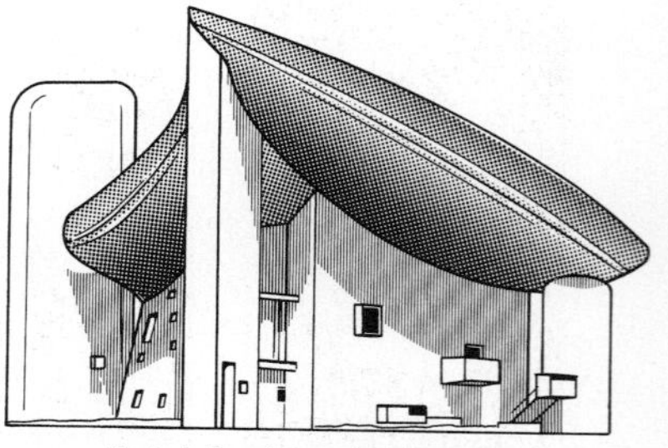 Kirche in Ronchamp von Le Corbusier

Illustrierter Beobachter

Bezugspreis monatlich bei Zustellung ins Haus 96 Pf.
Einzelnummer 20 Pfennig.
Probenummern kostenlos von

München 2, NO
Postscheckkonto München 11346

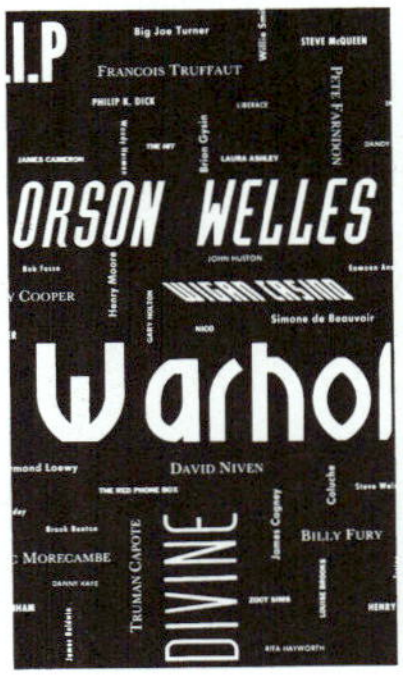

Aufgaben zur Wiederholung (W), Aufgaben zur Vertiefung (V)

W 1. Aus welchem Stoffgemisch wird Glas hergestellt?

W 2. Wie wird bei Herstellungsverfahren von Flachglas eine planebene Oberfläche erreicht?

W 3. Was bedeutet: „Glas ist ein amorpher Stoff"?

W 4. Welche physikalischen und chemischen Eigenschaften besitzt Glas?

W 5. Erklären sie den Aufbau eines Mehrscheiben-Isolierglases.

W 6. Wie kann der Wärmedurchgangskoeffizient von Fensterflächen verbessert werden?

W 7. Warum müssen Türglasfüllungen verklotzt werden?

W 8. Warum müssen Glasunterlegscheiben imprägniert werden?

W 9. Erklären sie die Glasbeanspruchungsgruppen der Verglasungssysteme.

W 10. Welche Bedeutung hat das Kurzzeichen Vf 5 für eine Verglasung?

W 11. Wie hoch darf die Volumenveränderung eines Dichtstoffes für eine Verglasung sein, die einen dichtstofffreien Falzraum aufweist, und der Beanspruchungsgruppe 5 angehört?

W 12. Welche Dichtstoffgruppen werden für Verglasungsarbeiten eingesetzt?

W 13. Ist ein alkalischer Silicon-Dichtstoff für eine Verglasung geeignet, wenn der Fensterrahmen mit Alkydharzlack nachfolgend beschichtet wird?

W 14. Dürfen elastische Dichtstoffe ganzflächig beschichtet werden? Begründen sie Ihre Antwort.

W 15. Wie wird Glas beschichtet?

W 16. Welche Beschichtungsstoffe eignen sich für Glasbeschichtungen?

W 17. Wodurch unterscheidet sich eine Einführungswerbung von einer Erinnerungswerbung?

W 18. Welche Werbemittel setzt Ihr Betrieb zur Kundenwerbung ein?

W 19. Welche werbewirksamen Vergünstigungen können geschäftsfördernd sein?

W 20. Unterscheiden Sie die wesentlichen Merkmale der Architektur von der Romanik bis zur Renaissance.

W 21. Welche Stilformen sollten in der Renaissance wiedergeboren werden?

W 22. Erklären Sie die unterschiedlichen Stilformen von der Romanik bis zum Barock am Beispiel Fenster.

W 23. Wodurch unterscheidet sich der Klassizismus vom Historismus?

W 24. Erklären Sie die wesentlichen Stilrichtungen des 20. Jahrhunderts.

W 25. Geben Sie einen zeitlichen Überblick über die Stilepochen der letzten tausend Jahre.

W 26. Welche der im Buch aufgeführten historischen Techniken haben sich bis zur heutigen Zeit im Maler- und Lackiererhandwerk behauptet?

W 27. Welchen Flächeneffekt erreicht man durch Schleifen mit Bimsmehl und Schleifmodler?

W 28. Für welche Vergoldungsart wird eine Mixtion verwendet?

W 29. Wie ist eine Polimentvergoldung aufgebaut?

W 30. Warum wird bei der Schleiflacktechnik eine Zwischenbeschichtung im schwarzen Farbton ausgeführt?

V 1. Erklären Sie das Glasherstellungsverfahren Floaten.

V 2. Wodurch unterscheidet sich die Glasmalerei von einer Glasbeschichtung?

V 3. Was ist Kanadabalsam und wozu dient er bei Verglasungen?

V 4. Was ist der Unterschied zwischen „Ersaufen" von Blattgold und „Versaufen" von Bronzepulver?

V 5. Erklären Sie den Unterschied zwischen Dukatengold und Kompositionsgold?

V 6. Welches Metall wird eingesetzt, wenn mit Tombak vergoldet wird?

V 7. Ergründen und beschreiben Sie romanische Bauwerke in Ihrer näheren Umgebung.

V 8. Welche politischen Umbrüche fallen in der Zeit der Renaissance?

V 9. Beschreiben Sie die Farbgebung barocker Bauwerke oder Einrichtungen in Ihrer näheren Umgebung.

V 10. Beschreiben Sie den Lebenslauf eines bedeutenden Malers der Renaissance.

Begriffserklärungen

Absperren: Verhindern von Durchschlagen schädlicher Stoffe aus dem Untergrund mit Absperrmitteln

Adhäsion (lat.): Aneinanderhaften verschiedener Stoffe aufgrund der Molekularkräfte

Aerosol: feinste Verteilung fester oder flüssiger Stoffe in Luft; z. B. Rauch oder Farbnebel

al fresco (ital.): auf das Frische

alkalisch: laugenhaft, wie eine Lauge reagierend

α, β **(Alpha, Beta):** griechische Buchstaben

amorph (griech.): form-, gestalt-, strukturlos; Gegensatz: kristallin

Amplitude: die größte Ausdehnung einer Schwingung während eines Schwingungsvorganges

Analyse (griech.): Zergliederung, Untersuchung

Anmutung: der erlebte Eindruck

Anorganische Stoffe: alle Elemente und ihre Verbindungen mit Ausnahme der Kohlenstoffverbindungen, z. B. Metalle, Edelgase, Säuren, Laugen

Anschießer: breiter, dünnbehaarter und flacher Pinsel zum Aufnehmen von Blattgold und Anlegen (Anschießen) auf den vorbereiteten Untergrund

antistatisch (griech.): Die elektronische Aufladung ist aufgehoben, z. B. durch Zinkstearat bei Schleifpapieren.

Appretur (frz.): Spezialbehandlung von Geweben und Garnen z. B. mit Stärke, Leim, Kunstharzen sowie durch Scheren, Walken, um ihnen Glanz, Glätte, Steifheit, Wasser-, Knitter- und Schrumpffestigkeit zu verleihen

Atom: kleinstes Teilchen der Elemente

Ausblühungen: weiß glitzernde Kristalle auf Mauer- und Putzflächen durch Auskristallisieren von wasserlöslichen Salzen nach Verdunsten der Untergrundfeuchtigkeit

Auslöseschwelle: Konzentration eines Stoffes in der Luft, am Arbeitsplatz oder im Körper. Bei Überschreiten dieser Schwelle oder bei Vorhanden sein eines unmittelbaren Hautkontaktes sind zusätzliche Maßnahmen zum Schutz der Gesundheit erforderlich, z. B. Beschäftigungsbeschränkungen oder arbeitsmedizinische Vorsorgeuntersuchungen.

Berufliche Flexibilität: z. B. die Beweglichkeit in seinem Berufsfeld andere Berufe zu ergreifen

Beschneiden: scharfes Abgrenzen von Farbton zu Farbton oder von Beschichtungsstoff zum Anschlussmaterial, z. B. Lack an Fensterscheibe

BFS-Merkblätter: anerkannte Regeln der Technik im Maler- und Lackiererhandwerk: werden von dem **B**undesausschuss für **F**arbe und **S**achwertschutz erarbeitet und herausgegeben. Angesiedelt ist der BFS beim Hauptverband Farbe, Gestaltung, Bautenschutz in Frankfurt.

biotisch (griech.): auf Lebewesen bezogen

Dampfbremsen: Stoffe, die zwar wasserdicht, aber nicht dampfdicht sind; (μ-Wert ca. 10 000 bis 100 000; z. B. Kunststofffolie oder Bitumenpappe.

Dampfsperren: Stoffe, die absolut dampfdicht sind; (μ-Wert = ∞, z. B. Metalle oder Glas; Aluminiumfolien werden im Baubereich als Dampfsperren eingesetzt.

Dehnbarkeit: Eigenschaft einer trockenen Beschichtung; Formveränderungen eines Untergrundes, auf dem die Beschichtung aufgetragen wurde, werden schadensfrei mitgemacht.

Diagnose (griech.): hier Erkennung von Oberflächenschäden aufgrund von Erkennungsmerkmalen

Dichte ρ **:** Masse/Volumen

diffundieren (lat.): hindurchdringen

DIN – Deutsches Institut für Normung: Das Deutsche Institut für Normung wurde 1917 in Berlin gegründet. Aufgabe des als Verein organisierten Instituts ist die Festsetzung, Anpassung und Harmonisierung von Normen mit dem Ziel der Rationalisierung und Qualitätssicherung. In Deutschland gelten ca. 24 200 DIN-Normen, rund 2000 kommen jährlich hinzu. Erarbeitet werden sie meist ehrenamtlich von Fachleuten aus der Wirtschaft.

Drucksystem: In den unter der Pistole hängenden Becher wird Druckluft geleitet; das unter Druck gesetzte Material gelangt so zur Düse und unterstützt das Zerstäuberprinzip.

Egalisieren: Der Grundbeschichtungsstoff egalisiert (gleicht aus) z. B. auf Putzen die Saugfähigkeit; dadurch nimmt der Untergrund den nachfolgenden Beschichtungsstoff gleichmäßig auf und verhindert fleckige Schattierungen.

Elektrolyt: Stoff, der in gelöstem oder geschmolzenem Zustand in Ionen zerfällt

Element: Grundstoff oder Grundbaustein aller Materie

Elementarteilchen: Bausteine der Atome

ELF: **E**mission von **L**ösemitteln **f**rei

Emballage (franz.): Verpackung oder Verhüllung einer Ware

EN: Europäische Norm, deren Deutsche Fassung den Status (Stand) einer Deutschen Norm erhalten hat

Festbeton: erhärteter Beton

Festkörpergehalt: derjenige Teil des Beschichtungsstoffes, der nach Entfernen aller flüchtigen Anteile (Verdunsten der Lösemittel nach festgelegten Bedingungen) zurückbleibt.

Fließsystem: Der Farbbehälter ist auf die Pistole gesetzt. Das Material fließt unter Einwirkung der Schwerkraft und geringem zusätzlichen Luftdruck zur Zerstäubungsdüse.

Fluat: **Flu**orsilic**at**, künstliches, anorganisches Neutralisierungs-, Verfestigungs- und Absperrmittel

Fase (franz.): gebrochene Kante, eine Abflachung (Abfasung) scharfkantiger Gegenstände

Frequenz: auf die Zeit bezogene Anzahl von Schwingungen; die Einheit ist Hertz (Heinrich Hertz 1857-1894),
1 Hz = 1 Schwingung pro Sekunde

Frischbeton: verarbeitbarer Beton

Fuge: beabsichtigter oder eingeräumter (toleranzbedingter) Spalt zwischen Bauteilen

Gesichtssinn: Zusammenwirken von Augen, Sehnervenbahnen und Sehzentrum im Gehirn

Gipskartonplatten: werden als Trockenputz, als Wandelemente, Leichtbauwände und -decken aber auch zur Schalldämmung eingesetzt. Sie bestehen aus Gips, die Flächen und Längskanten sind mit einem fest haftenden, planen Karton ummantelt.

Gobelin: nach der französischen Färberfamilie Gobelin benannter, handgewirkter Bildteppich

Grenzwerte: MAK, TRK und BAT werden jährlich von der Senatskommission der deutschen Forschungsgemeinschaft zur Prüfung gesundheitsschädlicher Arbeitsstoffe neu festgelegt.

Grundierung: erste Schicht eines filmbildenden Beschichtungssystems, die direkt auf den Untergrund aufgetragen wird.

Härtung: Übergang eines aufgetragenen Beschichtungsstoffes aus dem flüssigen in den festen Zustand unter Molekülvergrößerung durch chemische Reaktion

hochviskos: zähflüssig

HVLP: **H**igh **V**olume **L**ow **P**ressure (engl.) = großes Volumen niedriger Druck

hydrophil (griech.): wasseranziehend, wasserfreundlich

hydrophob (griech.): wasserabweisend

Interferenz: Überlagerung von Lichtwellen

Ionen (griech.): elektrisch geladenen Atome oder Moleküle, durch Aufnahme bzw. Abgabe von Elektronen negativ (Anionen) bzw. positiv (Kationen) geladen; dadurch werden die ionisierten Stoffe leitend. Die Bildung von Ionen (Ionisation) kann durch Zufuhr von elektrischer, thermischer und Lichtenergie bewirkt werden.

Ionen: positiv oder negativ geladene Teilchen

irreversibel: nicht umkehrbar

Joule, James Prescott**:** engl. Pysiker (1818 – 1889) bestimmte das mechanische und elektrische Wärmeäquivalent; die nach ihm benannte Einheit der Energie (Arbeit, Wärmemenge): 1J = 1 Nm (Newtonmeter) = 1 Ws (Wattsekunde).

Kalter Fluss: Das Dispergiermitel Wasser verdunstet, die durch Lösemittel angelösten Kunststoffteilchen fließen unter Einwirkung der Teilchenkräfte zusammen und berühren sich. Während das Lösemittel verdunstet, verkleben die Teilchen zu einem unlöslichen Film.

Kantenflucht: An scharfkantigen Beschichtungsflächen zieht sich die Beschichtung während des Auftrags durch zu geringe Adhäsion von der Kante zurück; zudem schrumpfen diese Stellen durch Kontraktion (Zusammenziehen) beim Trocknen der Beschichtung; eine zu geringe Schichtdicke ist die Folge.

Katalysator: Substanz, die chemische Reaktionen beeinflussen kann, z. B. Richtung oder Geschwindigkeit, ohne selbst dabei verbraucht zu werden.

Kohäsion: Anziehungskräfte zwischen den Molekülen eines Stoffes. Kohäsion ist die Ursache für die Oberflächenspannung von Flüssigkeiten.

Kohäsionskraft (Zusammenhangskraft)**:** Kraft, die den Zusammenhalt von gleichartigen Teilchen eines Stoffes bewirkt

Kolloide Lösung: Ein Stoff ist in einer Flüssigkeit so fein verteilt, dass er keine Lichtreflexion mehr besitzt. Der Teilchendurchmesser ist kleiner als 0,4 µm.

komplementär (frz.): sich ergänzend

Kontaktkleber: Kunstharzklebstoff auf Polymerisatharzbasis, lösemittelhaltig, wird auf beide Haftstellen aufgetragen. Das Lösemittel muss sich verflüchtigen, erst im angetrockneten Zustand werden die beiden Haftflächen unter Druck miteinander verbunden. Die Kunstharzteilchen verschmelzen nur im Kontakt zueinander und bewirken eine starke Adhäsion der zusammengefügten Teile.

Korrosion (lat.): Oberflächenzerstörung z. B. von Metallen durch chemische oder elektrochemische Einwirkung

λ (Lambda): griechischer Buchstabe

lipophil (griech.): fettfreundlich, fettaufnehmend

lipophob (griech.): fettfeindlich, fettabweisend

Lumineszenz: jede Lichtemission, die nicht durch erhöhte Temperatur von Festkörpern nach vorhergehender Bestrahlung ausgeht; sie ist der Oberbegriff für Fluoreszenz und Phosphoreszenz.

Lunker: Fehlstellen, entstanden durch Luftblasen im Frischbeton

Makromoleküle: Moleküle, deren Molekulargewicht über 10 000 mg liegt; natürliche Makromoleküle sind z. B. Kautschuk, Stärke.

makros (griech.): groß, lang

Maßhaltige Holzbauteile: z. B. Fenster und Außentüren; vorgegebene Länge und Breite dürfen sich nicht verändern. Nicht maßhaltig sind z. B. überlappende Verbretterungen, Zäune, begrenzt maßhaltig sind Bauteile mit tolerierten Maßänderungen, z. B. Verbretterungen mit Nut und Feder, Fachwerk, Dauchuntersichten, Außentore.

Mauerwerksbildner: Stoffe, z. B. Stein, Beton u.a., die eine Mauer bilden

Metamorphose (griech.): Umwandlungsvorgänge zur Erreichung der endgültigen Form, z. B. Ei – Kaulquappe – Frosch, Ei – Larve – Vollinsekt

MG: Mörtelgruppe

Mikrometer: $1\ \mu m = 1\ \text{Mikrometer} = \frac{1}{1000}\ mm$

mittelviskos: dickflüssig

Molekül: kleinstes Teilchen einer Verbindung

monos (griech.): allein, einzig

Nicht flüchtiger Anteil: Rückstand, der nach Verdunsten der Löse- und Verdünnungsmittel unter festgelegten Bedingungen zurückbleibt

niedrigviskos: dünnflüssig

Orangenschalenefekt: Das entsprechende Aussehen einer getrockneten Beschichtung; hier gemeint als Filmbildungsfehler, kann auch bei Strukturlacken als gewünschter Effekt auftreten.

Organische Stoffe: alle Stoffe, die Verbindungen mit Kohlenstoff sind. Lediglich die Kohlensäure (H_2CO_3) und ihre Salze (Carbonate), die Carbide, und die Oxide des Kohlenstoffs (Kohlenstoffmonoxid CO und Kohlenstoffdioxid CO_2) sind anorganisch.

Oxidation: Verbindung mit Sauerstoff. Jeder Verbrennungsprozess ist eine rasche Oxidation. Bei jedem Oxidationsprozess wird Wärme freigesetzt. Die Verbindungen, die durch Oxidation entstehen heißen Oxide.

partiell: teilweise vorhanden

Passivierung: Haltbarmachen von metallischen Untergründen gegen den natürlichen Angriff von Luftsauerstoff, Feuchtigkeit, chemischen Stoffen. Dadurch soll erreicht werden, dass unedle Metalle die chemische Widerstandsfähigkeit von Edelmetallen erreichen.

pH: potentio Hydrogenii = Wasserstoffionenkonzentration

Polyaddukt: Ergebnis der chemischen Reaktion durch Polyaddition

Polychromie (griech.): Vielfarbigkeit; farbige Bemalung von Keramik, Skulptur und Architektur

Polykondensat: Ergebnis der chemischen Reaktion durch Polykondensation

polymer (griech.): vielteilig

Polymerisat: Ergebnis der chemischen Reaktion durch Polymerisation, auch dünner Grundbeschichtungsstoff auf Eisen und Stahl, der meist werksseitig aufgetragen wird, um Flugrost zu verhindern

Primer (engl.): Ausdruck für Grundbeschichtungsstoff

Primärenergie: Um 1 kWh Energie beim Endverbraucher nutzen zu können, muss immer deutlich höhere Primärenergie aufgewendet werden. So müssen beispielsweise, um 1 kWh Strom aus der Steckdose zu erhalten, ca. 2,5 bis 3 kWh Primärenergie im Kraftwerk aufgewendet werden. Verluste entstehen z.B. durch Kraftwerks-Wirkungsgrade, Transport, Leitungsverluste, Leckagen, etc.

Recycling (engl.): Wiederverwertung bereits benutzter Rohstoffe

Reduktion (lat.): allgemein: Verminderung, Herabsetzung; chemisch: Vorgang, bei dem die Oxidationszahl eines Stoffes erniedrigt wird, indem er Elektronen aus dem Reduktionsmittel (hier Kohlenstoff) aufnimmt, das selbst oxidiert wird.

Remissionswert: auch Hellbezugswert genannt, gibt an, wie hell ein unbunter oder bunter Farbton im Vergleich zu einer weißen Fläche ist, d. h. wie viel Prozent des auffalllenden Lichtes zurückgeworfen wird. Eine ideale weiße Fläche hat den Wert 100 %, ein ideales Schwarz den Wert 0 %.

Resistenz (lat.): Widerstandsfähigkeit

ρ **(Rho):** griechischer Buchstabe

reversibel (lat.): umkehrbar; Bezeichnung für einen pysikalischen oder chemischen Prozess bei dem ein System wieder in seinen Ausgangszustand zurückgeführt werden kann.

Sachkundiger: jemand, der über eine fachliche Erfahrung in der Sache verfügt

Sachverständiger: ausgebildeter Begutachter in einer bestimmten Sache

Saugsystem: Der Materialbecher ist unter der Pistole angebracht; das Material gelangt nach dem reinen Zerstäuberprinzip zur Düse.

Schalöl: Öl zur besseren Trennung von Schaltafeln bei Einschalungen von Betonteilen.

Schlepper: Langhaariger dünner Pinsel zum Ziehen feiner, dünner Linien, besonders für Lack

Schüttverlust: Materialverlust bei der Verarbeitung, Tropfreste oder hier: Reste in der Wanne

Schutzdauer: Die erwartete Standzeit eines Beschichtungssystems bis zu seiner Instandsetzung wird Schutzdauer genannt. Dabei wird angenommen, dass eine Beschichtungsinstandsetzung aus Korrosionsschutzgründen dann notwendig ist, wenn die beschichteten Flächen den Rostgrad Ri 3 aufweisen.

Definition der Schutzdauer nach DIN EN ISO 12 944:

Zeitspanne	Schutzdauer in Jahren
kurz	2 bis 5
mittel	5 bis 15
lang	über 15

Schwerkraft: Kraft, die infolge der Erdbeschleunigung in Richtung des Erdmittelpunktes auf jeden Körper wirkt.

secco (ital.): trocken

Shop Primer: Beschichtung, die Metallteile während des Transportes, der Lagerung und Bearbeitung im Fertigungsbetrieb zeitlich begrenzt vor Korrosion schützt.

Sintern: das Erhitzen von Stoffen bis zum Schmelzen, so dass sie zusammenbacken; auch in der keramischen Verfahrenstechnik angewandt.
Standöl: trockenes Öl, das ausschließlich durch Erhitzen eingedickt wurde, z. B. Leinstandöl, Holzstandöl, Rizensenstandöl.

Steigvermögen: Das Steigvermögen von Wasser in Baustoffporen ist abhängig vom Porendurchmesser. So kann Wasser bei einer durchschnittlichen Porengröße von 1 µm in Beton 15,00 m hoch steigen. Bei Ziegelsteinen mit Poren von 5 µm steigt es ca. 3,00 m hoch.

Synthese (griech.): Zusammenführung einzelner Teile zu einem Ganzen, Aufbau einer chemischen Verbindung

Topfzeit: Maximale Zeitdauer, innerhalb der ein in mehreren Komponenten gelieferter Beschichtungsstoff nach dem Mischen verarbeitet werden soll. Die Topfzeit kann durch Wärmezufuhr oder -entzug verlängert oder verkürzt werden.

Trennmittel: Mittel zum besseren Entfernen der Holzschalung, z. B. Schalöl

Trocknung: Gesamtheit der Vorgänge beim Übergang einer flüssigen, zusammenhängenden Beschichtung in den festen Zustand.

Umweltschutz: Sammelbegriff für Maßnahmen zur Erhaltung, Entwicklung und Förderung lebensgerechter Bedingungen für den Menschen und für die gesamte belebte Natur

Unterlagsstoff: Wandbekleidung, die als Unterlage auf den Untergrund tapeziert wird, bevor eine fertige Wandbekleidung oder eine Wandbekleidung für nachträgliche Behandlung auftapeziert wird. Die Anwendung von diesen Stoffen richtet sich nach Art und Beschaffenheit des Untergrundes, sowie den Anforderungen der Tapeten und des Wohnklimas.

VbF: Verordnung über **b**rennbare **F**lüssigkeiten

Vergolderpinsel: Anstauchpinsel zum Festdrücken des Blattmaterials

Vertreiber: Pinsel für feinstes Verteilen von Lasuren

Viskosität: Fließverhalten von Flüssigkeiten

VOB: Vergabe- und Vertrags**o**rdnung für **B**auleistungen = Grundlage für die Ausgestaltung von Bauverträgen zwischen Auftraggebern und Auftragnehmern.

Teil A regelt die Vergabe von Bauleistungen. Die Teile B und C ergänzen das Vertragsrecht nach BGB. Die Regelungen in Teil C werden durch „Allgemeine Technische Vertragsbedingungen für Bauleistungen (ATV)“ festgelegt. Damit Regelungen nach VOB wirksam werden, bedarf es eines Vertrages zwischen Auftraggeber und Auftragnehmer.

Wärmehärtung: Härtung eines aufgetragenen Beschichtunsstoffes durch Zufuhr von Wärme

Zoll: 1" = 25 mm

Stichwortverzeichnis

L

M